W0376200

Hauswirtschaft Ernährung Pflege

für Assistenzberufe

3., aktualisierte Auflage

von
Monika Heinis
Dorothea Simpfendörfer
Roswitha Baur-Enders

Dr. Felix Büchner – Handwerk und Technik – Hamburg

ISBN 978-3-582-45021-0 Best.-Nr. 4553

Das Werk und seine Teile sind urheberrechtlich geschützt. Jede Nutzung in anderen als den gesetzlich oder durch bundesweite Vereinbarungen zugelassenen Fällen bedarf der vorherigen schriftlichen Einwilligung des Verlages. Die Verweise auf Internetadressen und -dateien beziehen sich auf deren Zustand und Inhalt zum Zeitpunkt der Drucklegung des Werks. Der Verlag übernimmt keinerlei Gewähr und Haftung für deren Aktualität oder Inhalt noch für den Inhalt von mit ihnen verlinkten weiteren Internetseiten.

Verlag Dr. Felix Büchner – Handwerk und Technik GmbH,
Lademannbogen 135, 22339 Hamburg; Postfach 63 05 00, 22331 Hamburg – 2018
E-Mail: info@handwerk-technik.de – Internet: www.handwerk-technik.de

Satz und Layout: Agentur Roman Bold und Black, 50672 Köln
Umschlag: Fotolia Deutschland, Berlin, © www.fotolia.de: Bild 3
iStockphoto.com, Dublin, Irland: Bild 2
Verlag Handwerk und Technik GmbH, Hamburg: Bild 1 (Foto: Christian Zehe)
Druck: STANDARTU SPAUSTUVE, 02189 Vilnius, Litauen

Vorwort

Mit diesem Buch bieten wir ein fächerübergreifendes Lehrwerk für Bildungsgänge wie Berufsfachschulen und Berufseinstiegsklassen, die sich durch den Erwerb von Basiskompetenzen für pflegerische, hauswirtschaftliche und sozialpflegerische Tätigkeiten qualifizieren.

Pflegeassistenz, Alltagsbegleitung und **haushaltsnahe Dienstleistungen** brauchen grundlegende Kompetenzen in **H**auswirtschaft, **E**rnährungs**L**ehre und **P**flege. **HELP** steht für das notwendige Zusammenwirken dieser drei Arbeitsbereiche und schafft damit die Voraussetzung, Menschen in unterschiedlichen Lebenssituationen umfassend zu betreuen und damit personenorientierte Dienstleistungen zu erlernen.

Das Buch stellt theoretische und praxisbezogene Fachinhalte exemplarisch an drei Personengruppen dar: Säuglinge und Kleinkinder, Menschen mit Behinderungen, ältere Menschen.

Einstiegssituationen vermitteln den Lernenden einen Zugang zu diesen Personengruppen.

Die **Sprache** ist auf die Lerngruppen abgestimmt; **einfache Sätze**, **Wiederholungen** der **Fachbegriffe** sowie besonders hervorgehobene **Definitionen** unterstützen den Kompetenzerwerb.

Tabellen, **Grafiken** und **aussagekräftige Abbildungen** veranschaulichen die Fachinhalte. **Aufgaben** regen zum eigenständigen Lernen an, Handlungsaufträge stellen den Bezug zur beruflichen Praxis her.

Foren am Ende der Abschnitte beschäftigen sich mit komplexen Fragestellungen und regen zum Handeln an.

Wir wünschen allen, die mit diesem Buch arbeiten, dass sie durch **HELP** erfolgreich Basiskompetenzen erwerben und ihre Stärken für die Pflege und Betreuung von Menschen entdecken. Über Anregungen zur Weiterentwicklung dieses Lehrwerkes freuen sich die Autorinnen Monika Heinis, Dorothea Simpfendörfer, Roswitha Baur-Enders und der Verlag Handwerk und Technik.

Liebe Lernende,

dieses Buch ermöglicht Ihnen eine erste Orientierung in pflegerischen Berufen und den Erwerb von Basiskompetenzen, um Menschen in unterschiedlichen Lebenssituationen zu unterstützen. Gemeinsam sorgen **H**auswirtschaft, **E**rnährungs-**L**ehre und **P**flegerische Tätigkeiten für das Wohlbefinden verschiedener Personengruppen.

Felice will richtig groß werden:
- mit kindgerechter Ernährung,
- gesund und gut gepflegt,
- in sauberer und sicherer Umgebung.

Anna möchte später gerne selbstständig leben mit mehr oder weniger Unterstützung:
- bei alltäglichen Arbeiten wie Einkaufen und Kochen,
- der Körperpflege,
- dem Sauberhalten von Räumen.

Frau Schröder nimmt altersbedingte Veränderungen an sich wahr, möchte möglichst lange zu Hause wohnen bleiben und später in einem Altenheim gepflegt werden:
- mit einer angepassten Ernährung,
- umfassender Unterstützung bei Pflegebedürftigkeit,
- in einer anregenden Wohnumgebung.

Unterstützung auch für Sie beim Lernen durch:
- Einstiegssituationen zur Annäherung an die Personengruppen
- Definitionen die Fachbegriffe erklären
- ! Merksätze bringen Wichtiges auf den Punkt.
- Beschreibung von Arbeitsabläufen zum Training der hauswirtschaftlichen und pflegerischen Tätigkeiten.

Inhalt

Kennzeichnung auf den Inhaltsseiten:

- Hauswirtschaft
- Ernährung
- Pflege

HELP – für Kinder

HELP – für Menschen mit Behinderungen

HELP – für Senioren

1 Arbeitsbereiche in der Pflegeassistenz

In allen sozialen Berufen stehen die **Sorge um das Wohlergehen** von Menschen und die dafür notwendige Hilfe im Mittelpunkt des beruflichen Handelns. Hauswirtschaftliche, sozialpflegerische und pflegerische Tätigkeiten unterstützen Menschen in ihrer **alltäglichen Lebensgestaltung**. Jeder Mensch ist in seiner Einzigartigkeit als eigenständige Persönlichkeit zu respektieren. Bewohner mit ihren **individuellen Bedürfnissen und Fähigkeiten** sind die Grundlage für die Planung, Durchführung und Auswertung aller sozialpflegerischen Tätigkeiten.

1.1 Möglichkeiten der Assistenz

Arbeiten in sozialpflegerischen Aufgabenfeldern erfolgen meist in Teamarbeit. Die Mitglieder dieser Teams haben oftmals verschiedene Ausbildungen und übernehmen bestimmte Aufgaben, die sie selbstständig und eigenverantwortlich ausführen. Wer über **Basiskompetenzen** verfügt, kann hilfe- und pflegebedürftigen Menschen assistieren und **übertragene Aufgaben nach Anweisungen** von Vorgesetzten ausführen. Durch die Unterstützung der Assistenzkraft erhalten Menschen Versorgung, Pflege und Betreuung.

1.1.1 Hauswirtschaftliche Betreuung

Unterstützung in der Alltagsgestaltung kann auf vielfältige Weise geschehen:
Abhängig vom Hilfebedarf der Personen wird **hauswirtschaftliche Versorgung** (Verpflegung, Reinigung, Wäscheversorgung, Hausgestaltung), **hauswirtschaftliche Betreuung** oder von speziell geschulten Personen auch **hauswirtschaftliche Therapie** (z.B. spezielle Angebote zum Kochen bei Magersucht) angeboten.

Im Haushalt helfen

Die hauswirtschaftliche Versorgung kann effizient und effektiv weitgehend bewohnerfern und ohne deren Beteiligung erbracht werden. Die hauswirtschaftliche Betreuung dagegen soll die Menschen zu einem möglichst selbstbestimmten Leben befähigen: sie nehmen an den Tätigkeiten so gut wie möglich gestaltend teil. Dies geht deutlich über einfache Beschäftigungsangebote hinaus.

Je nach Kontext hat hauswirtschaftliche Betreuung unterschiedliche Zielrichtungen.

- **Menschen mit einer Demenz** werden durch hauswirtschaftliche Betreuung in der eigenständigen Alltagsgestaltung gefördert und unterstützt. Hauswirtschaftliche Betreuung hilft ihnen, sich an bekannte Tätigkeiten zu erinnern und ihre noch erhaltenen Kompetenzen einzusetzen. Sie werden aktivierend einbezogen.
- **Jugendliche** und **Menschen mit Behinderung** werden durch hauswirtschaftliche Betreuung z.B. in die Welt des Kochens eingeführt. Sie erlernen die Grundlagen für eine eigenständige hauswirtschaftliche Alltagsgestaltung. Ihnen werden hauswirtschaftliche Kompetenzen personen- und situationsorientiert vermittelt.
- **Familien** lernen ihren Alltag zu bewältigen. Sie werden dabei unterstützt, sich Strukturen der Haushaltsführung zu erarbeiten und bekommen Alltags- und Haushaltsführungskompetenzen vermittelt.

Hauswirtschaftliche Betreuung ist kein Angebot zu einer bestimmten Zeit oder immer am gleichen Ort wie z.B. Beschäftigungs- oder Bastelangebote, sondern sie geschieht integriert in die alltäglichen Abläufe. Die Nutzerinnen und Nutzer werden direkt und unmittelbar beteiligt und die Resultate ihrer Tätigkeit (die saubere Wäsche oder das fertige Essen) fließen in deren Alltag ein. Dieser mitmachende Ansatz ermöglicht eine nachhaltige **Aktivierung**. Die gemeinsame Tätigkeit wird als sinnvoll erlebt.

Grundlage für die hauswirtschaftliche Betreuung bilden personenbezogene und biografische Daten, der Wohn- und Lebenskontext, die Lebens- sowie die Krankengeschichte und die Erfassung der vorhandenen Kompetenzen. Deshalb ist es wichtig, sich für die Menschen zu interessieren, mit denen man gemeinsam hauswirtschaftlich tätig ist.

Der Grad der Beteiligung hängt von den individuellen Möglichkeiten und von den Vorlieben und Abneigungen der Menschen ab, mit denen man arbeitet.

Hauswirtschaftliche Betreuung befähigt Menschen mit Hilfebedarf, die Versorgungsaufgaben des Alltags so eigenständig wie möglich wahrzunehmen.

Das spezifische Arbeiten, d. h. die gemeinsame Bewältigung einer konkreten Aufgabe im Alltag, kann durch folgende Schritte gekennzeichnet werden:

- Raum geben, dabei zu sein (Zuschauen oder riechen können, wenn gekocht wird)
- Kontaktaufnahme (*„Wie haben Sie das früher gemacht?“*)
- die Nutzerinnen und Nutzer mit einbeziehen (*„Wollen Sie mir hierbei helfen?“*)
- Aufgaben übertragen (*„Können Sie heute die Fenster reinigen?“*)
- selbstständiges Erledigen unterstützen (*„Sie sind verantwortlich, dass die Wäsche zusammengelegt wird.“*).

Die Mitarbeitenden, die die hauswirtschaftliche Betreuung durchführen, benötigen Qualifikationen in unterschiedlichen Feldern:

- Kenntnisse und Fertigkeiten in der Hauswirtschaft,
- die Auseinandersetzung mit der jeweiligen zu betreuenden Zielgruppe (z. B. Kinder, Alte Menschen, Menschen mit Behinderungen),
- Berücksichtigung der Biographie,
- methodisches Vorgehen und Kommunikation.

Die Betreuungskraft hat dabei die Rolle des Vorbildes, der Expertin, der Fachkraft, mit der gemeinsam gearbeitet wird.
Eine strukturelle und konzeptionelle Verankerung der hauswirtschaftlichen Betreuung in der Einrichtung und die systematische Vernetzung mit weiteren Angeboten anderer Professionen z. B. Pflege, Heilerziehungspflege, Pädagogik oder Sozialarbeit sind unerlässlich, damit die hauswirtschaftliche Betreuung gut durchgeführt werden kann.

1.1.2 Einfache pflegerische Tätigkeiten

Hierbei handelt es sich vor allem um körperbezogene Arbeiten, damit das Wohlbefinden der Bewohner verbessert wird. Z.B.:

- bei der Körperpflege unterstützen,
- Zähne putzen,
- Haare waschen,
- an- und auskleiden,
- Essen reichen,
- Bettwäsche wechseln,
- Pflegebedürftige richtig lagern,
- einfache Maßnahmen zur Förderung der Beweglichkeit durchführen.

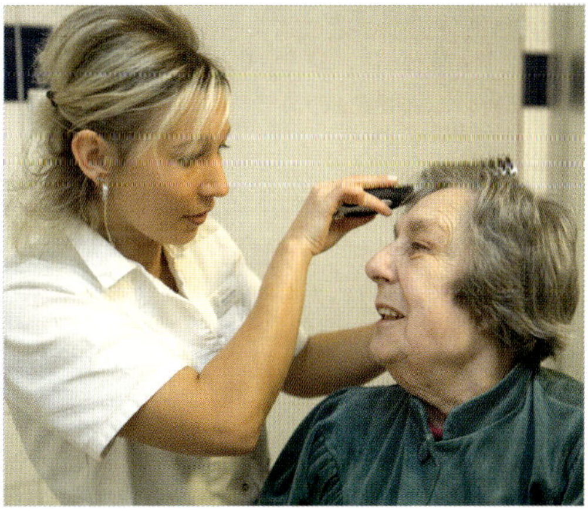

Unterstützung bei der Körperpflege

1.1.3 Gesundheit erhalten

Wohlbefinden, **geistige und körperliche Beweglichkeit** sind wichtige Voraussetzungen für Gesundheit und selbst bestimmte Lebensgestaltung.

Assistenzkräfte tragen zum Erhalt und Erwerb von Gesundheit bei, indem sie:

- Hygienemaßnahmen sachgerecht ausführen,
- für Bewegung sorgen z.B. durch Begleiten bei Spaziergängen oder auf den Spielplatz,
- ausgewogene und angemessene Ernährung je nach Lebensalter und Krankheitsbild anbieten,
- für Sicherheit sorgen,
- Gefahrenquellen ausschalten,
- Räume barrierefrei einrichten,
- für eine angenehme Wohnatmosphäre sorgen.

Barrierefrei bedeutet, dass Einrichtungen, Gegenstände, Gebäude und Wege so gestaltet sind, dass jeder Mensch sie uneingeschränkt nutzen kann.

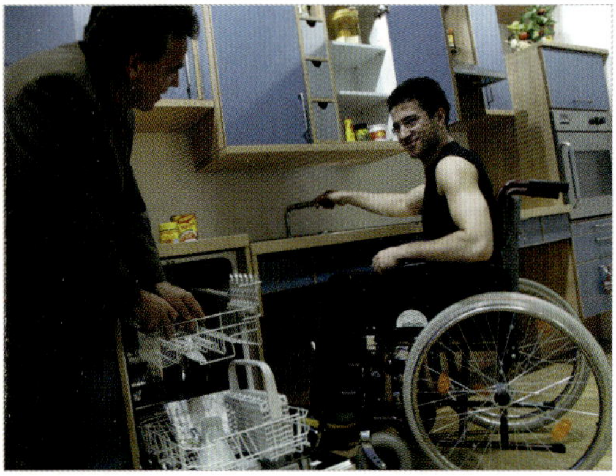

Unterfahrbare Arbeitsplätze für Rollstuhlfahrer

1.1.4 Bewohner aktivieren

Das Gesetz (Sozialgesetzbuch SGB IX) setzt auf Teilhabe am gesellschaftlichen Leben anstelle von Fürsorge. Teilhabe bedeutet: Durch die notwendigen Sozialleistungen sollen Menschen mit Behinderung die Hilfen erhalten, die sie benötigen, um am Leben der Gesellschaft und insbesondere am Arbeitsleben teilnehmen zu können.

Daraus ergeben sich neue Betreuungskonzepte, die eine **Aktivierung** und **Förderung** der Menschen mit Hilfebedarf zum Ziel haben, z. B:

- gemeinsam Kochen und Backen,
- beim Bügeln oder Wäsche legen unterstützen,
- vorlesen,

Gemeinsam Raumdekoration basteln

- einfache Beschäftigungen wie Bastelarbeiten anbieten,
- Gesellschaftsspiele spielen,
- gemeinsame Ausflüge, Besuche von kulturellen Veranstaltung durchführen,
- Haustiere versorgen.

Teilhabe geschieht dann, wenn Menschen sich gebraucht fühlen und nicht wenn sie nur beschäftigt sind. Es ist deshalb wichtig, darauf zu achten, dass die aktivierende Tätigkeit als sinnvoll angesehen wird.

1.2 Personengruppen

Assistenzkräfte arbeiten für und mit unterschiedlichen Personengruppen und treffen auf **vielfältige Lebenssituationen.** Daraus ergibt sich der individuelle Bedarf für Unterstützung, Pflege, Gesundheitsförderung und Aktivierung.

1.2.1 Säugling- Kleinkind- Vorschulkind

Dieser Lebensabschnitt umfasst die **ersten sechs Lebensjahre** eines Kindes bis zum Beginn seiner Schulzeit. Körperliches Wachstum und geistige Entwicklung bewirken im Laufe der Jahre wichtige Veränderungen. In dieser Zeit machen die Kinder grundlegende, ihr weiteres Leben prägende Erfahrungen. Sie benötigen **verlässliche Betreuung und Erziehung**, die ihnen ermöglicht, ihre individuellen Begabungen und Stärken zu entwickeln. Gleichzeitig sind die Kinder auf das **Zusammenleben** innerhalb von Gruppen und der Gesellschaft vorzubereiten. Die meisten Kinder leben in dieser Lebensphase in Familien oder familienähnlichen Bezügen.

1.2.2 Menschen mit Behinderungen

Die UN-Konvention zum Schutz der Rechte von **Menschen mit Behinderungen** erläutert im Artikel 1: „Zu den Menschen mit Behinderungen zählen Menschen, die langfristige, körperliche, seelische, geistige oder Sinnesbehinderungen haben, welche sie in Wechselwirkung mit verschiedenen Barrieren an der vollen, wirksamen und gleichberechtigten Teilhabe an der Gesellschaft hindern können".

Die UN-Konvention ist in Deutschland geltendes Recht. Bund und Länder haben sich verpflichtet, die Rechte von Menschen mit Behinderungen sicherzustellen, Benachteiligungen zu verhindern und die Vorgaben der Konvention umzusetzen. Einige Beispiele begegnen uns im Alltag, etwa Informationen in Brailleschrift (Blindenschrift, s.S.127) auf Verpackungen, barrierefreie Zugänge über Rampen in öffentlichen Gebäuden.

Menschen mit Behinderungen sind nicht krank, jedoch hat jede Form von Behinderung unterschiedliche Auswirkungen:

- Sie beeinträchtigt Menschen in wesentlichen Lebensbereichen. Die Lebensführung ist dadurch erschwert oder nur mit besonderen Hilfsmitteln oder Unterstützung möglich.
- Sie hat Auswirkungen auf mehrere Lebensbereiche, etwa das Familienleben, Schulbesuch, Arbeitsleben, Wohnen, Freizeitgestaltung.
- Sie besteht langfristig und kann nicht zurückgehen oder behoben werden.

Die **Formen von Behinderungen** werden folgendermaßen unterschieden:

- Sinnesbehinderungen vor allem der Augen und der Ohren,
- Sprachbehinderung etwa durch Störungen im Redefluss oder Sprachverlust,
- Körperbehinderung durch erhebliche Einschränkungen in der Bewegungsfähigkeit oder Erkrankungen von Organen.
- Geistige Behinderung beeinträchtigt das Lernverhalten und ist oftmals verbunden mit Störungen in Bewegungsabläufen, Gefühlsäußerungen und Sprache.
- Seelische Behinderung beruht häufig auf einer psychischen Störung. Diese ist eine erhebliche Abweichung von der Norm im Erleben oder Verhalten beim Denken, Fühlen und Handeln.

Behinderungen können angeboren oder durch besondere Ereignisse wie Krankheiten oder Unfälle eingetreten sein. Je nach Grad der Behinderung müssen die Betroffenen vom Säugling bis zum Alter angemessen betreut werden.

Bei Mehrfachbehinderungen sind die Menschen von mehreren Behinderungen betroffen, etwa einer Körperbehinderung und einer geistigen Behinderung.
Die Art und der Grad der Behinderung sind ausschlaggebend für die notwendige Unterstützung. Viele Menschen mit Behinderungen leben in ihrer eigenen Familie, in Wohngruppen mit ambulanter Betreuung oder in stationären Betreuungseinrichtungen.

1.2.3 Alte Menschen

Da der Lebensabschnitt „Alter" mit dem Rentenalter beginnt, kann sich dieser bei der derzeitigen Lebenserwartung über 20 bis 35 Jahre erstrecken. Die körperliche und geistige Leistungsfähigkeit der Personengruppe „alte Menschen" ist sehr unterschiedlich.
Im Hinblick auf die notwendige Unterstützung werden sie folgendermaßen eingeteilt:
– **Menschen mit Hilfebedarf** benötigen regelmäßig oder gelegentlich Unterstützung bei einfachen Verrichtungen oder für ihre Alltagsgestaltung.
– **Menschen mit Pflegebedarf** brauchen je nach Befindlichkeit pflegerische Maßnahmen bis hin zur vollständigen Versorgung. Die Pflegbedürftigkeit erhöht sich mit zunehmendem Älterwerden. Während im Jahr 2009 von den 70- bis 75- Jährigen nur fünf Prozent pflegebedürftig waren, betrug der Anteil bei den 90- bis 95-Jährigen 60 Prozent.

Der Pflegestatistik des Bundesgesundheitsministeriums von 2016 sind folgende Daten zu entnehmen:

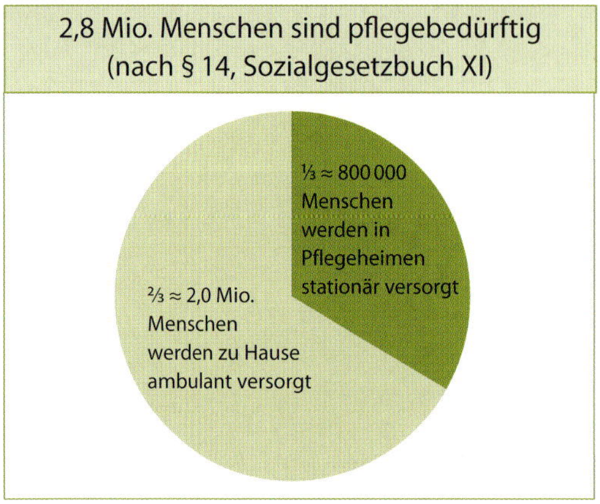

Menschen mit Pflegebedarf werden zuhause oft von Angehörigen und von ambulanten Pflegediensten unterstützt. In Pflegeeinrichtungen stehen ihnen auf Pflege spezialisierte Hilfs- und Fachkräfte zur Verfügung.

Typisch für stationäre Einrichtungen sind Alten- und Seniorenheime, in denen alte Menschen und Kranke längerfristig leben und umfassend versorgt werden.

Für Menschen mit Demenz kommen spezielle Handlungskonzepte für verständliche Kommunikation, für eine bedarfsorientierte Ernährung zur Anwendung. Assistenzkräfte unterstützen bei der Einnahme von Speisen, beobachten und protokollieren die Trinkmenge einzelner Bewohner. Sie führen Körper- und Grundpflege durch und unterstützen einzelne Personen bei der Mobilisation.

1.3 Lebensräume

Unterschiedliche Wohnsituationen ermöglichen, dass bedarfsgerechte Lebensräume geschaffen werden können.

1.3.1 Wohnen im häuslichen Umfeld

Wohnen im häuslichen Umfeld bedeutet, in einer Wohnung oder einem Haus über längere Zeit zu wohnen, aufzuwachsen oder dort alt zu werden. Wer in der eigenen Häuslichkeit wohnt, empfindet oftmals, dass es hier mehr Möglichkeiten zur individuellen Lebensführung gibt. Die Assistenzkraft respektiert die vorgefundenen Verhältnisse und stimmt das Unterstützungsangebot darauf ab. Menschen in der eigenen Häuslichkeit zu versorgen, ist ein typischer Arbeitsbereich für ambulante Dienste.

1.3.2 Wohngruppen

Wohngruppen bieten vielerlei Varianten gemeinschaftlichen Wohnens und lassen dabei Freiräume für die individuelle Lebensgestaltung.
Die Unterstützung und Förderung der Bewohner orientiert sich an verschiedenen Konzepten.
Im Bereich der **Kinder- und Jugendhilfe** sind Wohngruppen durch familienähnliche Strukturen gekennzeichnet. Die Kinder und Jugendlichen werden bestmöglichst unter Berücksichtigung ihrer bisherigen Lebenssituation gefördert im Sinne einer selbstständigen und eigenverantwortlichen Lebensführung.

Im Bereich der **Behindertenhilfe** bieten Wohngruppen die Möglichkeit, langfristig selbstständig zu wohnen. Oftmals ist dieses Wohnangebot mit einer Werkstatt für Menschen mit Behinderungen verbunden. So haben diese gute Voraussetzungen zur Teilhabe am normalen Leben. Neben einem Arbeitsplatz mit angemessenen Arbeitsaufträgen können sie weitgehend eigenverantwortlich mit anderen wohnen und ihre Freizeit verbringen.
Die Wohngruppen bereiten auch auf das Wohnen in einer eigenen Wohnung vor. Hier werden vor allem einfache hauswirtschaftliche Fertigkeiten trainiert.

Im Bereich der **Altenhilfe** können Wohngruppen dem Bewohner trotz zunehmender

Treffpunkt Küche in der Wohngruppe

Hilfsbedürftigkeit ein eigenständiges Leben ermöglichen. Gleichzeitig gewährleisten sie bedarfsgerechte Unterstützung.

Wohnmodelle können sein:
- Betreutes Wohnen oder Service-Wohnen: Die Menschen leben selbstbestimmt in altengerechten Wohnungen oder kleinen Appartements (z. B. Fahrstuhl, keine Barrieren) und bestellen je nach Unterstützungsbedarf entsprechende Hilfen.
- Senioren- oder Altenwohngemeinschaften: Gegenseitige Unterstützung und ein gemeinschaftliches Leben sind hierbei wichtige Merkmale des Wohnens. Die Bewohner helfen sich untereinander, Fachkräfte unterstützen je nach Bedarf oder Dringlichkeit.

Häufig ist eine Präsenskraft oder Alltagsbetreuerin zur Unterstzützung der Wohngemeinschaft angestellt. Weitere Wohnformen s. S. 166.

Gemeinsame Aktivität

1.3.3 Stationäre Einrichtungen

Zu den stationären Einrichtungen gehören:
- Einrichtungen der Erziehungshilfe
  Hierunter fallen die Kinder- und Jugendheime, in denen die Kinder und Jugendlichen den ganzen Tag betreut werden.
- Einrichtungen der Altenhilfe
  Früher wurde unterschieden zwischen Altenwohnheim, Altenheim und Altenpflegeheim. Die heutige stationäre Altenhilfe basiert auf dem Konzept der Integration von Wohnen, Pflege und Betreuung. Die Bewohner bekommen je nach Pflegegrad ihre erforderliche Betreuung/Pflege und gezielt Anleitungen zum Erhalt ihrer Fähigkeiten.

1.4 Anforderungen an Assistenzkräfte

Alle beruflichen Handlungen orientieren sich an dem individuellen Unterstützungsbedarf des Menschen. Sie sind als **Dienstleistungen** zu verstehen und haben unterschiedliche Anteile an hauswirtschaftlichen, sozialpflegerischen und pflegerischen Arbeiten. Im Mittelpunkt aller Tätigkeiten stehen die Bedürfnisse, Erwartungen, Lebenserfahrungen, aber auch die Ängste der zu Betreuenden.

Die erforderlichen Fachkenntnisse und Fertigkeiten lassen sich erlernen und durch Erfahrung verbessern. Wichtigste Voraussetzung für die Unterstützung oder Pflege von Menschen ist die persönliche Eignung.
- Jede und jeder, der in diesem Bereich arbeitet, muss Freude am Umgang mit Menschen haben und sein echtes Interesse an ihnen zum Ausdruck bringen können.
- Gelungene Kommunikation erfordert Zuhören, geduldige Zuwendung und die Bereitschaft, individuelle Besonderheiten zu tolerieren.
- Menschen in ihrer Einzigartigkeit zu akzeptieren, erfordert das Zurückstellen der eigenen Ansichten und Bedürfnisse sowie ein selbstkritisches Reflektieren des eigenen Verhaltens.
- Verantwortung für das Wohlergehen und die Sicherheit der Menschen übernehmen und für sich selbst.
- Ansprechendes Erscheinungsbild, Freundlichkeit und Kontaktfreude, um auf Menschen zuzugehen.
- Körperliche Fitness ist notwendig, um Menschen zu heben, zu bewegen und zu stützen.
- Jede und jeder muss bereit sein, unangenehme Situationen wie Ekelgefühle, schlechte Gerüche, Körperkontakte zu ertragen.
- Umfassende Versorgung ist auch an Sonn- und Feiertagen notwendig. Daraus ergeben sich Arbeitszeiten, die es mit privaten Beziehungen zu vereinbaren gilt.
- Psychische Belastbarkeit, um sowohl im Umgang mit alten oder kranken Menschen als auch durch betriebsbedingte Hektik entsprechende Situationen zu bewältigen.
- Schweigepflicht und Diskretion einhalten und keine Informationen an Dritte weitergeben.

Während der Betreuung von Menschen erfährt die Assistenzkraft oft sehr persönliche, private Informationen.

- Tätigkeiten nach Anweisung zuverlässig ausführen und sich im Team einbringen.
- Die Bereitschaft mit Angehörigen und Kolleginnen und Kollegen im Team zusammenzuarbeiten.
- Die Bereitschaft zum lebenslangen Lernen, um fachlich fit zu bleiben, ist Voraussetzung.

> **!** Weil immer Menschen im Mittelpunkt der Handlungen stehen, ist die Arbeit als Assistenzkraft abwechslungsreich, verantwortungsvoll und bietet täglich neue Herausforderungen.

Betreuung eines Menschen mit Behinderung

Die Assistenzkraft sollte auf Menschen zugehen können, deren Wohlergehen zur eigenen Sache machen.

Geduld, Freundlichkeit und Einfühlungsvermögen sind wichtige Merkmale des beruflichen Handelns.

Aufgaben

1. Erstellen Sie eine Mind-Map mit den wichtigsten Informationen zum Arbeitsbereich einer Assistenzkraft.
2. Nennen Sie fünf Merkmale für ein gutes Erscheinungsbild einer Assistenzkraft.
3. Erstellen Sie Lernkarten zu fünf selbst ausgewählten neuen Fachbegriffen. Vergleichen Sie Ihre Begriffe und deren Erklärungen in Kleingruppen. Ergänzen Sie diese untereinander, sodass Sie möglichst viele Fachbegriffe erläutert haben.
4. Erkunden Sie, welche Wohnangebote es in Ihrem Wohnort oder am Standort Ihrer Schule für Senioren, für Kinder oder Menschen mit Behinderung gibt. Stellen Sie die gewonnenen Informationen in einer Tabelle dar.
5. Sie bereiten sich auf das Praktikum vor. Klären Sie für sich, welche der unter Kapitel 1.4 beschriebenen Anforderungen Ihnen leicht- und welche Ihnen schwerfallen könnten. Beschreiben Sie möglichst konkret, wie Sie Ihre Stärken umsetzen wollen und wie Sie die Schwierigkeiten bewältigen werden. Formulieren Sie dabei jeweils einen Satz, z. B.:
   Ich kann ***auf Menschen zugehen****, indem ich Blickkontakt halte und echtes Interesse zeige.*
   Ich stelle mir schwierig vor, ***immer freundlich zu sein****, ich werde beobachten, wie meine Praxisanleiterin das macht und mit ihr darüber sprechen.*
   …

2 Hygiene

Hygieia hieß bei den Griechen die Göttin der Gesundheit. Das Fachgebiet **Hygiene** in der Wissenschaft beschäftigt sich mit der Vorbeugung von Infektionskrankheiten. Wer in Gemeinschaftseinrichtungen, z. B. der Kinderbetreuung, arbeitet oder wer Speisen und Getränke für andere zubereitet, trägt in hohem Maße **Verantwortung** für die Gesundheit anderer. Kinder, kranke und ältere Menschen sind empfindlicher als gesunde Erwachsene. Immer wieder kommt es daher vor, dass kleine Nachlässigkeiten in Kindertagesstätten oder Seniorenheimen Krankheits- oder sogar Todesfälle zur Folge haben.

Hygiene bedeutet

- Lebensmittel richtig zu lagern und zu verarbeiten,
- Körper und Kleidung sauber zu halten,
- Räume und Gegenstände richtig zu reinigen.

2.1 Mikroorganismen: klein, aber oho!

Mikroorganismen sind so klein, dass man sie mit dem bloßen Auge nicht sehen kann. Die kleinsten von ihnen sind die **Viren**, wesentlich größer erscheinen bereits die **Bakterien** und die **Hefepilze**. Erst die **Schimmelpilze** können sich zu einer mit dem Auge erkennbaren Größe ausdehnen.

Bakterien, Hefe- und Schimmelpilze führen zum **Verderb** von Lebensmitteln, z. B. zum Faulen, Gären oder Verschimmeln. Diese Veränderungen sind mit den Sinnen wahrnehmbar. Das heißt, sie zeigen sich durch einen veränderten Geruch oder Geschmack, ein ungewöhnliches Aussehen oder eine untypische Beschaffenheit. Daher werden verdorbene Lebensmittel nicht verzehrt. Bestimmte **krankheitserregende Bakterien** können sich jedoch in der Umwelt oder in Lebensmitteln vermehren, ohne dass man es bemerkt. Gelangen z. B. Salmonellen in Lebensmittel, können nach dem Verzehr schmerzhafte Magen-Darm-Erkrankungen auftreten.

Mikroorganismen kommen **überall** vor: auf der Haut, auf den Schleimhäuten von Mund und Nase, auf der Kleidung, auf Gegenständen und Arbeitsflächen, in Lebensmitteln und ihrer Verpackung. Ursprünglich stammen sie aus dem Erdboden oder von Tieren und ihren Ausscheidungen.

Allen Mikroorganismen ist gemeinsam, dass sie sich sehr schnell vermehren, sobald sie geeignete Wachstumsbedingungen vorfinden. Aus einem Keim der Bakterien, die sich jede Viertelstunde einmal teilen, sind nach nur fünf Stunden bereits zu über einer Million Bakterien geworden.

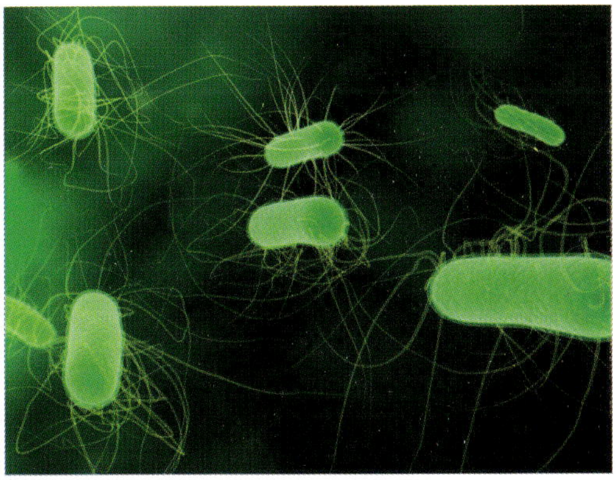

Escherichia-coli-Bakterien unter dem Elektronenmikroskop

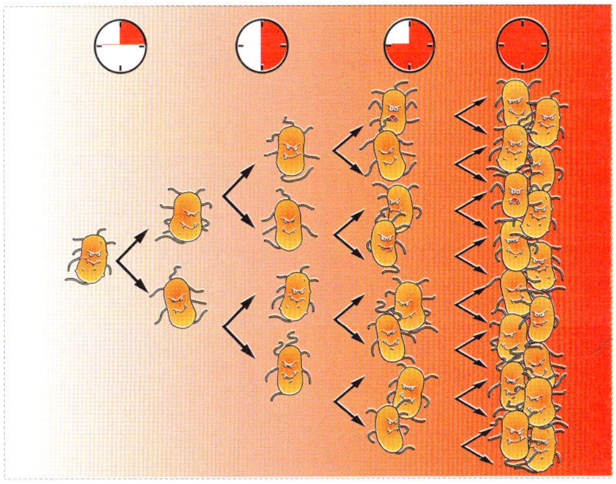

Bakterien vermehren sich durch Teilung

Mit Mikroorganismen hergestellte Produkte halten sich länger als unverarbeitete Lebensmittel

2.1.1 Erwünschte und unerwünschte Mikroorganismen

Es gibt ungefährliche Bakterien, Hefen und Schimmelpilze, deren Eigenschaften man sich in der **Lebensmittelherstellung** zunutze macht. Unter anderem schützen sie die entstandenen Produkte vor dem Verderb durch unerwünschte Mikroorganismen. So vergären zum Beispiel Milchsäurebakterien den Milchzucker der Milch und erzeugen Joghurt. Bei der Weinherstellung produzieren Hefen aus dem Zucker der Weintrauben Alkohol. Und der Edelschimmel auf bestimmten Käsesorten sorgt für das besondere Aroma.

Unerwünschte Mikroorganismen können **Lebensmittelverderb oder Krankheiten** hervorrufen. Am häufigsten treten bakterielle Erkrankungen durch Campylobacter, Salmonellen, Bacillen, Listerien, Noroviren, Staphylokokken, Clostridien und Coli-Bakterien auf. Sie können Lebensmittel vergiften oder Infektionen hervorrufen. Diese äußern sich meist nach einigen Stunden oder Tagen in Übelkeit, Durchfall, Bauchschmerzen und Erbrechen. Für Kleinkinder können Magen-Darm-Erkrankungen lebensbedrohlich sein. Das Gift des Bakteriums Clostridium botulinum, dem Erreger des Botulismus, gehört zu den giftigsten Substanzen überhaupt. Zusätzliche Krankheitszeichen sind hierbei auch Doppeltsehen, Schluckbeschwerden, Verstopfung und Atemlähmung, die im schlimmsten Fall zum Tode führen kann.

2.1.2 Lebensbedingungen von Mikroorganismen

Mikroorganismen, die bei Lebensmitteln zu finden sind, brauchen bestimmte Voraussetzungen, um zu überleben und zu wachsen.

Bakterien

- vermehren sich leicht bei Raumtemperatur,
- verursachen Fäulnisprozesse.

Hefen

- entwickeln sich vorwiegend auf sauren- und kohlenhydratreichen Lebensmitteln, siedeln sich gerne auf Früchten an,
- können sich ohne Luftsauerstoff vermehren und rufen dann Gärungen hervor,
- vermehren sich optimal bei 25 °C.

Schimmelpilze

- befinden sich bevorzugt auf kohlenhydrathaltigen und eiweißreichen Lebensmitteln
- sie sind gegen Hitze wenig resistent,
- gedeihen nur mit Luftsauerstoff.

Temperatur

Die Umgebungstemperatur bestimmt, wie stark sich Mikroorganismen vermehren können. Unter zehn Grad verlangsamt sich das Wachstum der Keime. Daher bietet sich der Kühlschrank zur kurzfristigen Aufbewahrung von frischen Lebensmitteln an. In tiefgefrorenen Lebensmitteln stellen die Mikroorganismen ihr Wachstum ein. Sie sterben jedoch nicht ab und können sich nach dem Auftauen wieder vermehren.

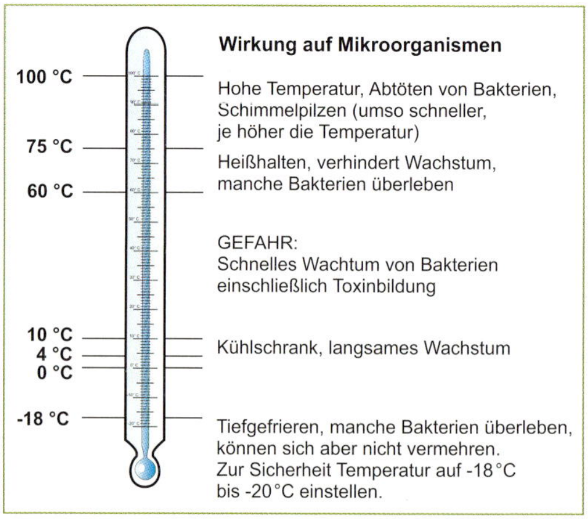

Die meisten Mikroorganismen vermehren sich bei Temperaturen zwischen 20 und 40 °C

Hefen, Schimmelpilze und Bakterien sind temperaturempfindlich und sterben bereits bei Temperaturen unter 100 °C ab. Werden Lebensmittel bis 120 °C erhitzt, sterben auch die Sporen.

Wasser

Wasserreiche Lebensmittel verderben besonders schnell. Mikroorganismen bestehen selbst zu etwa 70 Prozent aus Wasser und benötigen dies auch in ihrer Umgebung. Entscheidend ist dabei jedoch nicht der Gesamtwassergehalt, sondern der Anteil an sogenanntem „freien" Wasser, das nicht an Salz oder Zucker gebunden ist. Daher halten sich Lebensmittel mit hohem Zucker- oder Salzgehalt wie Konfitüre oder Salzheringe sehr lange.

Nährstoffe

Mikroorganismen brauchen wie alle Lebewesen Nährstoffe. Die meisten von ihnen sind spezialisiert auf die Verwertung eines Hauptnährstoffs. So ernähren sich Hefen fast nur von Kohlenhydraten. Fäulniserreger und Salmonellen bevorzugen eiweißreiche Lebensmittel, etwa Fleisch, Wurst oder Eierspeisen. Schimmelpilze ernähren sich von Kohlenhydraten, Fetten und Eiweißen und sind gern auf Marmelade, Käse und Brot.

pH-Wert

Die meisten Mikroorganismen bevorzugen ein neutrales Milieu, also weder sauer noch basisch. Zitrussäfte, in Essig eingelegte Gurken oder Sauerkraut halten sich daher relativ lange.

pH-Wert = kennzeichnet das Milieu (wässrige Lösung):
pH 0–7 sauer
pH 7 neutral
pH 7–14 alkalisch

Sauerstoff

Manche Mikroorganismen benötigen Sauerstoff zum Leben, andere vertragen ihn überhaupt nicht. Schimmelpilze und bestimmte Fäulniserreger brauchen daher Luft, während andere lieber im sauerstofffreien Inneren z. B. von Lebensmitteln leben.

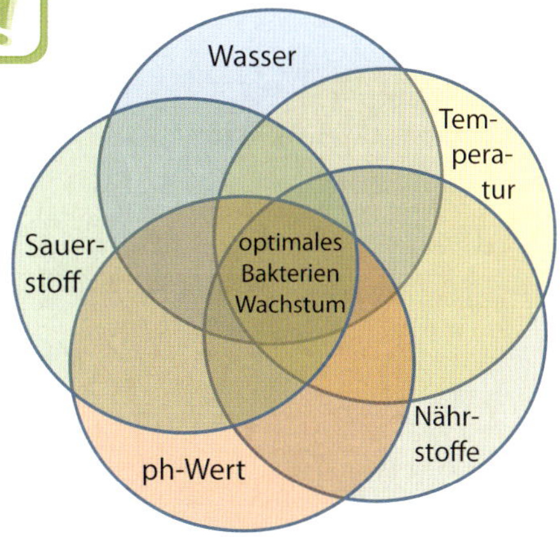

Lebensbedingungen von Mikroorganismen

2.2 Infektionsschutzgesetz

Wer eine Infektionskrankheit hat, kann andere anstecken. Aufgrund dieser Gefahr sollten sich Kranke nicht in Gemeinschaftseinrichtungen und nicht in Betrieben aufhalten, in denen mit Lebensmitteln gearbeitet wird.

Das „Gesetz zur Verhütung und Bekämpfung von Infektionskrankheiten beim Menschen", kurz **Infektionsschutzgesetz (IfSG)**, schreibt besondere Maßnahmen für Betreuungseinrichtungen wie Kindertagesstätten, Wohngruppen und Heime vor. Es gilt ebenfalls für alle Personen, die professionell Lebensmittel verarbeiten oder verkaufen, denn auch über Lebensmittel werden oftmals Krankheitserreger übertragen. Die Vorschriften dienen dazu, die Ausbreitung von ansteckenden Krankheiten zu verhindern.

Tätigkeits- und Besuchsverbot

Wer an einer ansteckenden Krankheit erkrankt ist, darf eine Gemeinschaftseinrichtung nicht besuchen. Das gilt sowohl für die Betreuer als auch für die Betreuten und deren Kontaktpersonen. Selbst wenn die Krankheit noch nicht ausgebrochen ist, sondern nur ein Verdacht besteht, müssen die entsprechenden Personen zu Hause bleiben. Manche Krankheiten können so schwere Folgen haben, dass dieses Verbot die einzig wirksame Schutzmaßnahme darstellt.

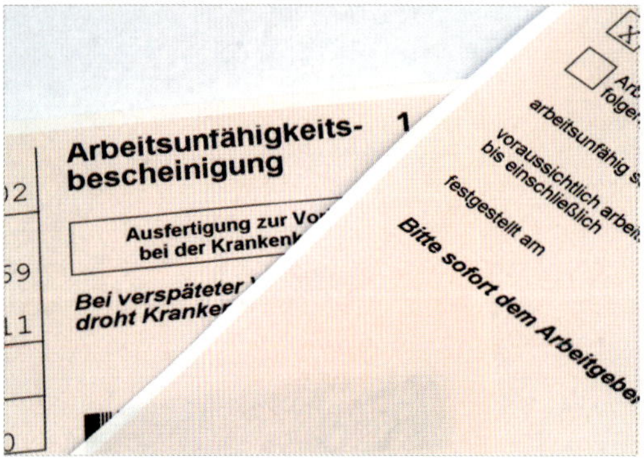

Ärzliches Attest

Wiederzulassung mit ärztlichem Attest
Bei einigen Erkrankungen dürfen die Betroffenen erst wieder in die Einrichtung kommen, wenn sie ein ärztliches Attest mitbringen. Je nach Infektionskrankheit kann eine Krankheit auch dann noch ansteckend sein, wenn es dem Patienten schon wieder besser geht, z. B. bei Windpocken.

Manche Krankheiten sind so ansteckend, dass Mitarbeiterinnen oder Betreute ihre Einrichtung sogar dann nicht besuchen dürfen, wenn nicht sie selbst, sondern nur eine andere Person in der Familie oder Wohngemeinschaft erkrankt ist oder wenn Verdacht darauf besteht.

Mitteilungspflichten
Immer wenn eine Infektionskrankheit oder ein Verdachtsfall auftritt, muss der Vorgesetzte sofort informiert werden. Dieser benachrichtigt evtl. auch das zuständige Gesundheitsamt.

Regelungen für Ausscheider
Über den Stuhl (Kot) oder Tröpfchen aus dem Nasen-Rachen-Raum können sich manche Krankheitserreger noch wochen- und monatelang verbreiten, obwohl es dem Patienten schon längst wieder gut geht. Diese sogenannten Ausscheider müssen besondere Vorsichtsmaßnahmen anwenden, um die Einrichtung trotzdem besuchen zu dürfen, z. B. Desinfektion der Hände, Verwenden von Einmal-Handtüchern. Bei Ausscheidern bestimmter Krankheitserreger (z. B. Salmonellen) ist dies jedoch auch mit Schutzmaßnahmen nur möglich, wenn das Gesundheitsamt zustimmt.

Belehrung von Mitarbeitern
Der Arbeitgeber muss dafür sorgen, dass alle Beschäftigten der Einrichtung über die Bestimmungen des Infektionsschutzgesetzes informiert sind. Der Gesetzgeber schreibt vor, dass diese Belehrung zum ersten Mal vor Beginn der Tätigkeit erfolgt und danach im Abstand von maximal zwei Jahren wiederholt werden muss. Alle Teilnehmer dieser Schulung unterschreiben in einem Protokoll, dass sie aufgeklärt wurden, dass bei ihnen kein Grund für ein Tätigkeitsverbot besteht und dass sie ihrer Mitteilungspflicht im Erkrankungsfall unverzüglich nachkommen werden. Ein Informationsblatt empfiehlt sich z. B. in Senioreneinrichtungen für Bewohner und deren Kontaktpersonen oder in Kindertagesstätten für die Eltern.

2.3 Hygiene in der Küche

Aus den Lebensbedingungen der Mikroorganismen leiten sich nicht nur Haltbarmachungsmethoden für Lebensmittel ab. Denn auch das hygienischste Produkt kann wieder verunreinigt werden, wenn es in eine unsaubere Küche gelangt. So ergeben sich zahlreiche Vorsichtsmaßnahmen für die hygienische Verarbeitung von Lebensmitteln von der Lagerung bis zur Abfallentsorgung (s. S. 141 f.). Wer hier verantwortlich handelt, kann die Gesundheit der zu betreuenden Personen wirkungsvoll schützen.

Das Einmaleins der Hygiene

Persönliche Hygiene

- ✔ Auf saubere Arbeitskleidung achten!
- ✔ Während der Küchenarbeit das Haar bedecken!
- ✔ Vor Arbeitsbeginn den Handschmuck (Ringe, Uhren) ablegen!
- ✔ Vor Arbeitsbeginn und nach jedem Toilettenbesuch die Hände gründlich waschen und mit Papierhandtüchern abtrocknen!
- ✔ Verletzungen an Händen und Armen sachgerecht versorgen und mit wasserundurchlässigem Material abdecken!
- ✔ Beim Niesen oder Husten vom Lebensmittel abwenden und ein Taschentuch vor Nase bzw. Mund halten!
- ✔ Rauchen ist im Lebensmittelbereich verboten!

Wohnhygiene

- ✔ Gründliche Reinigung der Sanitärbereiche wie Toilettenbecken, Waschbecken etc.!
- ✔ Reinigung mit Wasser und Haushaltsreiniger vornehmen!
- ✔ Utensilien zur Nassreinigung, z. B. Wasch- und Abwaschlappen, Wischlappen, Mopps, häufig wechseln und so heiß wie möglich in der Waschmaschine waschen!

Hygienischer Umgang mit Lebensmitteln

- ✔ Leicht verderbliche Lebensmittel auf eine Temperatur von höchstens 7 °C kühlen (rohes Fleisch, Geflügel, Fisch, Ei)!
- ✔ Tiefgefrorenes Fleisch und Geflügel vor dem Zubereiten (Erhitzen) sachgemäß auftauen!
- ✔ Das von Fleisch und Geflügel gebildete Tauwasser wegschütten und alle damit in Berührung gekommenen Gegenstände sorgfältig reinigen!
- ✔ Speisen ausreichend erhitzen!
- ✔ Speisen nach dem Kochen bei einer Temperatur über 60 °C heiß halten!
- ✔ Erhitzte Speisen wenn möglich in flachen Behältern kühlen!
- ✔ Aufzuwärmende Speisen nach dem Kühlen auf mindestens 70 °C bringen!
- ✔ Beim Lagern erhitzte Speisen von rohen Lebensmitteln getrennt halten!
- ✔ Bei der Zubereitung von zusammengesetzten Speisen wie Kartoffel- oder Nudelsalaten die gekochten Komponenten herunterkühlen, bevor die anderen Bestandteile hinzugefügt werden!
- ✔ Alle Küchenarbeiten mit leicht verderblichen Lebensmitteln zügig durchführen!
- ✔ Gegarte Speisen dürfen nicht mit der Hand angefasst werden!

Küchenräume und -gegenstände

- ✔ Küchen und dazugehörige Wirtschaftsräume sauber halten!
- ✔ Den gesamten Küchenbereich in ordentlichem und aufgeräumtem Zustand halten!
- ✔ Häufiges Zwischenreinigen verbessert die Küchenhygiene!
- ✔ Alle Tücher, die für die Reinigung der Kücheneinrichtung und Gerätschaften benutzt werden, täglich erneuern!
- ✔ Küchen- und Lagerräume vor Insektenbefall sowie anderem Ungeziefer schützen!
- ✔ Reinigungs- und Desinfektionsmittel außerhalb der Küche in einem beschrifteten und verschlossenen Schrank aufbewahren!
- ✔ Eine Überlastung der Kühlgeräte vermeiden!
- ✔ Bei gewerblichen Spülmaschinen dürfen die vom Hersteller vorgegebenen technischen Bedingungen wie Temperatur und Zeit nicht verändert werden!

u. a. nach: Bundesinstitut für Risikobewertung

Hygiene im Lebensmittelrecht

Das deutsche Lebensmittelrecht wird maßgeblich von europäischen Verordnungen bestimmt. Auf der Basis des Lebensmittel-, Bedarfsgegenstände- und Futtermittelgesetzbuches (LFGB) schützen Gesetze und Verordnungen den Verbraucher vor gesundheitlichen Beeinträchtigungen und vor Täuschung. Für einen sicheren Schutz der Gesundheit ist es zum Beispiel notwendig, dass alle Lebensmittelhersteller ihre Produktionsprozesse systematisch nach möglichen Gefahren für die hygienische Lebensmittelqualität untersuchen.

Die europäische **Lebensmittelhygiene-Verordnung** aus dem Jahr 2007 schreibt für alle Lebensmittel verarbeitenden Betriebe ein sogenanntes **HACCP-Konzept** vor. HACCP bedeutet Gefahrenanalyse und kritische Kontrollpunkte (Hazard Analysis and Critical Control Points). Eine Großküche etwa muss mit so einem Kontrollkonzept nachweisen können, dass sie auf dem gesamten Weg von der Warenanlieferung bis zum servierten Gericht alles getan hat, um Gefahren auszuschließen. Dafür müssen zum Beispiel Lager- und Zubereitungstemperaturen überprüft und dokumentiert werden.

Jeder, der mit Lebensmitteln arbeitet, ist für die gesundheitliche Unbedenklichkeit des Produkts verantwortlich. Für Fachkräfte sind daher regelmäßige **Hygieneschulungen** vorgeschrieben. Die Schulungsteilnehmer unterschreiben, dass sie die grundlegenden Kenntnisse erworben haben. Damit haften sie unter Umständen für alle Fehler, die sie zu verantworten haben. Diese sogenannte **Produkthaftung** gilt neben der allgemeinen Sorgfaltspflicht auch für Mitarbeiter in der Kinderbetreuung. Wird zum Beispiel ein Kind durch unsauberes Verhalten einer Betreuerin krank, können die Eltern Schadensersatz verlangen.

Aufgaben

1. Wie können Lebensmittel haltbar gemacht werden? Erklären Sie drei Verfahren.
2. Befragen Sie in einer ruhigen Minute Ihre Praxisanleiterin oder die Leitung der Praktikumseinrichtung, welche typischen Erkrankungen schon öfter vorgekommen sind und wie Betreute, Kontaktpersonen und Mitarbeiter über die Vorschriften des IfSG aufgeklärt werden.
3. Erklären Sie, warum ein aufgetautes Tiefkühl-Hähnchen Salmonellen enthalten kann und wie Sie damit korrekt umgehen.
4. In der Mittagspause holt Ihre Klassenkameradin ein Mettbrötchen aus ihrem Rucksack, auf das sie sich schon den ganzen Vormittag freut. Begründen Sie mithilfe der Eigenschaften und Lebensbedingungen von Mikroorganismen, warum der Verzehr gefährlich sein kann.
5. Erstellen Sie eine Wandzeitung über Salmonellen und ihr Vorkommen in der Natur und in Lebensmitteln, ihre Übertragung, das Krankheitsbild sowie über geeignete Vorbeugemaßnahmen.
6. Sie sind für die Hygiene in der Küche verantwortlich. Es wird das Mittagessen zubereitet. Nennen Sie mindestens zehn Maßnahmen aus dem Einmaleins der Hygiene, die Sie beachten müssen.

3 Gesund bleiben bei der Arbeit

Pflegerische und hauswirtschaftliche Tätigkeiten sind körperlich anstrengend, erfordern ein hohes Maß an Konzentration und sind oft psychisch belastend. Die Hilfestellung beim Aufstehen aus einem Sessel erfordert großen Einsatz der Rückenmuskeln, das Ankleiden von Personen geschieht oft in gebückter Haltung. Routinetätigkeiten wie das Vorbereiten von Tabletts für eine Mahlzeit erfordern viele Handgriffe, die nur in einer sinnvollen Reihenfolge zügig zu erledigen sind. Der Einsatz von arbeitserleichternden Geräten oder Maschinen ist in diesem Arbeitsbereich nur begrenzt möglich. Daher ist es wichtig, dass Pflegekräfte ergonomisch arbeiten, trotz körperlich anstrengender Arbeit gesund bleiben und Arbeitsunfälle vermeiden.

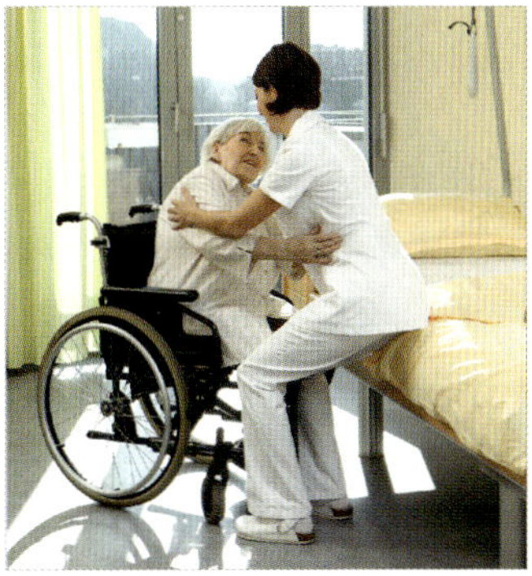

Rückengerechtes Heben

3.1 Ergonomie

Die Beachtung ergonomischer Grundsätze bei der Gestaltung von Arbeitsabläufen schafft Arbeitserleichterung. Dazu gehören u. a. körpergerechte Arbeitsbewegungen, rückenfreundliche Arbeitsplätze, Einsatz von Hilfsmitteln und gute Arbeitsorganisation.

Ergonomie ist ein Bereich der Arbeitswissenschaft. Sie beschäftigt sich mit den Möglichkeiten, durch technische und organisatorische Maßnahmen menschengerechte Arbeitsbedingungen/-abläufe zu schaffen.

3.1.1 Rückengerecht arbeiten

Zu den Tätigkeiten einer Assistenzkraft gehören Hebe- und Tragearbeiten. Bewohner brauchen Unterstützung beim Aufstehen, Bettlägerige werden umgelagert, Kinder sind hochzuheben, Wäschekörbe, Getränkekisten oder Einkaufstaschen zu tragen. Bei diesen Bewegungen werden vor allem Wirbelsäule und Rückenmuskeln belastet. Rückenschmerzen und Beschwerden im Schulter-Nacken-Bereich treten bei Pflegekräften häufig auf. Das Einüben von rückengerechtem Arbeiten ist daher von Anfang an wichtig. Hierzu gehören sowohl **richtige Bewegungsabläufe** als auch die **Nutzung von Hilfsmitteln**.

Heben und Tragen

Für rückengerechtes Arbeiten beim Heben und Tragen von Lasten gilt: Alle Tätigkeiten mit geradem Rücken ausführen, um die Bandscheiben zu schonen. Dazu gehört ein bestimmter Bewegungsablauf.

So geht's – richtig heben und tragen

- Körperhaltung vorbereiten: Wirbelsäule stabilisieren, Rückenmuskulatur anspannen, Bauchnabel einziehen, Beine hüftbreit und Fußspitzen leicht nach außen stellen.

- Korb vom Boden aufnehmen: In Schrittstellung in die Hocke gehen und mit geradem Rücken den Korb ergreifen.

- Korb heben: Korb körpernah auf Hüfthöhe bringen, evtl. auf Oberschenkel abstützen.

- Korb tragen: Korb möglichst nahe am Körper halten.

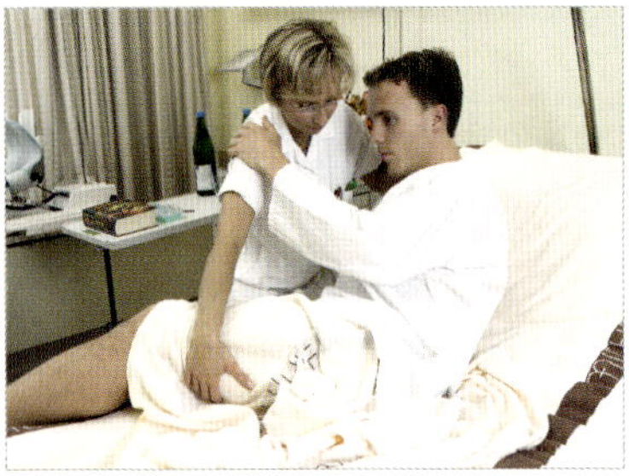

Körpernah arbeiten gilt auch bei Hilfestellungen für Kinder und Patienten, wie Aufrichten, Umsetzen oder Lagern.
Hier beginnt der Bewegungsablauf mit dem Aufrichten der Wirbelsäule, um einen guten Stand zu haben. Entsprechendes Mitgehen der Beine erleichtert die Bewegungen (s. S. 181). Zum Anheben der Person in eine leichte Grätschstellung, zum Bewegen in Schrittstellung gehen. Knie dabei leicht anwinkeln. Bewegungen langsam ausführen, das Tempo auf den Patienten abstimmen, damit sich dieser unterstützend mitbewegen kann. Durchgängig auf aufrechte Körperhaltung achten. Flache Schuhe entlasten ebenfalls die Wirbelsäule.

Hilfsmittel einsetzen, denn sie erleichtern das Tragen von Lasten: Kinderkarren, Servierwagen, Einkaufsroller, Reinigungswagen. Bei der Mobilisation und dem Umsetzen von Bewohnern verringern Lifter, Umsetzhilfen, Gleit- oder Antirutschmatten die Belastung der Wirbelsäule (s. S. 180).

Teleskopvorrichtungen an Reinigungsgeräten ersparen das Bücken. Sie ermöglichen die individuelle Anpassung an verschiedene Körpergrößen.

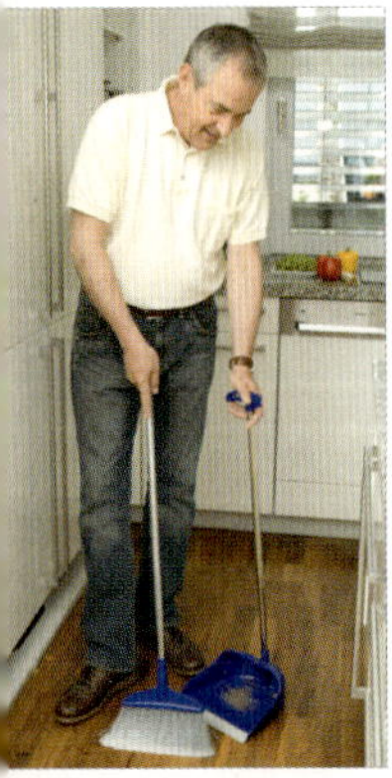

> **!** Zum Ausgleich durch gezielte Gymnastik und Rückenschule die Rückenmuskulatur stärken.

Zum Aufheben von kleinen Gegenständen vom Fußboden oder beim Aufwischen von verschütteten Flüssigkeiten in die Hocke gehen und mit gerader Wirbelsäule arbeiten, ohne sie seitlich zu drehen.

Falsche Körperhaltung (links) belastet die Bandscheiben und führt im Laufe der Zeit zu Rückenbeschwerden. Rechts wird der Rücken gerade gehalten.

Sitzen statt Stehen

Viele Arbeiten lassen sich weniger belastend im Sitzen erledigen. Arbeiten im Sitzen bietet nach langem Stehen die notwendige Entlastung für Rücken und Beine.

Dynamisches Sitzen ist besonders rückengerecht. Dynamisch bedeutet, die Sitzhaltung auf dem Arbeitsstuhl immer wieder zu verändern: mal vorgeneigt sitzen, mal aufrecht, mal zurückgelehnt. Voraussetzung dafür ist ein guter **Arbeitsstuhl**, der auf jede Person anzupassen ist. Die empfohlene Sitzhöhe beträgt 45 bis 50 cm.
Merkmale für einen guten Arbeitsstuhl:
- Sitzfläche und Rückenlehne sind verstellbar,
- Kante der Sitzfläche ist zum Knie hin abgerundet,
- Rückenlehne stützt die Wirbel im Lendenbereich,
- fünf Rollen schaffen Kippsicherheit.

handwerk-technik.de

3.1.2 Arbeitsplätze gestalten

Rückengerechte Arbeitshöhen wählen

- Arbeitsplatz im Sitzen

Die richtige Höhe für eine Arbeitsfläche in der Küche oder am Schreibtisch liegt bei 65 bis 75 cm. Zwischen der Sitzfläche eines Stuhles und der Tischplatte bleibt genügend Abstand, damit die Oberschenkel nicht eingeengt werden. Der Schultergürtel muss entlastet sein.

- Arbeitsplatz im Stehen

In Küchen ist eine Höhe der Arbeitsplatte zwischen 85 und 90 cm ideal. Beim Einräumen von Schränken und Regalen liegt der bequeme Greifbereich zwischen 70 und 170 cm über dem Boden. Ausziehbare Schübe statt fester Einlegeböden in Schränken ersparen das Bücken. Höhenverstellbare Betten und Sitze ermöglichen die rückengerechte Ausführung von Pflegearbeiten.

Arbeitsplätze einrichten

Viele Tätigkeiten benötigen eine ausreichend große **Arbeitsfläche**, um Arbeiten durchzuführen und die dafür benötigten Arbeitsgeräte und Arbeitsmittel griffbereit abzulegen. Für viele Arbeiten am Bett des Bewohners gibt es einen Wagen, auf dem alles Notwendige wie Bettwäsche, Pflegeartikel und Abfallbehältnisse angeordnet sind. Dieser lässt sich als mobiler Arbeitsplatz in das Zimmer der Bewohner mitnehmen.

Beim Zubereiten von Speisen hilft das überlegte Einrichten des Arbeitsplatzes, um die **Übersicht über den Arbeitsablauf** zu behalten. Ideale Breite des Arbeitsplatzes ist 120 cm. Alle Zutaten und Arbeitsgeräte stehen bereit, bevor mit der Verarbeitung der Lebensmittel begonnen wird. Sie sind in der Reihenfolge angeordnet, in der sie verarbeitet werden. Die Arbeitsgeräte liegen auf der rechten oder linken Seite, je nachdem mit welcher Hand gearbeitet wird.
Diese Regel kommt auch bei der Vorbereitung von Tabletts für die Speisenausgabe oder beim Tischdecken zur Anwendung. Die Anordnung von Besteck, Gläsern, Beilagenteller richtet sich immer nach der Hand, die beim Essen benutzt wird. Diese Anordnung erleichtert den Bewohnern auch die Orientierung beim Einnehmen der Mahlzeit.

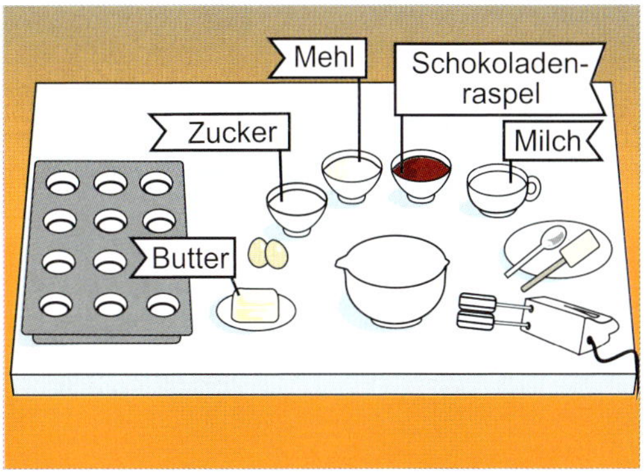

Aufbau eines Arbeitsplatzes zum Muffins backen

Bei Beschäftigungen und Spielen mit Kindern sollen ebenfalls zuerst alle benötigten Materialien bereitliegen, damit die Kinder sich einen Überblick verschaffen können.

Diese übersichtliche Vorbereitung des Arbeitsplatzes erfordert einige Überlegung, ist jedoch sehr vorteilhaft. Wenn die Assistenzkraft alles griffbereit hat, was sie benötigt, kann sie **ohne Unterbrechungen** und Zeitverlust arbeiten.

Ein Arbeitsplatz mit **ausreichender Tiefe** ist für länger andauernde Arbeiten am Computer notwendig. Der Bildschirm ist so auf der Arbeitsfläche aufgestellt, dass man direkt vor ihm sitzt, ohne die Halswirbelsäule für den Blick auf den Bildschirm zu verdrehen.
Die **Beleuchtung** von Arbeitsplätzen kommt bei Rechtshändern von der linken Seite und soll blendfrei sein.

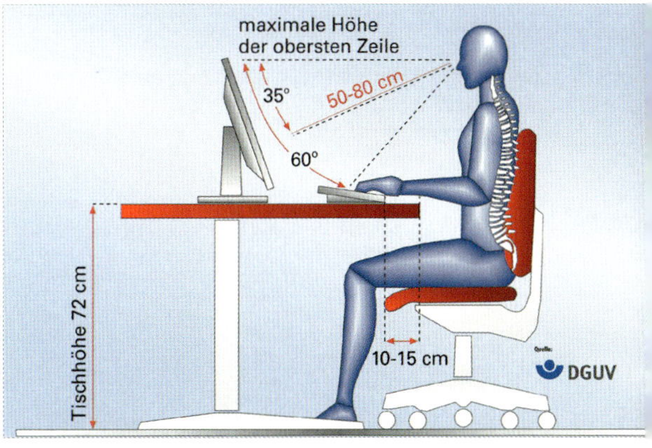

Optimal eingerichteter Büroarbeitsplatz

Bewegungsflächen
Menschen, die bei der Arbeit gehen, einen Rollstuhl schieben, Schranktüren öffnen, Gegenstände tragen, Bewohnern beim Aufstehen behilflich sind, benötigen für diese Bewegungen ausreichend Freiraum, sogenannte Bewegungsflächen. Diese sind bereits bei der Einrichtung von Bewohnerzimmern und der Küchenplanung zu beachten. Wichtige Hinweise zu den erforderlichen Maßen finden sich in Richtlinien zum barrierefreien Wohnen (siehe auch S. 169) oder zur Küchenplanung.

3.2 Sicher arbeiten

Unfallverhütung und Arbeitsschutz sind für Assistenzkräfte und Bewohner gleichermaßen wichtig. Eine schlecht beleuchtete Treppe, zudem Zeitdruck und beschädigte Arbeitsgeräte können Unfälle auslösen.

Unfallauslösende Faktoren in der Altenpflege	Prozent
Wege, Fußböden, Türen, Treppen	41,9
Aggressive oder verwirrte Heimbewohner	24,6
Betten, Rollcontainer	10,4
Scheren, Messer, Geschirr	4,0
Spritzen, Kanülen	0,3

3.2.1 Unfälle verhindern

Pflegekräfte müssen nicht nur sich selbst, sondern auch die Bewohner vor Unfällen schützen, sie müssen für diese mitdenken und Unfallgefahren ausschalten.

Verteilung der Unfälle nach ausgewählten Berufen		
	Arbeitsunfälle	Wegeunfälle
Altenpfleger/Pflegekräfte	2626	726
Krankenpflege	7190	2220
Hauswirtschaftliche Berufe	2476	531
Haushaltshilfen	2750	760

Quelle: Deutsche Gesetzliche Unfallversicherung, Arbeitsunfallstatistik im öffentlichen Dienst 2008

Stürze
Sowohl bei hauswirtschaftlichen als auch bei pflegerischen Tätigkeiten sind Stürze die häufigsten Unfälle. Ausrutschen auf verschütteten Flüssigkeiten, Stolpern über herumliegende Teile – meist sind es kleine Unaufmerksamkeiten die zu schwerwiegenden Verletzungen führen. Sicherheitsbewusstes Verhalten umfasst z. B.:

- Verschüttetes auf dem Fußboden unverzüglich aufwischen, herumliegende Gegenstände sofort aufheben,
- Wege nicht verstellen,
- in Fluren und Treppenhäusern auf gute Beleuchtung achten, Sicherheitskennzeichnung bei Stufen anbringen,
- bei Reinigungsarbeiten auf Fluren und in Gemeinschaftsräumen Hinweisschilder aufstellen.

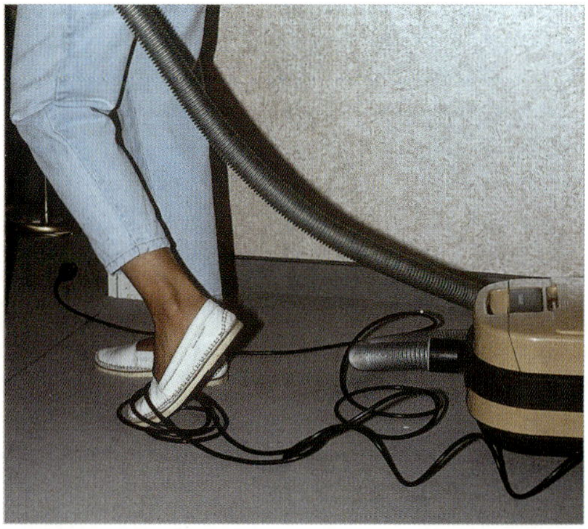

Vorsicht Unfallgefahr!

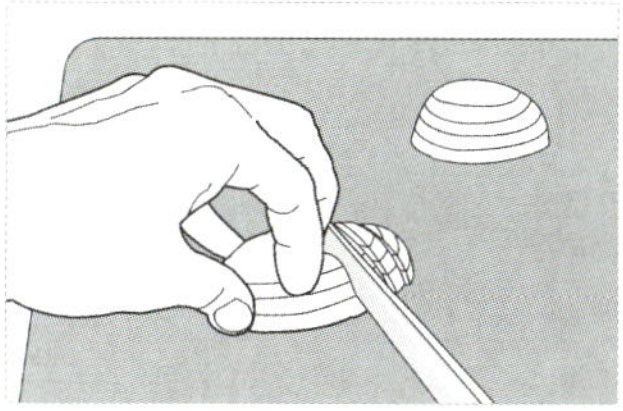

Beim Schneiden mit Messern den sogenannten „Krallengriff" anwenden, damit die Fingerspitzen geschützt sind.

Schnittverletzungen

Schnitt- oder Stichverletzungen entstehen durch unvorsichtiges Verhalten oder falsche Benutzung von Arbeitsgeräten. Es ist wichtig, die Unfallgefahren richtig einzuschätzen und sich entsprechend zu verhalten.

So geht's – Schnittverletzungen verhindern

- für Sicherheitsabstand zwischen Messer und Finger sorgen
- beim Schneiden mit der Schere ebenfalls darauf achten, dass die Finger Abstand zur Schnittlinie haben
- Schutzvorrichtungen, wie Fingerschutz bei Rohkostreiben, Brotschneidemaschinen, Aufschnittmaschinen immer nutzen
- beim Zusammensetzen von Maschinen darauf achten, dass Zubehörteile einrasten
- fallende Messer nicht versuchen aufzufangen
- Messer nicht im Spülwasser liegen lassen
- leere Glasampullen, scharfe Einweg-Instrumente, gebrauchte Kanülen nach dem Gebrauch sofort in durchstichsichere Behälter geben

Verbrühungen und Verbrennungen

Diese Verletzungen betreffen immer die Haut und können je nach Schweregrad sogar lebensbedrohlich sein. **Verbrühungen** sind Verletzungen durch heiße Flüssigkeiten, etwa wenn heißes oder gar kochendes Wasser verschüttet wird, beim Umfüllen von heißen Flüssigkeiten oder auch beim Duschen mit zu heißem Wasser. Beim Hantieren mit heißen Flüssigkeiten muss vorsichtig gearbeitet werden:

- Flüssigkeiten von sich weg schütten,
- Griffe von Pfannen und Kochtöpfen zur Innenseite des Kochfeldes drehen, damit diese beim Vorbeigehen nicht mitgerissen werden,
- Temperaturen der Thermostate an Wasserhähnen überprüfen (Wassertemperatur beim Baden sollte etwa 37 °C betragen).

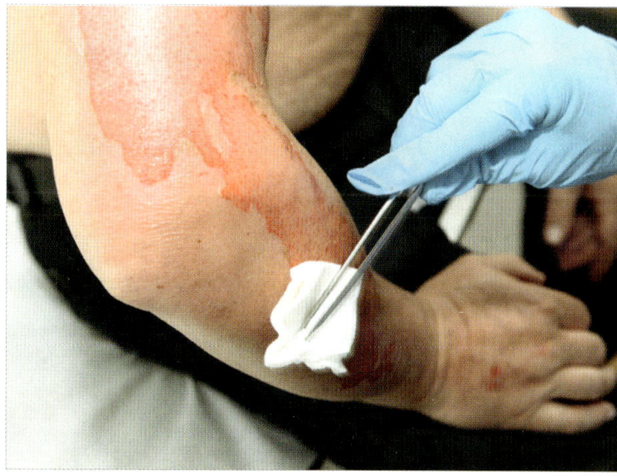

Brandverletzung

Verbrennungen sind Verletzungen durch trockene Hitze wie offene Flammen, heiße Bügeleisen oder Kontakt mit Kochstellen.
Bewohner sind davor durch entsprechende Vorsichtsmaßnahmen zu schützen:

- Kerzen nur in Anwesenheit einer Pflegekraft brennen lassen,
- Bügeleisen nach Gebrauch abschalten und zum Abkühlen sicher abstellen,
- Kontrollleuchten geben Hinweise auf Restwärme der Kochstellen.

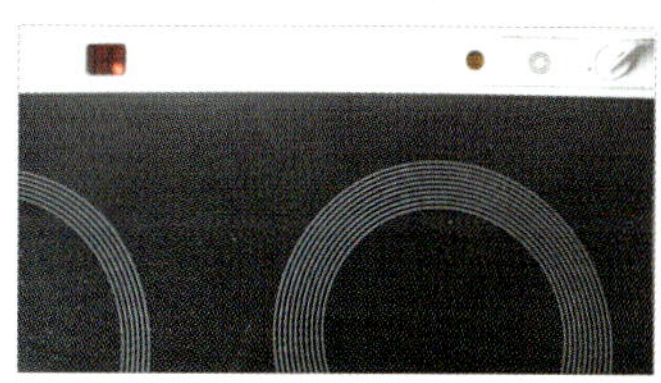

Restwärmeanzeige am Glaskeramikfeld

Vergiftungen und Verätzungen

Assistenzkräfte haben mit **Chemikalien** in Form von Reinigungs- und Desinfektionsmitteln zu tun. Häufige Unfälle sind Hautverletzungen durch Kontakt mit den scharfen Mitteln, Reizung der Schleimhäute durch Einatmen und Vergiftungen, wenn Chemikalien verschluckt werden.

Vorbeugende Maßnahmen sind z. B.:

- Reinigungsmittel für Kinder unerreichbar aufbewahren. Viele Behälter von Reinigungsmitteln haben einen kindersicheren Verschluss. Dieser kann nur mit einer Bewegung, die einen gewissen Druck erzeugt, geöffnet werden.
- Reinigungs- und Desinfektionsmittel nur in Originalverpackung aufbewahren.
- Reinigungs- und Desinfektionsmittel nicht miteinander vermischen, dabei können gefährliche chemische Reaktionen ausgelöst werden.
- Warnhinweise in Form von kurzen Regeln und Piktogrammen sind unbedingt zu beachten.

Sicherheitssymbole auf Reinigungsmitteln:

Außer Reichweite von Kindern aufbewahren.

Augenkontakt vermeiden. Falls das Produkt in die Augen gelangt, diese gründlich mit Wasser ausspülen.

- Chemikalien nicht einatmen oder verschlucken.
- Handschuhe schützen beim Umgang mit Reinigungsmitteln vor schädigenden Einflüssen.
- Schutzbrillen und Mundschutz gehören zur persönlichen Schutzausrüstung.
- Die Hersteller von Reinigungs- und Desinfektionsmitteln sind gesetzlich verpflichtet, die Inhaltsstoffe der Mittel entweder im Internet oder auf einem Sicherheitsdatenblatt bekanntzugeben. Dies ist wichtig, um im Ernstfall eine Vergiftung richtig zu behandeln.

Gefahrsymbole: ätzend und reizend

Stromschläge durch elektrische Geräte

Elektrische Geräte können durch Stromschläge zu schweren Verletzungen oder Verbrennungen führen. Sicherheitsbewusstes Verhalten ist z. B.:

- Geräte mit beschädigten Leitungen oder, wenn ein Warnlicht aufleuchtet, nicht benutzen.
- Bei elektrischen Küchengeräten die Stromzufuhr beim Zusammensetzen und Abbauen unterbrechen. Das Gerät darf nicht angeschlossen sein!
- Die Gehäuseteile nur mit einem feuchten Tuch abwischen. Die stromführenden Teile dürfen nicht mit Wasser in Berührung kommen. Das Gerät darf nicht angeschlossen sein!

3.2.2 Brandschutz

In allen Einrichtungen müssen die Mitarbeiter die Brandschutzmaßnahmen des Betriebes kennen. Im Ernstfall müssen sie schnell und sicher handeln. Zur Brandschutzausstattung gehören: Brandschutzdecken, Feuerlöscher, Sprinkleranlagen. Wichtig ist die Kennzeichnung der Fluchtwege, die unbedingt freigehalten werden müssen. Jeder Betrieb erstellt seinen eigenen Rettungsplan und kennzeichnet die Sammelpunkte für Rettungskräfte und Bewohner. Die Brandschutzbestimmungen sind einzuhalten, auch wenn damit Einschränkungen in der Wohnatmosphäre verbunden sind. So ist es in vielen Einrichtungen verboten, Kerzen anzuzünden. In den Fluren dürfen keine Möbel oder große Pflanzenkübel stehen, damit die Rettungswege frei bleiben.

3.2.3 Infektionen vermeiden

Beim Kontakt mit Menschen ergeben sich vielerlei Infektionsgefahren. Ansteckende Krankheiten werden über Körperausscheidungen, Hautkontakt und durch Lebensmittel übertragen. Typische Infektionsquellen durch Hautkontakt sind: Türgriffe, Telefonhörer, Hände, Armaturen in Toiletten und Bädern, verschmutzte Wäsche. Die Assistenzkraft kann sich und andere vor Infektionen schützen, indem sie die notwendigen Schutzmaßnahmen verantwortungsvoll durchführt.

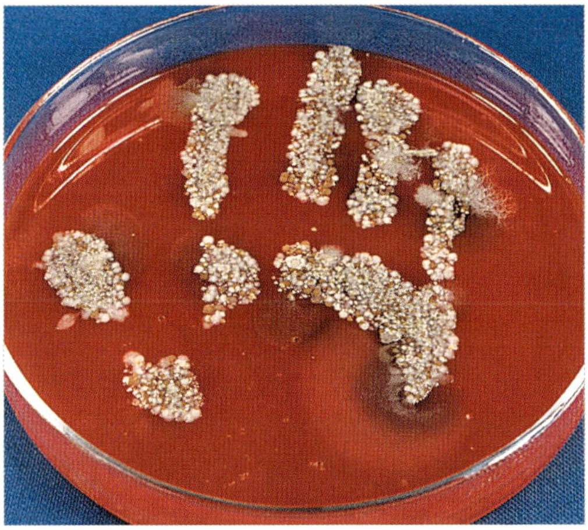

Abdruck einer Hand auf einem Nährboden für Mikroorganismen

Schutz der Hände

- Schutzhandschuhe tragen bei direktem Hautkontakt mit Bewohnern sowie bei Reinigungsarbeiten,
- Hände desinfizieren entsprechend den betrieblichen Vorgaben,
- Hände regelmäßig mit Hautcreme pflegen.

Trennung von reinen und unreinen Bereichen

Der Unterscheidung der Arbeiten in „rein" oder „unrein" liegt die Bewertung sowohl der sichtbaren Verschmutzung als auch des Infektionsrisikos zugrunde. Die anfallenden Tätigkeiten werden „räumlich" getrennt und an verschiedenen Arbeitsplätzen oder in den dafür vorgesehenen Arbeitsräumen ausgeführt.

Maßnahmen, um Keimverschleppungen zu verhindern, sind z. B.:

- benutztes Geschirr nicht neben sauberem Geschirr abstellen (betrieblichen Geschirrkreislauf einhalten),
- beim Einsammeln von Schmutzwäsche darauf achten, dass diese immer in geschlossenen Säcken transportiert wird,
- bei Reinigungsarbeiten in Pflegeeinrichtungen für jedes Zimmer frische Wischtücher und Bezüge verwenden,
- mit Erde verschmutzte Lebensmittel nicht im gleichen Spülbecken waschen, in dem auch Essgeschirr gespült wird.

Aufgaben

1. Sie bereiten sich auf ein Praktikum in einer Kindertagesstätte vor. Erstellen Sie ein Informationsblatt zum rückengerechten Arbeiten.
2. Junge Menschen in einer Wohngruppe wollen Nudelsalat herstellen. Bereiten Sie den Arbeitsplatz in einer Küche vor. Fotografieren Sie Ihren Vorschlag und vergleichen Sie die Vorschläge innerhalb Ihrer Lerngruppe.
3. Stellen Sie fünf rückenstärkende Gymnastikübungen zusammen. Probieren Sie diese aus und sprechen Sie über Ihre Erfahrungen.
4. Die Gesundheit von Pflegekräften liegt der **B**erufsgenossenschaft für **G**esundheitsdienst und **W**ohlfahrtspflege (BGW) besonders am Herzen. Informieren Sie sich auf deren Homepage über ihre Aktivitäten.
5. Gehen Sie zu Hause durch Ihre Wohnung und stellen Sie sich vor, dass eine gehbehinderte Freundin zu Besuch kommt. Finden Sie die möglichen Stolperstellen heraus und beschreiben Sie Möglichkeiten, diese zu beseitigen.

Wichtig – Unsere Tipps

Hautschutz

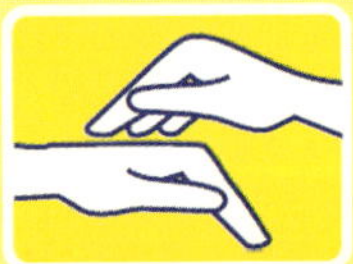

Benutzen Sie vorbeugend Hautschutzcremes vor hautbelastenden Tätigkeiten und nach dem Händewaschen während der Arbeitszeit. Diese Produkte unterstützen die Barrierefunktion (Schutzschicht) Ihrer Haut.

Handschuhe

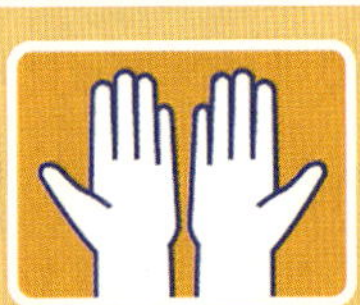

Tragen Sie Handschuhe nur so oft und lange wie nötig. Unter dem Handschuh kann sich Feuchtigkeit entwickeln, die Hornschicht quillt auf und die Hautbarriere wird durchlässiger für das Eindringen schädlicher Substanzen.

Tragen Sie beim Waschen der Patienten Handschuhe. Durch das Waschwasser quillt die Hornschicht auf, Hautfette werden herausgelöst und die Haut trocknet aus.

Benutzen Sie Handschuhe zum Eincremen der Patienten. Diese Produkte können bei Ihnen zu Hautirritationen und Allergien führen.

Benutzen Sie bevorzugt ungepuderte Handschuhe. Sie sind generell hautverträglicher, gepuderte Latexhandschuhe sind wegen der hohen Allergiegefahr gänzlich verboten.

Tragen Sie möglichst Baumwollhandschuhe unter den Handschuhen. Damit können Sie einem Feuchtigkeitsstau entgegenwirken.

Tragen Sie Haushaltshandschuhe beim Umgang mit Reinigungs- und Flächendesinfektionsmitteln. Diese Mittel können Hautreizungen hervorrufen und zu Sensibilisierungen führen. Medizinische Einmalhandschuhe bieten in der Regel keinen ausreichenden Schutz.

Händedesinfektion

Desinfizieren Sie die Hände. Mit der hygienischen Händedesinfektion werden Krankheitserreger unschädlich gemacht.

Wenden Sie das Händedesinfektionsmittel nur auf trockenen Händen an. Eine wirksame Desinfektion wird nur erzielt, wenn Sie das alkoholische Präparat über sämtliche Bereiche der trockenen Hände einreiben und für die Dauer der Einwirkzeit, in der Regel 30 Sekunden, damit feucht halten.

Händereinigung

Waschen Sie die Hände nur zu Arbeitsbeginn, bei sichtbaren Verschmutzungen und nach dem Toilettenbesuch. Häufige Waschprozeduren führen zum Aufquellen der Hornschicht und zum Verlust von Hautfetten.

Trocknen Sie Ihre Hände nach dem Waschen sorgfältig mit einem weichen Einmalhandtuch. Die Hautirritation durch das Waschen ist dann geringer.

Verzichten Sie während der Arbeit auf Schmuck an den Händen und Unterarmen. Darunter sammeln sich Keime und Feuchtigkeit.

Händepflege

Verwenden Sie Hautpflegecremes in den Pausen, nach Arbeitsende und in der Freizeit. Dadurch unterstützen Sie den Regenerationsprozess Ihrer Haut.

Wählen Sie bewusst Produkte möglichst ohne Duft- und Farbstoffe. Diese Zusatzstoffe können eine unnötige Allergiegefahr für Ihre Haut sein.

nach: Berufsgenossenschaft für Gesundheitsdienst und Wohlfahrtspflege

4 Kommunikation

In sozialpflegerischen Berufen ist die Kommunikation ein wichtiges Instrument. Sie unterstützt den Aufbau und die Gestaltung sozialer Beziehungen zu Menschen in verschiedenen Lebenssituationen und Lebensphasen.

Kommunikation setzt voraus, dass die **Bedürfnisse** der Kommunikationspartner beachtet werden. Deshalb erfordert eine angemessene Betreuung und Versorgung von Personen immer eine genaue **Wahrnehmung** und **Beobachtung**.

Nur so kann die Assistenzkraft **individuelle Bedürfnisse** des jeweiligen Menschen erfassen und darauf eingehen.

Kommunikation (lat. communicare): mitteilen, teilnehmen lassen; gemeinsam machen oder vereinigen

4.1 Wahrnehmung

Wahrnehmung ist sowohl ein bewusster als auch unbewusster Vorgang und findet immer und überall statt. Wahrnehmung vermittelt dem Menschen Informationen aus seiner Umwelt und seinem eigenen Körper.

Wahrnehmung erfolgt über verschiedene Sinnesorgane:

Sinnesorgan		Funktion/ Empfindung
Auge		Sehsinn
Ohr		Hörsinn
Nase		Geruchssinn
Mund/Zunge	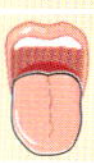	Geschmackssinn
Haut/Finger	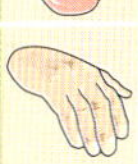	Tast-/Berührungssinn
Innenohr		Gleichgewichtssinn
Gelenke/Muskeln		Lage- und Bewegungssinn
Inneren Organe		Druck, Schmerz, Übelkeit

Die Sinnesorgane haben sogenannte Rezeptoren (mit Sinneszellen ausgestattete Antennen), mit denen sie Reize (Informationen) aus der Umwelt und dem Körper aufnehmen können.

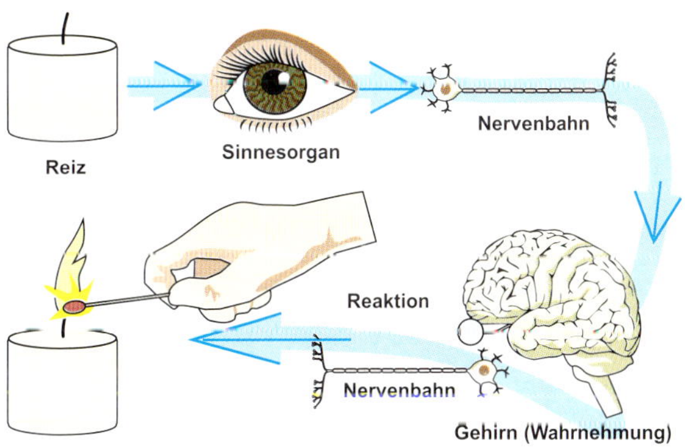

Wahrnehmungsablauf vom Reiz bis zur Reaktion

Die Sinnesorgane leiten die aufgenommenen Reize über Nervenbahnen zum zentralen Nervensystem (Rückenmark und Gehirn). Dort werden sie gesammelt, verarbeitet und mit früheren Eindrücken verknüpft. Erst jetzt werden die Reize als neue Empfindungen und Sinneseindrücke (z. B. Kerze) bewusst. Wahrnehmungen lösen oft Reaktionen beim Menschen aus (z. B. Kerze anzünden). Meist nimmt der Mensch nur das bewusst wahr, was für sein Handeln bedeutsam ist. Andernfalls würde er ständig von einer Flut von Reizen und Informationen überwältigt.

4.1.1 Bedeutung der Wahrnehmung

In den Wahrnehmungsprozess fließen stets persönliche Erfahrungen, Erziehung, erlerntes Wissen, Interessen, Stimmungen und Erwartungen mit ein. Wahrgenommenes setzt Denkprozesse in Gang und ermöglicht ein angemessenes Handeln und Reagieren in unterschiedlichen Situationen. Wahrnehmung ist jedoch immer subjektiv, das heißt, dass sich die Erwartungen und Gefühle des zu Betreuenden nicht unbedingt mit denen der Assistenzkraft decken müssen. Darum ist eine professionelle Einstellung und Vorgehensweise wichtig. Die individuelle Wahrnehmung der zu Betreuenden erfordert ein hohes Maß an Beobachtungsgabe, Einfühlungsvermögen und Verständnis. Hilfreich sind dabei eine offene Haltung gegenüber anderen Menschen und das Wissen über Wahrnehmungsfehler und deren Vermeidung.

4.1.2 Wahrnehmungsfehler

Wahrnehmungsfehler führen zu einem verfälschten Eindruck von Personen oder Situationen. Hier einige Beispiele für Ursachen von Wahrnehmungsfehlern:

- **Subjektive Einflüsse**
  Stress, Motivation, physische und psychische Verfassung, soziale Situation.

- **Erster Eindruck/ Vorurteile**
  Eine Person trägt teure Kleidung, also muss sie wohlhabend und gebildet sein.

- **Optische Täuschung**
  Fehlfunktionen bzw. Fehlinterpretationen des Auges oder Sehsystems.

Gesicht oder Vase?

- **Logischer Fehler**
  Von einer Situation/ Eigenschaft wird auf eine andere geschlossen.

- **Haloeffekt**
  Positiv eingeschätzte Eigenschaften einer Person überdecken die negative Eigenschaft.

- **Mildefehler**
  Das Bewertungsmaß des Prüfers fällt bei verschiedenen Prüflingen unterschiedlich aus (Sympathie/Antipathie).

4.2 Beobachtung

Beobachtung ist das bewusste Wahrnehmen von Personen, Situationen oder Hinweisen mit den Sinnesorganen.

Formen der Beobachtung

Fremdbeobachtung bezieht sich auf alle wahrnehmbaren Äußerungen eines Menschen. Der Beobachter geht davon aus, dass die psychischen Prozesse, die im Inneren einer Person ablaufen, auch nach außen durch bestimmte Verhaltensweisen zum Ausdruck kommen.

Die **Selbstbeobachtung** ist die Reflektion des eigenen Verhaltens und Erlebens.
Die Selbstbeobachtung:
- erleichtert uns das Einfühlen in die Situation eines anderen Menschen,
- ist die Voraussetzung für einen verständnisvollen Umgang mit anderen Menschen,
- hilft auf unterschiedliche Situationen angemessen zu reagieren.

Beobachtung des Spielverhaltens beim Kind

Alltagsbeobachtung (freie Beobachtung)
Alltagsbeobachtungen werden durch persönliches Interesse, Erfahrungen, Gefühle oder Abneigungen beeinflusst.
Die Alltagsbeobachtung
- lässt abweichende Aussagen und Ergebnisse zu,
- kann zu jeder Zeit erfolgen und bedarf keinerlei Voraussetzungen,
- beinhaltet oft Belanglosigkeiten.

Fachliche (systematische) Beobachtung
Die fachliche Beobachtung hat zum Ziel, Vorgänge und Verhaltensweisen zu erfassen und diese auszuwerten.
Die fachliche Beobachtung
- ist geplant, zielorientiert,
- ist objektiv (unvoreingenommen, wirklich),
- orientiert sich an Zielvorgaben,
- liefert wichtige Informationen über Vorgänge und Verhaltenweisen,
- wird mit Fachbegriffen beschrieben und meistens schriftlich dokumentiert.

Aus einer zufälligen Beobachtung kann auch eine fachliche Beobachtung werden.

> Die Assistentin bringt der Bewohnerin Frau Heiwig das Abendessen. Zufällig nimmt sie wahr, dass der alten Dame Schweißperlen auf der Stirn stehen und ihre Gesichtshaut stark gerötet ist.
> Die Assistentin richtet jetzt ihre ganze Aufmerksamkeit auf die zu betreuende Person.
>
> Die gewonnenen Informationen (rote Gesichtshaut, Schweißperlen auf der Stirn) werden mit erlerntem Wissen und Erfahrungen verknüpft. Die zufällige Beobachtung wird nun zu einer fachlichen Beobachtung. Die Assistentin erkundigt sich nach dem Befinden von Frau Heiwig, misst die Körpertemperatur, den Blutdruck und den Puls. Anschließend dokumentiert sie die Krankenbeobachtung und informiert die Vorgesetzte.

Obwohl bei der fachlichen Beobachtung alle Sinne des Menschen bewusst aktiviert werden, können sich bei der Durchführung und bei den

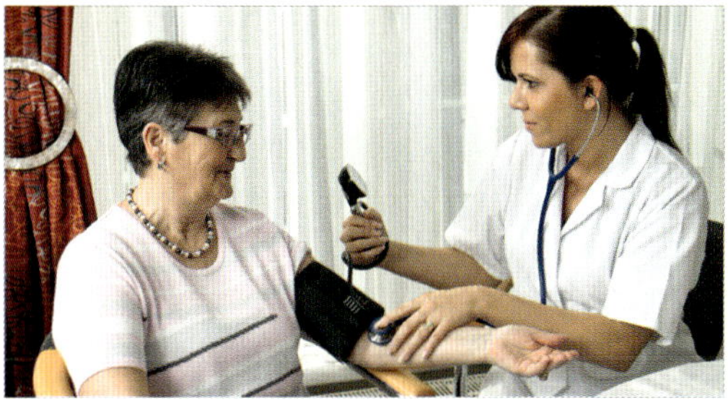

Die ärztliche Untersuchung zählt zu den fachlichen Beobachtungen

Beobachtungsergebnissen Fehler einschleichen. Die Fehlerquellen können unterschiedlich sein und sowohl bei der Assistenzkraft, den äußeren Bedingungen oder an defekten Mess- und Untersuchungsgeräten liegen.

Voraussetzungen für eine optimale und professionelle Beobachtung:
- Personen und Situationen mit allen Sinnen bewusst wahrnehmen,
- ganzheitliche Betrachtung der Person, (physische, psychische, soziale Aspekte),
- optimale Beobachtungsbedingungen schaffen (z. B. genügend Zeit, Ruhe, Licht),
- Einsatz von funktionsfähigen Hilfsmitteln (Blutdruckgerät, Thermometer, Brille, Hörgerät),
- geplante und systematische Vorgehensweise,
- Fachwissen, praktische und theoretische Erfahrungen.

4.3 Bedürfnisse

> **Ein Bedürfnis** beschreibt ein Gefühl des Mangels mit dem Bestreben, diesen zu beheben. Dabei kann es sich gleichermaßen um einen physisch oder psychisch empfundenen Mangelzustand handeln.

Ein wichtiges Ziel der Kommunikation ist das Erkennen von Bedürfnissen der zu betreuenden Person. Die anschließende Befriedigung ihrer Bedürfnisse trägt im Wesentlichen zur Stabilität ihres körperlichen, sozialen und geistigen Wohlbefindens bei.
Der US-amerikanische Psychologe Abraham Maslow hat im Jahr 1954 die Bedürfnisse des Menschen in einer Pyramide dargestellt.

Bedürfnispyramide von Maslow

Die Anordnung der verschiedenen Bedürfnisse in der Pyramide erfolgt nach einer bestimmten Hierarchie. Zunächst sind es die lebensnotwendigen Bedürfnisse (biologischen Bedürfnisse oder Grundbedürfnisse), wie Hunger, Durst, Schlaf, Sauerstoffzufuhr oder Schmerzlinderung, die befriedigt werden müssen. Denn diese dienen zur Aufrechterhaltung der Lebensfähigkeit des Organismus. Hinzu kommen die sozial geprägten Bedürfnisse nach Sicherheit, Geborgenheit, Zuwendung, Liebe und Anerkennung.

Maslow geht davon aus:

- dass sich zuerst das Bedürfnis auf der niedrigeren Stufe durchsetzt, bevor die nächsthöhere Stufe an Bedeutung erlangt,
- dass das Verlangen, die Grundbedürfnisse zu befriedigen, am größten ist.

Pflegerische Bedürfnisse – ABEDL

Monika Krohwinkel (Pflegewissenschaftlerin) bringt in ihrem Modell pflegerische Bedürfnisse in Zusammenhang mit **A**ktivitäten, **B**eziehungen und existenziellen **E**rfahrungen **d**es **L**ebens (ABEDL). Sie benennt 13 Bereiche, die untereinander in Wechselbeziehung stehen, aber keiner Hierarchie unterliegen. Um den Menschen ganzheitlich als körperlich-psychosoziale Einheit zu sehen, muss neben der jeweils einzelnen Betrachtung jeder ABEDL auch ihre Auswirkung auf die anderen ABEDL- Bereiche berücksichtigt werden.

ABEDL – Aktivitäten, Beziehungen und existentielle Erfahrungen des Lebens

1. Kommunizieren können,
2. sich bewegen können,
3. vitale Funktionen des Körpers aufrechterhalten können (z. B. atmen),
4. sich pflegen können,
5. essen und trinken können,
6. ausscheiden können,
7. sich kleiden können,
8. ruhen, schlafen, sich entspannen können,
9. sich beschäftigen lernen und sich entwickeln können,
10. die eigene Sexualität leben können,
11. für eine sichere und fördernde Umgebung sorgen können,
12. soziale Kontakte, Beziehungen und Bereiche sichern und gestalten können,
13. mit existentiellen Erfahrungen des Lebens umgehen können.

Es ist wichtig zu erkennen, dass eine Urin- und Stuhlinkontinenz (ABEDL 6) auch Auswirkungen auf andere ABEDLs haben kann:

- ABEDL 8: → ruhen, schlafen, entspannen können
- ABEDL 2: → sich bewegen können
- ABEDL 10: → sich als Mann/Frau/Kind fühlen können
- ABEDL 12: → soziale Bereiche des Lebens sichern und Beziehungen gestalten können

Bei den einzelnen ABEDLs wird durch die Betonung des „Könnens" deutlich, dass durch individuelle Förderung und Unterstützung ein selbst gestaltetes und selbstbestimmtes Leben ermöglicht werden soll. Das erfordert von den Assistenzkräften:

- gute Beobachtungsgabe,
- einfühlsames Zuhören,
- Ressourcen, Fähigkeiten, Bedürfnisse und Probleme des Patienten zu erkennen und diese in den Pflegeprozess zu integrieren,
- die Fähigkeit zu systemischem Denken und Handeln, um nicht nur jede ABEDL für sich betrachtet, sondern auch in Wechselwirkung mit anderen ABEDLs zu sehen.

4.4 Grundlagen der Kommunikation

Kommunizieren bedeutet Informationen austauschen, Gefühle ausdrücken, Wünsche äußern, Botschaften und Signale versenden und gleichzeitig diese vom Gegenüber erhalten.
Das miteinander Kommunizieren findet jedoch nicht nur auf der **verbalen** (sprachlichen) Ebene statt. Der Austausch von Informationen kann auch durch Schweigen, Körperhaltung, Symbole, Schrift, Bilder, Töne oder Farben erfolgen.

4.4.1 Kommunikationsformen

Wir nehmen eine Fülle von kommunikativen Botschaften wahr, die sich zu einem Gesamteindruck formen. So enthält Kommunikation neben verbalen auch nonverbale und paraverbale Anteile:

Verbale Kommunikation bezieht sich auf das gesprochene Wort und auf die Inhaltsebene des Gesprochenen.

Paraverbale Kommunikation bezieht sich auf die Art und Weise des Sprechens, wie Lautstärke, Sprachmelodie, Sprechpausen und Sprechgeschwindigkeit.

Nonverbale Kommunikation bezieht sich auf die Verständigung *ohne Worte* und umfasst die Ausdrucksformen des menschlichen Körpers und die Art und Weise, wie er sich präsentiert. Zu den Teilgebieten der nonverbalen Kommunikation zählen:

- die Gestik (Art und Ausmaß der Arm- und Handbewegung),
- die Mimik (Blick, Gesichtsausdruck, Blickrichtung),
- Körperhaltung (Oberkörper, Kopf, Arme, Beine, Händedruck, Fingerstellung),
- Nähe und Distanzverhalten,
- körperliche Reaktionen (Wegrennen, Gesichtsröte, Schweißperlen auf der Stirn, Atmung),
- äußeres Erscheinungsbild (Kleidung, Frisur oder Tätowierungen).

Nonverbale Kommunikation: peinlich und nachdenklich

Nonverbale Nachrichten werden gewöhnlich sehr viel schneller gesendet und empfangen als verbale Nachrichten. Nonverbale Merkmale spielen im sozialen Miteinander eine besonders wichtige Rolle. Sie drücken persönliche Empfindungen und Reaktionen aus und zeigen Emotionen und Einstellungen oft effektiver als Sprache. So können Mimik und Körpersprache zum Inhalt passen oder etwas anderes verraten:

> Trotz Anraten des Hausarztes lehnt der Patient Herr Heiwig eine Einweisung in die Klinik ab. Als der Hausarzt sich erneut nach seinem Befinden erkundigt, antwortet er mit blassem, schmerzverzerrtem Gesicht und ängstlichem Blick: „Mir geht es sehr gut. Die Schmerzen sind verschwunden. Ich möchte zu Hause bleiben."

Der Psychologe Albert Mehrabian konnte durch Studien belegen, dass für das Verstehen einer Information die verschiedenen Kommunikationskanäle sehr unterschiedlich beteiligt sind:

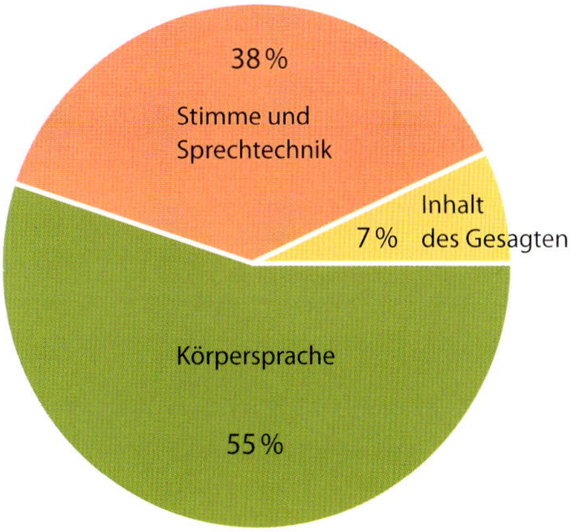

Die nonverbalen und paraverbalen Kanäle entscheiden im Wesentlichen darüber, wie der Inhalt des gesprochenen Wortes beim Gegenüber ankommt. In der Betreuung und Pflege finden die nonverbalen Elemente noch zu wenig Aufmerksamkeit. Sie stellen eine sehr wichtige Form der zwischenmenschlichen Verständigung dar und haben große Bedeutung, besonders bei eingeschränkter verbaler Kommunikationsfähigkeit, z.B. durch Schwerhörigkeit oder Sprachschwierigkeiten. Selbst wenn ein Mensch nicht mehr in der Lage ist, sich verbal mitzuteilen, kann er seine Gefühle durch Körpersprache (Berührungen, Blicke) zum Ausdruck bringen. Das erfordert eine gute Beobachtungsgabe und ein geschultes Interpretationsvermögen, um die Bedürfnisse der Betroffenen zu erkennen und diesen gerecht zu werden. So können z.B. Menschen, die an Demenz erkrankt sind, die Mimik und Körpersprache von Betreuungskräften und Angehörigen noch lange deuten, obwohl sie Personen und Gesichter nicht mehr erkennen.

4.4.2 Unterstützte Kommunikation

Unterstützte Kommunikation verwendet unterschiedliche Medien wie Bilder, technische Hilfen sowie pädagogische und therapeutische Maßnahmen, um Barrieren in der gegenseitigen Verständigung zu überwinden (z.B. bei Menschen ohne Sprach- und Hörvermögen).

4.4.3 Kommunikationsprozess

Die Kommunikation besteht aus der Wechselbeziehung zwischen einem **Sender** und einem **Empfänger.**

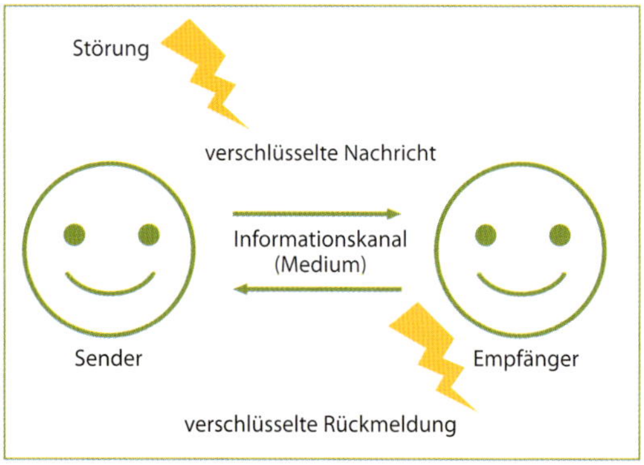

Kommunikationsprozess

Kommunikation ist ein zentraler Prozess, bei dem persönliche Gedanken und Gefühle in Worte, Mimik, Gestik, Körperhaltung, Zeichen und Symbole umgewandelt werden. Diese **codierte** (verschlüsselte) Botschaft wird von einer anderen Person aufgenommen und ebenfalls im Gehirn zu Vorstellungen, Ideen und Gefühlen verarbeitet. Die Nachricht wird **decodiert** (entschlüsselt).
Es hat eine Verständigung stattgefunden.
Der Empfänger kann nun durch ein Feedback (Rückmeldung) dem Sender mitteilen, wie er die Nachricht verstanden hat.
Dem Senden und Empfangen von Informationen kommt gleich viel Bedeutung zu.

4.4.4 Das Vier-Seiten-Kommunikationsmodell

Der Psychologe Friedemann Schulz von Thun entwickelte ein Sender-Empfänger-Modell, um typische Störungen in der zwischenmenschlichen Kommunikation zu erkennen und zu reduzieren. Beim Versenden, aber auch beim Empfangen einer Nachricht werden vier Ebenen unterschieden:

- **Sachaussage**
  - des Senders: Worüber informiert er (Daten/Fakten)?
  - des Empfängers: wie ist der Sachverhalt zu verstehen?
- **Selbstaussage**
  - des Senders: Was gebe ich zu erkennen (Motive)?
  - des Empfängers: Wie will er (der Sender) sich darstellen?
- **Appell**
  - des Senders: Was will ich beim Empfänger erreichen?
  - des Empfängers: was soll ich tun?
- **Beziehungsaussage**
  - des Senders: Was halte ich von dem Empfänger und wie stehe ich zu ihm?
  - des Empfängers: Wen glaubt er (gerichtet auf den Sender) vor sich zu haben?

Da eine Nachricht viele Botschaften enthält, ist die menschliche Kommunikation beim Verschlüsseln und Entschlüsseln einer Nachricht sehr anfällig für Störungen. Dies soll am folgenden Beispiel verdeutlicht werden:

Patient sagt zur Assistentin:
„Meine Suppe ist kalt"

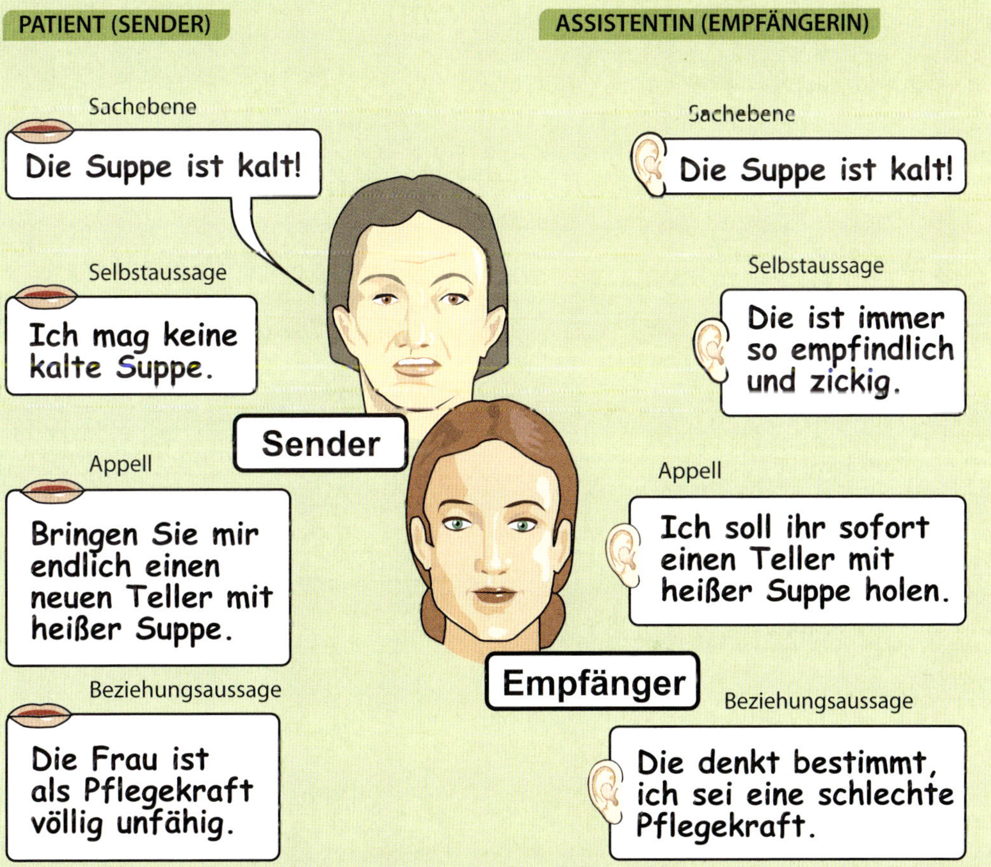

4.4.5 Kommunikationshürden

Gesagt bedeutet nicht gleichzeitig **gehört,**

gehört bedeutet nicht gleichzeitig **verstanden,**

verstanden bedeutet nicht gleichzeitig **einverstanden.**

In der Theorie sind die Ebenen klar abgrenzbar, in der Praxis vermischen sie sich, sodass die Kommunikation meistens auf verschiedenen Ebenen abläuft. Die vier Ebenen der Kommunikation haben nicht nur Bedeutung für das private Miteinander, sondern auch für den beruflichen Alltag, wo professionelle und menschliche Aspekte häufig miteinander gekoppelt sind. Für eine **gelungene Kommunikation** braucht es eine Übereinstimmung zwischen dem, was der Sender sagen wollte, und dem, was der Empfänger verstanden hat. Die Qualität einer Botschaft liegt aber nicht nur an der richtigen Codierung und Decodierung, sondern auch in der Fähigkeit, alle anderen Signale zu deuten.

> „Seit die Menschen reden können, reden sie aneinander vorbei. Das wäre nicht weiter schlimm, wenn es dabei nicht dauernd zu Missverständnissen käme."
>
> (Robert Gernhardt)

4.4.6 Kommunikationshilfen

Häufig ist es nicht leicht, einen Zugang zu Menschen zu finden, die man noch nicht lange und gut genug kennt. Die zu betreuenden Personen sind mit der neuen Situation (fremde Menschen und Umgebung, Krankheit) oft verunsichert und sehr zurückhaltend. Aus diesem Grund sollte die Assistenzkraft den ersten Schritt unternehmen und der zu betreuenden Person signalisieren, dass sie daran interessiert ist, sie kennenzulernen. In der Anfangsphase des Beziehungsaufbaus oder bei Problemen sind sogenannte kommunikative Türöffner sehr hilfreich.

Kommunikative Türöffner

Der Zuhörer öffnet eine Tür, um dem Betroffenen den Eintritt und damit das Einlassen auf ein gemeinsames Gespräch zu erleichtern.

Einige Beispiele für kommunikative Türöffner, um mit Menschen leichter ins Gespräch zu kommen:

- „Schön, dass Sie heute wieder da sind, bestimmt können Sie von Ihren Erlebnissen erzählen …"
- „Heute ist wunderschönes Wetter, was möchten Sie denn gerne anziehen?"
- „Wenn ich mich an Ihre Erzählungen erinnere, haben Sie früher viele Reisen gemacht …"
- „Ich glaube, das ist Ihnen sehr wichtig. Ich würde gerne mehr darüber erfahren."

Einhalten der Distanzzonen

Distanzzonen sind erforderliche Abstände zwischen Personen, die miteinander in Interaktion treten. Distanzzonen dienen der Abgrenzung, der Wahrung der persönlichen Sphäre. Sollten bestimmte Distanzzonen überschritten werden, kann dies zu Unbehagen und Unsicherheit führen.

Distanzzone	Abstand zwischen den Gesprächspartnern
intime 	bis 50 cm besteht Vertrautheit - Eltern und Kind, - Ehepartner, - Verwandte, Freunde, gute Bekannte
persönliche 	bis 100 cm, Begegnung in öffentlichen Bereichen (z. B. beim Einkaufen, im Büro, mit dem Nachbarn)
öffentliche 	größere Entfernung, (z. B. zwischen Referent und Zuhörer)

Aktives Zuhören

Durch aktives Zuhören wird in der Pflege und Betreuung von Menschen ein gegenseitiges Vertrauen aufgebaut und ein respektvoller Umgang gefördert. Aktives Zuhören hat zum Ziel, dem Gesprächspartner bei der Klärung seiner Anliegen und seiner eigenen Entwicklung zu helfen. Aktives Zuhören geschieht nicht nur mit den Ohren, sondern mit den Augen, dem Herzen und dem Verstand.

Verhalten während des aktiven Zuhörens:
- Sich dem Gesprächspartner ganz zuwenden und versuchen, sich in ihn hineinzuversetzen,
- eigene Gedanken und Wertvorstellungen rücken in den Hintergrund,
- aufmerksam und wertneutral zuhören,
- Gesprächspartner ausreden lassen,
- Rückmeldung (Feedback) geben von dem, was man glaubt verstanden zu haben,
- gezielt nachfragen, wenn etwas unklar ist.

Grundlagen für eine positive Gesprächskultur

- Die zu betreuende Person mit Namen ansprechen und sie nicht „duzen" (Ausnahmeregelung nur in Absprache mit der betreffenden Person).
- Stets in der Ich-Form sprechen und nicht „man" oder „wir" verwenden.
- Auf Augenhöhe Gespräche führen und während des Gesprächs Blickkontakt halten.
- Lautstärke dem Hörvermögen anpassen.
- Kurze verständliche Sätze verwenden.
- Patienten aussprechen lassen und dabei auf seine körperlichen Signale achten.
- Ausreichend Zeit für das Gespräch einplanen.
- Ich-Botschaften statt Du-Botschaften verwenden. Ich-Botschaften beschreiben das auslösende Verhalten, ohne dieses zu bewerten. Die Assistenzkraft kann zudem äußern, welches Gefühl das Verhalten des Patienten in ihr hervorruft und welche möglichen Konsequenzen es haben kann.
- Offene Fragen verwenden. Sie ermöglichen dem Patienten, über Gefühle, Einstellungen, Probleme zu reden und schränken die Möglichkeiten für unterschiedliche Antworten meist ein, z. B.:
  - Welche Personen sind mit Ihnen auf diesem Foto?
  - Wen möchten Sie zu Ihrer Geburtstagsfeier einladen?
  - Was wollen wir heute zusammen spielen?

Verschwiegenheit

Die Assistenzkraft erhält durch ihre Arbeit oft sehr intime Informationen über den Gesundheitszustand und die persönliche und häusliche Situation der zu betreuenden Person. Grundvoraussetzung für den Aufbau von Vertrauen ist der verantwortungsvolle Umgang mit persönlichen Daten. Die Privat- und Intimsphäre des zu Betreuenden bzw. Patienten muss stets gewahrt bleiben.

Das Strafgesetzbuch schützt im § 203 den Patienten vor der Verletzung von Privatgeheimnissen und verpflichtet medizinisches und anderes Betreuungspersonal zur Verschwiegenheit.

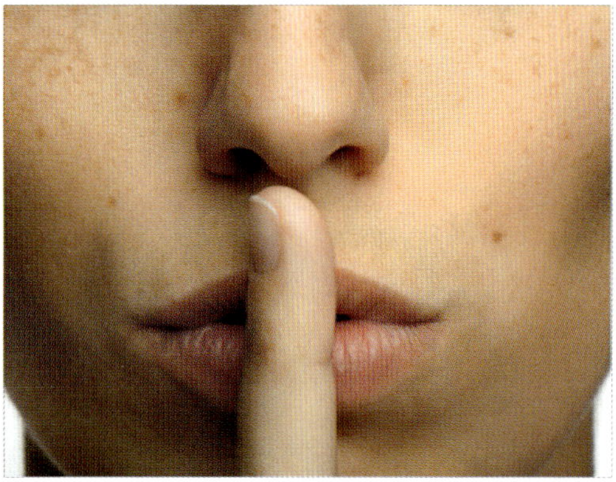

4.5 Interkulturelle Kommunikation

In allen Arbeitsbereichen der Pflegeassistenz treffen Menschen aus unterschiedlichen Kulturkreisen aufeinander. Dies können Kolleginnen und Kollegen oder Personen, die betreut werden, sowie deren Angehörige sein.

Das Entschlüsseln von Botschaften beruht auch auf kulturellen Besonderheiten und Traditionen. Gleiche **Gesten** haben oft gegensätzliche Bedeutung und können die Ursache für Missverständnisse sein, z. B. Daumendrücken (wenn der Daumen etwas zwischen Zeigefinger und Mittelfinger herausguckt) bedeutet in Deutschland: „Glück wünschen", in der Türkei stellt diese Geste eine Beleidigung dar. Ablehnung wird in Europa oft durch Kopfschütteln zum Ausdruck gebracht. In vielen asiatischen Ländern ist dies ein Zeichen der Zustimmung.

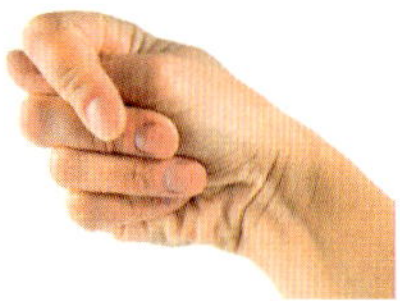

Sowohl in der verbalen als auch in der nonverbalen Kommunikation ist darauf zu achten, Personen durch falsche Gesten und missverständliches Verhalten nicht vor den Kopf zu stoßen. Schon beim Begrüßen sind große Unterschiede in den verschiedenen Kulturen zu beobachten:

- Ist es üblich, sich die Hände zu geben oder nur zu nicken?
- Ist beim Händeschütteln ein sanfter oder ein fester Händedruck üblich?
- Welche Distanz ist zwischen den Personen erwünscht?
- Schaut man sich beim Begrüßen an oder nicht?
- In welcher Reihenfolge erfolgt die Begrüßung, wenn Männer und Frauen anwesend sind?

! Die Beachtung kultureller Unterschiede bestätigt deren **Wertschätzung** und schafft damit gute Voraussetzungen für gegenseitiges Verständnis und erfolgreiche Kommunikation.

Aufgaben

1. Benennen Sie die Unterschiede zwischen einer Alltagsbeobachtung und einer fachlichen Beobachtung und geben Sie jeweils zwei Beispiele.
2. Für Ihre Tätigkeit im sozialpflegerischen Bereich möchten Sie mehr über die Bedürfnisse von Kleinkindern und alten Menschen erfahren.
   a) Nehmen Sie dazu die Pyramide von Maslow zu Hilfe und finden Sie für jede Personengruppe und jede Ebene der Pyramide möglichst viele Beispiele.
   b) Stellen Sie in einer Tabelle die Bedürfnisse der beiden Personengruppen gegenüber und vergleichen Sie diese.
3. Der Psychologe Mehrabian konnte in einer Studie feststellen, dass die verschiedenen Kommunikationsformen in unterschiedlich starker Weise an der Codierung und Decodierung einer Nachricht beteiligt sind. Welche der Kommunikationsformen spielen für den Umgang mit erkrankten und behinderten Menschen eine besonders wichtige Rolle? Finden Sie Beispiele und Begründungen.
4. Notieren Sie für folgende Aussage die möglichen vier Botschaften des Senders und des Empfängers: Die Bewohnerin sagt zu der Assistentin: „Es ist gleich neun Uhr und ich bin noch nicht gekämmt."
5. „Andere Länder – andere Sitten." Berichten Sie über die Regeln, die in anderen Ländern zu beachten sind, um Personen mit „Du" oder mit „Sie" anzusprechen.

5 Vollwertig ernähren: Gesundheit und Genuss

Was Menschen essen, beeinflusst in hohem Maße ihr körperliches Wohlbefinden. **Gesundheit** ist dabei nicht nur die Abwesenheit von Krankheit. Krankheiten, die durch eine gesunde Ernährung vermieden werden können, sind zum Beispiel Herz-Kreislauf-Erkrankungen, Zuckerkrankheit (Diabetes mellitus) oder Zahnfäule (Karies). Demgegenüber verspricht die Auswahl geeigneter Mahlzeiten eine hohe Leistungsfähigkeit und Fitness. Aber auch Genuss und Entspannung sowie das Zusammensein mit anderen sind oftmals von Essen und Trinken begleitet und tragen zum geistigen, seelischen und sozialen Wohlbefinden bei.

5.1 Die vollwertige Ernährung

Aufgrund von wissenschaftlichen Erkenntnissen gibt die Deutsche Gesellschaft für Ernährung (DGE) Empfehlungen zu einer gesunden Lebensmittelauswahl heraus. Dazu ist es sinnvoll, Lebensmittel in Gruppen zusammenzufassen, die ähnliche Inhaltsstoffe enthalten.

Deutsche Gesellschaft für Ernährung
Die Wissenschaftler in der DGE sind unabhängige Fachleute. Auf der Basis aktueller Forschungsergebnisse legen sie z. B. fest, welche Bevölkerungsgruppe durchschnittlich wie viel Vitamine, Mineralstoffe und andere Nährstoffe benötigt.

5.1.1 Die Ernährungspyramide

Die Ernährungspyramide zeigt als leicht einprägsame Abbildung, welche Lebensmittel ein Mensch über den Tag verteilt verzehren sollte. Durch die Darstellung als **Pyramide** versteht jeder sofort, welche Lebensmittelgruppen die breite Grundlage bilden und von welchen man lieber weniger zu sich nehmen sollte. Dabei sind die verschiedenen Ebenen in den **Ampelfarben** dargestellt.
Grün hinterlegt sind die Lebensmittelgruppen **Getränke, Gemüse und Obst sowie Getreideprodukte und Kartoffeln.** Diese Lebensmittel bilden die Basis einer gesunden Ernährung und sollten jeden Tag reichlich verzehrt werden, d. h. zum Sattessen und Durstlöschen. Jedes Feld der Pyramide entspricht dabei ungefähr einer Portion, z. B. einem Glas Wasser, einem Apfel, einer Scheibe Brot.

Milchprodukte, Fleisch, Fisch und Eier bilden die gelben Felder in der Mitte. Auch sie dürfen in einer ausgewogenen Ernährung nicht fehlen, da sie lebenswichtige Nährstoffe wie Eiweiß, Vitamine und Mineralstoffe enthalten. Ihr Nachteil ist, dass diese Produkte teilweise viele Kalorien (z. B. Fruchtjoghurt, Sahnequark) mitbringen. Darum sollten sie in Maßen verzehrt werden.

Auch **Fette und Öle** braucht der Mensch. Hier kommt es ganz besonders auf die richtige und sparsame Auswahl an, damit sich die überschüssige Energie nicht in Form von unerwünschten Fettpölsterchen am Körper anlagert.

Die Ernährungspyramide

Vollwertige Ernährung

Wer Lebensmittel in der richtigen Menge aus allen Lebensmittelgruppen auswählt und auf Frische und Abwechslung achtet, ernährt sich vollwertig. Das heißt, der Bedarf an allen lebensnotwendigen Nährstoffen und Energie ist gedeckt.

An der Spitze der Pyramide befinden sich **Süßigkeiten und Snacks** in einem einzigen roten Feld. Das bedeutet, dass hiervon nur eine Portion pro Tag erlaubt ist. Der Grund: Diese Lebensmittel liefern dem Körper viele Kalorien, aber kaum lebenswichtige Nährstoffe. Solche Leckereien bedeuten für viele Menschen einen besonderen Geschmack und Genuss, ihr Verzehr sollte allerdings etwas Besonderes bleiben.

In jeder Lebensmittelgruppe gibt es empfehlenswerte und **weniger empfehlenswerte Lebensmittel**. Wer zum Beispiel seine vier Portionen aus der Getreide- und Kartoffelgruppe ausschließlich in Form von gesüßten Frühstücksflocken und -pops oder als Pommes frites zu sich nimmt, hat neben (in dieser Form relativ wertlosem) Getreide und Kartoffeln auch große Mengen Zucker und Kalorien verzehrt.

5.1.2 Fünf am Tag

5 am Tag
OBST & GEMÜSE

Eine ganz besondere Regel der DGE ist: Nimm 5 am Tag – nämlich fünf Portionen Obst und Gemüse. Bei den anderen Lebensmittelgruppen geht es darum, eine gute Versorgung mit Vitaminen und Mineralstoffen zu gewährleisten oder die aufgenommenen Kalorien zu regulieren. 5 am Tag berücksichtigt eine relativ neu entdeckte Stoffgruppe, die **sekundären Pflanzenstoffe**. Dies sind z. B. pflanzliche Farbstoffe oder Aromen, die bei regelmäßigem Verzehr zahlreichen Krebsarten und Herz-Kreislauf-Erkrankungen vorbeugen können. Sie lassen sich schlecht in Tablettenform isolieren, sondern wirken am besten, wie sie als Obst oder Gemüse in der Natur vorkommen.

5.2 Essverhalten

Zahlreiche Einflussfaktoren bestimmen, was eine Person wann, warum und mit wem isst und trinkt. Neben dem körperlichen Bedürfnis nach Nahrung und Wasser spielen persönliche Vorlieben eine wichtige Rolle. Oftmals essen Menschen aber auch aus psychologischen Gründen, etwa zum Trost, aus Langeweile oder Einsamkeit. Die folgende Mind-Map enthält bereits wichtige Äste zu den Einflussfaktoren auf das Ernährungsverhalten.

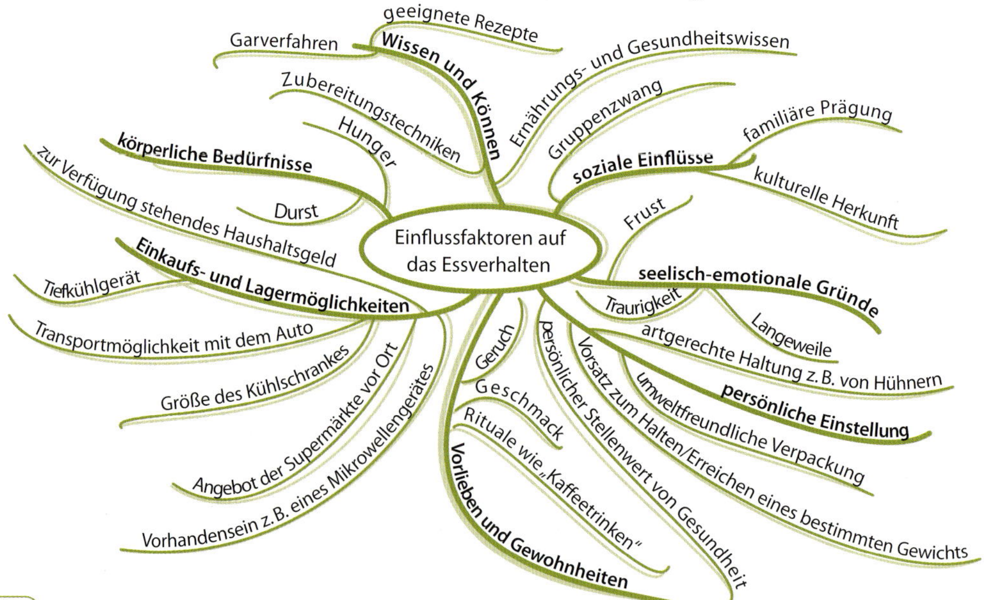

Vollwertig essen und trinken nach den 10 Regeln der DGE

Die zehn Regeln der DGE helfen, damit am Ende beides stimmt: Gesundheit und Genuss!

1. Die Lebensmittelvielfalt genießen
Nutzen Sie die Lebensmittelvielfalt und essen Sie abwechslungsreich. Wählen Sie überwiegend pflanzliche Lebensmittel. Kein Lebensmittel allein enthält alle Nährstoffe. Je abwechslungsreicher Sie essen, desto geringer ist das Risiko einer einseitigen Ernährung.

2. Gemüse und Obst – nimm „5 am Tag"
Genießen Sie mindestens drei Portionen Gemüse und zwei Portionen Obst am Tag. Zur bunten Auswahl gehören auch Hülsenfrüchte wie Linsen, Kichererbsen und Bohnen sowie (ungesalzene) Nüsse.
Gemüse und Obst versorgen Sie reichlich mit Nährstoffen, Ballaststoffen sowie sekundären Pflanzenstoffen und tragen zur Sättigung bei. Gemüse und Obst zu essen senkt das Risiko für Herz-Kreislauf- und andere Erkrankungen.

3. Vollkorn wählen
Bei Getreideprodukten wie Brot, Nudeln, Reis und Mehl ist die Vollkornvariante die beste Wahl. Lebensmittel aus Vollkorn sättigen länger und enthalten mehr Nährstoffe als Weißmehlprodukte. Ballaststoffe aus Vollkorn senken das Risiko für Diabetes mellitus Typ 2, Fettstoffwechselstörungen, Dickdarmkrebs und Herz-Kreislauf-Erkrankungen.

4. Mit tierischen Lebensmitteln die Auswahl ergänzen
Essen Sie Milchprodukte wie Joghurt und Käse täglich, Fisch ein- bis zweimal pro Woche. Wenn Sie Fleisch essen, dann nicht mehr als 300 bis 600 g pro Woche.
Milch und Milchprodukte liefern gut verfügbares Eiweiß, Vitamin B_2 und Calcium. Seefisch versorgt Sie mit Jod und fetter Fisch mit wichtigen Omega-3-Fettsäuren. Fleisch enthält gut verfügbares Eisen sowie Selen und Zink.

5. Gesundheitsfördernde Fette nutzen
Bevorzugen Sie pflanzliche Öle wie Rapsöl und daraus hergestellte Streichfette. Vermeiden Sie „versteckte" Fette in verarbeiteten Lebensmitteln wie Wurst, Gebäck, Süßwaren, Fastfood und Fertigprodukten. Pflanzliche Öle liefern viele Kalorien, aber auch lebensnotwendige Omega-3-Fettsäuren und Vitamin E.

6. Zucker und Salz einsparen
Mit Zucker gesüßte Lebensmittel und Getränke sind nicht empfehlenswert. Vermeiden Sie diese möglichst und setzen Sie Zucker sparsam ein. Sparen Sie Salz und reduzieren Sie den Anteil salzreicher Lebensmittel. Würzen Sie kreativ mit Kräutern und Gewürzen. Zu viel Salz (mehr als 6 g am Tag) kann den Blutdruck erhöhen.

7. Am besten Wasser trinken
Trinken Sie rund 1,5 Liter jeden Tag, am besten Wasser oder andere kalorienfreie Getränke wie ungesüßten Tee. Zuckergesüßte und alkoholische Getränke sind nicht empfehlenswert.

8. Schonend zubereiten
Garen Sie die Lebensmittel so lange wie nötig und so kurz wie möglich, mit wenig Wasser und wenig Fett. Vermeiden Sie beim Braten, Grillen, Backen und Frittieren das Verbrennen von Lebensmitteln.

9. Achtsam essen und genießen
Gönnen Sie sich eine Pause für Ihre Mahlzeiten und lassen Sie sich Zeit beim Essen. Langsames, bewusstes Essen fördert den Genuss und das Sättigungsempfinden.

10. Auf das Gewicht achten und in Bewegung bleiben
Vollwertige Ernährung und körperliche Aktivität gehören zusammen. Dabei ist nicht nur regelmäßiger Sport hilfreich, sondern auch ein aktiver Alltag, in dem Sie öfter zu Fuß gehen oder Fahrrad fahren. 30 bis 60 Minuten moderate körperliche Aktivität pro Tag fördern die Gesundheit und helfen, Ihr Gewicht zu regulieren (nach DGE 2017).

5.3 Mahlzeiten im Tagesverlauf

Auf die Frage, warum sie essen, würden die meisten Menschen spontan antworten: „Weil ich Hunger habe!" Dieses körperliche Bedürfnis nach Nahrung sorgt dafür, dass wir regelmäßig essen. Notwendig ist das, weil unsere Organe, allen voran das Gehirn, auf eine **gleichmäßige Energiezufuhr** angewiesen sind. Die körperliche und geistige Leistungsfähigkeit schwankt im Tagesverlauf und lässt sich mithilfe einer Kurve (s. Abbildung) darstellen. Frühaufsteher und Morgenmuffel können eine um wenige Stunden verschobene Leistungsfähigkeit aufweisen, grundsätzlich ist die sogenannte **Tagesleistungskurve** aller Menschen jedoch sehr ähnlich.

Das Leistungstief in der Nacht dient auch der Erholung. Es ist daher vorteilhaft, dass wir nicht zu jeder Zeit gleich „energiegeladen" sind. Die Leistungsfähigkeit am Tag kann jedoch durch eine geeignete **Mahlzeitengestaltung** gesteigert werden. Die Leistungsspitzen am Vor- und Nachmittag halten länger an und das „Mittagstief" fällt milder aus, wenn man anstelle von drei großen fünf kleinere Mahlzeiten zu sich nimmt.

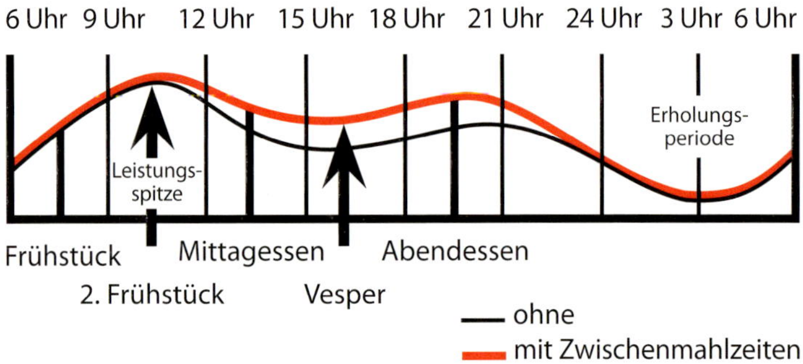

Leistungsbereitschaft im Tagesverlauf bei drei großen gegenüber fünf kleineren Mahlzeiten

Das **Tellermodell** hilft, die Lebensmittel aus der Ernährungspyramide sinnvoll auf den Tag zu verteilen. Vorgesehen sind dabei drei Hauptmahlzeiten mit jeweils drei Komponenten und zwei Zwischenmahlzeiten aus zwei Bestandteilen. Die Teller sollten jeweils aus unterschiedlichen Lebensmittelgruppen gefüllt werden. Die sechs Becher symbolisieren die Getränkeportionen.

Zusammengesetzte Lebensmittel können auch mehrere Komponenten abdecken. Ein Schulbrot, das mit Käse belegt ist, besteht zum Bespiel aus einer Portion Getreide plus einer Portion aus der Milchproduktegruppe.

Fette und Öle, hier etwa das Streichfett, erhalten keinen eigenen Platz auf dem Teller. Wenn man jedoch die Ernährungspyramide als Checkliste benutzt, um Lebensmittelportionen abzuhaken, gehören zu einem „Butterbrot" immer eine Portion Getreideprodukte und eine Portion Fett.

Das Tellermodell zur vielseitigen Mahlzeitengestaltung nach: aid-Infodienst

Aufgaben

1. Führen Sie ein Ernährungsprotokoll.

a) Protokollieren Sie alles, was Sie an einem Tag essen und trinken. Behalten Sie dabei Ihre ganz normale Ernährungsweise bei. Die Mengen können Sie in Portionsgrößen angeben: z.B. 1 Glas Orangensaft, 1 Scheibe Toast mit Butter und Marmelade.

b) Notieren Sie sich zu jeder Mahlzeit, was Sie möglicherweise nebenbei getan haben, mit wem Sie die Mahlzeit gemeinsam eingenommen haben und in welcher Stimmung Sie waren.

Ernährungsprotokoll

Zeit	Portionsgröße	Lebensmittel	Nebenbeschäftigung, Stimmung
6.30 Uhr	1 Becher	Kaffee mit Milch	Zeitung lesen, Radio hören, noch müde

2. Vergleichen und diskutieren Sie, wie die unter 1 b) genannten Einflüsse Ihr Essverhalten beeinflussen könnten.
3. Überlegen Sie sich für jede Lebensmittelgruppe aus der Ernährungspyramide Beispiele für empfehlenswerte und weniger gute Produkte und gestalten Sie eine geeignete Tabelle. Begründen Sie Ihre Zuordnung und diskutieren Sie mit Ihrem Nachbarn.
4. Vergleichen Sie Ihr Ernährungsprotokoll von Aufgabe 1 mit der abgebildeten Ernährungspyramide und haken Sie pro Portion ein Kästchen in der entsprechenden Reihe ab. Fassen Sie zusammen, wovon Sie zu viel und wovon Sie zu wenig essen.
5. Stellen Sie in einer Tabelle dar, welche Lebensmittelgruppe welche Nährstoffe in der menschlichen Ernährung liefert.
6. Wie können Sie Menschen verschiedener Altersgruppen motivieren, ausreichend Obst und Gemüse zu essen? Recherchieren Sie unter www.5amtag.de, um Anregungen zur Umsetzung zu finden.
7. Ergänzen Sie das Mind-Map zum Essverhalten aus eigener Erfahrung. Diskutieren Sie in Gruppen, welche Einflussfaktoren sich positiv oder negativ auswirken.
8. Welche Einflussfaktoren spielen im unten abgedruckten Fallbeispiel eine Rolle?

Fallbeispiel:
Sonja (14) möchte abnehmen. Darum lässt sie einfach das Frühstück ausfallen, so kann sie auch ein bisschen länger schlafen. In der ersten Schulpause hat sie dann richtig Heißhunger und kauft sich ein reichhaltig belegtes Käsebrötchen und eine Cola zum Wachwerden am Schulkiosk. Ihre Freundin Daniela frühstückt mit ihrer Mutter und ihrem jüngeren Bruder gemeinsam. So lohnt es sich, den Tisch schön zu decken und einen Obstteller herzurichten. Für die Schule schmiert Daniela sich ein Brot und packt verschiedene Gemüsestückchen mit in die Dose. Ein Früchtetee in der Trinkflasche wird sie über den Vormittag mit Flüssigkeit versorgen.

Forum

Kulturelle Vielfalt

Menschen aus anderen Kulturkreisen zu betreuen oder zu pflegen, erfordert die Bereitschaft, kulturelle Unterschiede oder Gemeinsamkeiten wahrzunehmen. Dies kann für alle Beteiligten eine große Bereicherung sein, um Neues zu entdecken. Andererseits kann Fremdes verunsichern oder zu einem ablehnenden Verhalten führen. Der Umgang mit kultureller Vielfalt hat durch den nationalen Integrationsplan gesellschaftspolitische Bedeutung erhalten.

Integration

Integration hat das Ziel, alle Menschen in die Gesellschaft einzubeziehen, wenn sie dauerhaft und rechtmäßig in Deutschland leben. Zuwanderer sollen umfassend und gleichberechtigt in allen gesellschaftlichen Bereichen teilhaben. Sie stehen dafür in der Pflicht, Deutsch zu lernen sowie die Verfassung und die Gesetze zu kennen und zu befolgen.

(Quelle: Glossar Bundesamt für Migration und Flüchtlinge)

In den sozialpflegerischen Arbeitsbereichen entstehen daraus ganz unterschiedliche Aufgaben.

In **Kindertagesstätten** sind die Förderung der deutschen Sprachkenntnisse und die kulturelle Orientierung sehr wichtig, damit der Übergang in die Grundschule gelingt.

Migranten in Deutschland
Aus welchen Staaten kommen die meisten Mitbürger mit Migrationshintergrund

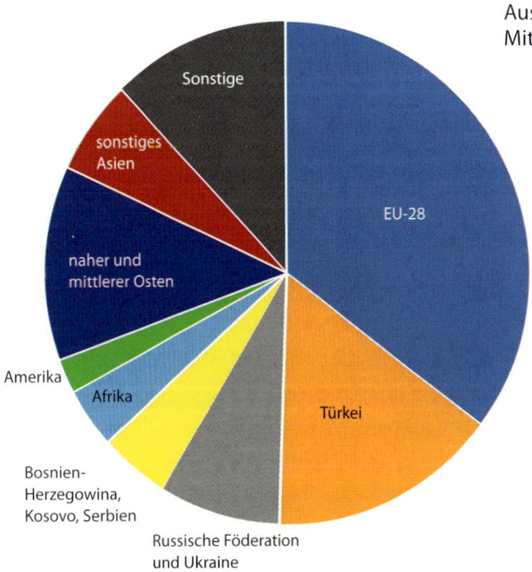

in % aller Migranten	Anzahl
35,52 %	6.598.000
15,06 %	2.797.000
8,05%	1.495.000
4,80%	892.000
4,01%	744.000
2,27%	421.000
12,39%	2302.000
6,02%	1.119.000
11,89%	2.208.000
	18.576.000

Mikrozensus 2016

Forum

Die Kinder können sich dabei gegenseitig unterstützen und dank der kulturellen Vielfalt voneinander lernen. Assistenzkräfte sind sich ihrer Verantwortung für die **Sprachförderung** der Kinder bewusst. Sie unterstützen die Kinder beim Entdecken der kulturellen Vielfalt und vermitteln bei kulturell bedingten Konflikten.

Im Umgang mit Menschen aus unterschiedlichen Kulturen erwerben Assistenzkräfte interkulturelle Kompetenzen, die sie für ihre berufliche Praxis benötigen. Diese sind Voraussetzung für ein gutes **Zusammenleben**.

Interkulturelle Kompetenz

ist die Fähigkeit, Menschen aus anderen Kulturkreisen zu akzeptieren und sich mit ihnen zu verständigen.

In der **Altenpflege** sind interkulturelle Kompetenzen notwendig, um auf die individuellen Bedürfnisse der Bewohner einzugehen. Deutschland ist ein Einwanderungsland. Seit mehr als 60 Jahren kommen Menschen aus anderen Ländern nach Deutschland. Migranten der ersten Generation sind mittlerweile im Rentenalter. Im Jahr 2030 werden diese ein Viertel der in Deutschland lebenden älteren Menschen ausmachen. Die Zahl der pflegebedürftigen Personen aus anderen Kulturkreisen steigt an. Einrichtungen der Altenhilfe entwickeln passende Angebote für **kultursensible Pflege**.

Kultursensible Altenpflege bedeutet, dass sich die Fürsorge für alte Menschen an deren Bedürfnissen, Träumen und Wünschen orientiert.

Aufgaben

1. Beschreiben Sie anhand von Beispielen, welches Verständnis hinter der Überschrift „Kulturelle Vielfalt“ steht.
2. Berichten Sie über eigene Erfahrungen mit kulturellen Unterschieden, z.B:
   - Sie treffen auf Menschen, die eine andere Sprache sprechen, die Sie nicht verstehen,
   - Sie waren zu einem Essen eingeladen, bei dem es viele Ihnen unbekannte Speisen gab,
   - Sie waren Patient in einem Krankenhaus im Ausland.
3. „Bei mir, bei dir und anderswo“ – Sammeln Sie Informationen über Aktivitaten an Ihrer Schule oder in einer sozialen Einrichtung zur Förderung der interkulturellen Verständigung.
4. „Vom Gastarbeiter zum Bettnachbarn“ Welche Veränderungen im Arbeitsbereich Altenpflege werden an diesem Titel eines Zeitungsartikels deutlich?
5. Interpretieren Sie die Karikatur:

Ahmed Yilmaz

HELP – für Kinder

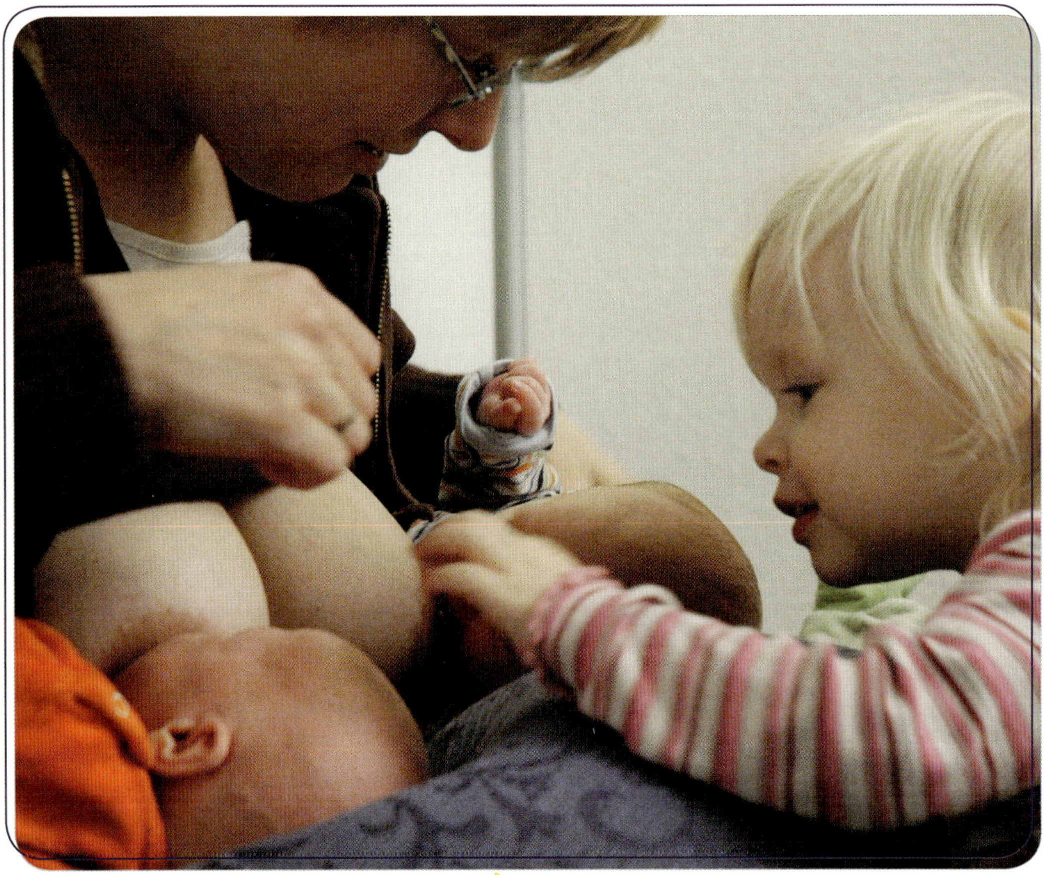

Als Praktikantin begleiten Sie die Kinderpflegerin eines sozialen Dienstes in private Haushalte. Heute lernen Sie Frau Franke kennen, die vor kurzem Zwillinge geboren hat und deshalb Unterstützung im Haushalt und bei der Säuglingspflege beantragt hat. Tagsüber ist sie mit den Babys allein zu Haus. Am Nachmittag endet die Kita-Betreuung der dreijährigen Tochter. Oft wachsen Frau Franke die Aufgaben über den Kopf. Ziel Ihrer Tätigkeit ist es, sie umfassend zu entlasten.

1. Welche Aufgaben können auf Sie zukommen?
2. Welche Fragen würden Sie stellen?
3. Worauf achten Sie beim Kennenlernen der Wohnung?
4. Wie können Sie zur Beruhigung und Entspannung von Frau Franke beitragen?

6 Kinder gesund ernähren

Die Überschrift legt es nah: Kinder brauchen eine andere Ernährung als Erwachsene. Bei der Vielzahl an speziellen Kinderlebensmitteln könnte man meinen, dass diese für Kinder besonders gut geeignet seien. Können Grundnahrungsmittel hier wirklich nicht mithalten?

„Kinderlebensmittel“

6.1 Kinderlebensmittel

In fast jeder Lebensmittelgruppe gibt es Produkte, die aufgrund besonderer Zusammensetzung, Aufmachung oder Werbeaussagen zu den Kinderlebensmitteln gehören: Die Verpackung ist besonders bunt, manchmal sind Spielzeuge beigefügt, kleine Portionen sind für Kinder interessant und noch dazu praktisch für die Kindergarten- oder Schultasche. Kinder kennen die Produkte meist aus der Werbung und wünschen sich bestimmte Marken. Eltern bezahlen den oft höheren Preis, weil sie den gesundheitsbezogenen Werbeaussagen glauben.

Die **Gesundheitsaussagen** halten in der Regel nicht, was sie versprechen. Die „Extraportion Milch“ in einer Kinderschnitte kommt an den Nährstoffgehalt von einem Glas Milch bei Weitem nicht heran. Stattdessen enthält sie reichlich Zucker und Fett, aber kaum wertvolle Inhaltsstoffe wie Vitamine, Mineralstoffe oder Ballaststoffe. Eine Kinderschnitte sieht einem selbst geschmierten Pausenbrot zwar ähnlich, beim Gesundheitswert schneidet sie jedoch wesentlich schlechter ab.

Kindermilchprodukte wie „Obstzwerge“ können ebenfalls nicht mit den ursprünglichen Lebensmitteln Obst und Joghurt mithalten. Sie enthalten zwar relativ viel Calcium, der **Fett- und Zuckeranteil** ist jedoch viel höher als im normalen Fruchtjoghurt. Der Fruchtgehalt entspricht etwa einer halben Erdbeere auf 100 Gramm.

Süßigkeiten oder Säfte, die **mit Vitaminen oder Mineralstoffen angereichert** wurden, sind in der Ernährung gesunder Menschen überflüssig. Wer sich abwechslungsreich von Grundnahrungsmitteln wie Brot, Kartoffeln, Gemüse, Obst, Milch und Fleisch ernährt, bekommt alle wichtigen Nährstoffe in der richtigen Menge. Grundnahrungsmittel liefern auch Kindern alles, um gesund groß zu werden.

6.2 Von der Brust bis zum Brei

Auf den ersten Blick erscheint es logisch, dass ein Säugling Milch bekommt. Denn für feste Nahrung fehlen ihm die Zähne und auch die anderen Verdauungsorgane sind noch nicht voll ausgereift. Gleichzeitig braucht der Säugling besonders viele Nährstoffe, um zu wachsen. Eine Zeit lang wurde Müttern jedoch vom Stillen abgeraten, da die Muttermilch zu stark mit Umweltgiften belastet war. Heute rät die Deutsche Gesellschaft für Ernährung wieder uneingeschränkt zur Brusternährung.

Für eine Assistenzkraft darf allerdings auch das Thema Flaschennahrung nicht zu kurz kommen. Denn sie übernimmt die Versorgung, gerade wenn die Mutter nicht selbst für das Kind da sein kann. Den Übergang zur Familienkost bildet die sogenannte Beikost – Brei aus dem Gläschen oder selbst hergestellt. Säuglingsernährung ist sehr wichtig, denn sie kann die Weichen für das ganze Leben stellen.

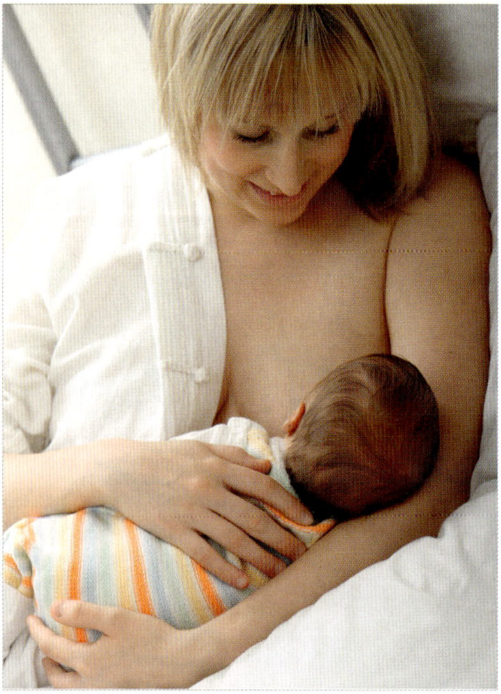

6.2.1 Brusternährung

Im Mutterleib erhält das ungeborene Kind durch die Nabelschnur alles, was es für seine gesunde Entwicklung benötigt. Nach der Geburt ist die natürlichste Nahrung eines Säuglings die Muttermilch. Die Mutter sollte ihren Säugling möglichst über **vier bis sechs Monate** ausschließlich stillen, denn Stillen hat viele Vorteile:

- Muttermilch enthält Kohlenhydrate, Eiweiß und Fett sowie Vitamine und Mineralstoffe in der optimalen Zusammensetzung. Dieser **Nährstoffgehalt** verändert sich sowohl über die Wochen der Stillzeit als auch innerhalb einer einzigen Brustmahlzeit und passt sich exakt an die Bedürfnisse des Säuglings an. Die erste Milch nach der Geburt heißt **Kolostralmilch.** Sie ist für die gesunde Entwicklung des Kindes besonders wichtig. Nach zwei Wochen erhält es die sogenannte **reife Muttermilch.**
- Innerhalb der **Stillmahlzeit** ist die Milch zuerst dünnflüssig und deckt den Flüssigkeitsbedarf des Kindes. Nach und nach steigt dann der Nährstoffgehalt, macht das Baby satt und liefert ihm Energie und Baustoffe für das Wachstum. Durch das Saugen an der Brust produziert die Milchdrüse die notwendige Menge an Muttermilch. Gestillte Säuglinge sind dadurch selten überernährt.
- Gestillte Säuglinge erkranken deutlich weniger an **Magen-Darm-Infektionen und Allergien** ebenso wie an Neurodermitis und ähnlichen Hauterkrankungen. Denn die Muttermilch enthält Abwehrstoffe des mütterlichen Immunsystems.
- Durch das Saugen an der Brust entwickeln sich **Kiefer und Gebiss** des Kindes besser als beim Trinken aus der Flasche. Dadurch treten Fehlstellungen der Zähne seltener auf und die Sprachentwicklung wird begünstigt.
- Während des Stillens haben Mutter und Kind einen innigen Kontakt. In einer ruhigen Atmosphäre kann sich die Mutter ihrem Säugling aufmerksam und geduldig zuwenden. Bestimmte Hormone regeln die Milchbildung und den Milchfluss, sie fördern die **emotionale Bindung** zwischen Mutter und Kind.
- Auch für die Mutter ist das Stillen von Vorteil. Es unterstützt die **Rückbildung der Gebärmutter.** Außerdem erkranken Frauen, die gestillt haben, seltener an Brust- und Eierstockkrebs.
- Im Vergleich zur Flaschenkost ist Muttermilch zudem sehr **einfach und praktisch** zu handhaben. Sie steht immer in der richtigen Temperatur zur Verfügung, ist hygienisch einwandfrei und noch dazu kostenlos.

Die Hebamme oder Säuglingsschwester hilft der Mutter, wenn **Probleme beim Stillen** auftreten. Außerdem können Laktationsberaterinnen (Stillberaterinnen) oder Stillgruppen die Mutter unterstützen. Die Entscheidung nicht zu stillen, sollte der Außenstehende jedoch immer respektieren. Keine Frau sollte sich aufgrund ihrer Entscheidung rechtfertigen müssen.

Neugeborenes	ist ein Kind in den ersten vier Lebenswochen.
Säugling/Baby	ist ein Kind im ersten Lebensjahr.
Kleinkind	ist ein Kind im zweiten und dritten Lebensjahr.

Es gibt sogar Situationen, in denen eine Frau nicht stillen sollte. Viele Stoffe gehen aus dem mütterlichen Blut in die Muttermilch über. Frauen, die drogenabhängig oder schwer krank sind und Medikamente einnehmen müssen, geben ihrem Kind lieber nicht die Brust. Welche Arzneimittel für stillende Mütter geeignet sind, wissen Ärzte und Apotheker.

Zurückhaltung ist auch bei **Genussmitteln** geboten. Alkoholische Getränke sollte die Mutter während der Stillzeit möglichst gar nicht, koffeinhaltige nur in Maßen zu sich nehmen. Rauchen schädigt das Kind sowohl in der Schwangerschaft als auch danach, unter anderem weil Nikotin in die Muttermilch gelangt.

Manche Mütter beobachten, dass von ihnen verzehrte Speisen oder Getränke das **Wohlbefinden des Säuglings** beeinträchtigen. Säurehaltige Obst- und Gemüsesorten wie Zitrusfrüchte können zum Beispiel einen wunden Po begünstigen. Kohl, Zwiebeln oder Hülsenfrüchte führen manchmal zu Blähungen. Diese Lebensmittel sollte die Mutter aber erst dann meiden, wenn sie sicher ist, dass das Kind darauf reagiert.

6.2.2 Umgang mit Fertigmilch

Die **Säuglingsmilchnahrung** ersetzt die Muttermilch, wenn Stillen nicht möglich ist. Das richtige Zubereiten des Fläschchens schützt den Säugling dabei vor gesundheitlichen Nachteilen (s. S. 85).

Trinkwasser zählt in Deutschland zu den am besten kontrollierten Lebensmitteln. Nur in sehr wenigen Regionen überschreitet es die Grenzwerte für Schadstoffe wie Nitrat, Blei oder Kupfer. In diesen Gegenden oder bei Reisen ins Ausland kann die Verwendung von Mineralwässern von Vorteil sein, die laut Etikett „geeignet für die Zubereitung von Säuglingsnahrung" sind.

Das **Selbstherstellen** von Säuglingsmilch aus Kuh-, Ziegen-, Schafs- oder Stutenmilch oder pflanzlichem Milchersatz ist grundsätzlich nicht zu empfehlen. Der Nährstoffgehalt unterscheidet sich zu stark von der Muttermilch.

Säuglingsmilchnahrungen im Überblick	
Pre	Säuglingsanfangsnahrung/ Säuglingsmilchnahrung; Zusammensetzung ist der Muttermilch sehr ähnlich; bis 12 Monate
1	Säuglingsanfangsnahrung; enthält neben Milchzucker auch sättigende Stärke; bis 12 Monate
2	Folgenahrung im Beikostalter kann neben Milchzucker und Stärke auch andere (überflüssige) Zuckerarten und Aromen enthalten; ab 5. Monat möglich
HA	hypoallergen; für allergiegefährdete Säuglinge (als Pre, 1 oder 2)

6.2.3 Brei als Beikost

Muttermilch oder Säuglingsmilch reicht ab dem fünften bis siebten Lebensmonat nicht mehr aus, um den **Energie- und Nährstoffbedarf** des Kindes zu decken. Das Baby lernt zu sitzen und vom Löffel zu essen, während der Saugreflex zurückgeht. Zusätzlich zur Muttermilch bekommt der Säugling nun die ersten Breie, die sogenannte Beikost. Um Unverträglichkeiten vorzubeugen, sollte man die Lebensmittel in der Beikost **Schritt für Schritt** anbieten.

Wird der komplette Gemüse-Kartoffel-Fleisch-Brei gut vertragen, kann im nächsten Monat der Milch-Getreide-Brei eingeführt werden (s. S. 50). Mit Beginn der Gabe von Beikost braucht der Säugling zusätzliche **Flüssigkeit**. Am besten wird der Wasserbedarf mit energiefreien Getränken wie Wasser und ungesüßten Tees gedeckt.

Ab dem zehnten Monat können Säuglinge am **Familienessen** teilnehmen. Stückchen von festen Lebensmitteln können sie in der Regel mit dem Kiefer zerdrücken, auch wenn sie erst wenige Zähne haben.

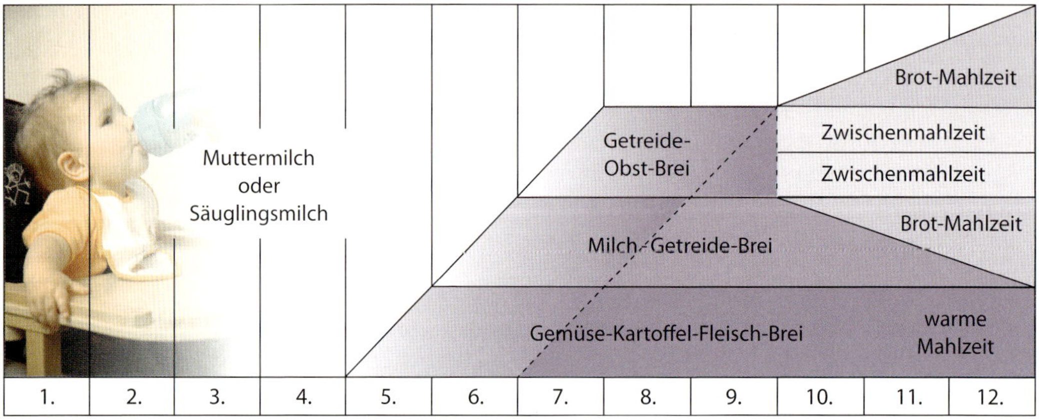

Der Ernährungsplan für das erste Lebensjahr *Quelle: Forschungsinstitut für Kinderernährung (FKE)*

6.3 Ernährung(serziehung) von Klein- und Schulkindern

Sobald ein Kind am Familienessen teilnimmt, entwickelt es eigene Wünsche und Vorlieben. Die Frage ist, wie die Assistenzkraft diesen Ansprüchen und dem hohen Nährstoffbedarf eines schnell wachsenden Körpers gerecht werden kann. Schließlich gilt es, einer Fehlernährung mit möglichen Folgekrankheiten frühzeitig vorzubeugen.

Im **Vergleich zu Erwachsenen** benötigen Kinder viele Nährstoffe wie Eiweiß und Calcium, aber wenig Kalorien. Für sie gilt die Ernährungspyramide zwar genauso (mit entsprechend kleineren Portionen, s. S. 39), es ist jedoch besonders auf die Qualität und den Fettgehalt der Lebensmittel und Speisen zu achten. Auch stark gesalzene und scharf gewürzte Speisen sowie zuckerhaltige Extras sind für Kinder nicht geeignet. Stattdessen sollten Kinder den natürlichen Geschmack von wenig verarbeiteten Lebensmitteln kennen- und schätzen lernen. Dass anregende Getränke wie Kaffee, schwarzer Tee und Cola sowie alkoholische Getränke für Kinder tabu sind, versteht sich von selbst.

Um ihren hohen **Flüssigkeitsbedarf** zu decken, lernen Kleinkinder im zweiten Lebensjahr, aus Becher oder Tasse zu trinken. Beim Trinken aus der Flasche oder dem Kinderschnabelbecher kann das ständige Umspülen der Zähne mit zucker- oder säurehaltigen Flüssigkeiten Karies begünstigen. Die Assistenzkraft sollte Getränke zu jeder Mahlzeit, aber auch zwischendurch anbieten, da Kinder häufig ihren Durst beim Spielen vergessen (zu Getränken vgl. Kap. 19, S. 122).

Kuchen, Süßigkeiten und salzige Snacks enthalten oft reichlich Zucker und Fett, aber kaum Vitamine und Mineralstoffe. Trotzdem ist im Rahmen einer ansonsten vollwertigen Kinderernährung **Naschen in geringen Mengen erlaubt.** Kinder müssen es lernen, maßvoll mit Süßigkeiten und Snacks umzugehen. Zum Teil kann die Lust auf Süßes auch durch süße Nachspeisen oder Zwischenmahlzeiten aufgefangen werden. Auf keinen Fall sollten Kinder vor den Mahlzeiten Süßigkeiten bekommen, da sie sich so den Appetit auf das normale Essen verderben. Nach dem Naschen schützt gründliches Zähneputzen vor Karies.

Die gesündeste Lebensmittelauswahl nützt nichts, wenn das Kind die Mahlzeiten ablehnt. **Kinder wollen Spaß beim Essen**, denn Gesundheit ist für sie keine unmittelbare Motivation. In erster Linie kommt es dabei auf das gemeinsame Essen in angenehmer **Atmosphäre** an. Ermahnungen, Streitereien und unerfreuliche Themen gehören nicht an den Esstisch.

Soweit wie möglich sollten Kinder mitbestimmen und mitmachen dürfen. Was sie selbst vorbereitet haben, verzehren sie in der Regel auch gern. Auch die **Lieblingsgerichte** der Kleinen finden einen Platz im abwechslungsreichen Speiseplan. Zudem ist es wichtig, dass Kinder selbst entscheiden, wie viel sie essen wollen und was ihnen schmeckt. So erhalten sie sich ihr gesundes Hunger- und Sättigungsgefühl.

Wissenschaftliche Studien beweisen: **Kinder mögen, was sie kennen.** Deshalb alle Lebensmittel immer mal wieder anbieten und probieren lassen! Ein vielseitiges Angebot ist die beste Voraussetzung für eine ausgewogene und abwechslungsreiche Ernährung.

> **!** Es lohnt sich, auf die **Ernährung von Kindern** besonders zu achten, damit diese sich optimal entwickeln. Spezielle Kinderlebensmittel sind dafür nicht erforderlich. Vielmehr brauchen Kinder Grundnahrungsmittel in Form von abwechslungsreichen und leckeren Gerichten.

6.4 Fünf Sterne für das Frühstück

Für Kinder, die einen ganzen Vormittag fit, lernfähig und gut gelaunt bleiben sollen, ist ein gemeinsames (Pausen-)Frühstück ideal. Es braucht allerdings keinen erstklassigen Profi-Koch, um dem Frühstück fünf Sterne zu verleihen. Den **Ernährungsbedürfnissen von Kindern** entspricht ein Frühstück, wenn es aus folgenden Bausteinen zusammengesetzt ist:

- Milch oder Milchprodukt (z. B. Schulmilch, Joghurt, Fruchtquark, Käse als Brotbelag),
- Brot, Müsli oder ein anderes Getreideprodukt (z. B. zusammengeklapptes Mehrkornbrot mit Belag, belegtes Brötchen, Müsli),
- frisches Obst oder Gemüse (z. B. Paprika- und Möhrenstreifen zum Dippen, Cocktailtomaten),
- Getränke (Mineralwasser, Saftschorlen).

Diese vier ersten Bausteine (Sterne) stehen für eine ausgewogene Lebensmittelauswahl. Den fünften Stern bekommt das Frühstück, wenn die Kinder in Ruhe und gemütlicher **Atmosphäre** essen können. Eine Pause, die zusätzlich noch Anregung und Gelegenheit zur **Bewegung** bietet, trägt am meisten zum Wohlbefinden der Kinder bei.

6.5 Kochen mit Kindern

Gemeinsam mit Kindern zu kochen oder zu backen, kann Spaß machen. Darüber hinaus spielt es eine wichtige Rolle in der **Ernährungserziehung**. Je früher und regelmäßiger Kinder in Tätigkeiten der Nahrungszubereitung einbezogen werden, desto besser können sich Gewohnheiten festigen. Kinder wollen dabei sein, mitmachen und alles erforschen, was die Großen tun. So lernen sie ganz nebenbei, buchstäblich durch Begreifen,

- was gesunde Ernährung ausmacht,
- wie man Speisen zubereiten und appetitlich anrichten kann und
- dass Aufräumen und Reinigen selbstverständlich dazugehören.

Das selbstständige Herstellen eines Obstsalates ist zum Beispiel in erster Linie ein motivierendes Erfolgserlebnis. Viele Kinder probieren aber unbekannte oder bisher gemiedene Lebensmittel auch lieber, wenn sie selbst am Zubereiten beteiligt waren.

In der Küche gelten im Prinzip für Kinder und Erwachsene dieselben Regeln: bei der Hygiene ebenso wie beim Unfallschutz und bei der Arbeitsplatzgestaltung (s. S. 19). Vor Arbeitsbeginn gehören auch lange Kinderhaare zusammengebunden, der Schmuck abgelegt und die Hände gewaschen. Eine Schürze schützt die Kleidung vor Flecken und Spritzern. **Hygieneregeln** zur richtigen Lagerung und Verarbeitung liegen in der Verantwortung der Aufsichtspersonen. Die **Sicherheit** am Arbeitsplatz steht beim Kochen mit Kindern an oberster Stelle. Sie müssen sich Schritt für Schritt an den Umgang mit scharfen Arbeitsgeräten wie Messer und Schere oder mit Strom und Wärme gewöhnen. Schon im

Kindergartenalter können sie Obst und Gemüse auf einem Brettchen zerkleinern und dabei den Krallengriff üben (s. S. 25). Schwierige und gefährliche Arbeitsschritte sollten Kinder jedoch niemals allein ausführen. Besser ist es, von vornherein einfache und sichere Rezepte auszuwählen, die dem Können der Kinder entsprechen.

Auch bei hauswirtschaftlichen Tätigkeiten brauchen Kinder einen angepassten **Arbeitsplatz**. Der Tisch sollte nicht zu hoch und gut beleuchtet sein. Die Arbeitsgeräte und Zutaten stehen von Anfang an in sinnvoller Anordnung bereit. Auch an ein gut erreichbares Spülbecken, etwa zum Waschen von Obst und Gemüse, ist zu denken. Ist schließlich noch ein Behälter für Abfälle in der Nähe, lernen die Kinder gleich, den Arbeitsplatz sauber und ordentlich zu halten.

Für die **Assistenzkraft** gelten in der Küche zwei Regeln in ganz besonderem Maße:

- Immer im Blick haben, was die Kinder tun.
- Vorbild sein!

Aufgaben

1. Schreiben Sie die wesentlichen Eigenschaften spezieller Kinderlebensmittel heraus und überprüfen Sie diese anhand von Beispielen.
2. Welche persönlichen Gründe könnten gegen das Stillen sprechen? Gestalten Sie ein Rollenspiel.
3. Besorgen Sie sich verschiedene Säuglingsnahrungen. Untersuchen und vergleichen Sie:
   a) Welche Inhaltsstoffe sind in Muttermilch ebenfalls enthalten, welche nicht? Begründen Sie.
   b) Untersuchen Sie kritisch die aufgedruckten Werbeaussagen.
   c) Bereiten Sie die Säuglingsnahrung nach Vorschrift zu und probieren Sie.
   d) Überschlagen Sie den Preis für sechs Monate Säuglingsanfangsnahrung bei verschiedenen Produkten.
4. Suchen Sie Rezepte für Babybreie heraus und probieren Sie diese im Vergleich zur industriell hergestellten Gläschenkost. Sammeln Sie Vor- und Nachteile für beides und vergleichen Sie den Preis.
5. Diskutieren Sie in Gruppen über sinnvolle Regeln rund um das Naschen für Kinder sowie deren Eltern und Betreuer. Formulieren Sie „die süßen sieben Tipps".
6. Welche Ratschläge können Sie Müttern geben, die mit folgenden Klagen zu Ihnen kommen:
   - Mein Kind mag keine Milch.
   - Mein Kind will immer nur Fast Food.
   - Mein Kind mag kein Gemüse.
   - Mein Kind hat keinen Appetit.
   - Mir fehlt die Zeit zum Kochen.
7. Entwickeln Sie Ideen für die kindgerechte Gestaltung von Mahlzeiten und gesunden Snacks.
8. „Messer, Gabel, Schere, Licht sind für kleine Kinder nicht!" Diskutieren Sie.
9. Überlegen Sie, wie das idealtypische Kindergarten- oder Schulfrühstück auch an anderen Arbeitsplätzen zu verwirklichen ist.

Übersicht Vitamine

Wasserlösliche Vitamine	Tagesbedarf[1]	Vorkommen in Lebensmitteln	Wirkungsweise	Vitaminmangel
B_1 (Thiamin)	1,1–1,4 mg	Hefe, Vollkornprodukte, Schweinefleisch	Zellstoffwechsel: Kohlenhydratabbau	verminderte Leistungsfähigkeit, Muskelschwäche, Nervenstörungen: Beri-Beri
B_2 (Riboflavin)	1,2–1,6 mg	Eier, Milch, Milchprodukte, Fleisch	Zellstoffwechsel: Wasserstofftransport, Energiegewinnung	Veränderung von Haut und Schleimhäuten
B_6 (Pyridoxin)	1,2–1,6 mg	in allen Lebensmitteln	Zellstoffwechsel: Aminosäurestoffwechsel	bei Kindern Krämpfe möglich, Hautveränderungen usw.
B_{12} (Cobalamine)	3,0 µg	in tierischen Lebensmitteln	Zellstoffwechsel: Zellkernaufbau	Mangel bei strengen Vegetariern, verminderte Zellteilung, Anämie, Nervenstörungen
Biotin	30–60 µg	Vollkornprodukte, Eigelb, Sojabohnen	Zellstoffwechsel: Kohlenstoffdioxid-Übertragung	Hautveränderungen
Folsäure	0,3 mg	Vollkornprodukte, Gemüse, Fleisch	Zellstoffwechsel: Aminosäurestoffwechsel	Hautveränderungen, Anämie, Mangel bei Eiweißunterernährung
Pantothensäure	6 mg	in allen Lebensmitteln	Zellstoffwechsel: Kohlenhydrat-, Fettstoffwechsel	Mangel nur bei längerer Behandlung mit Sulfonamiden, bei Infektionskrankheiten
Niacin	13–17 mg	Fisch, Fleisch, Gemüse, Vollkornprodukte	Zellstoffwechsel: Wasserstofftransport, Energiegewinnung	Hautveränderungen, Nervenstörungen, Mangel bei überwiegender Maisernährung, Pellagra
C (Ascorbinsäure)	90–105 mg	rohes Obst, Gemüse, Kartoffeln	Aufbau von Bindegewebe, Eisenstoffwechsel, verhindert Radikalbildung	verzögerte Wundheilung, Skorbut, Störungen im Bindegewebsstoffwechsel

Fettlösliche Vitamine	Tagesbedarf[1]	Vorkommen in Lebensmitteln	Wirkungsweise	Vitaminmangel	Überversorgung
A (Retinole) **Provitamin Carotin**	0,9–1,1 mg	Fett, Fettfisch, Eigelb, Karotten, Grüngemüse	Bestandteil des Sehpurpurs, fördert Zellwachstum	Verhornung von Haut und Schleimhäuten, Nachtblindheit	Erbrechen, Durchfall, Schleimhautblutungen, Knochenbrüchigkeit, Übererregbarkeit
D (Calciferole) Provitamin vorhanden	20 µg	Fettfisch, Margarine, Eigelb, Pilze	Aufnahme von Calcium und Verkalkung der Knochen	Knochenerweichung, Rachitis, Osteoporose	Calciumablagerungen in den Blutgefäßen, Lunge und Niere
E (Tocopherole)	12–15 mg	Keimöl, Vollkornprodukte, Grüngemüse	Schutz für die Zellmembranen, verhindert Radikalbildung	nicht bekannt	nicht bekannt
K (Phyllochinone)	60–70 µg	Grüngemüse, Fleisch, Fisch	normaler Ablauf der Blutgerinnung	gestörte Blutgerinnung	nicht bekannt

[1] Empfehlenswerte Höhe der Zufuhr für Jugendliche (DGE)

7 Energie zum Sattessen: kohlenhydratreiche Lebensmittel

Nach den Empfehlungen der DGE sollte ein Jugendlicher oder Erwachsener pro Tag mehr als 300 Gramm Kohlenhydrate verzehren. Damit sind die Kohlenhydrate die Nährstoffgruppe, von der ein Mensch am meisten braucht – abgesehen von Wasser. Jede Zelle kann mithilfe von Sauerstoff aus Traubenzucker (Glucose) Energie gewinnen, die roten Blutkörperchen (Erythrozyten) sogar ausschließlich aus Traubenzucker.

7.1 Aufbau der Kohlenhydrate

Alle Kohlenhydrate sind aus Zuckerbausteinen aufgebaut: Die wichtigsten **Einfachzucker** heißen
- Glucose (Traubenzucker),
- Fructose (Fruchtzucker) und
- Galaktose (Schleimzucker).

Traubenzucker ist als Energiespender zum Lutschen bekannt, kommt aber genauso wie Fruchtzucker auch in Obst vor.

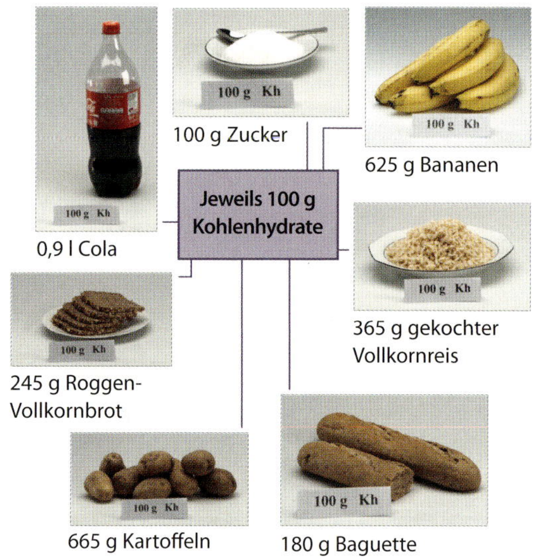

Kohlenhydrate in unterschiedlicher Form

Haushaltszucker ist ein **Doppelzucker**, der aus einem Baustein Traubenzucker und einem Baustein Fruchtzucker besteht. Etwa fünf Prozent der Milch macht der Milchzucker aus, ein Doppelzucker aus je einem Baustein Traubenzucker und Galaktose. Zwei Bausteine Traubenzucker bilden den Malzzucker.

Das Kohlenhydrat in Brot, Reis, Kartoffeln und Nudeln heißt Stärke. **Vielfachzucker** wie die Stärke bestehen aus langen Ketten von mehr als 100 bis weit über 1000 Traubenzuckerbausteinen. Im menschlichen Körper gibt es einen ähnlichen Kohlenhydratspeicher, das Glykogen. Ebenfalls aus tausenden Traubenzuckerbausteinen ist die Cellulose aufgebaut, die den Pflanzenzellen ihre Stabilität gibt. Für den menschlichen Körper ist sie aber unverdaulich, ein sogenannter Ballaststoff (s. S. 56).

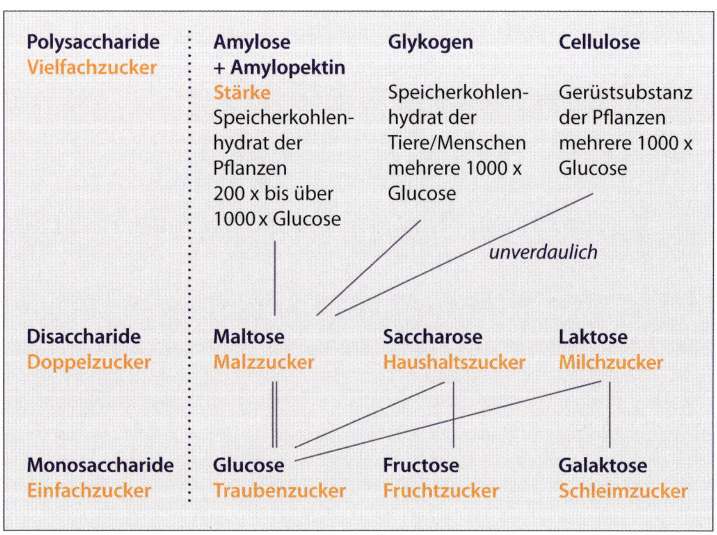

Der Beweis

Weißbrot hat zunächst einen neutralen Geschmack. Kaut man es sehr lange, wird der Speisebrei langsam süßlich. Die Stärke im Brot besteht nämlich aus Zuckerbausteinen.

7.2 Verdauung – Vom Brötchen zum Brennstoff

Kohlenhydrate müssen zunächst zu Einfachzucker abgebaut werden und aus dem Verdauungstrakt ins Blut übergehen. Dann erst stehen sie den Zellen als Brennstoff zur Verfügung.

Verdauung
ist die Aufspaltung der Nährstoffe in ihre Einzelbausteine und deren Aufnahme durch die Darmwand ins Blut.

Die Verdauung der Kohlenhydrate beginnt schon im **Mund**. Nachdem die Zähne die Speisen zerkleinert haben, macht der Speichel den Speisebrei zum einen schluckfähig. Zum anderen enthält er das Enzym Amylase. Dies spaltet Stärke zu Dextrinen (kürzere Traubenzuckerketten) und schließlich zu Malzzucker.

Enzyme
sind Werkzeuge des Stoffwechsels, die biochemische Reaktionen im Körper steuern. Als Verdauungsenzyme spalten sie die Hauptnährstoffe in ihre Einzelbausteine. Sie bestehen aus Eiweiß, sind also hitze- und säureempfindlich. Ihr Name endet meist auf -ase.

Die **Speiseröhre** ist ein Muskelschlauch, der den Speisebrei nach dem Schlucken aktiv in den Magen befördert. Der **Magen** produziert einen stark sauren Verdauungssaft, der auch Eiweiß spaltende Enzyme enthält. Die Magensäure tötet Bakterien ab und unterbricht die Kohlenhydratverdauung der Amylase. Der Nahrungsbrei bleibt je nach Zusammensetzung mehrere Stunden im Magen und wird durch die Bewegung der muskulösen Magenwand gut durchmischt.

Der **Zwölffingerdarm** ist der erste Teil des **Dünndarms**. Hier findet die eigentliche Verdauung aller Nährstoffe statt, also ihre Aufspaltung und Aufnahme ins Blut. Dazu ist die Schleimhaut des Dünndarms so stark aufgefaltet, dass seine Oberfläche 180 Quadratmeter beträgt.
Die Verdauungsenzyme stammen aus dem **Bauchspeichel**. Für die Kohlenhydrate enthält er neue Amylasen sowie Glucosidasen, die für die Verzweigungsstellen der Stärkebausteine zuständig sind. Damit die Enzyme optimal arbeiten, neutralisiert der Bauchspeichel die Magensäure im Zwölffingerdarm. Dort münden der Ausgang der Bauchspeicheldrüse und der Gallengang. Der Gallensaft wird in der Leber gebildet und in der **Gallenblase** gespeichert und unterstützt im Dünndarm die Fettverdauung. Die Dünndarmschleimhaut produziert weitere Verdauungsenzyme. Für die Kohlenhydrate spielen hier die Maltasen, die Saccharasen und die Laktasen eine wichtige Rolle. Sie spalten die Doppelzucker zu Einfachzuckern auf. Die Dünndarmoberfläche filtert alle Nährstoffe aus dem Speisebrei heraus. Das Blut bringt sie anschließend zu allen Körperzellen.
Die einzige Verdauungsaufgabe des **Dickdarms** besteht darin, dem Speisebrei Wasser und Mineralstoffe zu entziehen. Er enthält jedoch unzählige Bakterien, die sogenannte Darmflora, die unverdauliche Ballaststoffe zum Teil abbaut und zur Vitaminversorgung beiträgt. Der Dickdarm ist auch wichtig für die Immunabwehr.

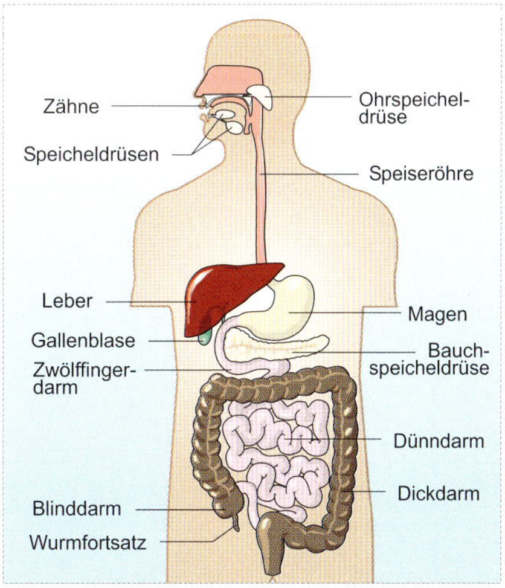

Der Verdauungstrakt

7.3 Ballaststoffe

Der Begriff Ballaststoffe umfasst alle **unverdaulichen Bestandteile** der Nahrung. Er stammt aus einer Zeit, als man deren gesundheitlichen Wert noch nicht kannte und als hochverarbeitete Lebensmittel wie Zucker und helles Mehl selten und teuer waren. Seit dem späten 19. Jahrhundert ist der Ballaststoffverzehr stark zurückgegangen, zahlreiche sogenannte Zivilisationskrankheiten haben zugenommen.

Ballaststoffe gehören vom **Aufbau** her zu den Kohlenhydraten. Das menschliche Verdauungssystem hat kein Enzym zu ihrer Aufspaltung, deshalb verbleiben sie im Darm und entfalten dort ihre **verdauungsfördernde Wirkung**:

- Durch die vermehrte Kautätigkeit entsteht mehr Speichel und das Zahnfleisch wird massiert – das ist gut gegen Karies.
- Sie binden bereits im Magen mehr Wasser, somit sättigen ballaststoffreiche Lebensmittel besser und können auch vor Übergewicht schützen.
- Schadstoffe und Cholesterin (s. S. 160) binden Ballaststoffe und gelangen nicht in den Körper. Menschen mit einer hohen Ballaststoffaufnahme erkranken seltener an Herz-Kreislauf-Krankheiten.
- Nährstoffe wie Zucker gelangen langsamer ins Blut. Dies trägt zu einer gleichmäßigeren Energieversorgung bei und schützt vor Zuckerkrankheit (Diabetes mellitus, s. S. 59)
- Sie binden Wasser und erhöhen so das Stuhlvolumen, die Darmbewegung steigt, Verstopfung wird vorgebeugt.
- Die zahlreichen Bakterien im Dickdarm verstoffwechseln die Ballaststoffe, vermehren sich und verbessern die Stuhlbeschaffenheit.

Ballaststoffreiche Lebensmittel

Ausschließlich **pflanzliche Lebensmittel** enthalten Ballaststoffe: Vollkornprodukte, Kartoffeln, Hülsenfrüchte wie Bohnen und Linsen, Gemüse und Obst. Ein Erwachsener sollte täglich 30 Gramm Ballaststoffe aufnehmen. Die meisten Menschen in Deutschland erreichen diese Zufuhr nicht.

Verstopfung – ein Fallbeispiel

Amelie ist acht Jahre alt. Sie ist neu in der Stadt und hat bisher nur wenige Spielgefährten. Zur Schule fährt ihre Mutter sie mit dem Auto. Die Mutter hat zu Hause ihr Büro und kocht nicht gern. Zum Mittag gibt es oft Nudeln oder Pizza aus dem Tiefkühlfach. Amelie isst das gern. Abends möchte sie am liebsten Schokoladenaufstrich auf ihren Toast. Nachmittags schaut sie viel fern, zweimal pro Woche fährt ihre Mutter sie zum Musikunterricht.

Gelegentlich klagt Amelie über Bauchschmerzen, fühlt sich unwohl und schlapp. Zuerst führt ihre Mutter das auf den Umzug zurück, dann fahren sie aber doch zur Kinderärztin. Diese tastet den Bauch ab und erkundigt sich nach den Ernährungsgewohnheiten. Wie viel Amelie denn trinke? Sie weiß es nicht und vergisst das Trinken wohl auch oft.

Die Ärztin vermutet Obstipation (Verstopfung). So nennt man es, wenn der Darm nicht mindestens alle drei Tage einmal geleert wird. Der Stuhl wird dann fest und dunkel, und beim Stuhlgang tut das „Drücken" weh. Ein Abführmittel will die Ärztin aber nicht verschreiben, da der Darm dann noch schlechter arbeitet. Stattdessen rät sie zur Ernährungsumstellung: Ballaststoffreiche Lebensmittel sollen jetzt häufig auf dem Speiseplan stehen. Die wirken aber nur, wenn Amelie auch ausreichend trinkt. Auch Bewegungsmangel führe zu Verstopfung, Amelie solle nicht so viel herumsitzen.

Amelies Mutter ist beschämt. Auf dem Rückweg hält sie am Supermarkt. „Amelie", sagt sie, „jetzt kaufen wir uns etwas Gesundes!"

7.4 Thiamin – Vitamin B1

Jedes Kind weiß: Vitamine sind enthalten in Obst und Gemüse. Eins der am längsten bekannten Vitamine ist jedoch das Thiamin. Gebräuchlich ist auch noch die alte Bezeichnung Vitamin B_1. Es kommt in kohlenhydratreichen Lebensmitteln reichlich vor und ist für die Energiegewinnung aus Kohlenhydraten in den Zellen notwendig.

Vitamine gehören zu den **essenziellen** (lebensnotwendigen) Nährstoffen. Das bedeutet, sie müssen mit der Nahrung aufgenommen werden, weil der Körper sie nicht selbst herstellen kann. Zwar benötigt der Mensch nur geringe Mengen an Vitaminen. Wer jedoch nicht ausreichend versorgt ist, kann eine Mangelerkrankung bekommen.

Die bekannteste Mangelerkrankung für Thiamin ist **Beri-Beri**. Der niederländische Arzt Dr. Christiaan Eijkmann erkannte die Ursache dieser schweren Nervenkrankheit bereits 1897 in Ostasien. Mit der Industrialisierung waren dort Reisschälmaschinen aufgekommen, sodass die Bevölkerung nun ausschließlich geschälten Reis verzehrte. Da Reis in Ostasien das Grundnahrungsmittel ist, führte die Entfernung der thiaminreichen Schale zur Mangelerkrankung.

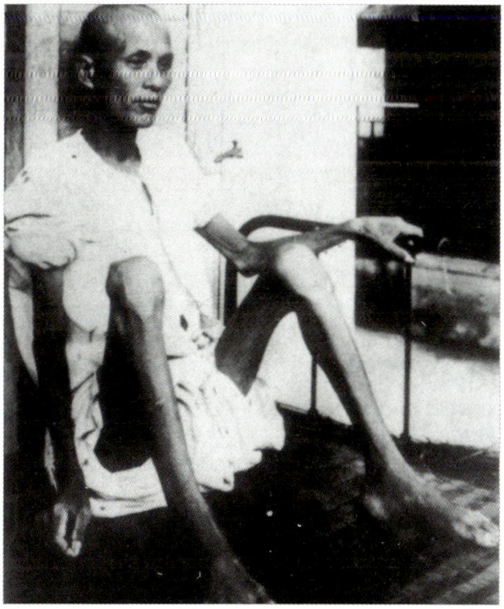

An Beri-Beri erkrankter Mensch

Beri-Beri äußert sich in Teilnahmslosigkeit, Lähmungen, Zittern, Reizbarkeit und Appetitmangel oder in Störungen des Herz-Kreislauf-Systems und verläuft unbehandelt tödlich. Obwohl geschälter Reis immer noch beliebter ist als Naturreis, ist ein schwerer Thiaminmangel heute selten. In Deutschland decken Fleisch und daraus hergestellte Produkte über ein Drittel des Thiaminbedarfs. **Thiaminreiche Lebensmittel** sind außerdem Kartoffeln, Hülsenfrüchte sowie Nüsse und Kerne. Diese gemischte Kost gleicht den Vitaminverlust durch das Schälen des Getreides aus. Trotzdem ist die Verwendung von Vollkornprodukten sinnvoll, um die Thiamin-Versorgung zu verbessern.

Ein geringer Thiaminmangel kann zu unklaren Symptomen wie Appetitverlust, Verdauungsstörungen, Reizbarkeit oder Depression, Schwäche, Schlaflosigkeit und Konzentrationsmangel führen. Die einseitige Ernährung mancher Kinder und Jugendlicher zusammen mit ihrem höheren Bedarf könnten also verantwortlich für ihr teilweise schlechtes Befinden sein.

Da Thiamin für die **Energiegewinnung aus Kohlenhydraten** notwendig ist, brauchen Personen mit hoher Energiezufuhr auch mehr Thiamin. Männliche Jugendliche zwischen 15 und 19 Jahren 1,4 mg und weibliche Jugendliche 1,1 mg, Vorschulkinder 0,7 mg pro Tag (vgl. Tabelle S. 53).

7.5 Getreideprodukte

Neben den klassischen Brotgetreidearten Weizen und Roggen spielen heute auch Hafer und Gerste, Dinkel und Reis, Mais und Hirse eine Rolle. Auch wenn die Form der Ähren und Körner unterschiedlich ist, ähnelt sich der Aufbau des Getreidekorns:

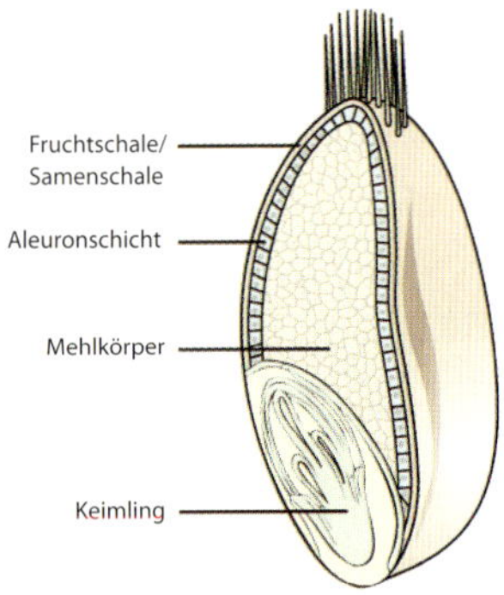

Getreidekorn

Die äußeren Schichten des **Getreidekorns** heißen Frucht- und Samenschale. Sie enthalten sehr viele Ballaststoffe, Mineralstoffe und Vitamine. Darunter liegt die Aleuronschicht, sie ist besonders reich an Eiweiß, Vitaminen und Mineralstoffen. Das Eiweiß des Mehlkörpers ist für die Backeigenschaften des Mehls besonders wichtig (sogenanntes Klebereiweiß). Ansonsten findet sich hier die Stärke als Hauptbestandteil des Getreidekorns. Der Keimling liefert Fett, Eiweiß, Mineralstoffe und Vitamine. Zum Kuchenbacken wird häufig das helle Weizenmehl verwendet. Es ist mit „Mehltype 405" gekennzeichnet. Das bedeutet, dass dieses Mehl 405 Milligramm Mineralstoffe pro 100 Gramm Mehl enthält. Im hellen Mehl ist ausschließlich der Mehlkörper vermahlen, Schalen und Keimling wurden vorher entfernt. Vollkornbackwaren schmecken etwas nussig.

Typenzahl

= mg Mineralstoffe pro 100 g Mehl

Je höher die Mehltype, desto mehr wertvolle Inhaltsstoffe enthält das Mehl.

Beispiel:
550 mg Mineralstoffe in 100 g Mehl der Type 550

Stärke ist im rohen Zustand unverdaulich, erst durch das Garen oder mindestens Quellen von Getreide wird sie für den Körper verwertbar.

Mehltypen	Verwendung
Type 405	gute Klebereigenschaften, für Feingebäck, Kuchen, Torten, zum Binden von Soßen, für Mürbeteig, Plätzchenteig oder Pfannkuchenteig
Type 550	sehr gute Kleber- und Dehneigenschaften, für Kuchen, Torten, Brot Pizza, Blätterteig, Hefeteig
Type 812	helle und dunkle Mischbrote
Type 1050	kräftiges Mehl für dunkle Brote, Graubrot, Mischbrot
Type 1600	für Kleiebrot oder dunkle Mischbrote
Type 1700	reich an Mineral- und Ballaststoffen, wenig Gluten, daher schlechte Klebereigenschaften, wird mit anderen Mehlsorten vermischt, für Schrotbrot
Vollkornmehl/ keine Typenzahl	reich an Mineral- und Ballaststoffen, für Vollkornbackwaren, Pfannkuchen

Mehltypen (Weizen)

7.6 Kartoffeln

Kartoffeln gehören in Deutschland zu den beliebtesten Grundlagen eines Mittagessens. Es handelt sich rein botanisch um die stärkereichen Knollen einer ursprünglich südamerikanischen Pflanze. Im Handel werden festkochende von vorwiegend festkochenden sowie mehligkochenden Kartoffeln unterschieden. Für Kartoffelsalat und Salzkartoffeln eignen sich festkochende Sorten, während Kartoffelpüree aus mehligkochenden Kartoffeln besonders gut gelingt.

Kartoffeln tragen in Deutschland nicht nur zur Energieversorgung bei, sondern zum Beispiel auch zur Versorgung mit Ballaststoffen, Thiamin und Ascorbinsäure (Vitamin C) sowie den Mineralstoffen Kalium und Magnesium (s. S. 53, 69). Auch bei Kartoffeln befinden sich die wertgebenden Inhalts-

handwerk-technik.de

stoffe vorwiegend direkt unter der Schale, sodass Pellkartoffeln bevorzugt werden sollten. Kartoffelprodukte wie Pommes oder Kroketten aus der Fritteuse enthalten sehr viel Fett. Sie passen aber z. B. als Beilage zu magerem Fisch ohne Panade.

Keime und verfärbte Stellen sind vor dem Garen zu entfernen. Insbesondere grüne Stellen enthalten das giftige Solanin, das auch durch Hitze nicht zerstört wird.

7.7 Diabetes mellitus

Der Name Diabetes mellitus ist griechisch und bedeutet „honigsüßes Hindurchfließen". Bevor es Teststreifen für den Blut- oder Harnzucker gab, probierten die Ärzte den Urin eines Patienten: Ein süßer Geschmack deutete auf Zucker im Urin hin. Die Spätfolgen bei schlecht behandelten Diabetikern sind Erblindung, Nierenschädigung bis hin zur Dialyse, Durchblutungsstörungen bis zur Amputation von Gliedmaßen oder Herzinfarkt und Schlaganfall.

7.7.1 Blutzuckerregulation

Ursache der Erkrankung ist eine fehlende oder zu geringe Insulinproduktion in der Bauchspeicheldrüse. Neben dem Aufbau von Verdauungsenzymen stellt die **Bauchspeicheldrüse** auch die Hormone zur Regulation des Blutzuckerspiegels her. Hormone sind chemische Boten, die in spezifischen Geweben oder Organen produziert und direkt ins Blut abgegeben werden.

Nach der Verdauung der Kohlenhydrate gelangen diese vorwiegend in Form von Glucose ins Blut. Der **Blutzuckerspiegel** steigt. Er gibt an, wie viel Milligramm Glucose in 100 Milliliter Blut enthalten sind. Sobald dieser Wert ansteigt, schüttet die Bauchspeicheldrüse Insulin aus.

Das Hormon **Insulin** sorgt wie ein Schlüssel dafür, dass die Glucose aus dem Blut in die Zellen gelangen kann. Fehlt der Schlüssel, haben die Energie verbrauchenden Zellen z. B. in Muskulatur und Gehirn zu wenig Brennstoff und der Blutzuckerspiegel steigt immer weiter an.

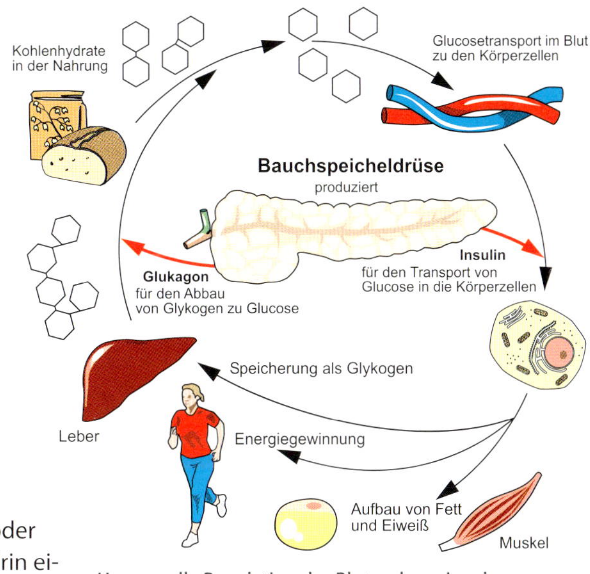

Hormonelle Regulation des Blutzuckerspiegels

Insulin bewirkt im Einzelnen

- eine verstärkte Verbrennung der Glucose für muskuläre und geistige Arbeit, Körperfunktionen und Wärme,
- eine Speicherung von Glucose als Glykogen in Leber und Muskulatur,
- den Aufbau von Fett aus Glucose,
- eine Verringerung des Fettabbaus,
- den Aufbau von Körpereiweiß aus Glucose.

Insulin hat also eine **anabole** (körperaufbauende) Wirkung. So nehmen verschiedene Zellen Glucose auf, der Blutzuckerspiegel sinkt. Der **Blutzuckerspiegel** schwankt normalerweise zwischen **80–120 mg/100 ml**. Wenn jemand sportlich aktiv ist, sinkt der Blutzuckerspiegel schneller, weil die Muskelzellen Glucose verbrennen.

Der Gegenspieler des Insulins ist das **Glucagon**. Im Hungerzustand bewirkt es den Abbau des Speicherkohlenhydrats Glykogen in der Leber. Glucose steht nun wieder zur Verfügung.
Fehlt Insulin aufgrund von Diabetes mellitus, kann der Blutzuckerspiegel nicht ausreichend reguliert werden. Es kommt zu **Über- oder Unterzuckerung**. Steigt der Blutzucker über 180 mg/100 ml, die sogenannte **Nierenschwelle**, wird Glucose im Harn ausgeschieden.

	Unterzuckerung Hypoglykämie	Überzuckerung Hyperglykämie
Blutzuckergehalt	unterhalb von 60 mg/100 ml	oberhalb von 140 mg/100 ml
Ursachen	zu geringer Kohlenhydratverzehr, zu hohe Insulindosis, Alkohol, Sport	Verzehr zuckerreicher Lebensmittel, zu geringe Insulindosis, Infektionen, Stress
Symptome	Schwitzen, Unruhe, Aggressivität, Heißhunger, Zittern, Herzrasen, Ohnmacht (hypoglykämisches Koma)	Durst, trockene Haut, Juckreiz, vermehrter Harndrang, Azetonatem, Apathie, Übelkeit, Bewusstlosigkeit (diabetisches Koma)
Erste Hilfe	Traubenzucker oder Fruchtsaft geben, Arzt rufen	Insulingabe, Flüssigkeitszufuhr, Arzt rufen

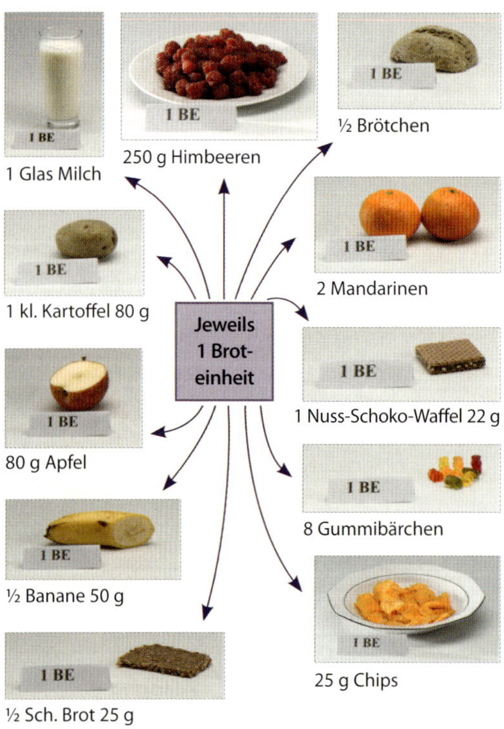

Beispiele für 1 Broteinheit

7.7.2 Diabetes Typ 1 und Typ 2

Nach der Ursache unterscheidet man zwei Hauptformen des Diabetes mellitus: Der **Typ-1-Diabetes** entsteht, wenn die Insulin bildenden Zellen der Bauchspeicheldrüse (sogenannte Langerhans'sche Inseln) zerstört sind und kein Insulin mehr produzieren: Es besteht absoluter Insulinmangel. Das kann die Folge von **Autoimmunreaktionen** sein, dabei wenden sich die körpereigenen Abwehrzellen z. B. nach einer Virusinfektion gegen die Inselzellen.

Der Typ-1-Diabetes beginnt meist plötzlich und vor dem 30. Lebensjahr. Früher wurde er deshalb als Jugenddiabetes bezeichnet. Die Symptome sind hierbei starker Durst, vermehrtes Wasserlassen, Übelkeit, Gewichtsverlust und Schwäche bis hin zum diabetischen Koma.

Typ-1-Diabetiker müssen das fehlende Insulin mehrmals täglich unter die Haut spritzen, manche haben auch eine Insulinpumpe mit einem Dauerkatheter in der Haut. Dazu ist es wichtig, dass sie den Blutzuckerspiegel regelmäßig messen. Die Kohlenhydratzufuhr muss genau zur Insulingabe passen. Dazu berechnen Diabetiker die **Broteinheiten (BE)** ihrer Mahlzeiten. Eine BE entspricht dabei 12 g Kohlenhydrate. Im Gebrauch ist auch die Kohlenhydrateinheit (KHE) für 10 g Kohlenhydrate. Schnell verfügbare Kohlenhydrate wie Traubenzucker, Haushaltszucker oder Honig gilt es eher zu vermeiden. Stärke fließt nach dem Verdauungsprozess wesentlich langsamer ins Blut. Ballaststoffe verzögern diesen Prozess noch weiter. Vollkornprodukte sind für Diabetiker also besonders zu empfehlen. Wichtig ist auch die möglichst gleichmäßige Nahrungszufuhr über sechs bis sieben kleinere Mahlzeiten am Tag.

Diese gleichmäßige Kohlenhydratzufuhr ist auch bei **Typ-2-Diabetes** ratsam. Die Entstehung und Behandlung dieser Form der Zuckerkrankheit ist jedoch ganz anders. Der Diabetes Typ 2 hieß früher Altersdiabetes. Er ist die Folge von Übergewicht und tritt wesentlich häufiger auf als Typ 1. Aufgrund des Übergewichts werden die Körperzellen unempfindlich gegenüber Insulin (sogenannte **Insulinresistenz**). Diese Form des Diabetes beginnt schleichend und zeigt sich in Infektanfälligkeit, Sehstörungen und allgemeiner Schwäche. Inzwischen erkranken viele Kinder an Typ-2-Diabetes. Erbliche und nicht erbliche Faktoren spielen eine Rolle. Nicht erbliche Faktoren sind in erster Linie Übergewicht, Bewegungsmangel und Fehlernährung.

Wenn der Typ-2-Diabetiker sein Übergewicht abbaut, verschwinden häufig auch die Symptome. Das heißt, die Zellen reagieren wieder auf das körpereigene Insulin. Wenn das nicht klappt, muss er Medikamente einnehmen, die die Insulinproduktion oder -wirksamkeit fördern. Beim fortgeschrittenen Diabetes Typ 2 lässt die Insulinproduktion meist nach. Es muss dann wie beim Typ 1 gespritzt werden.

Alle Diabetiker lernen in Schulungen, wie sie ihren Blutzuckerspiegel messen und möglichst konstant halten können, damit sie von Spätschäden verschont bleiben.

7.8 Süß ist nicht gleich süß

Wer im Alltag ein Süßungsmittel braucht, verwendet in der Regel **Haushaltszucker**. Dieser Doppelzucker aus Glucose und Fructose (s. S. 54) wird aus Zuckerrüben hergestellt. Er ist streufähig, vielseitig einsetzbar, besitzt keinen Eigengeschmack, sondern fördert (in Maßen) sogar das Aroma anderer Lebensmittel.

Die Lebensmittelindustrie setzt vielfach auch **Glucosesirup** ein, der sich zum Beispiel aus Mais günstig herstellen lässt.

Wer es natürlicher mag, bevorzugt (Roh-) Rohrzucker, Zuckersirup, **Honig, Ahornsirup oder Dicksäfte** aus verschiedenen Früchten. Sie enthalten 12 bis 60 Prozent Zucker als Saccharose, Glucose oder Fructose. Entsprechend ist ihre Süßkraft und ihr Energiegehalt unterschiedlich.

Zuckeraustauschstoffe beeinflussen den Blutzuckerspiegel nicht und wurden ursprünglich für Diabetiker eingesetzt. Sie entstammen natürlichen Rohstoffen und süßen etwa genauso stark wie Zucker. Ihr Kaloriengehalt ist um 40 Prozent geringer im Vergleich zu Haushaltszucker und sie sind weniger schädlich für die Zähne. In der Verarbeitung sind sie dem Zucker ähnlich.

Zu den Zuckeraustauschstoffen gehören die **Fructose** sowie sieben **Zuckeralkohole**: Sorbit, Xylit, Mannit, Isomalt, Maltit, Lactit, Erythrit. Wer zu viel davon verzehrt, kann Verdauungsbeschwerden wie Blähungen und Durchfall bekommen. Denn sie gelangen nur langsam aus dem Darm ins Blut und wirken stark Wasser anziehend.

Süßstoffe sind natürlicher oder synthetischer Herkunft und süßen 30- bis 13 000-mal stärker als Zucker. Sie liefern keine oder nur sehr wenig Kalorien und kommen deshalb in diätetischen Lebensmitteln (zum Abnehmen oder für Diabetiker) zum Einsatz. Für die Zähne sind sie unschädlich (s. S. 65). Das Angebot an Tafelsüßen umfasst: Tabletten, flüssige Süßstoffe und Streusüßen.

Während Süßstoffe für Erwachsene als unbedenklich gelten, sind sie **für Säuglinge und Kinder nicht zu empfehlen**. Wegen ihres geringeren Körpergewichts, ihrer höheren Stoffwechselaktivität und ihres „süßen Appetits" könnten sie die empfohlenen Höchstmengen zu schnell überschreiten.

	Süßkraft*	Kariogenität*
Fructose	120 %	wie Zucker
Sorbit	50 %	vermindert
Xylit	100 %	keine
Mannit	30–50 %	vermindert
Isomalt	50–60 %	vermindert
Maltit	90–100 %	vermindert
Saccharin	500-fach	keine
Cyclamat	30-fach	keine
Acesulfam	200-fach	keine

Süßkraft von Zuckeraustauschstoffen und Süßstoffen

= Zuckeraustauschstoffe = Süßstoffe

* im Vergleich zu Haushaltszucker (Saccharose)
Kariogenität = Karies fördernde Wirkung

Stevia
ist ein konzentrierter Auszug aus südamerikanischen Kräutern, der 300-mal so süß wie Zucker schmeckt. Da nicht alle natürlichen Stoffe automatisch unschädlich sind, ist nach der Novel-Food-Verordnung bisher nur der Extrakt aus Steviolglykosiden als Süßstoff in Lebensmitteln zugelassen.

Verschiedene Süßungsmittel

Aufgaben

1. Vergleichen Sie die abgebildeten Lebensmittel, die jeweils 300 Gramm Kohlenhydrate enthalten. Worin unterscheiden sie sich? Woran liegt das? Welche sind für die Ernährung von Kindern empfehlenswert, welche nicht? Warum?
2. Gestalten Sie eine Tabelle, in der Sie die Verdauungsorgane, ihre Aufgaben und ihre Bedeutung für die Kohlenhydratverdauung zusammenfassen.

Organ	Aufgabe	Kohlenhydratverdauung
Mund	Zähne Speichel	Amylase spaltet Stärke in Dextrose und Maltose

3. Erklären Sie das Experiment, das unter „der Beweis" beschrieben ist (s. S. 55) genauer.
4. Schauen Sie sich die Organe des Magen-Darm-Traktes möglichst an einem Modell an. Erklären Sie, wie es zum Verschlucken kommen kann.
5. Die sogenannte Blinddarmentzündung gehört zu den häufigsten Ursachen für akute Erkrankungen im Bauchraum. Recherchieren Sie!
6. Erzählen Sie das Fallbeispiel zu Ende. Welche Veränderungen nehmen Amelie und ihre Mutter in Angriff und wie geht es ihnen damit?
7. Tauschen Sie sich aus und recherchieren Sie gemeinsam: Welche Hausmittel helfen gegen Verstopfung?
8. Erklären Sie den hohen Ballaststoffgehalt von Trockenobst gegenüber frischem Obst. Welche Sorten kennen Sie?
9. Überprüfen Sie die Aussagen zum Wasserbindungsvermögen mithilfe von Weizenkleie. Was heißt das für die Verwendung von Vollkornmehl bei Rezepten mit hellem Mehl?
10. Fassen Sie Ihr Wissen über Thiamin in Form eines Steckbriefes zusammen:
    - Nährstoffnamen,
    - Aufgabe für den Körper,
    - Zufuhrempfehlungen,
    - Vorkommen in Lebensmitteln,
    - Mangelerscheinungen,
    - Risikogruppen.
11. Recherchen Sie, was man unter Parboiled Reis versteht.

12. Vergleichen Sie unterschiedliche Mehltypen und Mehlarten (z. B. Roggen und Weizen) hinsichtlich ihres Gehaltes an Energie (kJ), Stärke (Kohlenhydraten), Eiweiß, Fett, Vitamin B_1, Vitamin B_6, Calcium, Eisen, Ballaststoffen. Fertigen Sie dazu eine geeignete Tabelle an:

Mehltype	Weizen 405	
Energie kJ		
Stärke g		
Eiweiß g		
Fett g		
Vitamin B_1 mg		
Vitamin B_6 mg		
Calcium mg		
Eisen mg		
Ballaststoffe g		

13. Fassen Sie die gesundheitlichen Vorteile von Vollkorn- gegenüber Weißmehlprodukten zusammen.

14. Sammeln Sie vielfältige Rezepte mit unterschiedlichen Getreidearten. Denken Sie dabei an alle Mahlzeiten des Tages.

15. Lassen Sie sich in einer Bäckerei die Zutatenlisten verschiedener Brot- und Brötchensorten zeigen. Welches Mehl wird verwendet?

16. Stellen Sie die Diabetes-Typen tabellarisch gegenüber.

	Typ 1	Typ 2
typisches Alter		
Ursache		
Symptome		
Medikamente		
Diät		

17. In der Grafik sind die Blutzuckerwerte nach dem Verzehr verschiedener Kohlenhydrate beim Gesunden dargestellt. Erklären Sie den unterschiedlichen Verlauf der Kurven.

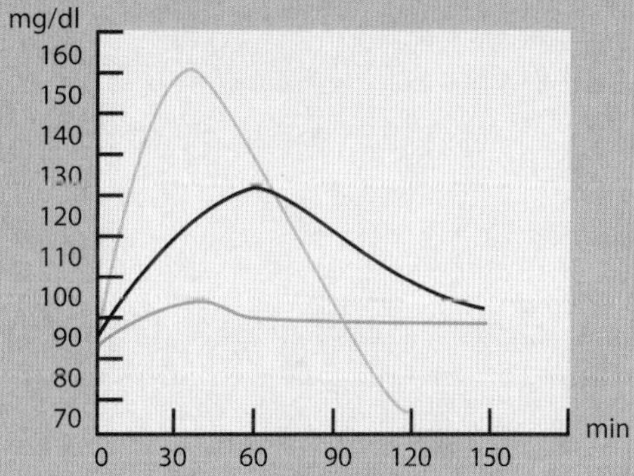

Blutzuckerschwankung nach dem Verzehr verschiedener Kohlenhydratquellen

18. Diskutieren Sie den Einsatz kalorienreduzierter Lebensmittel und zahnschonender Süßigkeiten bei Kindern. Welche Strategie würden Sie in der Ernährungserziehung verfolgen?

19. Würden Sie Stevia bei Kindern einsetzen, wenn sie es z. B. als Zierpflanze kaufen könnten?

8 Zahngesundheit

Kinder – Kohlenhydrate – Karies: Kinder lieben Süßigkeiten, diese verursachen Zahnkrankheiten. Auch wenn die Milchzähne etwa mit sechs Jahren ausfallen, um den bleibenden Zähnen Platz zu machen, ist Zahnpflege und Vorbeugung von Anfang an wichtig. Denn gesunde Zähne ermöglichen nicht nur das Kauen und Essen, sondern auch das korrekte Sprechen und nicht zuletzt ein strahlendes Lächeln.

Zähne bestehen wie die Knochen aus Calcium und Phosphat. Zusätzlich härtet Fluor, häufig Fluorid genannt, den Zahnschmelz zur härtesten Substanz des menschlichen Körpers. Das darunterliegende Zahnbein umschließt eine Zahnhöhle, die Blutgefäße und Nervenfasern enthält. Sie versorgen den Zahn mit Nährstoffen und können zum Beispiel Schmerzreize weiterleiten.

Bei Kindern stoßen die ersten Zähne etwa im Alter von sechs Monaten durch. Das sogenannte **Milchgebiss** besteht aus 20 Zähnen und ist mit ungefähr drei Jahren vollständig. Nach und nach fallen die Milchzähne aus und werden durch die bleibenden Zähnen ersetzt. Zuletzt erscheinen im frühen Erwachsenenalter (zwischen 17 und 21 Jahren) die sogenannten Weisheitszähne und ergänzen das Dauergebiss auf insgesamt 32 Zähne.

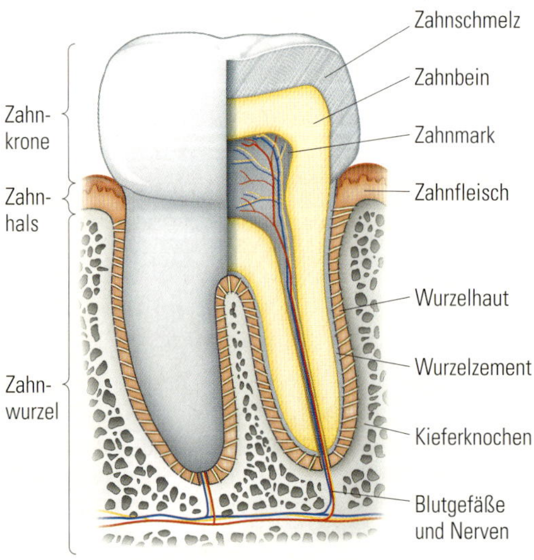

Aufbau des Zahns

Um Fehlstellungen und Infektionen zu vermeiden, sollte man auch das Milchgebiss sorgfältig pflegen und vor Karies schützen.

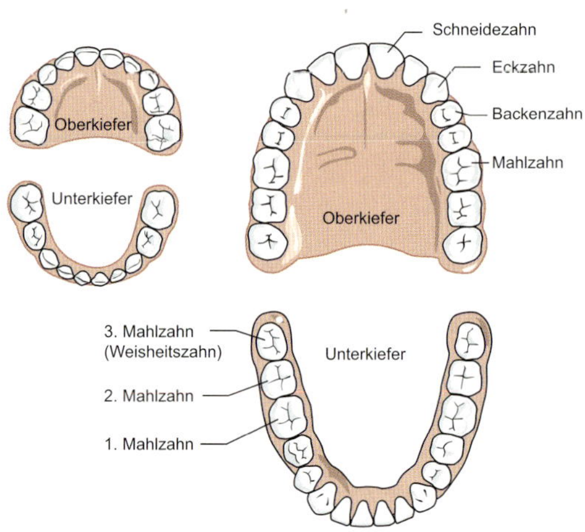

8.1 Kariesentstehung

Während Menschen im höheren Lebensalter häufig an **Parodontitis** leiden, der Entzündung des Zahnhalteapparates, fürchten alle anderen Altersgruppen die Karies. **Karies** ist eine Entkalkung des Zahnes, die durch Kariesbakterien verursacht und durch zuckerreiche Ernährung begünstigt wird. Die Bakterien bauen Kohlenhydrate zu Säuren ab, die dem Zahnschmelz Calcium entziehen. Je länger Zahnbelag, die sogenannte Plaque, auf den Zahn einwirkt, desto größer ist die Gefahr. Frühe Stadien von Karies lassen sich noch heilen. Sobald jedoch ein Loch entsteht, muss der Zahnarzt eine Füllung legen. Infektionen im Kieferbereich können auch andere Organe schädigen. Karies lässt sich vermeiden, je konsequenter man den vier Faktoren der Kariesentstehung

(s. Abb. S. 65) begegnet. Die „Ansteckung" mit Kariesbakterien durch die Eltern kann zum Beispiel durch das „Sauberlecken" eines heruntergefallenen Schnullers oder das Probieren an der Flasche bei Säuglingen erfolgen. Süßigkeiten und Snacks sind besonders kariogen (Karies bildend), wenn sie klebrig sind oder lange im Mund bleiben (z. B. Cornflakes, Lutscher oder Bonbons). Säuren entstehen nicht nur aus Zucker, sondern sind zum Beispiel auch Bestandteil von Säften. Nach deren Genuss sollte das Zähneputzen möglichst warten, bis der Speichel die Säure neutralisiert hat. Die Dauer der Plaque-Einwirkung lässt sich schließlich durch regelmäßiges Zähneputzen verringern, vor allem nach dem Verzehr von Süßigkeiten.

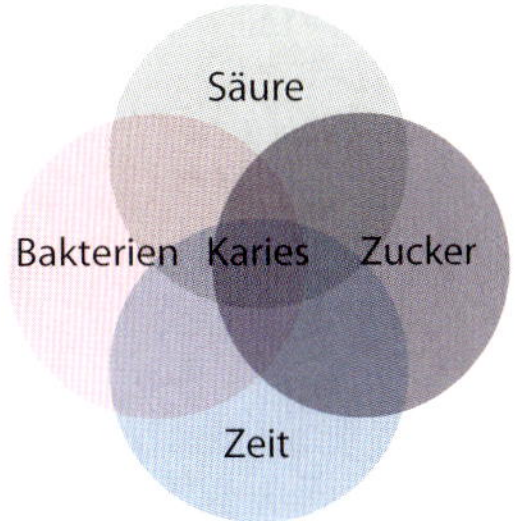

Faktoren der Kariesentstehung

8.2 Zahngesundheit – vier Säulen

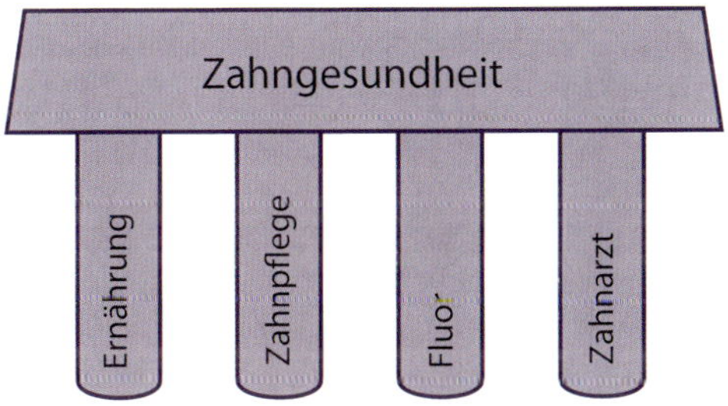

Neben der regelmäßigen **Zahnpflege** mindestens zweimal täglich, nach dem Frühstück und vor dem Schlafengehen, ruht die Zahngesundheit noch auf drei weiteren Säulen. Eine zahngesunde **Ernährung** beispielsweise meidet nicht nur (klebrige) Süßigkeiten. Sie bevorzugt außerdem feste Obst- und Gemüsemahlzeiten sowie Vollkornprodukte, die das Zahnfleisch massieren und die Zähne mechanisch reinigen. Neben **Calcium** ist auch **Fluor** ein wichtiger Nährstoff für die Zahngesundheit. Nach der Prophylaxe mit Fluor- und Vitamin-D-Tabletten im Säuglingsalter (vgl. S. 67) rät die DGE zu fluoridreichem Mineralwasser, fluoridiertem Speisesalz oder Fluoridtabletten, vor allem in Regionen mit fluoridarmem Leitungswasser. Auch von außen kann der Zahn Fluor aufnehmen, zum Beispiel aus Zahnpasta oder speziellen Fluoridgels. Zahnpasta für Kinder enthält übrigens weniger Fluorid, weil diese den Schaum noch nicht zuverlässig ausspucken können. Im Übermaß aufgenommenes Fluor kann zu unschönen Flecken auf den Zähnen führen (Fluorose). Nicht zuletzt gehört auch der **Zahnarztbesuch** zur erfolgreichen Vorsorge. Er kann kleinere Zahnschäden reparieren, bevor große Löcher entstehen.

Zahnfreundliche Süßigkeiten und Getränke sind am Zahnmännchen zu erkennen. Sie sind garantiert wissenschaftlich getestet und verursachen nachweislich weder Karies noch sonstige Säureschäden an der Zahnoberfläche (Erosionen). Statt Zucker enthalten sie Zuckerersatzstoffe, die für die Kariesbakterien nicht verwertbar sind (s. S. 61).

8.3 Zähneputzen mit System

Kinder erlernen das Zähneputzen am besten nach dem **KAI-System.** Den Jungennamen Kai können sie sich gut merken und putzen so systematisch alle Flächen der Zähne. Dabei wächst ihre Geschicklichkeit langsam mit. Das Hin- und Her-Bürsten auf den **K**auflächen können Kinder schon im Alter von drei Jahren. Gerade die Kauflächen der Milchzähne sind häufig von Karies betroffen. Die kreisförmigen Bewegungen auf den **A**ußenflächen und das Auswischen der **I**nnenflächen gelingen erst später, wenn die Feinmotorik der Hände entsprechend gereift ist.

So geht's – Zähneputzen mit KAI

- auf den **K**auflächen hin und her bürsten
- die **A**ußenflächen kreisförmig putzen
- die **I**nnenflächen mit kleinen Kreisen oder Auswischbewegungen von „rot nach weiß" putzen

Bei **unter Dreijährigen** putzt die Betreuerin die Zähne vorsichtig mit Kinderzahnpasta, zum Beispiel auf dem Wickeltisch, auf dem Schoß oder einfach im Bett. Bis das Kind flüssig schreiben kann, muss ein Erwachsener die Zähne mindestens vor dem Schlafengehen nachputzen.

Erwachsene putzen die eigenen Zähne im besten Fall noch sorgfältiger und geschickter als Kinder mit systematischen Kreis-, Rüttel- und Auswischbewegungen. Für die Zahnzwischenräume empfehlen sich Zahnseide und/oder Interdentalbürsten.

8.4 Zahnspangen und Prothesen pflegen

Viele Jugendliche tragen – mehr oder weniger begeistert – eine Zahnspange. Die regelmäßige Pflege von losen Klammern und anderen kieferorthopädischen Mitteln kann dazu dienen, dass sie angenehm zu tragen sind und damit gern und häufig eingesetzt werden. Genau wie bei den Zähnen selbst, können schädliche Beläge auf der Spange zu Mundgeruch und Zahnkrankheiten wie Karies beitragen.

Folgende Tipps gelten in ähnlicher Weise auch für Zahn(-teil-)prothesen. Mehr noch als bei Zahnspangen gilt hier ein diskreter und rücksichtsvoller Umgang mit dem Betroffenen.

So geht's – Zahnspangen und Prothesen pflegen

Die Zahnspange oder Prothese lässt sich am besten vorsichtig mit der Zahnbürste oder mit einer speziellen Prothesenbürste unter fließendem Wasser mit etwas Zahnpasta putzen, zusätzlich beachten:

- kein heißes oder kochendes Wasser verwenden, es kann Verformungen oder Materialschäden verursachen
- keine Lösungsmittel oder hochprozentigen Alkohol anwenden
- evtl. einmal pro Woche ein sprudelndes Reinigungsbad anwenden, es kann Zahnsteinablagerungen beseitigen
- den korrekten Sitz der Spange regelmäßig vom Zahnarzt kontrollieren lassen, damit keine Druckstellen oder Fehlstellungen entstehen, zum Beispiel wenn der Kiefer sich verändert
- Sprünge und Brüche niemals selbst kleben oder reparieren

! Zahnspangen und Prothesen nie in Zellstoff oder Papiertücher einwickeln, damit sie nicht versehentlich in den Müll geraten.

Aufgaben

1. Fragen Sie Eltern oder Praxisanleiterinnen, mit welchen Geschichten und Tricks sie Kinder zum Zähneputzen bewegen.
2. Erklären Sie die Aufgabe der verschiedenen Zähne des Menschen und vergleichen Sie diese mit Tiergebissen.
3. Diskutieren Sie das Für und Wider zuckerfreier Süßigkeiten. Sind Ihre Argumente abhängig vom Alter oder von der Art der Süßigkeiten?

handwerk-technik.de

9 Gut auf den Beinen: Milchprodukte

Gut ein Kilogramm eines menschlichen Körpers besteht allein aus Calcium. Damit ist Calcium der mengenmäßig wichtigste Mineralstoff. Er ist verantwortlich für die Festigkeit und Stabilität der Knochen und Zähne. Kinder kommen mit relativ weichen Knochen zur Welt. Erst im Laufe des Wachstums lagert sich eine harte Verbindung aus Calcium und Phosphor in die eiweißreiche Grundsubstanz der Knochen ein, vorausgesetzt die Kinder ernähren sich ausgewogen.

9.1 Calcium

Calcium zählt zu den Mengenelementen unter den Mineralstoffen, da es im Körper reichlich vorkommt. Jugendliche benötigen **pro Tag 1,2 Gramm** (vgl. Tabelle S. 69). Diese Zufuhrempfehlung wird meist nicht erreicht.

Calcium ist neben seiner Funktion für die Knochenstabilität unter anderem auch an der Blutgerinnung beteiligt. Deshalb mobilisiert der Körper den Stoff aus seinen Knochenreserven, sobald der Blutcalciumspiegel absinkt. Die Hormone Calcitonin und Parathormon halten den Blutcalciumspiegel konstant. Entziehen sie den Knochen auf Dauer mehr Calcium, als sie wieder einbauen, werden die Knochen brüchig und porös: **Osteoporose** ist eine häufige Krankheit bei älteren Menschen, die zu Knochenbrüchen am Oberschenkelhals oder den Wirbeln führt. Dieser Calciummangelerkrankung gilt es schon im Kindes- und Jugendalter vorzubeugen, denn der Knochenaufbau ist mit etwa 30 Jahren abgeschlossen.

Unter den Lebensmitteln sind Milchprodukte die **Calciumlieferanten** Nummer eins. Milchprodukte wie Milch, Joghurt und Käse, aber auch bestimmte Gemüsesorten wie Brokkoli, Fenchel und Grünkohl sowie Vollkornprodukte und calciumreiche Mineralwässer liefern reichlich Calcium.

9.2 Cholecalciferol – Vitamin D

Rachitis ist eine Erkrankung des wachsenden Knochens bei Kindern. Werden die Knochen von Kleinkindern nicht ausreichend mineralisiert, bleiben sie weich und verformen sich. Verkrümmte Beine und verdickte Knochenverbindungen sind die Folge. Die Ursache ist jedoch nicht primär Calciummangel, sondern ein Mangel an Vitamin D, dem Cholecalciferol.

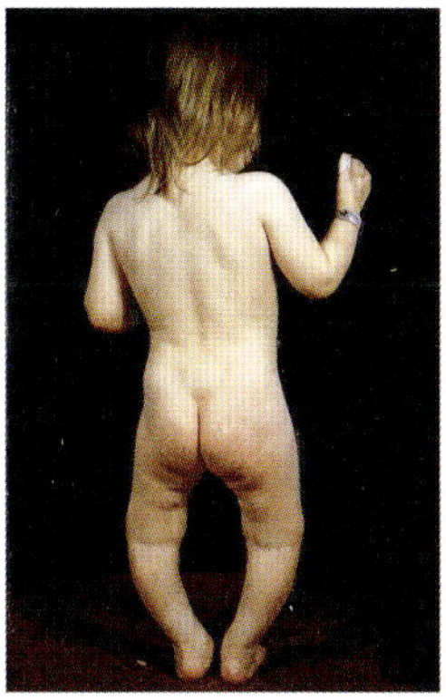

An Rachitis erkranktes Kind

Dieses Vitamin verbessert im Dünndarm die **Calcium-Resorption** (Calciumaufnahme) aus der Nahrung ins Blut. Vitamin D ist kein typisches Vitamin, weil es der Körper selbst aufbauen kann. In der Haut entsteht es durch **Sonneneinstrahlung** aus bestimmten Vorstufen. Zehn Minuten Aufenthalt im Freien genügen auch bei bedecktem Himmel. Säuglinge, Bettlägerige und Stubenhocker mit einseitiger Ernährung können trotzdem mangelhaft versorgt sein.
Säuglinge erhalten deshalb von der zweiten Lebenswoche an eine vorbeugende Vitamin-D-Gabe in Tablettenform (10 µg pro Tag). Die Tabletten zerfallen schnell im Mund oder können auch ins Fläschchen gegeben werden. Meist enthalten sie auch Fluor, das der **Vorbeugung** von Karies (s. S. 65) dient. Erst nach dem zweiten Winter ist diese zusätzliche Versorgung nicht mehr nötig.

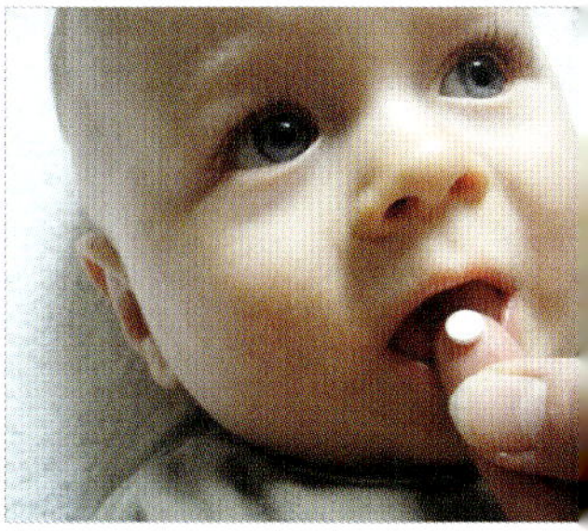

D-Fluoretten-Gabe beim Säugling

Neben der Eigenproduktion von Vitamin D in der Haut erhalten Kinder, Jugendliche und Erwachsene mit einer abwechslungsreichen Ernährung ausreichend Vitamin D aus Milchprodukten, fettem Seefisch, Eiern und Pilzen. Die DGE empfiehlt, ohne Sonneneinstrahlung zwanzig Mikrogramm pro Tag über die Nahrung aufzunehmen, eine winzige, aber unentbehrliche Menge.

$$20\ \mu g = \frac{20}{1\,000\,000\ g}$$

9.3 Milchprodukte

Zu den Milchprodukten zählen: Käse, Joghurt, Dickmilch, Quark, Sahne. Wer in Deutschland von Milch spricht, meint in der Regel **Kuhmilch**. Daneben gibt es aber auch Milch, Joghurt und Käse aus Schafs- und Ziegenmilch oder auch Reis- oder Mandelmilch. Vollmilch (Kuh) besteht je nach Rasse aus etwa 3,5 % Fett, 3,5 % Eiweiß und 5 % Kohlenhydraten. Der enthaltene Milchzucker Laktose ist ein Doppelzucker aus Glucose und Galaktose.

Milchzucker kann gelegentlich **Unverträglichkeiten** auslösen. Auch Kuhmilchallergien gibt es bei Kindern relativ häufig, diese Reaktion richtet sich allerdings gegen Eiweißbestandteile der Milch.

Milchprodukte finden sich in der Ernährungspyramide als drei Portionen der gelben Ebene. Käse auf dem Brot gehört ebenso dazu wie ein Glas Milch oder Kakao für Kinder oder der Joghurt zwischendurch. Als Durstlöscher ist Milch weniger geeignet, da sie recht viel Fett und damit Kalorien enthält. Das Forschungsinstitut für Kinderernährung empfiehlt die Verwendung von fettarmen oder teilentrahmten Milch- und Joghurtsorten mit 1,5 % Fett. Quark entsteht aus Milch, die durch Zugabe von Milchsäurebakterien oder Lab (Enzym aus dem Kalb- oder Schafsmagen zur Herstellung von Käse) gerinnt. Als Vorstufe der Käseherstellung ist er in den dabei üblichen Fettgehaltsstufen von der Magerstufe über Viertelfett-, Halbfett-, Fett-, Vollfett-, Rahm- bis hin zur Doppelrahmstufe erhältlich. Die Angabe **Fett i. Tr.** bei Quark und Käse bedeutet „Fett in der Trockenmasse". Der Fettgehalt pro 100 Gramm hängt jedoch von der Reife des Käses ab und ist meist wesentlich geringer. Ein Maaslander mit 45–50 % Fett i. Tr. zum Beispiel enthält pro 100 Gramm nur 31,4 Gramm Fett.
Neben dem Fettgehalt unterscheidet sich die Milch auch in ihrem Verarbeitungsgrad. Verpackte Milch im Supermarkt ist fast immer **homogenisiert**. Das heißt, das Milchfett wurde durch feine Düsen in kleinste Tröpfchen verteilt, sodass es sich nicht an der Oberfläche absetzt („aufrahmt").

Die Molkereien unterziehen der Milch verschiedene **Erhitzungsverfahren**, um unerwünschte und krank machende Keime abzutöten:

- Pasteurisieren (Frischmilch): 15–30 Sekunden bei 72–75 °C,
- Hocherhitzen und/oder Mikrofiltration („länger frisch" oder ESL-Milch für Extended Shelf Life): 1–2 Sekunden bei 85–125 °C,
- Ultrahocherhitzen (H-Milch): 1–4 Sekunden bei mindestens 135 °C,
- Sterilisieren (Sterilmilch, Kondensmilch): 10–30 Minuten bei 110–120 °C.

Je länger und höher die Milch erhitzt wird, desto länger hält sie sich, zum Teil sogar ungekühlt (H- und Sterilmilch). Leider zerstört das auch wichtige Vitamine wie das **Riboflavin** (s. S. 52) (Vitamin B_2), das in Milch reichlich vorhanden ist.

Direkt vom Bauernhof oder in manchen Fachgeschäften gibt es auch sogenannte **Roh- oder Vorzugsmilch**, die gar nicht behandelt ist. Sie ist nur sehr kurz haltbar. Für Kleinkinder und Schwangere sind Rohmilchprodukte aber nur abgekocht geeignet.

Milchprodukte – ein Genuss

Aufgaben

1. Vergleichen Sie im Supermarkt das Milchangebot: Wie viele Tage bis zum Mindesthaltbarkeitsdatum hält sich frische Milch, wie lange die „länger frische", wie lange H-Milch? Was kosten sie pro Liter? Welche Sorten gibt es noch?
2. Welche Milch würden Sie für Kinder einkaufen?
3. Machen Sie den Geschmackstest, am besten ohne dass die Testpersonen wissen, welche Milch sie gerade probieren. Achten Sie darauf, dass alle Proben die gleiche Temperatur haben (z.B. Kühlschranktemperatur).
4. Stellen Sie aus Milch und Naturjoghurt selbst Joghurt her. Finden Sie vorher heraus, was Sie beachten müssen.
5. Kaufen Sie Käse verschiedener Fettgehaltsstufen und Reifegrade ein und beschreiben Sie den Geschmack. Notieren Sie bei Ihrer Gegenüberstellung auch den Preis pro 100 Gramm und den absoluten Fettgehalt (s. Nährwerttabelle).
6. Was ist Minus-L-Milch? Warum schmeckt sie süßlich? Finden Sie es heraus.
7. Recherchieren Sie im Supermarkt, welche Milchalternativen es für Menschen mit veganer Ernährungsform gibt.

Mineralstoffe	Tagesbedarf[1]	Vorkommen in Lebensmitteln	Aufgaben im menschlichen Körper
Natrium	1500 mg	Käse, Kochsalz, Wurst	in Blut und Gewebsflüssigkeiten die Gewebsspannung regulieren, Wasserhaushalt
Kalium	4000 mg	Kartoffeln, Getreide, Obst, Gemüse	in den Körperzellen die Gewebsspannung regulieren
Calcium	1,2 g	Milch, Milchprodukte, Eigelb, grünes Gemüse, Brot	Knochen und Zähne aufbauen, Durchlässigkeit der Zellwände, Blutgerinnung, normale Erregbarkeit von Muskeln und Nerven gewährleisten
Magnesium	0,35–0,40 g	alle grünen Gemüsesorten (Blattgrün), Fleisch	Bestandteil von Enzymen, normale Erregbarkeit von Muskeln und Nerven gewährleisten
Eisen	12–15 mg	Fleisch, Eidotter, Gemüse, Brot, Backwaren, Leber	Sauerstofftransport im Blut, Bildung von Hämoglobin
Iod	0,2 mg	Fisch, Weizen, Milch, Salat	Bestandteil der Schilddrüsenhormone, normaler Ablauf des Grundumsatzes
Fluorid	2,9 –3,2 mg	Seefisch, Schwarzer Tee	Zahnschmelz härten, Karies mindern
Zink	7–10 mg	Rindfleisch, Erbsen, Hafer, Weizen	Insulin aufbauen, Bestandteil von Enzymen

Tagesbedarf an Mineralstoffen bei Jugendlichen

[1] Empfehlenswerte Höhe der Zufuhr für Jugendliche (DGE)

10 Kinder vor Unfällen schützen

Unfälle stellen für Kinder den größten Risikofaktor für die Gesundheit dar. Allgemeine Neugier, Freude am Entdecken ihres Lebensumfeldes und ein noch nicht entwickeltes Bewusstsein für Gefahren können zu Unfällen führen. Jedes Jahr verunglücken in Deutschland rund 1,7 Millionen Kinder, davon mehr als 490 000 zu Hause. Der häufigste Unfallort ist die Küche, aber auch Garten, Hof und Garage sind unfallträchtige Bereiche. Kinderunfälle sind keine Schicksalsschläge, sondern lassen sich oftmals vermeiden. Deshalb ist Unfallprävention durch angemessene Aufsicht und Erziehung, Gestaltung einer kindgerechten Umwelt, technische Sicherheitsmaßnahmen sowie Aufklärung besonders wichtig.

Ähnlich wie bei Arbeitsunfällen (s. S. 24) kommen auch bei Kindern verschiedene **Unfallarten** vor. Sturzunfälle haben einen Anteil von fast 60 %. Danach folgen Verbrühungen/ Verbrennungen, Ersticken/ Ertrinken, Schnittverletzungen, Quetschungen, Verschlucken von Fremdkörpern, Vergiftungen und Stromschlag.

10.1 Unfallgefahren vermeiden

Je älter das Kind wird, desto größer werden seine Mobilität und sein Aktionsradius. Jetzt ist es notwendig, die Wohnung und das Wohnumfeld für das Kind sicher zu gestalten. Auch in Kindertagesstätten sind Kinder im Rahmen des Möglichen vor den Gefahrenquellen zu schützen, ohne sie jedoch in ihrem Spiel- und Bewegungsdrang zu sehr einzuengen.

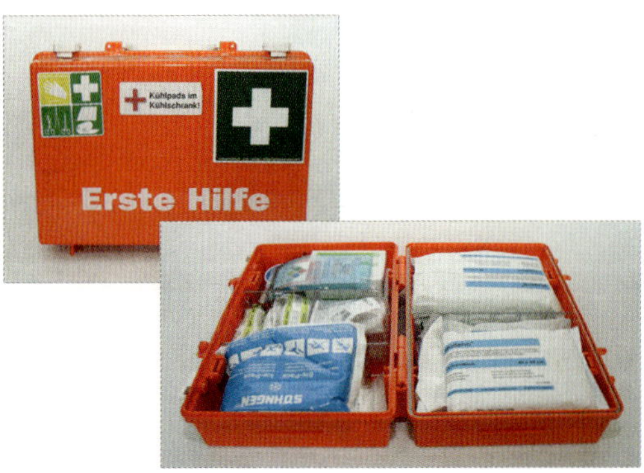

Erste-Hilfe-Material muss jederzeit griffbereit sein

Die Assistenzkraft ist für die Sicherheit der von ihr betreuten Kinder verantwortlich. Sie muss sich immer der möglichen Gefahren bewusst sein, umsichtig handeln und ihren Blick für mögliche Gefährdungen schärfen. Vorausschauend erkennt sie mögliche Gefahren und versucht, diese rechtzeitig abzuwenden.

Wichtig ist, dem Kind ein **sicherheitsbewusstes** Verhalten vorzuleben, es auf Gefahren aufmerksam zu machen und zu vorsichtigem Verhalten anzuleiten. Dazu sollte das Kind, je nach Entwicklungsstufe, den Umgang mit gefährlichen Gegenständen und Situationen erlernen, z. B.:

- Treppen steigen,
- Umgang mit Messern oder Werkzeugen,
- Straßen überqueren.

Die Kinder müssen ihre eigenen Erfahrungen sammeln, um ein Bewusstsein für Unfallrisiken zu entwickeln. Erwachsene sollen mit gutem Beispiel vorangehen.

Beim Kauf von Spielsachen und Kindermöbeln auf das **GS- (geprüfte Sicherheit) oder TÜV-Zeichen (technischer Überwachungsverein)** achten. Das GS- oder TÜV-Siegel dürfen nur solche Produkte tragen, die geltende Normen und Vorschriften einhalten, z. B. die Verwendung von ungiftigen Lacken oder Materialien, die die Sicherheit von Kindern nicht gefährden.

Das **GS-Prüfzeichen** für „Geprüfte Sicherheit" wird von unabhängigen Prüfstellen vergeben. Neben dem Siegel muss immer das jeweilige Prüfinstitut angegeben sein.

Das **Proof-Zeichen** erfüllt alle deutschen und europäischen Sicherheitsanforderungen. Für die Vergabe des Siegels wird eine jährliche Nachprüfung nötig.

Die Vergabe des **TÜV-LGA-Prüfzeichens** „Ausgezeichneter Spielwert“ sagt nicht nur etwas über Sicherheit und Funktionalität, sondern auch über pädagogische und entwicklungspsychologische Aspekte aus.

10.2 Schutzmaßnahmen treffen

Neben den beschriebenen Maßnahmen zur Verhinderung von Unfällen sind bei Kindern weitere Schutzmaßnahmen notwendig.

Schutz vor Sturzverletzungen

Der große Bewegungsdrang der Kinder führt immer wieder zu Sturzverletzungen. Deren Unfallschwerpunkte unterscheiden sich je nach Alter und Entwicklungsstufe. Säuglinge und kleine Kinder haben das höchste Risiko, durch einen Sturz tödlich zu verunglücken. Die häufigste Folge von Sturzunfällen sind Kopfverletzungen, wobei der Sturz vom Wickeltisch zu den zahlreichsten Unfällen gehört. Kleinkinder können die Gefahren noch nicht richtig einschätzen. Deshalb sind Maßnahmen zur Sturzvermeidung oft lebenswichtig:

- Kinder, die auf der Wickelkommode liegen, immer wenigstens mit einer Hand festhalten,
- Kinder, die im Hochstuhl sitzen, immer im Blick haben,
- Treppenbereich durch Treppengitter absichern,
- Stolpergefahren durch herumliegende Gegenstände, elektrische Leitungen oder umgeschlagene Teppiche einschränken,
- Tragen von Antirutschsocken oder Hausschuhen veranlassen,
- Abschließbare Fensterriegel und Türschlösser an Fenstern und Türen anbringen,
- wegen erhöhter Sturz- und Verletzungsgefahr auf Lauflernhilfen (Gehfrei) verzichten,

Treppengitter

- Gitter des Kinderbettes sollten stets hochgeschlossen sein. Bei größeren Kindern rechtzeitig den Lattenrost des Bettes absenken um ein Darübersteigen zu erschweren. Jedoch einen Ausstieg durch Entfernen der beiden herausnehmbaren Gitterstäbe schaffen.

Schutz vor Schnitt- und Stichverletzungen

Sobald das Interesse der Kinder geweckt ist, in der Küche mitzuhelfen, sich selbst das Brot zu schmieren oder das Essen selbst klein zu schneiden, wird beim Umgang mit Messern und Scheren besondere Vorsicht notwendig.

- Kleine Kinder nicht ohne Aufsicht mit spitzen und scharfen Gegenständen hantieren lassen,
- Sicherheitssperren in Schrankschubladen und -türen einbauen,
- mit größeren Kindern den Umgang mit Messer und Schere einüben.

Schutz vor Erstickungsgefahr/Ertrinken

Aus Neugierde nehmen Kinder ihnen Unbekanntes oftmals in den Mund und schlucken es hinunter. Dabei können lebensbedrohliche Situationen entstehen. Wichtigste Maßnahme ist es, darauf zu achten, dass Gegenstände, die leicht verschluckt werden können, außer Reichweite der Kinder bleiben. Aufräumen und Ordnung halten sind sehr wirkungsvolle Präventionsmaßnahmen.

- Keine große Kissen, Stofftiere oder schwere Decken in ein Babybett oder Laufstall legen,
- bei Kapuzen und Kordeln an Kleidung aber auch Halsketten oder Schlüsselbänder darauf achten, dass diese nicht strangulieren,
- Plastiktüten und Folien nach Gebrauch sofort wegräumen,
- Babys nach der Mahlzeit aufstoßen lassen, um ein Erbrechen während des Schlafes zu vermeiden,
- im Sommer und Herbst auf süße Getränke und Speisen im Freien verzichten. Mögliche Insektenstiche verursachen Schwellungen im Mundbereich und können zu Atemnot führen,
- Kinder beim Spielen in der Nähe von Gewässern (Gartenteich, Regentonne, Schwimmbad) immer beaufsichtigen.

Schutz vor Vergiftungen

Zwei- bis dreijährige Kinder sind hiervon am häufigsten betroffen, denn sie entdecken ihre Umwelt auch durch Lutschen und Kauen.

- Medikamente stets in abschließbaren für Kinder unzugänglichen Schränken aufbewahren,
- Batterien, Zigaretten und Alkohol sind für Kleinkinder hochgiftig. Aschenbecher, geöffnete Getränkedosen und Flaschen nie unbeaufsichtigt stehen lassen,
- alle Arten von Haushaltschemikalien für Kinder unerreichbar aufbewahren,
- in Anwesenheit von Kindern kein Insektenspray anwenden,
- manche Topf- und Gartenpflanzen (z. B. Weihnachtsstern und Tujahecke) sind giftig. Hautkontakt mit diesen nach Möglichkeit vermeiden.

Schutz vor Stromschlag

Kinder probieren gerne vieles aus, greifen nach vielerlei Dingen, die sich in ihrem Blickfeld befinden. Sie stecken gerne Gegenstände zusammen und können die Gefahren ihres Entdeckerdrangs nicht einschätzen.

- Kindersicherungen in Steckdosen einbauen und nur kindersichere Steckdosenleisten verwenden,
- nach dem Gebrauch von Elektrogeräten Stecker aus der Steckdose ziehen und damit die Stromzufuhr unterbrechen,

Einsetzbare Schutzscheiben für die Steckdose

- Elektrogeräte nie in der Nähe des Waschbeckens oder der Badewanne liegen lassen, damit sie nicht mit Wasser in Kontakt kommen.

Schutz vor Verbrennungen/Verbrühungen

Herunterhängende Tischtücher und Stromleitungen von Elektrogeräten verleiten Kinder, daran zu ziehen, was schwerste Verbrennungen und Kopfverletzungen zur Folge haben kann.

- Kochtöpfe immer auf die hintere Kochstelle stellen, Pfannenstiele zeigen dabei immer

Weihnachtsstern

Tujahecke

Gefahrenquelle Bügeleisen

Gefahrenquelle Herd

nach hinten. Vorne an der Kochmulde Herdschutzgitter anbringen sowie eine Backofentürsicherung,
- darauf achten, dass kein Kind in die Quere kommt, wenn die Assistenzkraft Töpfe mit heißen Flüssigkeiten trägt,
- keine heißen Getränke trinken, solange ein Säugling oder ein Kleinkind auf dem Arm oder Schoß sitzt.

10.3 Bei Unfällen richtig handeln

Sollte es trotz aller Vorsichtsmaßnahmen zu einem Unfall gekommen sein, ist schnelle Hilfe manchmal lebensrettend. In Einrichtungen sofort die dafür zuständige Kollegin mit einer Ausbildung in Erster Hilfe herbeiholen. Im Familienhaushalt entsprechende Erstversorgung selbst treffen. Dann einen Notruf absetzen. Notrufnummern und die Rufnummern der nächstgelegenen Arztpraxen, der Taxizentrale und der Rettungsleitstelle sollten in unmittelbarer Nähe des Telefons für alle gut sichtbar aufgelistet sein. Ebenso sollte die Nummer des nächstgelegenen Giftinformationszentrums aufgeführt sein.
In Einrichtungen ist der betriebliche Meldeweg einzuhalten.

! **Wichtige Rufnummern:**

112 **Notrufnummer** (gemeinsame Nummer von Rettungsdienst, Feuerwehr und Katastrophenschutz)

110 **Polizeinotrufnummer**

030/19240	**Giftnotrufzentrale in Berlin**
………..	**Kinderarzt**
………..	**Apothekennotdienst**

Beim Absetzen eines Notrufes müssen wichtige Angaben gemacht werden, damit durch die Notrufzentrale die richtige Hilfe geschickt wird. In der Notfallsituation ist ein Merkzettel mit den fünf Fragen gut sichtbar in der Nähe der Telefonanlage sehr hilfreich.

! **Die fünf Ws:**

- Wer ruft an?
- Wo ist der Unfallort?
- Was ist passiert?
- Wie viele Verletzte, welche Verletzte?
- Welche Art der Verletzungen?

Aufgaben

1. Informieren Sie sich bei www. das-sichere-haus. de über Ziele und Arbeit der Organisation. Schreiben Sie darüber einen kurzen Bericht.
2. Sie arbeiten in einem Privathaushalt und werden gebeten, die Wohnräume der Familie kindersicher zu gestalten. Erstellen Sie hierfür eine Checkliste, um alle Gefahrenquellen herauszufinden.
3. Erläutern Sie mögliche Schutzmaßnahmen, um mit Kleinkindern in einer Küche sicher zu arbeiten.
4. Sie bemerken, dass das zu betreuende fünfjährige Kind Tabletten in der Hand hält. Beschreiben Sie Ihre weitere Vorgehensweise.
5. Sie erhalten den Auftrag, mit einer kleinen Gruppe von Kindergartenkindern zusammen mit einer Erzieherin einen Ausflug in den fußläufig entfernten Park zu machen. Erstellen Sie hierfür eine Unfallanalyse. Welche Maßnahmen müssen Sie treffen, um Unfallgefahren zu verringern?
6. Erstellen Sie ein Informationsblatt über Giftpflanzen.

11 Das kranke Kind

Krankheiten lassen sich nicht vorausplanen und gehören zum normalen Alltag eines jeden Kindes. Vor allem Hort- und Kindergartenkinder sind vor Infektionskrankheiten nicht geschützt. Bis zu zehn Infekte pro Jahr gelten noch als normal. Typische **Kinderkrankheiten** sind Masern, Windpocken, Mumps, Röteln und Keuchhusten. Daneben treten bei Kindern oft Entzündungen des Nasen-Rachen-Raumes und des Mittelohres auf. Zu den häufigsten Erkrankungen im Säuglings- und Kleinkindalter zählen Magen-Darm-Infektionen, die meist mit Fieber, Bauchschmerzen und Brechdurchfällen verbunden sind.

11.1 Krankheitsanzeichen

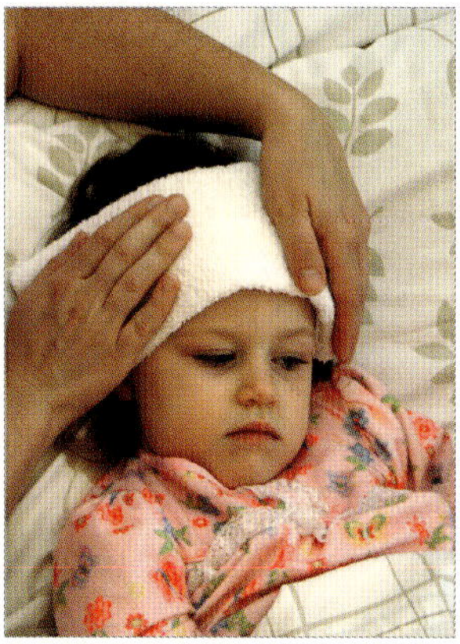

Fieberndes Kind

Krankheiten bei Kindern kündigen sich oft durch Appetitlosigkeit, Mattigkeit, glasige Augen, allgemeine Unzufriedenheit, Quengeln, Blässe oder gerötete Wangen an. Säuglinge und Kleinkinder können nicht mitteilen, wo es kneift und zwickt. Auch größere Kinder bis zum sechsten Lebensjahr sind noch nicht in der Lage, Schmerzen genau zu beschreiben. So klagen sie beispielsweise über Bauchweh, auch wenn ihnen wegen einer Mandelentzündung der Hals wehtun müsste. Es erfordert eine gute Beobachtungsgabe und viel Einfühlungsvermögen, um Krankheitszeichen richtig zu deuten.

Ein laut schreiendes Kind ist nicht immer bedrohlich krank. Ernster wird die Situation, wenn ein Kind sich in gewohnter Umgebung und zur allgemeinen Spielzeit auffällig verhält, z. B.:

- sich nicht beruhigen lässt und in übertriebener Weise an der Assistenzkraft klammert,
- unter akuter Atemnot leidet,
- auf Berührungen empfindlich oder schreckhaft reagiert,
- auf Ansprache kaum reagiert, nur noch leise wimmert und keinen Blickkontakt hält,
- Fieber über 40 °C hat,
- wiederholt erbricht und/oder unter starken Durchfällen leidet.

Ursachen für einen Flüssigkeitsmangel kann eine verminderte Flüssigkeitsaufnahme bei Trinkverweigerung, zu seltenem Flüssigkeitsangebot und zu geringer Trinkmenge sein.

Vermehrter Flüssigkeitsverlust besteht bei Durchfallerkrankungen, Erbrechen, Nierenerkrankungen oder starkem Schwitzen (bei Fieber, zu warmer Kleidung, viel Bewegung und hohen Temperaturen).

> **!** Ein Flüssigkeitsmangel bei Säuglingen und Kleinkindern kann schon nach wenigen Stunden zu einer lebensbedrohlichen Situation führen und eine sofortige medizinische Hilfe erforderlich machen.

Anzeichen für eine **Dehydrierung** (Flüssigkeitsmangel) sind:

- Fontanelle (tastbare Vertiefung des knöchernen Schädeldaches beim Säugling) ist eingesunken ,
- Mund und Lippen sind trocken,
- auffallend geringer Windelwechsel innerhalb von 24 Stunden,
- wenig Urin, meist dunkelgelb,
- wenige oder gar keine Tränen beim Weinen,
- Säugling wirkt schwach und antriebslos,
- dunkel umrahmte, tief liegende Augen,
- Füße und Hände fühlen sich kalt an, die übrige Haut ist trocken und schlaff,
- Klagen über Schwindel, Kopfschmerzen und Müdigkeit bei älteren Kindern.

11.2 Betreuung des kranken Kindes

Das Auftreten einer Krankheit verändert schlagartig den Tagesablauf. Die Assistenzkraft muss mit der veränderten Situation umgehen und ihren gewohnten Arbeitsrhythmus dem Wohl und der Genesung des Kindes anpassen:

Betreuung des kranken Kindes:

- dem kranken Kind mehr Zuwendung und Aufmerksamkeit schenken,
- Säuglinge und Kleinkinder nicht alleine lassen und einen Schlafplatz in der Nähe von anderen Menschen einrichten. Rufkontakt zum Kind aufrecht halten und für Sicherheit und Ruhe sorgen,
- Kinder genießen es, wenn der Erwachsene sich Zeit nimmt zum gemeinsamen Spielen oder Geschichtenerzählen. Kinder, die sich auf dem Weg der Genesung befinden, langweilen sich oft. Diese Zeit kann ihnen mit Buntstiften und Malbüchern, Bausteinen, Bilderbüchern, Katalogen, oder Hörspiel-CDs verkürzt werden,
- das Kind nicht zur Bettruhe zwingen, je nach Krankheitsverlauf wird es im Bedarfsfall von allein im Bett bleiben,
- den geringen Appetit von kranken Kindern berücksichtigen, d. h. auf die Wünsche des Kindes eingehen,
- auf eine ausreichende Flüssigkeitszufuhr achten,
- leichtverdauliche, vitamin- und flüssigkeitsreiche Kost anbieten, z. B. Brühe, Suppe, Joghurt, Obst und Kompott,
- beheizte Räume regelmäßig lüften, um die Luftfeuchtigkeit zu erhöhen und so das schnelle Austrocknen der Schleimhäute zu verhindern. Das zusätzliche Aufhängen feuchter Badetücher in der Nähe des kleinen Patienten erfüllt den gleichen Zweck,
- die Raumtemperatur auf 20 °C regulieren,
- ätherische Öle vermeiden, da dies bei Kindern zu Reizungen der Luftwege führen kann.

11.3 Fieber ernst nehmen

Fieber ist der Anstieg der Körpertemperatur über 38 °C. Die Körpertemperatur des Menschen wird im Gehirn reguliert. Fieber ist keine eigenständige Krankheit, sondern eine Reaktion des Körpers, z. B. auf eingedrungene Krankheitserreger oder auf Flüssigkeitsmangel. Bei Säuglingen ist das Wärmeregulationszentrum im Gehirn noch nicht ausgereift, deshalb kann die Körpertemperatur sehr schnell ansteigen und absinken, was den Kreislauf bei Fieber stark belastet.

> **!** **Körperliche Reaktionen** bei Fieber: Bei Fieberanstieg friert das Kind, seine Arme und Beine sind kühl und die Bauchhaut warm. Hat das Fieber seinen Höhepunkt erreicht, fühlt sich die Haut am gesamten Körper warm an. Im Fieberabfall gibt die Haut vermehrt Körperwärme ab und das Kind schwitzt. Fiebernde Kinder sind oft matt und schläfrig und wollen weder essen noch trinken.

Die Beobachtung und Pflege des kranken Kindes setzt regelmäßiges **Messen der Körpertemperatur** mit einem Fieberthermometer voraus.

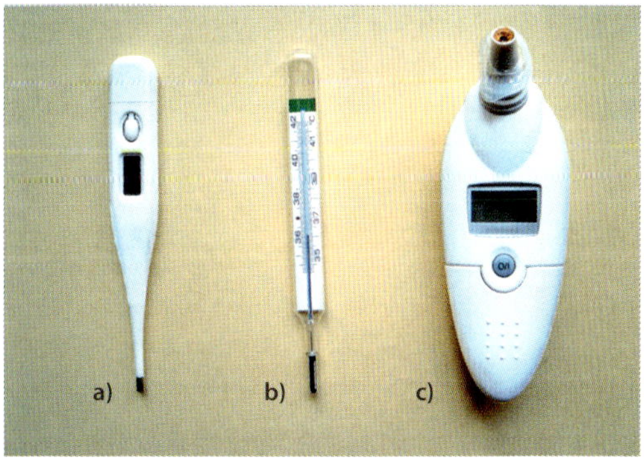

Verschiedene Arten von Fieberthermometern
a) Digitalthermometer b) Glasthermometer
c) Infrarotthermometer

Eine flexible Spitze des **Digitalthermometers** ermöglicht eine sanfte und sichere Messung. Nach dem Piepton am Ende der Messung erscheint die Höhe der Körpertemperatur im Sichtfenster. Dieses Thermometer eignet sich zur Messung im Ohr, Mund und After.

Infrarotthermometer erfassen sekundenschnell die Temperatur. Messort ist die Stirn oder das Ohr. Einige Infrarotthermometer verfügen über ein Feedbacksystem. Dieses Kontrollsystem bestätigt durch Ton und Licht die genaue Messposition und bietet daher eine hohe Messgenauigkeit. Das Messergebnis erscheint im Display und kann gespeichert und wieder abgerufen werden.

Das Fiebermessen kann an verschiedenen Körperstellen erfolgen. Die Messung im After ist am genauesten. Dazu Säuglinge und Kleinkinder bäuchlings auf den Wickeltisch oder Schoß legen und das Thermometer während des Messvorganges festhalten. Durch Erzählen oder Reimeaufsagen die Zeit des Messens kurzweilig gestalten. Nach dem Messvorgang Thermometer mit einem Desinfektionstuch abwischen bzw. die Schutzhülle wechseln Das Messergebnis aufschreiben.

Pflege bei Fieber

Das Befinden des Kindes kann sich schnell verändern, daher das fiebernde Kind ständig beobachten:

- in regelmäßigen Abständen Fieber messen, Temperaturverlauf mit Uhrzeit aufschreiben,
- verschwitzte, feuchte Haut des Kindes ab und zu abwaschen, gut nachtrocknen und ihm frische Wäsche anziehen. Bettwäsche nach Bedarf wechseln,
- zum Essen frische, kühle Speisen, wie Kompott, Obst oder Joghurt reichen,
- getrunkene Flüssigkeitsmenge und Trinkverhalten bei hohem Fieber und Brechdurchfall beobachten, ggf. dokumentieren,
- Häufigkeit des Windelwechsels oder die Harnmenge schriftlich notieren. Farbe des Urins beobachten,
- viel Flüssigkeit in Form von Kamillen-, Fenchel- und Pfefferminztee oder stilles Mineralwasser anbieten,
- bei länger als 24 Stunden anhaltenden Krankheitssymptomen den Kinderarzt informieren.

! Spezielle Pflegemaßnahmen, wie Medikamente verabreichen oder Wadenwickel anlegen, dürfen nur examinierte Pflegekräfte oder die Eltern durchführen.

11.4 Besuch beim Kinderarzt

Zeigt ein Kind Krankheitsanzeichen oder ein ungewohntes Verhalten, muss die Assistenzkraft die Eltern bzw. die Vorgesetzten darüber informieren. Im Zweifelsfall sollte der Gang zum Kinderarzt lieber einmal zu oft als einmal zu wenig geschehen.

Spielerische Untersuchung bei der Kinderärztin

Viele Kinder haben Angst und fangen schon an zu weinen, wenn sie nur das Wort „Kinderarzt" hören. Eine entsprechende Einstellung des Erwachsenen zum Arztbesuch wirkt sich auf das Kind positiv aus. Hilfreich ist auch, das Kind

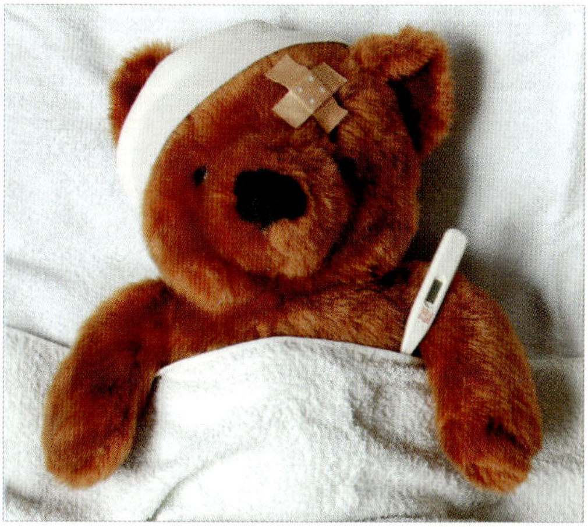

Verletzter Teddy

immer wieder spielerisch auf den Besuch beim Kinderarzt vorzubereiten, sodass es Verhaltenssicherheit entwickeln kann. Dazu eignen sich Bilderbücher oder das Nachspielen einer Untersuchungssituation. Dabei darf das Kind die Rolle des Arztes übernehmen und z.B. den Erwachsenen abhören oder den Kopf des Teddys verbinden.

Damit der Besuch beim Kinderarzt für das Kind und die Assistenzkraft oder Eltern stressfreier und entspannter verläuft:

- Kindern leicht ausziehbare Oberbekleidung anziehen. Bei Kleinkindern zusätzlich Ersatzwindeln und -kleidung und eventuell ein Handtuch einpacken,
- um die Wartezeit zu verkürzen Lieblingsspielzeug, Malutensilien, Kuscheltier, Schnuller, Getränke und Essen mitnehmen,
- kurz vor dem Termin in der Arztpraxis nachfragen, ob sich der Terminplan verschoben hat,
- alle benötigten Unterlagen (Impfausweis, Chip-Karte, Untersuchungsheft, Röntgenpass) und Aufzeichnungen der Krankenbeobachtung mitnehmen,
- bei Durchfall die letzte Windel oder bei Erbrechen das Erbrochene mitbringen,
- Ratschläge des Kinderarztes zur Pflege- und Behandlung notieren,
- bei nicht verstandenen Fachausdrücken nachfragen.

Aufgaben

1. Der Kinderarzt bittet Sie, ein Trinkprotokoll über 24 Stunden für das fieberkranke Kind zu erstellen. Ergänzen Sie die Vorlage für ein Trinkprotokoll. Sie sollte Angaben zur Art der aufgenommenen Getränke, zur Menge in ml und zur Uhrzeit enthalten.

Getränk	Menge	Uhrzeit
Orangensaft	100 ml	9.00 Uhr

2. Erarbeiten Sie in Gruppen- oder Partnerarbeit eine Übersicht über Vorsorgeuntersuchungen und Impfungen des Kindes bis zum sechsten Lebensjahr. Nutzen Sie dazu Informationen aus dem Internet.
3. Erläutern Sie die Kriterien zur Auswahl von Spielzeug für kranke Kinder.
4. Stellen Sie eine Liste von Kinderbüchern für verschiedene Altersstufen zusammen, die sich um Kinderkrankheiten drehen und stellen Sie sie Ihren Mitschülern vor
5. Welche Dokumentationsform empfehlen Sie für die Messergebnisse bei Fieber bei einem langfristig erkrankten Kind?

12 Säuglinge betreuen

Die körperliche Pflege des Säuglings beinhaltet viel mehr als nur Baden, Wickeln oder Füttern. Die Pflege steht auch für gemeinsame Zeit zum Kennenlernen, zum Spielen, zum Wahrnehmen und Austauschen von zärtlichen Berührungen und Liebkosungen, was dem Säugling gleichzeitig Sicherheit und Geborgenheit vermittelt. Zudem fördert das Berühren, Hören, Sehen, Riechen und Schmecken die Entwicklung seiner sensorischen, motorischen und sozialen Fähigkeiten.

12.1 Schreibotschaften des Säuglings

Ein Säugling ist noch nicht in der Lage, seine Bedürfnisse zu formulieren. Es zeigt durch Schreien oder Unruhe an, dass etwas nicht in Ordnung ist. Jetzt ist es Aufgabe der Eltern bzw. der Assistenzkraft, die Ursachen für die Unzufriedenheit des kleinen Wesens zu ergründen und Abhilfe zu schaffen.

Hunger/Durst

Die häufigste Schreiursache ist das Hungergefühl. Der Hunger kündigt sich zunächst mit einem leichten Quengeln an und steigert sich dann in Intensität und Lautstärke. Das Baby saugt und schmatzt an seinen Fingern oder der Faust. Durst ist ein Zeichen für Flüssigkeitsbedarf (s. S. 123). Er entsteht vor allem an heißen Sommertagen, bei erhöhter Temperatur oder bei Brechdurchfall.

Müdigkeit

Anzeichen von Müdigkeit sind Quengeln, Schreien, Gähnen, Augenreiben und schlaffe Körperspannung. Bei einem Säugling ist der Wechsel zwischen Schlafen und Wachen anders als bei einem größeren Kind. Der Schlafbedarf ist höher und die Schlafphasen kürzer. Säuglinge weinen, wenn sie müde und überdreht sind. Sie brauchen jetzt Schlaf und keine Spielstunde. Normale Hausgeräusche oder eine ruhige Unterhaltung stören den Schlaf des Kindes nicht. Der Schlafplatz sollte tagsüber nicht verdunkelt werden, damit sich ein Tag-Nacht-Rhythmus einstellen kann. Die Zimmertemperatur liegt bei ca. 19 °C.

Schmerzen

Der Schmerzschrei ist sehr laut und schrill. Das Kind schreit unaufhörlich, mit kurzen Atempausen zwischen den Schreiattacken. Es ist sehr unruhig, schwitzt stark, die Gesichtshaut ist rot, die Hände sind zu Fäusten geballt, der gesamte Körper wirkt stark angespannt. Schmerzen können z. B. blähende Luft in Magen und Darm in den ersten Wochen, zu fester Stuhlgang oder ein wunder Po verursachen. Bei unerklärlichen und immer wiederkehrenden Schreianfällen das Kind beim Kinderarzt vorstellen.

Langeweile

Besonders Säuglinge ab der vierten Woche wünschen sich mehr Bewegung und Körperkontakt. Die Betreuungsperson bemerkt sehr schnell, ob das Kind nach mehr Aufmerksamkeit sucht.

Das Kind wirkt wach und sein Quengeln hört sofort auf, wenn sie es aufnimmt, sanft hin- und herwiegt und sich intensiv mit ihm beschäftigt.

Allgemeines Unwohlsein
Ein momentanes Unwohlsein zeigt sich durch Unmutslaute und Unruhe. Die Ursachen können vielfältig sein, z. B. eine unangenehme Liegeposition, Druckstellen durch das Liegen, eine nasse Windel oder feuchte Kleidung. Aber auch Frieren und Schwitzen lässt Säuglinge nicht zur Ruhe kommen. Säuglinge sind in den ersten Wochen noch nicht in der Lage, ihre Körpertemperatur zu regulieren. Sie frieren sehr leicht und brauchen Kleidung, die an die Umgebungstemperatur angepasst ist.

12.2 Baden des Säuglings

Das Baden dient nicht allein der Reinigung und dem Schutz der Haut vor Infektionen, sondern sollte auch zu einem positiven Erlebnis des Säuglings werden. Das Kind kann sich in dem warmen Wasser frei ohne Windel und beengende Kleidung bewegen und den innigen Hautkontakt der Betreuungsperson genießen. Damit der Badespaß nicht getrübt wird, sollte der Säugling vor dem Baden weder gerade gefüttert noch hungrig oder müde sein. Bei einem Neugeborenen reichen für die Sauberkeit zwei bis drei Bäder pro Woche völlig aus. Die Badedauer sollte zehn Minuten nicht überschreiten. Zu häufiges und zu langes Baden trocknet die empfindliche Haut zu stark aus. An den badefreien Tagen genügt das Waschen des Gesichts, der Hände und des Windelbereichs, morgens und abends.

> **!** Das Baby während des Badens immer im Auge behalten und niemals den Raum verlassen.

Aus Sicherheitsgründen ist eine umfassende Vorbereitung der benötigten Materialien und der Umgebungsbedingungen unerlässlich (s. S. 80). In den ersten Lebensmonaten eignet sich zum Baden eine rutschfeste und kippsichere Babywanne (zum Einhängen in die Badewanne oder mit Gestell) oder ein Badeeimer.

Sobald das Kind sitzen kann, ab 7./8. Monat, darf es in der Badewanne baden, jedoch nie ohne ständige Aufsicht. Für ein angenehmes Badeerlebnis sollten ausreichend Zeit und geeignete Spielsachen zum Spielen im und mit dem Wasser ausgewählt werden.

Haltegriff beim Baden

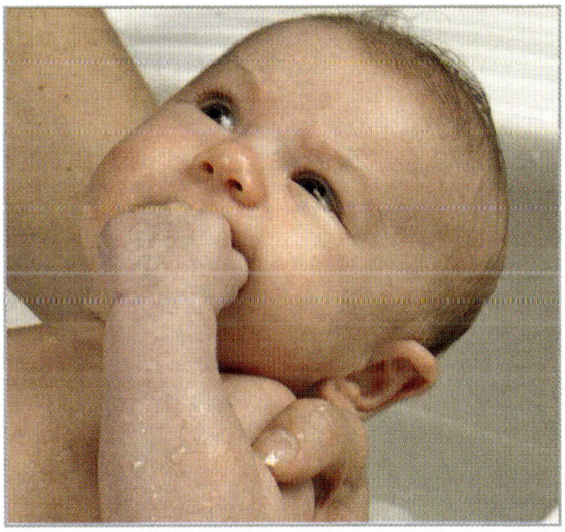

Mit der Handfläche und dem Unterarm unterstützt die Assistenzkraft den Kopf und Schulterbereich des Säuglings, während der Daumen auf der Oberarmkugel liegt und die Finger den Brustkorb im Bereich der Achselhöhle abstützen. Während des Badens darauf achten, dass der Säugling immer sicher im Arm liegt und der Mund nie unter die Wasseroberfläche gelangt.

So geht's – Säugling baden

Vorbereiten

- Raum auf ca. 24 °C temperieren, Fenster und Türen geschlossen halten
- für angenehme und sichere Umgebungsbedingungen sorgen
- Badeutensilien bereitstellen: Badethermometer, Babybadezusatz, zwei Waschlappen, Badetuch mit Kapuze vorwärmen
- Wickelplatz einrichten: Einmaltücher aus Papier, Feucht- oder Öltücher, Babykörperlotion, Wundschutzcreme, Windeln, saubere Kleidung, auch diese bei Bedarf vorwärmen

Durchführen

- so viel Badewasser in die Babywanne einlaufen lassen, dass das Baby nicht auskühlt
- Wassertemperatur sollte zwischen 36 °C und 38 °C liegen, Temperatur des Badewassers mit einem Badethermometer nachmessen, durch Eintauchen des Ellenbogens nochmals auf angenehme Wärme überprüfen
- Säugling auf dem Wickeltisch entkleiden, Windel sowie Stuhl- und Cremereste an Genitalbereich und Gesäß entfernen
- Kind in die Wanne hineinheben: mit der einen Hand den Nacken und Kopf des Säuglings greifen und mit der anderen Hand das Gesäß, dann vorsichtig – mit den Füßen zuerst – ins Wasser gleiten lassen
- Gesichtswäsche: mit einem frischen Waschlappen – ohne Seife/Waschlotion – die Augen vom äußeren zum inneren Augenwinkel hin reinigen. Anschließend das restliche Gesicht, Ohren, Hals und Haare waschen
- Babybadezusatz hinzugeben, bei Neugeborenen sind Badezusätze und Haarshampoo nicht erforderlich
- Arme, Oberkörper, Beine und Füße mit dem Waschlappen waschen
- Genitalbereich und Gesäß reinigen

Bei Mädchen:
Waschrichtung im Genitalbereich von vorne nach hinten einhalten, damit keine Darmbakterien in die Scheide und Harnröhre gelangen.

Bei Jungen:
Die Vorhaut des Gliedes bei kleinen Jungen nicht gegen den Widerstand zurückziehen, da sie noch mit der Eichel verklebt ist. Sie kann in den ersten drei Lebensjahren noch eng und verklebt sein und löst sich mit der Zeit. Im anderen Fall sollte ein Kinderarzt aufgesucht werden.

Abtrocknen

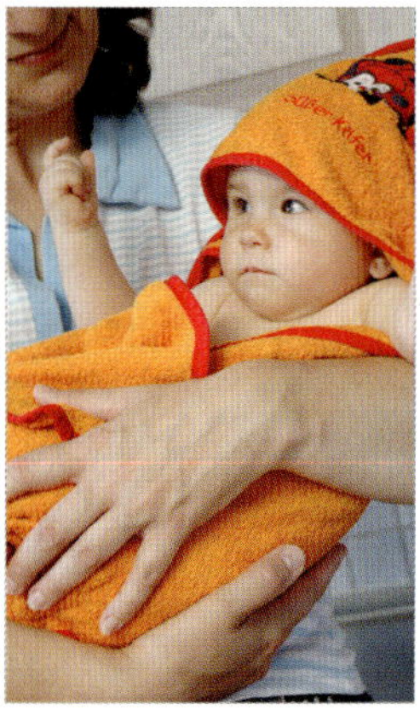

- Nach dem Baden den Säugling sanft aus dem Wasser heben und in das vorgewärmte Badetuch wickeln
- den Säugling auf die Wickelauflage legen, die Haut gut abtrocknen, dabei besonders auf Zwischenräume und Hautfalten achten, um ein Wundwerden an diesen Stellen zu verhindern
- Körper mit sanften, massierenden Bewegungen mit Babymilch oder -lotion eincremen, Windel anlegen (s. S. 83)

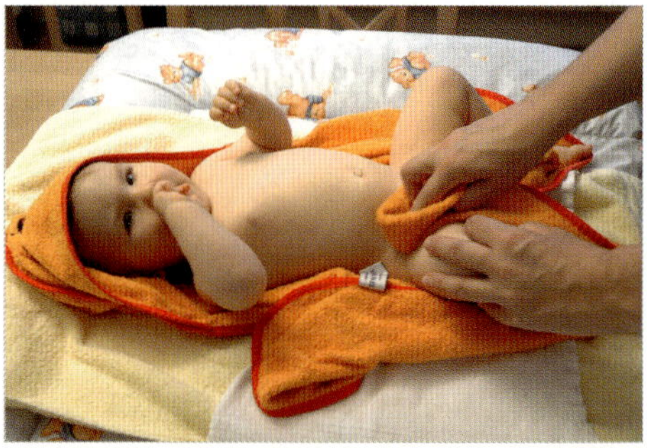

Zwischenräume und Hautfalten besonders abtrocknen

Ankleiden

Sichere Handgriffe und zügiges Arbeiten erleichtern das Ankleiden auch bei ungeduldigen Säuglingen:

- zuerst Unterhemdchen und Pullover, dann Strümpfe und Hosen anziehen
- vorsichtig den Kopf durch den Halsausschnitt führen
- Säugling beim Hineinschlüpfen in Ärmel und Hosenbeine vorsichtig und sicher unterstützen
- Kleidungsstücke sollen nicht einengen
- beruhigende Worte und freundliche Gesten lenken den Säugling ab

Nachbereiten

- Wasser aus der Badewanne entleeren, diese nass ausspülen, trocken wischen, wegräumen
- Utensilien wegräumen, Badetuch zum Trocknen aufhängen
- am Wickelplatz Abfälle beseitigen, Wäsche und Waschlappen in die Behälter für Schmutzwäsche geben
- bei Bedarf Wickelfläche abwischen

! Um Scheiden- und Harnblaseninfektionen bei der Intimpflege durch Bakterien oder Pilze zu vermeiden, ist folgende Vorgehensweise zu beachten:

- Waschwasser, Waschlappen und Handtuch vor jeder Intimwäsche wechseln,
- die korrekte Waschrichtung von vorne nach hinten strikt einhalten,
- während der Intimpflege auf Hautveränderungen im Genital- und Afterbereich achten,
- Waschlappen vor jedem neuen Ansetzen gründlich auswaschen.

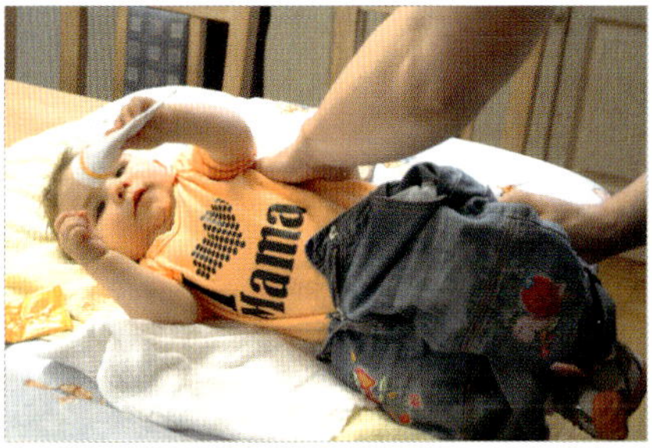

Haarpflege

Lassen sich Säuglinge noch relativ gelassen den Kopf waschen, ändert sich das oft nach dem ersten Geburtstag. Bei vielen Kindern hört beim **Haarewaschen** der Badespaß auf.

Beim Anfeuchten der Haare Kopf des Kindes nach hinten neigen und einen Waschlappen auf die Augen legen, damit kein Wasser und Shampoo in die Augen laufen. Die Haare nach dem Einschäumen vorsichtig mit klarem, lauwarmem Wasser abspülen und darauf achten, dass kein Wasser in die Nase läuft.

Das Haarewaschen wird angenehmer, wenn die Assistenzkraft ein mildes Kindershampoo verwendet und das Kind durch Singen oder Erzählen ablenkt.

! Um Verbrühungen der empfindlichen Kopfhaut zu vermeiden, stets die Temperatur des „Abspülwassers" überprüfen.

Zum täglichen **Kämmen** der Haare wird eine spezielle Babybürste benötigt. Von der Stirn in Richtung Hinterkopf und dann zurück vom Nacken in Richtung Gesicht bürsten. Anschließend die Haare in Form bringen.
Das Massieren der Kopfhaut mit der Bürste beugt der Bildung von **Kopfgneis/Milchschorf** (fest haftende Schuppenschicht auf der Kopfhaut) vor.

Sollte die Kopfhaut mit einer schuppigen Kruste bedeckt sein, diese mit in Babyöl oder Olivenöl getränkten Wattepads massieren. Das Öl einige Stunden einwirken lassen und zum Schluss die Kopfhaut mit einem feuchten Waschlappen abwischen und gut nachtrocknen.

Ohrenpflege und Nasenpflege

Die **Ohrenpflege** beschränkt sich ausschließlich auf die Ohrmuschel und den Bereich dahinter. Den äußeren Gehörgang (Eingang in das Ohr) nie reinigen.

So geht's – Ohren pflegen

- die Ohrmuschel behutsam in Richtung Gesicht ziehen und dann mit einem Öltuch die Ohrmuschel und den Bereich hinter den Ohren reinigen
- den trockenen Bereich hinter den Ohren zusätzlich mit einer Fettcreme pflegen

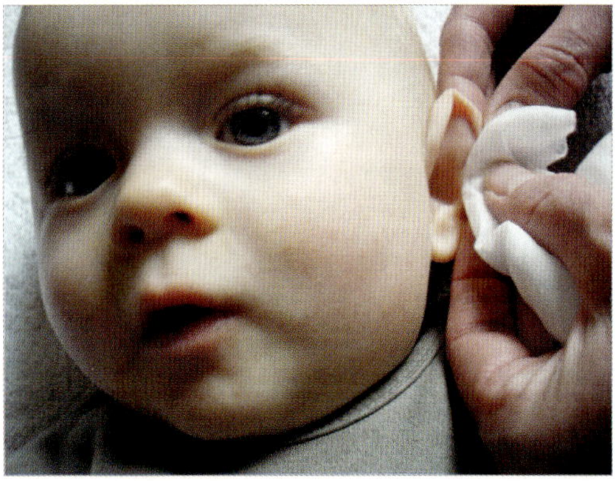

Die **Nase** verfügt wie die Ohren über einen Selbstreinigungsmechanismus.
Das eingetrocknete Sekret in den Nasenlöchern kann mit einem leicht zusammengerollten, angefeuchteten Papier- oder Öltuch entfernt werden.

Verletzungsgefahr:
Ohren und Nase niemals mit Wattestäbchen reinigen.

Beim **Nägelschneiden** von Säuglingen und Kleinkindern spezielle Baby-Nagelschere mit abgerundeten Scherenspitzen und leicht gebogenen Schneiden verwenden.
Die Fingernägel etwa einmal pro Woche, die Zehennägel seltener schneiden.

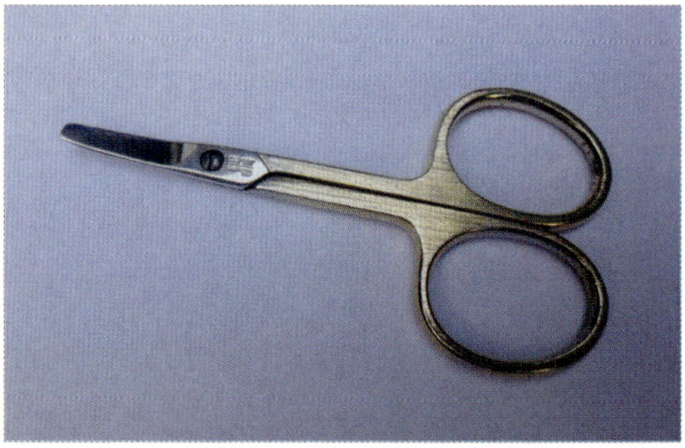

Abgerundete Nagelschere

So geht's – Nägel schneiden

- auf gute Beleuchtung achten
- Zeiten während des Schlafens oder nach den Mahlzeiten ausnutzen, da das Kind dann ruhig und entspannt ist
- im wachen Zustand ist es oft hilfreich, die Nägel zu zweit zu schneiden; eine Person hält die Hand oder den Fuß fest, während die andere schneidet
- besonders weich und leicht zu schneiden sind die Nägel nach dem Baden
- Fingerkuppe vom Nagel wegdrücken, um Verletzungen zu vermeiden
- Fingernagel entlang der natürlichen Biegung der Fingerkuppe schneiden, die Zehennägel immer gerade schneiden, damit sie nicht einwachsen

In den ersten sechs Wochen keine Nägel schneiden, da die Verletzungsgefahr der Nagelhaut zu groß ist.

12.3 Wickeln

Die Häufigkeit und der Zeitpunkt des Wickelns ist individuell auf das Kind abzustimmen. Bei Stuhlgang die Windel sofort wechseln, um eine Windeldermatitis (Wundsein im Windelbereich) zu verhindern.

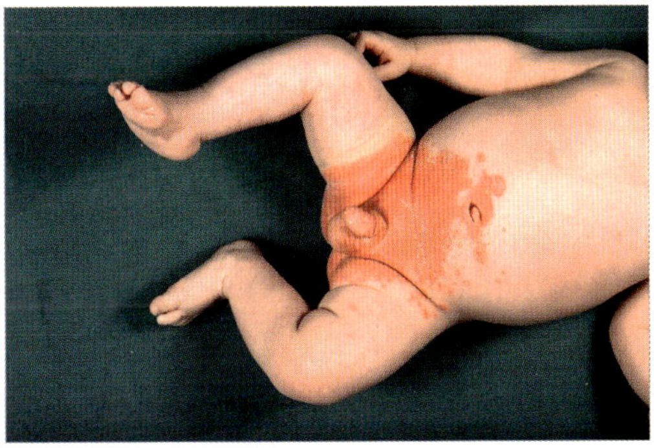

Wunde Wickelzone

Säuglinge, die sich während der Mahlzeit entleeren, möglichst gleich nach dem Essen wickeln. Bei Säuglingen, die sofort nach der Mahlzeit einschlafen, ist ein Windelwechsel vor dem Essen vorzuziehen.

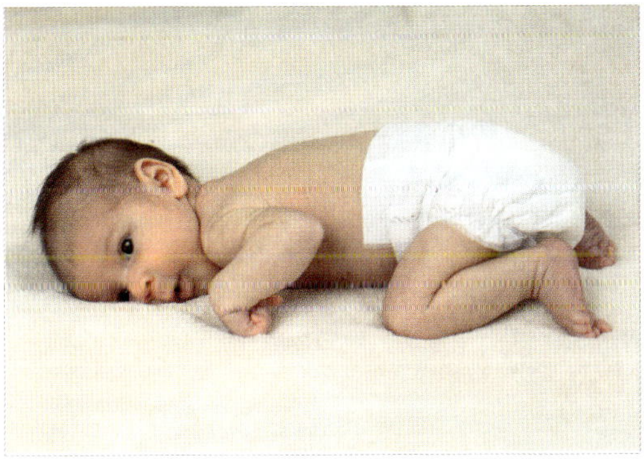

Gewickelter Säugling mit Einmalwindeln

Welche Wickelmethode die Eltern bevorzugen, hängt von der Hautverträglichkeit, den Kosten, Aspekten des Umweltschutzes, dem Arbeitsaufwand und der Zweckmäßigkeit ab. Zur Auswahl stehen Einmalhöschenwindeln oder Stoffwindeln in unterschiedlichen Größen, Funktionen und Aufsaugkapazitäten.

Wickelplatz

Für einen optimalen Wickelplatz gelten folgende Kriterien:

- kippsicherer Wickelplatz, der über einen an mindestens drei Seiten erhöhten Rand verfügt
- rutschfeste und abwaschbare Wickelauflage
- wasserfester Wickelauflagenbezug aus Frottee
- zwei Eimer zum Entsorgen von Windeln und Wäsche, neben die Wickelkommode stellen

Nabelpflege

Die meisten Säuglinge verlieren innerhalb der ersten zehn Lebenstage ihren Nabelschnurrest. Für die optimale Nabelpflege gibt es keinen festgelegten Standard, empfehlenswert ist aber die offene Nabelpflege. Dabei heilt der Nabel offen, oberhalb der Windel, ab. So kommt besonders viel Luft an den Nabel und der Nabelstumpf trocknet schnell ein. Auch die Nabelwunde heilt besser ab.

- Vor der Nabelpflege unbedingt Hände waschen.
- Wichtig ist, den Nabelrest trocken zu halten. Nabelschnur-Kontakt mit Urin sollte vermieden werden.
- Nabelrest regelmäßig bei jedem Wickeln beobachten. Falls Rötungen um den Nabel auftreten und das Baby sehr unruhig wirkt, fiebrig ist oder gar weniger trinkt, sollte ein Kinderarzt kontaktiert werden.

So geht's – Windeln wechseln

Vorbereiten

- alle Wickelutensilien griffbereit in die Nähe des Wickeltisches legen
- evtl. Wärmelampe einschalten

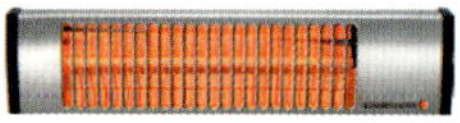

Durchführen

- Säugling in Rückenlage auf den Wickeltisch legen
- eine Hand bleibt immer am Kind, um ein Herunterfallen vom Wickeltisch zu vermeiden
- Säugling nur im unteren Bereich entkleiden, damit er nicht auskühlt
- Unterhemd und Pullover zum Schutz vor Verschmutzung leicht nach oben schieben
- Klebestreifen der Windel lösen, dann das Knie des Säuglings mit der linken Hand umfassen, linken Unterarm vorsichtig gegen den Oberschenkel drücken und das Gesäß leicht anheben
- Windel zusammenklappen und zunächst unter dem Gesäß liegen lassen

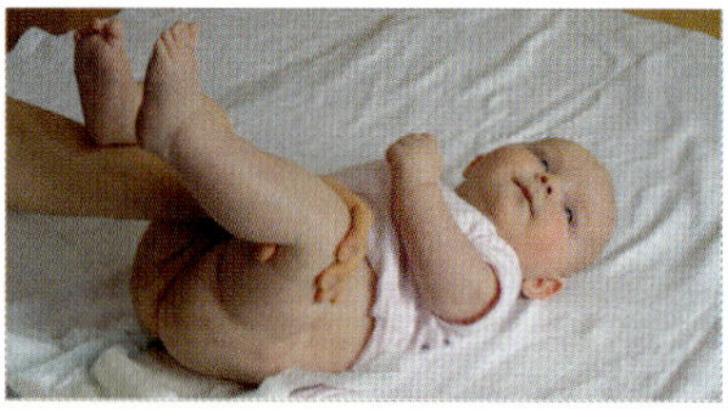

Handgriff beim Windelwechsel

- sorgfältig Creme- und Stuhlreste mit Feucht- bzw. Öltüchern im Genitalbereich entfernen, bei Mädchen immer von vorn nach hinten wischen
- bei Stuhlgang den Genital- und Gesäßbereich zusätzlich mit einem nassen Waschlappen waschen und gut nachtrocknen
- Waschlappen in die Schmutzwäsche geben
- Haut im Windelbereich auf Veränderungen kontrollieren
- Wundschutzsalbe bei Wundsein auftragen
- verschmutzte und zusammengefaltete Windel in den Windeleimer entsorgen
- die aufgefaltete saubere Windel mit der hinteren Seite (mit Klebestreifen) unter das Gesäß des Babys legen
- den vordere Teil der Windel zwischen den Beinen in Richtung Bauch ziehen
- Schutzfolie von den Klebestreifen entfernen, Klebestreifen gerade auf die Klebezone im vorderen Bereich der Windel drücken
- Sitz der Windel überprüfen

Aufräumen

- ggf. Wärmelampe ausschalten
- alle Utensilien an ihren Platz räumen
- bei Bedarf Windeln und Pflegemittelvorräte auffüllen
- Abfälle entsorgen
- Raum lüften

12.4 Füttern des Säuglings

Wird der Säugling nicht gestillt, können andere Personen als die Mutter das Fläschchen geben. Inniger Hautkontakt, Wärme und Zuwendung, ruhige Atmosphäre und ausreichend Zeit sind wichtige Elemente für positiv erlebte Mahlzeiten. Der Appetit und die **Trinkmenge** des Säuglings steigern sich mit zunehmendem Alter. In den ersten acht Lebenswochen will der Säugling ungefähr achtmal täglich trinken. Nach der achten Woche verzichten viele Säuglinge auf die nächtliche Mahlzeit. Sie kommen jetzt auf etwa sechs Mahlzeiten pro Tag mit entsprechend höherer Trinkmenge pro Mahlzeit.

Zubereitung der Milchnahrung

Beim Zubereiten der Flaschennahrung und des Babybreies sind wichtige Hygieneregeln zu beachten.

Um Hygienerisiken zu vermeiden gilt:

- für frisches Leitungswasser zuerst soviel Wasser ablaufen lassen, bis kaltes Wasser aus der Leitung kommt,
- die Qualität des Leitungswassers für die Zubereitung der Säuglingsnahrung beim zuständigen Wasserwerk erfragen,
- geeignetes Mineralwasser enthält auf dem Etikett einen zusätzlichen Hinweis für die Zubereitung von Säuglingsnahrung,
- Händehygiene vor jeder Zubereitung der Milchnahrung nicht vergessen,
- Milchnahrung immer frisch zubereiten, Milchreste entsorgen und nicht warm halten,
- im ersten Halbjahr Wasser zur Herstellung von Säuglingsnahrung abkochen und saubere Sauger und Fläschchen verwenden (s. S. 87). Später reicht die Reinigung der Flaschen in der Spülmaschine bei 55 °C–65 °C.
- Flaschen und Zubehör mit der Öffnung nach unten trocknen lassen,
- Dosierungs- und Zubereitungsanweisung auf der Verpackung der beachten,
- zubereitete Milchnahrung sofort verzehren,
- Reste nach der Mahlzeit entsorgen. Sie dürfen auf keinen Fall nochmals aufgewärmt werden.

Kriterien zur Auswahl der Flaschensauger

- Silikonsauger sind Latexsaugern vorzuziehen, da diese porös werden und sich hier Bakterien ansiedeln können
- die Saugergröße (I–III) richtet sich nach Alter/Größe des Kindes
- bei einer zu kleinen Öffnung des Saugers muss sich der Säugling zu sehr anstrengen oder bekommt zu wenig Milch. Ist das Loch zu groß, kann er sich verschlucken. Sauger mit Ventil verhindern das Luftschlucken und beugen so Blähungen vor

In der Mikrowelle erwärmte Milch kann in der Mitte der Flasche heißer sein als außen. Sorgfältiges Schütteln und Überprüfen der Temperatur verhindert, dass der Säugling sich verbrüht!

So geht's – Flaschennahrung zubereiten

Vorbereiten

- Material bereitstellen:
  frisches Wasser, ein Fläschchen, einen Verschlussdeckel und Sauger, Milchpulver und Messlöffel

Durchführen

- Wasser abkochen und auf ca. 39–40 °C abkühlen lassen. 2/3 der benötigten Wassermenge in das saubere Fläschchen füllen. Füllzustand ist an der ml-Skalierung des Fläschchens ablesbar

- gestrichene Messlöffelanzahl des Milchpulvers in das Fläschchen zum Wasser geben, dabei auf genaue Dosierung achten!

- Fläschchen verschließen und kräftig durchschütteln. Danach öffnen und den Rest des Wassers hinzugeben und nochmals gut durchschütteln

- Verschluss öffnen, Sauger befestigen und die **Temperatur der Milch prüfen (37 °C)**, dazu einige Tropfen Milch auf dem Handrücken oder auf die Innenseite des Handgelenkes spritzen

Aufräumen

- Materialien wegräumen
- Fläschchen reinigen (s. S. 87)
- Arbeitsplatz abwischen

Optimale Trinkhaltung des Säuglings

Beim **Reichen der Milchflasche** darauf achten, dass der Säugling sich nicht verschluckt und in Ruhe seine Mahlzeit genießen kann.

- Das Köpfchen und der Rücken des Babys liegen beim Trinken leicht erhöht,
- der Sauger ist mit Milch gefüllt und enthält keine Luft. Das Saugerloch zeigt beim Trinken nach oben und hat dann die richtige Größe, wenn die Milch langsam heraustropft, aber nicht fließt.

Nach jedem Trinken – egal ob an der Brust oder aus der Flasche – benötigt das Baby noch etwas Zeit zum Aufstoßen, um die verschluckte Luft loszuwerden. Es gibt drei Grundpositionen für das **Bäuerchen**:

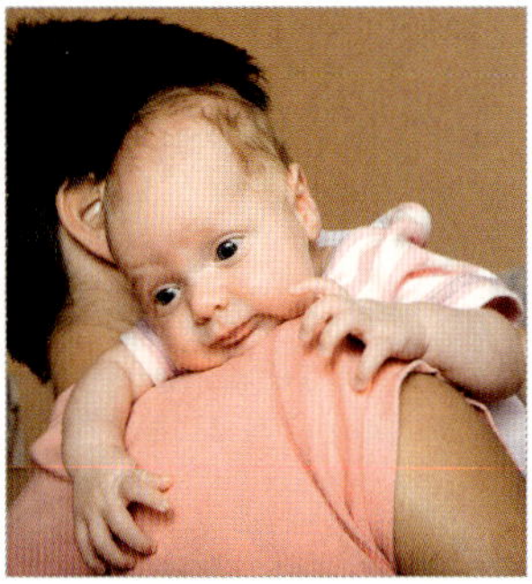

1. Den Säugling so halten, dass das Köpfchen auf der Schulter ruht. Ein sauberes Handtuch liegt auf der Schulter, falls der Säugling spuckt.
2. Der Säugling liegt bäuchlings auf dem Oberschenkel auf einem Handtuch, wobei das Köpfchen zu einer Seite geneigt in Richtung Knie zeigt.
3. Der Säugling ruht bäuchlings auf dem Unterarm, während das Köpfchen zur Seite zeigt.

Ein sanftes Streicheln und Beklopfen des Rückens von unten nach oben unterstützt die eingeschlossene Luft zu lösen.

Füttern von Breikost

Frühestens ab dem fünften Monat kann mit dem Zufüttern von Breikost begonnen werden, wobei die neue Schluck- und Kaubewegung den Saugreflex ersetzen soll und erst vom Säugling erlernt wird. Die Nahrungsumstellung sollte langsam und vorsichtig geschehen, da sich der empfindliche Darm erst an die neue Nahrung gewöhnen muss. Zunächst mit zwei bis drei Teelöffeln Breikost vor einer Flaschenmahlzeit beginnen und nach und nach steigern (s. S. 49, 50).

So geht's – Füttern des Säuglings mit fester Nahrung

- ausreichend Zeit zum Kauen und Schlucken einplanen
- den Säugling sitzend im Arm halten, sodass das Köpfchen und der Oberkörper leicht erhöht liegen
- vor dem ersten Anreichen des Löffels die Temperatur des Breies testen
- nur wenig Nahrung auf die Spitze des Löffels geben (keine Gabel verwenden)

Etwa ab dem siebten Monat kann das Baby zum Essen in den Hochstuhl gesetzt werden und am gemeinsamen Essen mit der Familie teilhaben. Sein Verdauungssystem ist nun so weit gereift, dass es langsam immer mehr vom Familienessen mitessen kann. Das Reichen kleinerer Nahrungsstücke (z. B. weiches Gemüse und Kartoffeln, Bananenscheiben) gibt dem Kind die Möglichkeit, das selbstständige Essen zu erlernen.

Bei kleineren Säuglingen bis zum 6. Lebensmonat ist das Verdauungssystem noch sehr anfällig gegenüber Magen-Darm-Infektionen. Sorgfältige Reinigung von Geschirr und Flaschen ist notwendig.

Reinigung von Flaschen und Saugern
Sauger, Schraubringe und Milchflaschen müssen als wichtige Hygienemaßnahme nach dem Gebrauch gründlich gereinigt werden.

So geht's – Reinigung von Flaschen und Saugern

- restliche Milch wegschütten
- Flaschen, Sauger und Schraubringe nach Gebrauch ausspülen und in heißer Spülmittellösung mit passenden Bürsten reinigen
- Sauger ggf. innen mit Speisesalz reinigen (nicht bei Silikonsaugern)
- Flaschen und Sauger gründlich ausspülen, Sauger dabei auf links drehen
- Flaschen können auch in der Geschirrspülmaschine bei 55 °C–65 °C gereinigt werden
- zum Trocknen die Flaschen mit der Öffnung nach unten in den Geschirrkorb stellen
- Sauger und Schraubringe zum Trocknen auf ein sauberes Geschirrtuch legen
- getrocknete Teile abgedeckt oder in geschlossenen Behältnissen aufbewahren

! Nach Aussagen namhafter Wissenschaftler und Fachgesellschaften ist das Sterilisieren von Flaschen und Saugern nicht notwendig.

Um das hygienische Hauptrisiko der Vermehrung gesundheitsgefährdender Bakterien zu vermeiden, müssen die Standzeiten der zubereiteten Milchnahrung möglichst kurz gehalten werden.

Milchnahrung darf nicht wieder aufgewärmt werden!

In Einrichtungen sowie in Haushaltungen ohne Geschirrspülmaschine werden Fläschchen maschinell sterilisiert, z. B. mit einem Vaporisator oder mit dem Mikrowellendampfsterilisator.

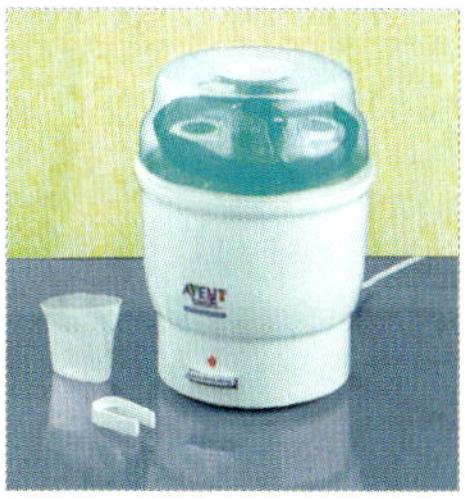

Vaporisator

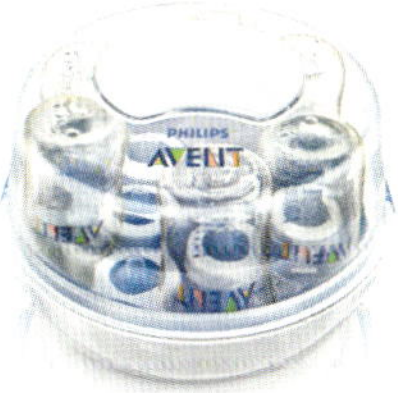

Mikrowellen-Dampfsterilisator

Aufgaben

1. Informieren Sie sich im Drogeriemarkt über das große Angebot an Pflegeprodukten für Säuglinge. Listen Sie die unterschiedlichen Produkte auf und beschreiben Sie deren Anwendungsmöglichkeiten und Wirkungen. Erstellen Sie dazu eine Mind-Map.
2. Als Assistenzkraft sind Sie verantwortlich, dass den von Ihnen betreuten Säuglingen nichts passiert. Listen Sie mindestens fünf kritische Situationen auf und erläutern Sie Ihr Verhalten.
3. Säuglinge frieren leicht. Welche Maßnahmen können Sie treffen, um dies beim Baden und Wickeln zu vermeiden?
4. Führen Sie eine Pro-und-Kontra-Diskussion zur Auswahl einer Windelsorte entweder Einweg- oder Stoffwindeln durch. Berücksichtigen Sie dabei die im Text genannten Kriterien.
5. Üben Sie an einer Säuglingspuppe das richtige Halten der drei Grundpositionen, um das Entweichen der im Bauch eingeschlossenen Luft zu erleichtern.

13 Textilien auswählen

Hübsch sollen sie aussehen, gut passen, einfach zu waschen und schnell zu bügeln sein. Das sind wichtige Gesichtspunkte für den Einkauf von Kleidungsstücken und anderen Textilien für Kinder.

13.1 Textile Fasern

Beim Blick auf die Materialangabe, die laut Textilkennzeichnungsgesetz vorgeschrieben ist, sind verschiedene Fasernamen zu lesen. Jede Faser hat typische Eigenschaften, die von ihrer Herkunft und Verarbeitung abhängen.

Materialangaben und Pflegehinweise auf den Etiketten einer Latzhose für Kinder

Baumwolle ist eine pflanzliche Faser 	Baumwollfasern entstehen aus den weißen Fruchtkapseln der Baumwollpflanze. Textilien aus Baumwolle können viel Feuchtigkeit aufnehmen, knittern stark und sind hitzebeständig.
Wolle ist eine tierische Faser 	Die stark gekräuselten Haare von Schafen und Ziegen sind für die Herstellung von Wolle notwendig. Daher ist Wolle eine elastische Faser, die gut wärmt und viel Feuchtigkeit aufnehmen kann.
Diese Fasern gehören neben Leinen und Seide zu den **Naturfasern**.	

Cellulosefasern, z. B.: Viskose, Modal 	Pflanzenteile wie Holzfasern oder Abfälle der Baumwollgewinnung sind Ausgangsstoffe für Cellulosefasern. Durch aufwendige chemische Prozesse entstehen feine Fäden oder Fasern. Cellulosefasern haben ähnliche Eigenschaften wie Baumwolle, jedoch mit geringerer Ausprägung.
Synthetische Fasern, z. B.: Polyester, Polyamid, Polyacryl, Elasthan 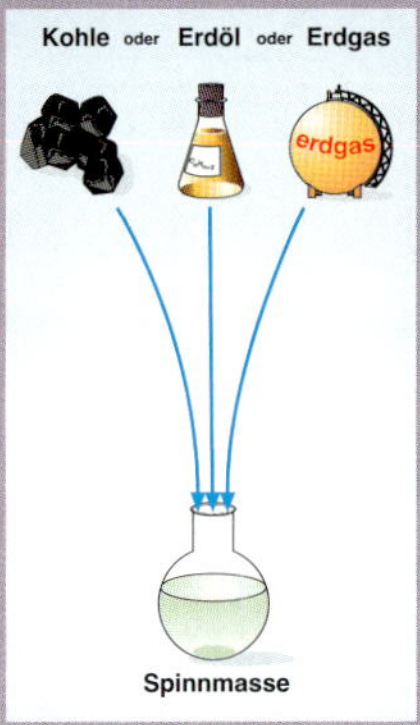	Diese Fasern entstehen aus Erdöl und Kohle durch verschiedene chemische Prozesse. Die Fasern werden unter Einwirkung von Hitze faserähnlich aufbereitet und erhalten dadurch ganz unterschiedliche Eigenschaften. Chemische Fasern knittern nicht und können nur wenig Feuchtigkeit aufnehmen.
Diese Fasergruppen gehören zu den **Chemiefasern**.	

13.2 Aus Fasern entstehen Stoffe

Fasern werden bei hoher Geschwindigkeit gedreht. Daraus entstehen **Fäden**. Mehrere Fäden noch einmal miteinander verdreht, lässt widerstandsfähige **Garne** oder Zwirne entstehen. Diese bilden die Grundlage für Stoffe. **Gewebte** Stoffe sind eine Verbindung von senkrechten und waagerechten Fäden. **Gewirkte** Stoffe bestehen aus aneinandergefügten Maschen. Daher heißen sie auch „Maschenwaren“ oder „Jersey“.

Jede Stoffart hat besondere Verwendungsmöglichkeiten

Für Kleidungsstücke, Unterwäsche und Bettwäsche finden beide Stoffarten Verwendung. Tischwäsche und Heimtextilien (z. B. Gardinen) werden überwiegend aus gewebten Stoffen hergestellt.

Zur Verbesserung der Eigenschaften und des Aussehens der Fasern oder der Stoffe sind **Ausrüstungsverfahren** notwendig, u. a.

- Färben und Bedrucken zur farblichen und modischen Gestaltung der Textilien,
- Pflegeleichtausrüstung bei Baumwolle, um Knitterbildung zu vermeiden,
- Filzfreiausrüstung bei Wolle,
- antistatische Ausrüstung bei Chemiefasern.

Das Mischen verschiedener Faserarten verbessert die **Gebrauchseigenschaften** von Kleidung:

- Wolle und Polyester für die Herstellung von Strümpfen verbessert deren Strapazierfähigkeit,
- Baumwolle und Polyester bei Oberbekleidung verringert das Knittern.

Funktionstextilien finden für Sportkleidung Verwendung. Hierfür werden chemische Fasern technisch aufwendig aufbereitet, damit sie atmungsaktiv und/oder windabweisend sowie wasserdicht sind.

13.3 Textilkennzeichnung

Die Textilkennzeichnung ist zum Schutz der Verbraucher gesetzlich geregelt. Sie gibt jedoch nur Auskunft über die Anteile der einzelnen Rohstoffe bzw. Faserarten.

Die Angaben erfolgen in Gewichtsprozenten, in absteigender Reihenfolge. Für die Bezeichnung der Fasern sind die gesetzlich vorgeschriebenen Namen zu verwenden.

100 % Baumwolle

67 % Polyester
33 % Viscose

65 % Baumwolle
33 % Viscose
2 % Elasthan

Ausrüstungsverfahren, die viele Eigenschaften von Textilien oftmals stärker beeinflussen als die Faserarten, unterliegen nicht der Kennzeichnungspflicht. Auch die hierfür verwendeten Chemikalien wie Farbstoffe müssen nicht angegeben werden. Der Hinweis „separat waschen" oder „Farbe blutet aus" bedeutet, dass die Kleidungsstücke beim Tragen und beim Waschen überschüssige Farbe abgeben.

Für Personen, die von **Allergien** betroffen sind, wäre eine umfassende Kennzeichnung wichtig. Hautreizungen durch Textilien sind für die Betroffenen sehr unangenehm und können gesundheitsgefährdend sein. Mögliche Ursachen für Hautreaktionen sind z. B.:

- Reste von Schwermetallen in Textilfarben,
- Reste von Chemikalien wie Pestizide, Bleichmittel, Formaldehyd, häufig verwendet zur Gewinnung der Fasern und Herstellung und Ausrüstung der Stoffe,
- nickelhaltige Knöpfe und Reißverschlüsse.

Das zunehmend vielfältigere Angebot an den Naturtextilien ermöglicht Kleidungsstücke zu erwerben, die frei von chemischen Rückständen sind.
Geschützte Zeichen geben Hinweise auf solche Textilien:

GLOBAL ORGANIC TEXTILE STANDARD · GOTS ·

IVN ZERTIFIZIERT NATURTEXTIL

13.4 Einkauf von Textilien

Der Einkauf von Textilien ist eine sehr persönliche Entscheidung. Modische Trends und farbliche Vorlieben spielen dabei eine große Rolle.
Beim Kauf von Kinderkleidung sind einige **Besonderheiten** zu berücksichtigen, die sich aus der **körperlichen Entwicklung** von Säuglingen und Kindern ergeben.
Da ihre Schweißdrüsen erst langsam reagieren, können sie ihre Körpertemperatur noch nicht richtig steuern. Kleidung soll die Haut bei der **Wärme- und Feuchtigkeitsregulierung** unterstützen. Körperschweiß darf nicht auf der Haut stehen bleiben, sondern soll von Textilien aufgesaugt werden. Direkt auf der Haut getragene Kleidungsstücke benötigen daher ein großes Feuchtigkeitsaufnahmevermögen und gute Luftdurchlässigkeit. Kinder bewegen sich intensiv, Textilien sollen sie dabei unterstützen und nicht behindern. Daher weiche Stoffe und nicht zu eng sitzende Textilien auswählen. Die Kinderhaut ist noch sehr empfindlich, grobe Stoffe könnten durch Reiben und Scheuern die Hautoberfläche verletzen.
Stoffe aus Naturfasern sind für Kinderkleidung sehr gut geeignet. Stoffe aus Chemiefasern sind zwar preiswerter, sie behindern jedoch den Austausch von Luft und Feuchtigkeit auf der Haut und laden die Hautoberfläche **elektrostatisch** auf. Das bedeutet, dass die elektrisch aufgeladenen Textilien manchmal knistern, da schwache elektrische Energie abgegeben wird.

Im beruflichen Handeln ist bei der Auswahl von Textilien deren **Zweckmäßigkeit** ganz wichtig. Bei der Auswahl von Textilien für Personen mit Bewegungseinschränkungen und Unterstützungsbedarf beim An- und Auskleiden folgende Gesichtspunkte beachten :

- Sind Kleidungsstücke leicht zu öffnen und zu schließen?
- Sind Knöpfe groß genug zum Anfassen?
- Sind Reißverschlüsse gut zu handhaben?
- Sind Halsausschnitte und Ärmel groß genug zum Reinschlüpfen und Ausziehen?

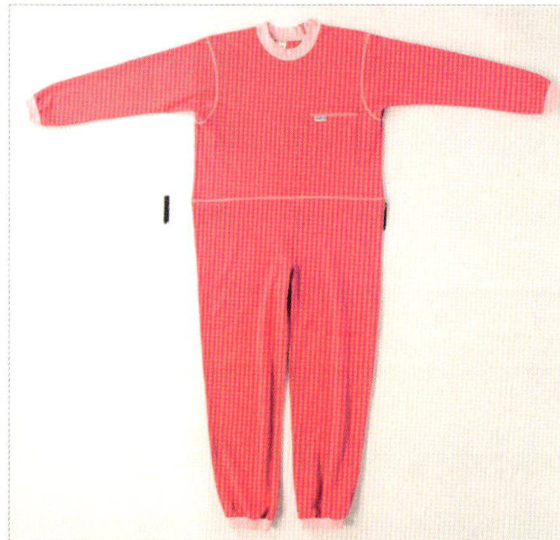

Pflegeoverall mit
65 % Baumwolle, 35 % Polyester, bei 60 °C waschbar, angenehmes weiches Material. Rücken mit Reißverschluss, keine Druckstellen am Rücken, selbstständiges Entkleiden nicht möglich, Rundhalsausschnitt passt sich gut an.

Die **Qualität der Verarbeitung** ist zu beachten, denn Kleidungsstücke unterliegen beim Tragen und Waschen starker Beanspruchung. Diese lässt sich prüfen, z. B.:

- Sind die Knöpfe fest angenäht?
- Sind Knopflöcher vollständig umstochen?

Ein Blick auf die linke Seite eines Kleidungsstückes lässt die Qualität der Verarbeitung der Nähte und Säume erkennen, z. B.:

- Sind die Nähte ausreichend breit?
- Sind Säume und Nähte gut befestigt oder hängen Fäden lose herum?

Die **Pflegeeigenschaften** spielen beim Einkauf eine wichtige Rolle. Ein Kinderkleid mit diesem Pflegesymbol  könnte bezaubernd aussehen. Welche Folgen hätte dies aber, wenn das Kleid nicht waschbar ist? Neben den Rohstoffangaben nach den Bestimmungen des Textilkennzeichnungsgesetzes sind die Pflegesymbole zu beachten. Diese geben Hinweise auf das Waschen, Trocknen und Bügeln (s. S. 189).

Normalprogramm 60 °C

geeignetes Trockenprogramm

geeignete Bügeltemperatur

Das Symbol über die Wascheigenschaften gibt wichtige Informationen, ob das Kleidungsstück überhaupt waschbar ist. Es gibt auch Hinweise auf die Waschtemperatur und das geeignete Waschprogramm.

Die Größen von Kinderkleidung beziehen sich immer auf die Körperlänge, nicht auf das Alter. Kinder wachsen schnell, daher eher zu einer nächsthöheren Größe greifen. Tauschbörsen oder Secondhand-Läden sind preiswerte Einkaufsmöglichkeiten für Kinderkleidung.

Verschiedene Zeichen garantieren ökologische und faire Produktions- und Handelsbedingungen für Textilien (s. S. 99).

Aufgaben

1. Finden Sie an Etiketten zur Textilkennzeichnung bei Kinderkleidung vier unterschiedliche Faserarten heraus. Ordnen Sie diese den „Natur- oder Chemiefasern" zu.
2. Führen Sie ein einfaches Experiment durch und entdecken Sie dabei weitere Eigenschaften der Fasern. Halten Sie eine kleine Faser- oder Gewebeprobe der unterschiedlichen Faserarten mit einer Pinzette in eine Kerzenflamme, die auf einer feuerfesten Unterlage steht.
   - Welche Sicherheitsvorkehrungen müssen Sie bei der Durchführung des Experimentes beachten?
   - Was können Sie während des Brennvorganges hören, sehen, riechen, fühlen und bei der Untersuchung der Asche feststellen?
3. Erstellen Sie Lernkarten zu verschiedenen Faserarten:
   Name der Faser, Herkunft, Eigenschaften, Verwendungszweck. Vervollständigen Sie die Karte um eine passende Abbildung oder eine kleine Stoffprobe.
4. Ermitteln Sie die Preise für eine Garnitur Oberbekleidung in Größe 116, die Kinder im Kindergarten tragen:
   T-Shirt oder Polohemd, Hose, Jacke
5. Erstellen Sie in Partnerarbeit eine Checkliste zum Einkauf eines Schlafanzuges für ein Schulkind, das zu einer Kur an die Nordsee fährt.
6. Finden Sie an unterschiedlichen Kleidungsstücken die Etiketten mit Produktangaben.
   - Welche Hinweise gibt die Textilkennzeichnung?
   - Welche Informationen können Sie den anderen Etiketten entnehmen?
   - An welchen Stellen sind die Etiketten befestigt?
7. Recherchieren Sie in Ihrer Umgebung, wo es Sammelstellen für Alttextilien gibt. Erstellen Sie eine Liste mit Möglichkeiten zur Wieder- oder Weiterverwertung von Textilien.

14 Sauberkeit ist Pflicht

In Kindertagesstätten, wo viele Kinder aufeinandertreffen, sind Hygienevorschriften einzuhalten. Diese ergeben sich aus dem Infektionsschutzgesetz (IfSG) und anderen gesetzlichen Bestimmungen. Für die Umsetzung entwickeln die Einrichtungen einen **Hygieneplan**. Dieser **regelt die Häufigkeit und die Ausführung** aller Reinigungsarbeiten und Einrichtungen. Gelegentlich müssen auch Assistenzkräfte diese Arbeiten ausführen, vor allem bei unvorhergesehenen Ereignissen.

In Kindertagesstätten und Einrichtungen gehören hierzu u. a.:

- Gruppenräume,
- Eingangsbereich,
- Sanitärräume,
- Küche,
- Einrichtungsgegenstände,
- Spielzeug.

14.1 Reinigungsmittel

Zweckmäßige Arbeitsgeräte sind eine wichtige Voraussetzung für kräfteschonendes und effektives Reinigen. Für Einrichtungen gibt es andere Geräte und Produkte als für Privathaushalte.
Zur **Grundausstattung** gehören jeweils:

- Reinigungsmittel,
- Reinigungstücher,
- Eimer,
- Geräte zur Fußbodenreinigung,
- Müllbeutel.

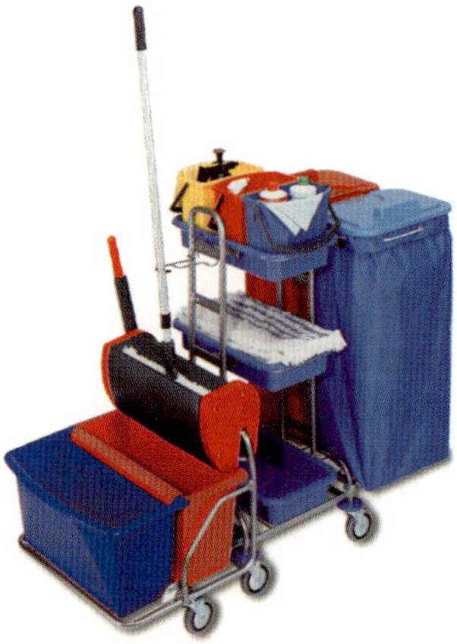

In vielen Einrichtungen sind alle notwendigen Arbeitsgeräte und Arbeitsmittel für Reinigungsarbeiten übersichtlich auf einem Systemwagen untergebracht. Dieser wandert beim Arbeiten mit, so sind alle Arbeitsmittel immer griffbereit.

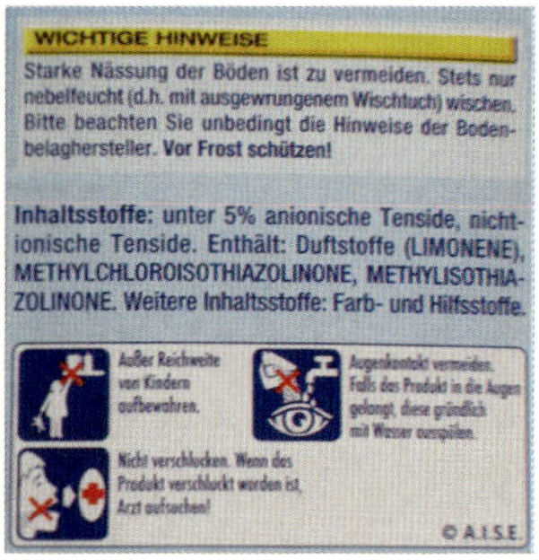

Reinigungsmittel spielen bei der Entfernung von Schmutz eine wichtige Rolle. Teilweise haben sie auch pflegende Wirkung und schützen gegen schnelle Wiederverschmutzung. Viele Materialien können bei normaler Verschmutzung mit **Allzweckreiniger** gereinigt werden. Er enthält vor allem Tenside. Diese waschaktiven Substanzen setzen die Oberflächenspannung des Wassers herab und **emulgieren** die fetthaltigen Anteile des Schmutzes. Beides ist notwendig, damit der Schmutz entfernt wird und keine schmierigen oder klebrigen Stellen auf den Oberflächen zurückbleiben.

handwerk-technik.de

Auf der Verpackung sind wichtige Angaben zu weiteren Inhaltsstoffen, zur Dosierung und zur sicheren Handhabung zu finden. Aus einem reichhaltigen Angebot sind für alle Materialien und Verschmutzungen geeignete Reinigungsmittel auszuwählen.

Reinigungsmittel	Eignung
Allzweck-, Neutral-, Universalreiniger und Geschirrspülmittel enthalten Tenside	für fast alle wasserbeständigen Materialien zur Entfernung fetthaltiger und klebriger Verschmutzungen
Scheuermilch enthält neben Tensiden fein gemahlene Minerale als Polierkörper	für die Entfernung von fest haftenden Verschmutzungen wie angetrocknete Wassertropfen, Kalkrückstände, Seifenreste; Reiben verstärkt die Wirkung der feinen Polierkörper
Glasreiniger enthält neben Tensiden auch Verdunstungsmittel	für alle Glas- und Spiegelflächen sowie andere glänzende Flächen. Die Oberflächen bleiben frei von „Putzstreifen"
Sanitärreiniger enthält neben Tensiden u. a. Bleichmittel und Säuren. Viele von ihnen gelten als Gefahrstoffe	entfernen wirksam starke Verschmutzungen in Toilettenbecken Vorschriften zur Sicherheit beachten
Fußbodenreiniger wie Wischpflegemittel enthalten neben Tensiden pflegende Substanzen	zum Nasswischen von Fußböden, zur Schmutzentfernung und Pflege der Fußbodenbeläge

So geht's – Reinigungstuch falten

Reinigungstuch von oben nach unten falten, nochmals von oben nach unten falten, seitlich übereinanderklappen, nun ist das Tuch in 2 x 8, also 16 Flächen gefaltet.

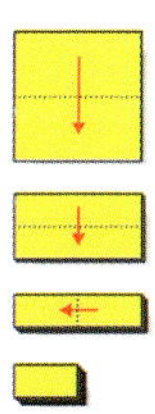

14.2 Reinigungstücher

Reinigungstücher reiben Verschmutzungen ab und nehmen diese auf. Reinigungstücher, die passend zu den Verschmutzungen, den Materialien und den Reinigungsmitteln ausgewählt werden, erleichtern das Arbeiten ungemein.

Vliestücher aus Viskose gibt es in unterschiedlichen Stärken, abgestimmt auf ihre Verwendung wie:

- **nassreinigen** von Waschbecken, Wandfliesen, Geschirr spülen,
- **feucht-und-trocken-Reinigen** zum Abwischen von Oberflächen, nebelfeuchtes Abstauben von Möbeln.

Durch Falten lassen sich die Tücher in kleinere Wischflächen unterteilen. So können sie mehr Schmutz aufnehmen.

Fasertücher haben eine gute Reinigungswirkung. Sie können aufgrund ihres Faseraufbaus schonend reiben und gleichzeitig sehr viel Schmutz, vor allem fetthaltigen, aufnehmen. Es gibt sie in verschiedenen Faserstärken. **Mikrofasertücher** sind aus ganz besonders winzigen Fasern und eignen sich besonders zur Reinigung von glatten Flächen, die Staub anziehen.

Farbige Tücher lassen sich eindeutig verschiedenen Einsatzbereichen wie Mobiliar, Küche, Waschbecken, Toiletten zuordnen.

Farbige Mikrofasertücher

Die Assistenzkraft muss häufig einfache Reinigungsarbeiten erledigen. Kinder haben mit Mund und Händen viel Kontakt zu Spielsachen, Einrichtungsgegenständen und Fußböden.
Vor und nach den Mahlzeiten sind Tische und Stühle abzuwischen. In größeren Zeitabständen sind Bausteine aus Kunststoff oder Regale mit abwaschbaren Oberflächen zu reinigen.

So geht's – abwaschbare Oberflächen reinigen

Vorbereiten

- Arbeitsgeräte bereitstellen
- in einem kleinen Eimer Wasser und Allzweckreiniger nach Vorgabe dosieren

Durchführen

- Vliestuch in Reinigungslösung eintauchen, auf gewünschten Feuchtigkeitsgrad auswringen
- Tische oder Gegenstände in geordneten Bewegungen abwischen
- bei Bedarf nach oder trocken wischen

Aufräumen

- Vliestuch gründlich auswaschen
- Reinigungslösung wegschütten
- Eimer ausspülen, trocken wischen
- Vliestuch zum Trocknen aufhängen

Allzweckreiniger im Allgemeinen mit Wasser **verdünnt** verwenden. Bei besonders hartnäckigen Verschmutzungen unverdünnt auf ein feuchtes Wischtuch geben und kräftig reiben. Danach mit klarem Wasser nachwischen, damit keine Reste des Reinigungsmittels zurückbleiben.

Hautschutz

Der Kontakt mit Reinigungsmitteln, Wasser und Schmutz strapaziert die Hände sehr. Daher die Hände vor und nach dem Arbeiten eincremen und während des Arbeitens Schutzhandschuhe tragen (s. S. 28).

14.3 Reinigungsgeräte zur Reinigung von Fußböden

Neben Besen, Kehrblech und Handbesen zur Entfernung von kleineren Verschmutzungen werden für die Fußbodenreinigung noch andere Geräte eingesetzt.

Schrubber und Bodentuch

Der Schrubber kommt meistens mit einem Bodentuch zum Feucht- und Nasswischen von Fußböden zum Einsatz. Das Bodentuch wird auch zum Aufnehmen von verschütteten Flüssigkeiten verwendet. Die Borsten des Schrubbers lösen fest haftende Verschmutzungen. Nach dem Gebrauch Eimer ausspülen, Bodentuch auswaschen und trocknen lassen.

Wischgeräte

Sie bestehen aus einem Stiel mit Klapphalter und darübergezogenen Wischbezügen. Diese haben Schlingen oder Fransen aus Baumwolle, Polyester oder Mikrofasern.
Wischbezüge finden für verschiedene Reinigungsarbeiten Verwendung:

- Zur **Feuchtreinigung** die Fransen des Bezugs mit Reinigungsmittellösung anfeuchten. Durch die Fransen nehmen die Wischbezüge Staub und kleinere Schmutzteilchen auf. Sie haben eine gewisse mechanische Reibung und können dadurch auch leicht haftende Verschmutzungen entfernen.
- Zur **Nassreinigung** Bezüge in Reinigungsmittellösung eintauchen und Feuchtigkeit mit einer Presse entfernen. Der nasse Bezug löst fest haftende Verschmutzungen und nimmt diese mit seinen Fransen auf.

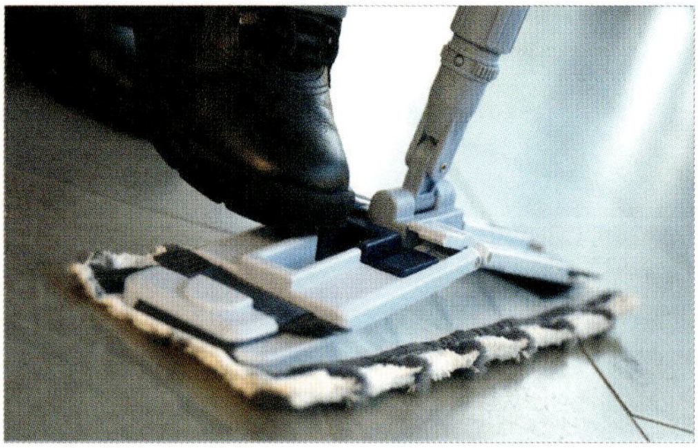

Wischgerät mit Bezug

Staubsauger
Der Staubsauger ist ein **Universalgerät** für die Reinigung von Fußböden und Einrichtungsgegenständen. Die umschaltbare **Fußbodendüse** mit Borstenkranz ist gut geeignet für glatte Fußbodenbeläge. Für die Reinigung von textilen Bodenbelägen wird der Borstenkranz eingeklappt oder ein Klopfsauger verwendet. Nadelvlies wird mit der glatten Bodendüse gesaugt.

Verschiedene **Spezialdüsen** ermöglichen ein gründliches Entstauben von Möbeln, Polstern und Fugen.

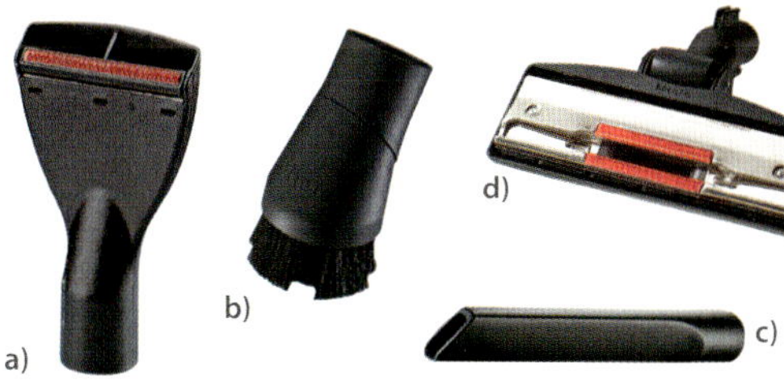

Staubsaugerspezialdüsen:
a) Matratzendüse
b) Saugpinsel
c) Fugendüse
d) Bodendüse

Die **Reinigungswirkung** des Staubsaugens hängt vor allem von der Führung des Saugrohres und den Vorsatzen ab. Je langsamer dieses über die Flächen gleitet, desto besser ist die Saugwirkung. Das Halten des Saugrohres ist eine starke Belastung für die Rückenmuskulatur. Daher immer in aufrechter Körperhaltung mit langsamen Bewegungen saugen. Wenn andere den Eindruck haben, dass die Fachkraft langsam arbeitet, wenn die Körperhaltung entspannt wirkt, dann arbeitet sie mit dem Staubsauger genau richtig.

Richtige Haltung beim Staubsaugen

Damit ein Staubsauger seine Saugfähigkeit behält, muss das **Filtersystem** sorgfältig beobachtet und gewartet werden. Zum Filtersystem gehören mehrere Filter.

- Im großen Filterbeutel sammelt sich der Schmutz.
- Der Motorschutzfilter schützt den Motor vor Staub, der beim Saugen entsteht.
- Manche Modelle haben einen Abluftfilter, der kleinste Staubteilchen zurückhält. Er ist besonders wertvoll für Menschen mit Stauballergien.

Der **Filterwechsel** ist entsprechend der Gebrauchsanweisung vorzunehmen. Filterbeutel werden wesentlich häufiger gewechselt als Motor- und Abluftfilter.

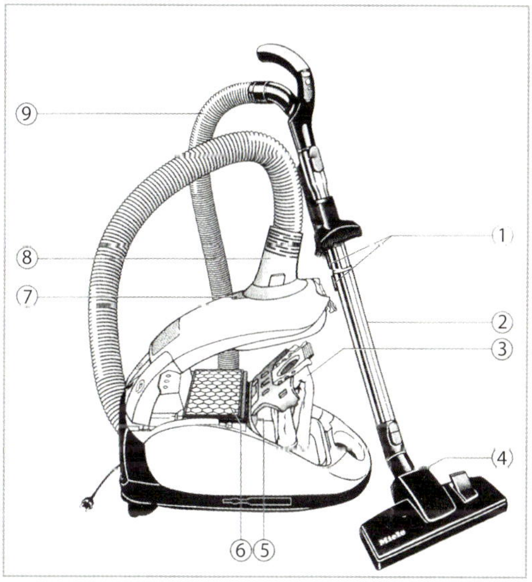

① Verstellknöpfe für Teleskopsaugrohr
② Teleskopsaugrohr
③ Staubbeutel
④ Bodendüse
⑤ Motorschutzfilter
⑥ Abluftfilter
⑦ Staubbeutel-Wechselanzeige
⑧ Saugstutzen
⑨ Saugschlauch

So geht's – Staub saugen

Vorbereiten

- Fußboden soweit wie möglich freiräumen
- Staubsauger bereitstellen
- Fenster öffnen

Durchführen

- grobe Verschmutzungen wie große Papierschnipsel oder Essensreste etc. entfernen
- Fußleisten und Kanten und Ecken mit Fugendüse absaugen
- neben der Tür beginnend einmal an den Außenkanten mit der Bodendüse entlang saugen
- in überlappenden Bahnen den gesamten Raum auch unter den Möbeln saugen

Aufräumen

- Saugrohr in Halterung befestigen
- benutzte Düsen reinigen
- Filter kontrollieren und ggf. austauschen
- Möbel genau zurückstellen (besonders für Menschen mit Sehbehinderungen)
- Fenster schließen

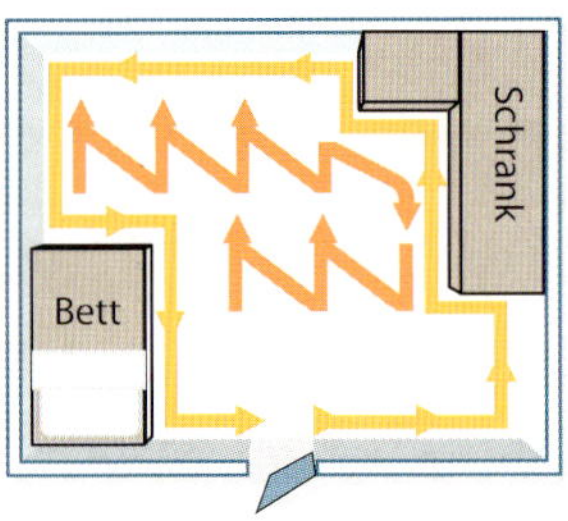

14.4 Reinigung von Fußböden

Kinder spielen mit Vorliebe auf dem Fußboden. Dort können sie sich ausbreiten, sie sind nahe an den Spielsachen und können sich in ihr Spiel vertiefen. Beim Krabbeln, durch Stolpern bei ersten Gehversuchen haben sie oft unmittelbaren Kontakt mit dem Fußboden. Wird dieser regelmäßig gereinigt, sind hierbei keine **Hygienerisiken** zu befürchten. In Einrichtungen wie Kindertagesstätten sind Fußböden mindestens einmal täglich feucht bzw. nass zu reinigen.

Für die Reinigung sollten die Merkmale einiger Fußbodenbeläge bekannt sein.

PVC

Kunststoffbelag, der sehr strapazierfähig ist, er kann gut nass gereinigt werden.

Kork versiegelt

Belag besteht aus Korkstückchen, vermischt mit Naturharzen. Unempfindlich gegen Feuchtigkeit bei versiegelter Oberfläche.

Linoleum

Belag besteht aus einer Mischung von Korkmehl, Leinöl, Harzen und Füllstoffen, der unempfindlich gegen Feuchtigkeit ist.

Gummi

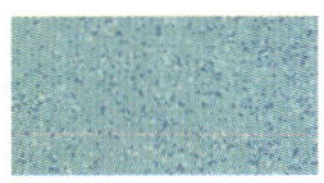

Kunststoffbelag aus natürlichem oder synthetischem Kautschuk, der feucht oder nass gereinigt werden kann.

Laminat

Besteht aus Pressspanplatten, mit einer Kunstharzschicht versiegelt, nur feucht reinigen.

Parkett

Besteht aus Holzdielen, deren Oberfläche versiegelt oder gewachst ist, nur trocken oder nebelfeucht reinigen.

- Für Kork, Laminat und Parkett gibt es spezielle Wischpflegemittel.
- Vorsicht an den Wandabschlüssen bei PVC-Belag, diese sind nicht wasserfest.
- Keine säure- und lösemittelhaltigen Reiniger für Linoleum und Gummibeläge benutzen.

So geht's – Fußboden wischen

Vorbereiten

- Arbeitsgeräte bereitstellen: Wischbezüge und Halter, Eimer mit Presse, Kehrblech und Handbesen, Müllbeutel
- Reinigungsmittellösung nach Dosieranweisung vorbereiten
- im Raum soweit möglich Fußboden frei räumen
- Fenster öffnen

Durchführen

- grobe Schmutzteile entfernen
- Wischbezug in Reinigungslösung eintauchen, in der Presse auspressen, sodass der Bezug noch nass ist, aber nicht mehr tropft
- den Wischbezug mit den Fransen nach unten auf den Fußboden legen, in Halterung des Wischgerätes einspannen
- in geordneten Bewegungen den Fußboden wischen, vom Ende des Raumes beginnend hin zur Tür des Raumes, dabei ein Hochheben des Wischgerätes vermeiden. Kanten und Ecken besonders sorgfältig wischen
- mit trockenem Wischbezug im gleichen Bewegungsablauf noch einmal über die Fläche wischen, um die Feuchtigkeit und den gelösten Schmutz aufzunehmen

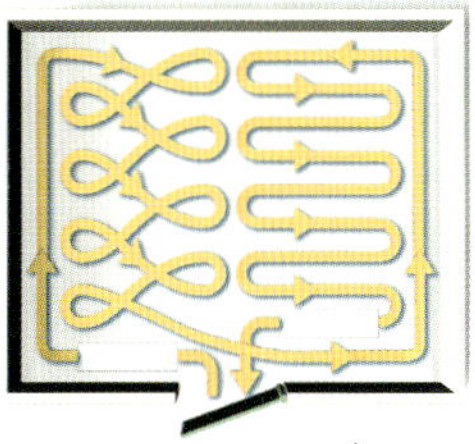

- kleine Schmutzteilchen, die nicht in den Fransen haften bleiben, mit dem Handbesen auf das Kehrblech fegen
- Ergebnis kontrollieren

Aufräumen

- Einrichtungsgegenstände nach dem Trocknen genau an ihren Platz stellen
- Fenster schließen
- Reinigungslösung in ein dafür vorgesehenes Ausgussbecken schütten, Eimer ausspülen und trocken wischen
- Wischbezüge zum Trocknen aufhängen oder zur Wäsche geben
- Müllbeutel entsorgen
- Reinigungsarbeiten in betriebliche Dokumentationsunterlagen eintragen

Aufgaben

1. Beschreiben Sie die hygienischen Anforderungen an Spielzeug. Beurteilen Sie ausgewählte Spielsachen entsprechend.
2. In Einzelhandelsgeschäften werden Einwegvliese zum Feuchtwischen angeboten. Bewerten Sie diese unter ökologischen und wirtschaftlichen Gesichtspunkten.
3. Stellen Sie eine Grundausstattung eines Privathaushaltes mit Reinigungsmitteln und Reinigungstüchern zusammen. Begründen Sie Ihre Auswahl. Ermitteln Sie die Anschaffungskosten.
4. Lernen Sie die Gebrauchsanweisung eines Staubsaugers kennen. Beurteilen Sie die inhaltliche Gliederung; die Abbildungen und Hinweise zum Gebrauch.
5. Informieren Sie sich während des Praktikums über den Inhalt eines Hygieneplanes und dessen Umsetzung im Betrieb.
6. Führen Sie eine Expertenbefragung durch. Befragen Sie in einer Einrichtung wie Kindergarten oder Schule die zuständigen Reinigungskräfte zu ihren Erfahrungen bei der Reinigung von Fußböden.

15 Nachhaltig handeln

Das Sortieren von Abfällen zu Hause oder in den Schulküchen ist mittlerweile selbstverständlich. Manchmal ist es etwas mühsam, den Müll zu trennen. Lohnt es sich überhaupt? Mülltrennung war ein erster wichtiger Schritt zum umweltfreundlichen Verhalten. Im Laufe der Zeit entwickelte sich nachhaltiges Denken und Handeln als neues Bewusstsein für die begrenzten Rohstoffe. Durch sein Konsumverhalten kann jeder Mensch Einfluss nehmen auf den Verbrauch dieser natürlichen Lebensgrundlagen. Kinder benötigen Vorbilder und geeignete Beispiele, um nachhaltiges Verhalten zu erlernen.

15.1 Nachhaltigkeit macht zukunftsfähig

Selten hat ein Wort so schnell seinen Platz in unserer Alltagssprache gefunden: **Nachhaltig** ist etwas, das von Dauer ist und über einen längeren Zeitraum die erwünschte, positive Wirkung zeigt.

Nachhaltigkeit

Ursprünglich kommt der Begriff Nachhaltigkeit aus der Forstwirtschaft, denn dort war bereits 1713 geregelt, wie die Wälder zu bewirtschaften sind. Es sollte nur so viel Holz entnommen werden, wie wieder nachwachsen konnte.

Es muss für ein **Gleichgewicht** zwischen dem Entstehen von Rohstoffen und deren Verbrauch gesorgt werdern. Diese Regel bildet auch heute noch die Grundlage für nachhaltiges Verhalten. Unsere Rohstoffe, auch **Ressourcen** genannt, haben sich seitdem verändert:

- Erdöl und Kohle zur Energiegewinnung und für die Herstellung von Gebrauchsgegenständen,
- Boden für die Erzeugung von Lebensmitteln durch die Landwirtschaft,
- Wasser als wichtige Lebensgrundlage,
- Menschen, die Wissen, Können und ihre Arbeitskraft einsetzen.

Nachhaltige Entwicklung

Nachhaltige Entwicklung ist mehr als Umweltschutz. Sie berücksichtigt gleichermaßen ökologische, ökonomische und soziale Aspekte.

- Ökologie umfasst alle Bemühungen, die Natur zu erhalten (Umweltschutz).

- Ökonomie schafft Voraussetzungen für wirtschaftliche Leistungsfähigkeit. Hierfür sind politische Entscheidungen zu treffen, etwa gerechte Preise für Rohstoffe und Gleichberechtigung im internationalen Handel.
- Soziales umfasst Wohlergehen und die Gesundheit der Menschen. In vielen Ländern der Erde sind die Lebensbedingungen sehr viel schlechter als in Deutschland. Niedrige Löhne bei langen Arbeitszeiten und schlechten Arbeitsbedingungen verursachen Armut. Menschen leiden Hunger, haben kein sauberes Wasser, keine ausreichende Gesundheitsversorgung und keine Chance, in die Schule zu gehen.

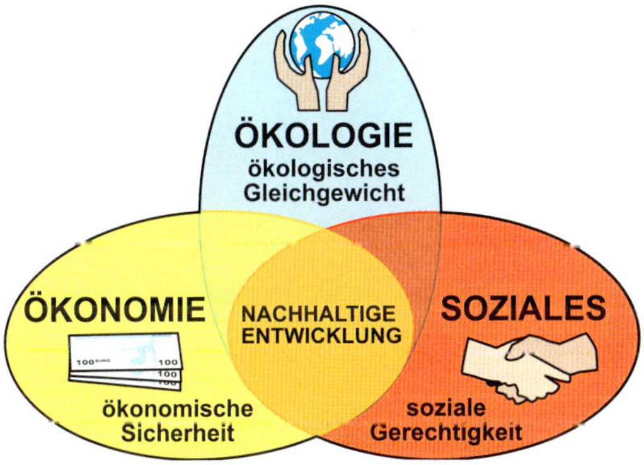

Verantwortungsvoller Umgang mit allen Ressourcen ist nachhaltiges Verhalten, im Gegensatz zu Verschwendung oder Ausbeutung. Eine wichtige Voraussetzung ist, dass die internationale Politik die notwendigen Vereinbarungen trifft. Nachhaltige Entwicklung strebt für alle Menschen eine gerechte Verteilung der notwendigen Lebensgrundlagen an.

> **!** **„Lebt so, dass auch kommende Generationen eine sichere Heimat haben.“**
> Dr. Klaus Töpfer (ehemaliger deutscher Umweltminister und Direktor des Umweltprogramms der Vereinten Nationen)

Im alltäglichen und beruflichen Handeln gibt es vielerlei Möglichkeiten, auf Nachhaltigkeit zu achten. Jeder kann seinen persönlichen Lebensstil finden, der die **Entwicklung nachhaltigen Verhaltens** fördert.
Das nachhaltige Verhalten in **alltäglichen Situationen** umzusetzen, fällt nicht immer leicht:

- Wie oft und wie lange dusche ich mit warmem Wasser?
- Fahre ich eine Strecke mit dem Auto, dem Fahrrad oder mit öffentlichen Verkehrsmitteln?
- Wie häufig wasche ich ein Kleidungsstück statt es zu lüften und mehrmals zu tragen?
- Wähle ich beim Einkauf von Obst und Gemüse regionale und saisonale Angebote aus?

15.2 Nachhaltig konsumieren

Der Rat für nachhaltige Entwicklung gibt Anregungen für einen nachhaltigen Warenkorb. Sowohl für den täglichen Einkauf, als auch für große Anschaffungen gibt es hier Tipps für nachhaltigen Konsum. Hierbei gilt es immer ökologische, soziale und wirtschaftliche Gesichtspunkte zu bedenken.

> **!** **Ökobilanzen** wie der persönliche Fußabdruck oder eine CO_2 Bilanz sind eine Möglichkeit, durch Berechnungen die Auswirkungen des Konsums auf die Umwelt zu bewerten.

„Weniger ist oft mehr“, ist ein Tipp von Erziehern, wenn es darum geht, Kindern Freiräume für fantasievolles Spielen zu schaffen. Wer kennt nicht die guten Absichten, Kinder mit Spielsachen zu erfreuen, obwohl sie eigentlich schon zu viel davon haben? Die Auswahl von Spielzeug verdeutlicht wichtige Überlegungen für einen nachhaltigen Konsum. Denn auf seinem Lebensweg von der Gewinnung der Rohstoffe bis zur Entsorgung hat ein Spielzeug vielfältige Auswirkungen auf Ökologie, Ökonomie und Soziales.

Ökologische Auswirkungen eines Produktes

1. Rohstoffe gewinnen 	Erdöl ist Ausgangsprodukt für Kunststoffe und Farben, einmal Verbrauchtes ist nicht wieder ersetzbar
2. Herstellen der Spielzeuge 	Verbrauch von Strom, Wasser und weiteren Chemikalien, Verbrauchtes ist nicht wieder ersetzbar, Gewässerbelastung durch Chemikalien
3. Verpacken 	Verpackungen bestehen aus Kunststoffen, Kartonagen oder Papier, teilweise wiederverwendbar
4. Transportieren 	Verbrauch an Treibstoffen, Verbrauchtes ist nicht mehr ersetzbar
5. Mit dem Spielzeug spielen 	Manche Kunststoffe dünsten Gase aus und reizen damit Haut und Atemwege, kaputte Spielzeuge verursachen Müll, Batterien sind Sondermüll
6. Entsorgen 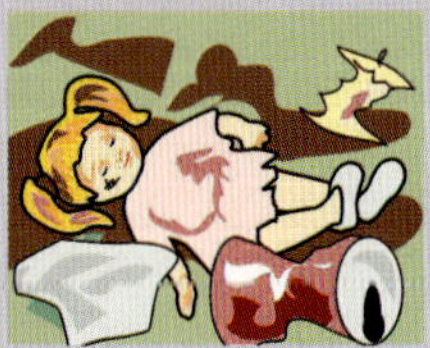	Nicht verwendbare Materialien werden verbrannt. Hierfür ist Energie notwenig, Wiederaufbereitung (Recycling) verbraucht auch Energie, jedoch entstehen verwendbare Werkstoffe

Aus Alt mach Neu – Plüschtiere aus recycelten Materialien

Soziale Auswirkungen auf die Menschen

Die Produktion von sehr billigen Spielwaren geschieht oft unter teilweise menschenunwürdigen Bedingungen und bei schlechter Entlohnung. Besonders für das Weihnachtsgeschäft müssen viele Menschen über ihre Kräfte hinaus arbeiten.
Die Aktion „fair spielt" hat sich zum Ziel gesetzt, über die Arbeitsbedingungen, von vor allem Frauen, zu informieren und menschenwürdige Arbeitsbedingungen in den Fabriken durchzusetzen.

Zu menschenwürdigen Arbeitsbedingungen gehören:

- Verbot von Kinderarbeit,
- angemessene Bezahlung,
- Einhaltung von Höchstarbeitszeiten ohne Pausen/Wochenenden.

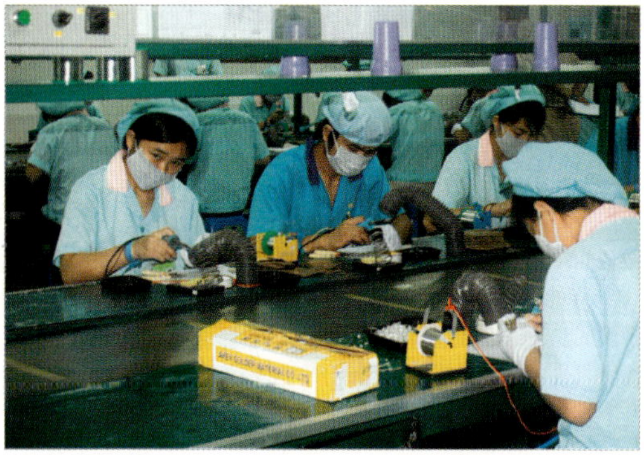

Frauen an engen Arbeitsplätzen am Band

Spielwaren, bei deren Herstellung die sozialen Mindeststandards nicht eingehalten werden, haben häufig auch Sicherheitsmängel. Gefahr für Kinder besteht immer dann, wenn die Artikel kleine Teile haben, die Kinder gefährden, weil sie diese so leicht verschlucken können. Stark nach Kunststoff riechendes Spielzeug kann evtl. giftige Stoffe ausdünsten.

Logo des Aktionsbündnisses „fair spielt", kein Gütezeichen

Bis jetzt gibt es noch keine einheitliche Kennzeichnung für Spielwaren, die unter fairen Bedingungen hergestellt wurden.
Daher ist eine gründlich überlegte Kaufentscheidung wichtig.
Die Aktion „fair spielt" gibt dafür folgende Anregungen:

- überlegen, ob die Neuanschaffung wirklich sinnvoll ist,
- Zeit nehmen und im Fachgeschäft einkaufen,
- sich über vertrauenswürdige Produktkennzeichnungen informieren,

- kein namenloses Spielzeug kaufen,
- Herkunft prüfen,
- überprüfen, ob das Produkt stark riecht,
- Billigprodukte meiden,
- keine Spielsachen aus PVC kaufen, da bei der Entsorgung giftige Umweltbelastungen entstehen,
- nicht mehr genutzte Spielsachen auf Spielzeugbörsen oder Flohmärkten zum Tausch oder Verkauf anbieten, in vielen Orten gibt es auch Sammelstellen zur Aufbereitung gebrauchter Spielsachen.

Materialgerechte Entsorgung

bedeutet das Trennen in die einzelnen Materialien (Textilien, Kunststoffarten), um durch Recyceln daraus andere Spielwaren herzustellen (s. S. 142).

Selbst hergestelltes Spielzeug: Kinder in Tanzania lernen mit Kronkorken zählen

Aufgaben

1. Erstellen Sie eine Checkliste für den Einkauf eines Spielzeugs Ihrer Wahl. Diese soll eine Bewertung unter nachhaltigen Aspekten ermöglichen. Ergänzen Sie diese um pädagogische Gesichtspunkte.
2. Finden Sie an Ihrem Wohnort Angebote zum Recyceln von Spielzeug heraus.
3. Recherchieren Sie auf den Internetseiten der genannten Aktionsgruppen zu den Arbeitsbedingungen in chinesischen Spielzeugfabriken.
4. Informieren Sie sich im Internet über verschiedene Ökobilanzen.

Forum

Allergien

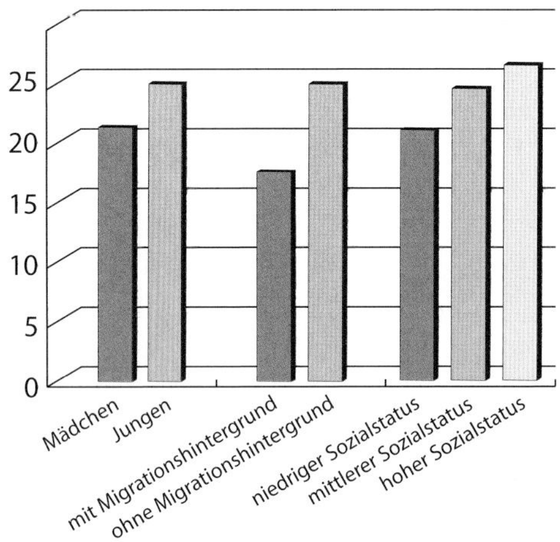

Allergische Erkrankungen bei Kindern und Jugendlichen in Deutschland (in Prozent)

Heuschnupfen, Neurodermitis, Asthma – wer nicht selbst betroffen ist, kennt zahlreiche Allergiker in der Umgebung. Betreuer von Kleinkindern sind damit konfrontiert und auch in der Pflege von kranken oder alten Menschen steigen zunehmend die Unverträglichkeiten.

Warum jemand eine Allergie bekommt, liegt einerseits an der **Vererbung**: Kinder, deren Eltern unter einer Allergie leiden, haben ein viel höheres Allergierisiko. Andererseits erklären **Lebensstil- und Umwelteinflüsse** das vermehrte Auftreten von Allergien in den letzten Jahrzehnten.

Allergie
ist eine überschießende Abwehrreaktion auf normalerweise harmlose Umweltstoffe.

Typische **Allergene** (allergieauslösende Stoffe) sind Pollen, Tierhaare, Hausstaubmilben oder Lebensmittel. Sie gelangen über die Atemluft, durch Essen und Trinken oder über die Haut in den Körper.

Eine Allergie kann sich durch ganz unterschiedliche **Symptome** äußern:

- Haut: Ausschlag, Nesselfieber,
- Atemwege: Asthma,
- Schleimhäute: Schnupfen, rote Augen,
- Verdauungstrakt: Durchfall und Erbrechen,
- Kreislaufversagen (anaphylaktischer Schock).

Der Arzt kann die Allergie durch einen **Hauttest**, durch einen **Nachweis** im Blut oder durch eine **Ausschluss- und Provokationsdiät** feststellen.

Ist das Allergen bekannt, muss das Allergen vermieden werden. Der Arzt kann außerdem Medikamente verschreiben, um die Symptome zu lindern. Manchmal hilft auch eine **Hyposensibilisierung**: Kleine, langsam ansteigende Mengen des Allergens sollen den Körper (wieder) unempfindlich machen.

Damit bei Kindern erst gar keine Allergie entsteht, sollten Eltern und Assistenzkräfte Folgendes beachten:

- nicht rauchen,
- mindestens vier bis sechs Monate ausschließlich stillen oder beim Allergierisiko-Kind HA-Säuglingsnahrung verwenden (s. S. 49),
- Schadstoffe und Schimmel aus der Wohnung entfernen,
- mit der Beikost (Babybrei) Lebensmittel Schritt für Schritt einführen (s. S. 50).

Forum

Kinder, die in ländlichen Gebieten aufwachsen oder Geschwister haben, erkranken deutlich seltener an Allergien. Das könnte daran liegen, dass diese Kinder in den ersten Lebensjahren mehr Kontakt mit Bakterien und anderen Krankheitserregern haben. Dieses „Training" könnte das Immunsystem davon abhalten, auf harmlose Umweltstoffe zu reagieren. Im Privathaushalt gesunder Bewohner sollte die Betreuungskraft deshalb auf übertriebene Hygienemaßnahmen wie die Anwendung von Desinfektionsmitteln verzichten.

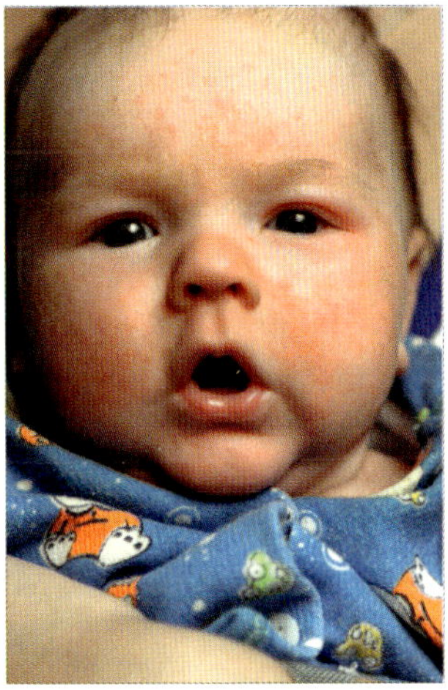

Kind mit allergischer Reaktion

Aufgaben

1. Erklären Sie das Balkendiagramm. Stellen Sie Vermutungen an, wie es zu den Unterschieden kommt.
2. Recherchieren Sie, wie die sogenannte Sensibilisierung vor sich geht.
3. Versetzen Sie sich in die Betroffenen hinein: Worunter leiden sie körperlich, seelisch und im Zusammenleben mit anderen, wenn sie
   a) eine Lebensmittelunverträglichkeit,
   b) Asthma oder
   c) Neurodermitis haben?
4. Was müssen Sie als Pflege- oder Assistenzkraft im Hinblick auf die Bedürfnisse von allergiekranken Kindern beachten?
5. Welche Grundsätze bei der Lebensmittelauswahl und -zubereitung beachten Sie, wenn Sie Lebensmittelallergiker versorgen (Außer-Haus-Verpflegung, Fertiggerichte)?
6. Neurodermitiker leiden unter starkem Juckreiz, der durch Kratzen noch verschlimmert wird. Die Haut kann sich dann zusätzlich entzünden. Befragen Sie Fachkräfte, was sie bei juckenden Hautekzemen (Hautausschlag) insbesondere für Kinder empfehlen.
7. Planen und gestalten Sie eine Geburtstagsfeier zum 7. Geburtstag. Unter den Gästen wird die 6-jährige Alina sein, die unter einer Hühnereiweißallergie leidet.
8. Definieren Sie die Begriffe „Allergie" und „Unverträglichkeit" und stellen Sie die Unterschiede dar.

HELP – für Menschen mit Behinderungen

Als Praktikantin erhalten Sie die Gelegenheit, mit einer Gruppe erwachsener Menschen mit Behinderungen in Urlaub zu fahren. Die Fahrt wird von der Werkstatt für Menschen mit Behinderung, in der sie arbeiten, organisiert und sehr gerne in Anspruch genommen. Es geht in ein Feriendorf am Meer, in dem alle in einem großen Ferienhaus wohnen und sich selbst versorgen werden. Zur Gruppe gehören zwei junge Frauen (Anfang zwanzig), die auf den Rollstuhl angewiesen sind, zwei Frauen mit Trisomie 21 (Down-Syndrom) (Mitte dreißig) und zwei Männer mit leichter geistiger Behinderung (Anfang fünfzig). Außer Ihnen werden zwei Heilerziehungspfleger und eine Mitarbeiterin der Werkstatt die Gruppe begleiten. Im Vorfeld nehmen Sie an einer Besprechung zur Planung der Urlaubsreise teil. Viele Fragen beschäftigen Sie:

1. Wie können Sie Zugang zu diesen Menschen finden?
2. Welche Tätigkeiten können Sie übernehmen?
3. Wie werden die Urlaubstage gestaltet?
4. Welche Unterstützung und Hilfe benötigen die Menschen?
5. Wie wird sich das Zusammenleben und der Alltag gestalten?
6. Wie können die Betreuer die Teilnehmenden dabei einbeziehen?
7. Wie werden andere Touristen auf diese Gruppe reagieren?

16 Energie

Wer im Alltag von Energie spricht, meint meist elektrische Energie oder Verbrennungsenergie aus Kraftstoffen für Fahrzeuge. Sie liefern den Haushalten Energie für Wärme und verschiedene Arbeiten, zum Beispiel das Waschen in der Maschine. Auch der menschliche Körper benötigt Energie für **Wärme und Arbeit**: Die Körpertemperatur von 37 °C bleibt bei verschiedenen Umgebungstemperaturen konstant; Arbeit kann mit Muskeleinsatz einhergehen, aber auch geistige Tätigkeit oder einfach die Organfunktionen umfassen.

Einheiten für Energie

1000 J (Joule) = 1 kJ (Kilo-)Joule
1000 cal (Kalorien) = 1 kcal (Kilo-)Kalorien
1 kcal = 4,2 kJ
1 kJ = 0,24 kcal

Das Joule ist die wissenschaftliche Standard-**Einheit** für Energie. Im Arbeitsalltag sprechen Ärzte und Ernährungsfachkräfte jedoch häufig von „Kalorien" (und meinen Kilokalorien!).

Energie entsteht in den Zellen bei der **Verbrennung von Nährstoffen** mithilfe von Sauerstoff. Jede Zelle kann Kohlenhydrate, Fette und Eiweiße zu Kohlendioxid (und anderen Stoffen) abbauen und daraus Energie gewinnen. Ballaststoffe, Wasser, Vitamine und Mineralstoffe enthalten keine Energie.

Energie liefernde Nährstoffe

Kohlenhydrate ≙ 17 kJ pro g
Eiweiß ≙ 17 kJ pro g
Fett ≙ 37 kJ pro g
Alkohol ≙ 29 kJ pro g

16.1 Gesamtenergiebedarf: Wer braucht wie viel?

Menschen sind in ihrem Körperbau und in ihren Lebensgewohnheiten so unterschiedlich, dass sich ihr durchschnittlicher Energiebedarf pro Tag nur ungefähr berechnen lässt, und zwar in zwei Schritten. Der sogenannte **Gesamtenergiebedarf** setzt sich zusammen aus dem Grundumsatz und dem Leistungsumsatz.

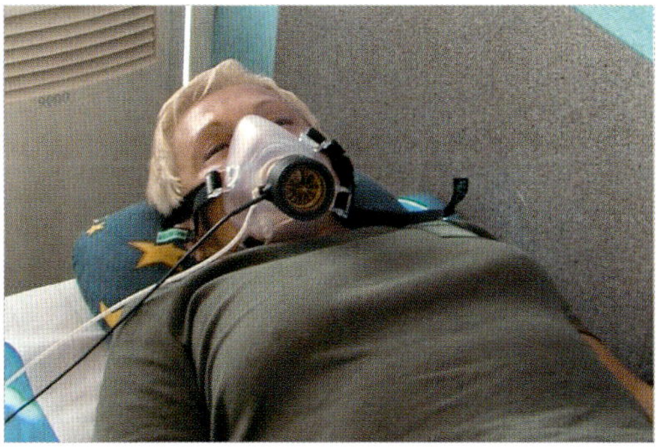

Grundumsatzmessung durch die Untersuchung der Atemluft

Er hängt in erster Linie von der **Muskelmasse** eines Menschen ab. Muskeln haben einen intensiveren Stoffwechsel als Fettgewebe. Deshalb haben Männer aufgrund ihres größeren Muskelanteils einen höheren Grundumsatz als Frauen. Körpergröße und -gewicht lassen den Grundumsatz ebenfalls ansteigen. Da die Muskelmasse meist im Alter abnimmt, sinkt bei Senioren auch der Grundumsatz. Daneben spielen Hormone, Stress, Krankheiten und seelische Einflüsse eine Rolle.

Der Grundumsatz lässt sich im Labor durch eine Untersuchung der Atemluft messen.

! Der **Grundumsatz** (GU) ist diejenige Energiemenge, die der Körper braucht

- bei völliger Ruhe (im Liegen),
- bei 20 °C Raumtemperatur (leicht bekleidet),
- zwölf Stunden nach der letzten Mahlzeit (nüchtern).

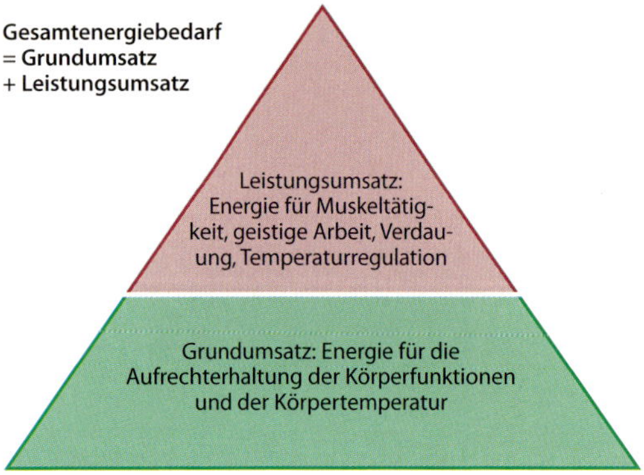

Folgende Faustregel ergibt einen Schätzwert für den Grundumsatz in Kilojoule pro Tag.

GU = 4,2 kJ/kg/h x 24 h x kg Körpergewicht

Bei einer Person mit 70 kg Körpergewicht entspricht das 4,2 x 24 x 70 = 7056 kJ.

Der **Leistungsumsatz** gibt an, wie viel Energie ein Mensch über den Grundumsatz hinaus benötigt. Das ist die Energiemenge für

- Bewegung,
- geistige Tätigkeit,
- die Regulierung der Körpertemperatur bei Wärme und Kälte,
- Verdauung.

Bedingt durch die körperlich meist leichte Arbeit ist der Leistungsumsatz in der Regel kleiner als der Grundumsatz. Der Leistungsumsatz lässt sich messen oder über ein **Aktivitätsprotokoll** berechnen.

Den genauen Gesamtenergiebedarf zu kennen, kann bei bestimmten Diäten oder für Sportler wichtig sein. Mithilfe einer Nährwertberechnung lassen sich dann Energieverbrauch und -zufuhr durch Lebensmittel angleichen.

Gesamtenergiebedarf = GU x PAL

Der Grad der körperlichen Aktivität, der **Physical Activity Level (PAL),** ist durch die Berufsgruppe festgelegt.

Aktivität	PAL	Gruppe
ausschließlich sitzende oder liegende Lebensweise	1,2	Bettlägerige
ausschließlich sitzende Tätigkeit mit wenig anstrengender Freizeitaktivität	1,4 – 1,5	Büroangestellte, Feinmechaniker
sitzende Tätigkeit, zeitweise gehende und stehende Tätigkeit	1,6 – 1,7	Laboranten, Kraftfahrer, Studierende
überwiegend gehende und stehende Arbeit	1,8 – 1,9	Hausfrau, Verkäufer, Mechaniker, Handwerker
körperlich anstrengende berufliche Arbeit oder sehr aktive Freizeittätigkeit	2,0 – 2,4	Bauarbeiter, Landwirt, Leistungssportlerin

Physical Activity Level für Erwachsene

Beispiel:
Eine 40-jährige Verkäuferin mit 60 kg Körpergewicht hat einen Gesamtenergiebedarf von
GU = 4,2 x 24 x 60 ≙ 6048 kJ (1440 kcal)
PAL = 1,4 *
6048 kJ x 1,4 = 8467 kJ ≙ 2016 kcal

* 8 Std. Tätigkeit 1,8 + 8 Std. mittlerer Wert 1,6 + 8 Std. Schlaf 0,95 ergibt einen PAL von 1,4.

Körperliche Aktivität	kJ pro Minute
sehr leicht	
schlafen, liegen, sitzen, fahren	4,2 – 4,6
stehen, bügeln	4,6 – 6,3
leicht	
laufen (5 km/h), einkaufen	10,0 – 20,9
Tischtennis, Golf	10,0 – 12,5
mäßig	
laufen (6 km/h), tanzen, Rad fahren, Tennis, reinigen	20,9 – 31,4
schwer	
bepackt bergauf laufen, graben	31,4 – 41,8
sehr schwer	
rennen, klettern	41,8 – 52,3

Energieverbrauch bei körperlicher Aktivität

16.2 Energiebedarfsdeckung

Der menschliche Körper kann aus allen Hauptnährstoffen Energie gewinnen. Den üblichen Verzehrgewohnheiten und einer gesundheitsförderlichen Ernährungsweise entspricht jedoch die von der DGE empfohlene Aufteilung. Demnach sollten mindestens 50 Prozent des Gesamtenergiebedarfs aus Kohlenhydraten, höchstens 30 Prozent aus Fett und höchstens 15 Prozent aus Eiweiß stammen. Die Bewohner der westlichen Industrieländer essen im Durchschnitt vor allem zu fettreich.

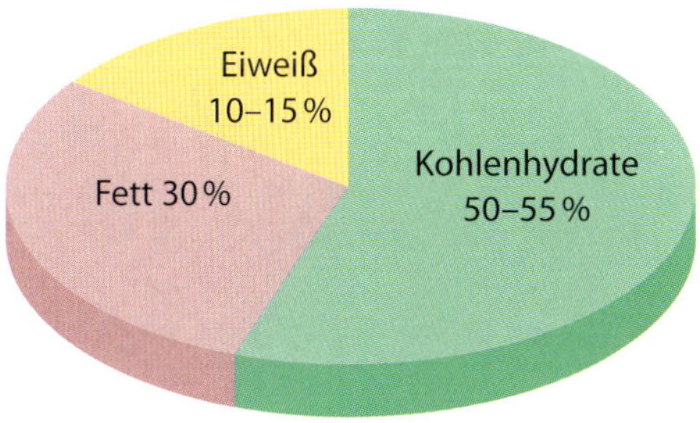

Energiebedarfsdeckung durch die Hauptnährstoffe

Fett enthält pro Gramm mehr als doppelt so viel Energie wie Kohlenhydrate oder Eiweiß. Fettreiche Lebensmittel sind also die **Hauptenergielieferanten**. Dazu gehören nicht nur die Fette und Öle an der Spitze der Pyramide (s. S. 39), sondern auch die fettreichen Lebensmittel aus der Gruppe Süßigkeiten und Snacks. Bei den tierischen Lebensmitteln bringen Käse, Sahne, Wurst und Fleischwaren ebenfalls viel Energie „auf die Waage".

Energiearm sind fast alle wasserreichen Lebensmittel wie Obst und Gemüse sowie zuckerfreie Getränke (s. Kap. 19). Vorteilhaft ist es auch, Energie aus kohlenhydratreichen Lebensmitteln wie Getreideprodukten und Kartoffeln aufzunehmen. Insbesondere als Vollkornprodukte und in fettarmen Zubereitungen sättigen sie gut und versorgen den Körper über längere Zeit mit Energie (vgl. Kap. 7).

Üblich und empfehlenswert ist die Verteilung der Energiezufuhr auf drei Haupt- und zwei Zwischenmahlzeiten.

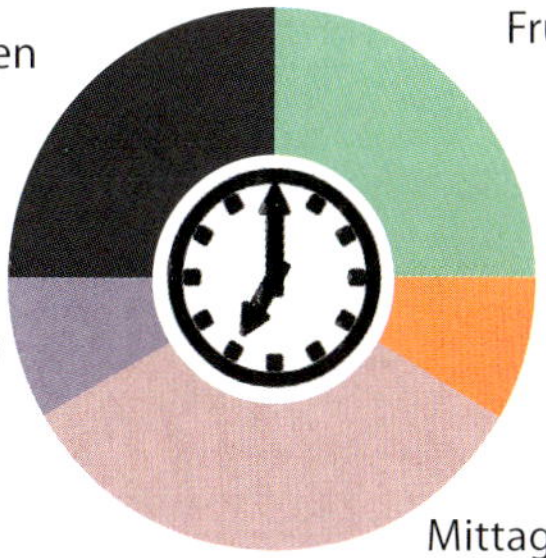

Verteilung der Energiezufuhr auf fünf Mahlzeiten

Energiespeicher im Körper

Nach größeren Mahlzeiten speichert der Körper Energie zunächst in Form von Kohlenhydraten. Glykogen ist ein Vielfachzucker aus vielen hundert Traubenzuckerbausteinen und versorgt den Körper zwischen den Mahlzeiten kurzfristig mit Energie. In längeren Hunger- oder Fastenperioden baut der Körper auch Muskeleiweiß ab, um Energie zu gewinnen. Hauptenergielieferant sind jedoch dann die Fettdepots zwischen den Organen und unter der Haut. Normalgewichtige Männer besitzen etwa 15 Kilogramm Fettgewebe, Frauen ungefähr 20 Kilogramm.

16.3 Dick oder dünn? Probleme mit der Energiebilanz

Der Begriff **Energiebilanz** beschreibt das Verhältnis zwischen Energiezufuhr und Energieverbrauch. Die Energiebilanz ist positiv, wenn der Körper mehr Energie aufnimmt, als er verbraucht. Er speichert diese Energie dann im Fettgewebe, es erfolgt eine Gewichtszunahme. Mögliche Ursachen für eine **positive Energiebilanz** sind Überernährung, Bewegungsmangel oder ein abnehmender Energiebedarf zum Beispiel im Alter. Eine **negative Energiebilanz** ergibt sich, wenn der Körper mehr Energie verbraucht, als er zugeführt bekommt. Das Körpergewicht nimmt ab. Ursachen hierfür können Mangelernährung, Essstörungen oder andere Krankheiten sein. Ob jemand im Verhältnis zu seiner Körpergröße normal-, unter- oder übergewichtig ist, beurteilen Wissenschaftler heutzutage meist mit dem Body-Mass-Index (Körpermassenindex).

$$BMI = \frac{\text{Körpergewicht in kg}}{(\text{Körpergröße in m})^2}$$

BMI	Beurteilung bei Erwachsenen
< 18	Untergewicht
18 – 25	Normalgewicht
26 – 30	Übergewicht
> 30	Adipositas (Fettsucht)

Beispiel: Ein 50-jähriger Mann mit einem Körpergewicht von 80 kg und einer Körpergröße von 1,82 m hat einen

$$BMI = \frac{80}{(1{,}82)^2} = \frac{80}{3{,}3124} = 24{,}15$$

Da der BMI ausschließlich auf Körpergröße und -gewicht beruht, beurteilt er Personen mit sehr hoher Muskelmasse zu Unrecht als übergewichtig, z. B. Kraftsportler.

Behinderungen wie Trisomie 21 (Down-Syndrom) können mit Übergewicht einhergehen. Menschen mit Behinderungen sind unter Umständen auf eine feinfühlige Begleitung bei der Kontrolle ihres Essverhaltens angewiesen.

16.4 Reduktionskost – Abnehmen mit Erfolg

Menschen nehmen zu, wenn die **Energiebilanz** positiv ist, das heißt, wenn sie mehr Kalorien verzehren, als sie durch Bewegung verbrauchen. Wer abnehmen will, muss also weniger essen und sich mehr bewegen. Eine FdH-Diät („Friss die Hälfte") ist nicht unbedingt gesund und Erfolg versprechend. Selbst wenn die Willenskraft stärker ist als der Appetit, so leidet doch oft die Vitamin- und Mineralstoffversorgung des Körpers. Denn der Bedarf an diesen Mikronährstoffen bleibt gleich.

Besser ist es also, energiereiche Lebensmittel durch energiearme zu ersetzen. In jeder Lebensmittelgruppe der Ernährungspyramide (s. S. 39) gibt es **fett- oder zuckerärmere Alternativen**.

Als besonders vorteilhaft erweisen sich pflanzliche Lebensmittel mit einem hohen **Ballaststoffgehalt**, da die unverdaulichen Fasern im Magen-Darm-Trakt aufquellen und daher gut sättigen. Vollkornprodukte, Obst und Gemüse sowie insbesondere Hülsenfrüchte (Erbsen, Bohnen, Linsen) schmecken auch ohne viel Fett und Zucker und halten lange satt.

	Untergewicht	Übergewicht
Ursachen	■ Unterernährung durch Hunger in Entwicklungsländern ■ Essstörungen ■ Demenz und zehrende Krankheiten	■ Überernährung ■ Bewegungsmangel ■ Essstörung ■ andere Krankheiten/Medikamente
Folgen	■ Vitamin- und Mineralstoffmangel ■ Kreislaufschwäche ■ Ausbleiben der Menstruation bei Frauen/Unfruchtbarkeit ■ Leistungsabfall ■ bei Kindern Entwicklungsverzögerung ■ Hungerödeme	■ Überbelastung und Verformung von Knochen und Gelenken ■ höhere Anfälligkeit für Atemwegserkrankungen ■ Herz-Kreislauf-Erkrankungen ■ Stoffwechselerkrankungen wie Bluthochdruck, Diabetes mellitus, Fettstoffwechselstörungen und Gicht ■ seelische Störungen
Behandlung	■ Gewichtszunahme durch energiereiche Diät, hochkalorische Flüssignahrung ■ Appetit steigern durch Sport, frische Luft, lecker angerichtete Speisen	■ Reduktionsdiät und Ernährungsumstellung ■ Muskelaufbau und Ausdauersport
Vorbeugung	■ Ursachen behandeln/vermeiden	■ bewusste Wahrnehmung von Hunger und Sättigung ■ Ernährungs- und Bewegungserziehung

Übergewichtige wissen häufig nicht, wie es zu ihrer Gewichtszunahme gekommen ist. Sie müssen sich deshalb bewusst machen, was sie über den Tag hinweg essen. **Ernährungsprotokolle** und eine einfühlsame Beratung können zu einem **besseren Ernährungsverhalten** führen, das zu den Vorlieben des Einzelnen passt und das er **auf Dauer** beibehalten kann. Denn eins ist klar: Kurzfristige Gewaltdiäten sind keine Lösung. Nach den ersten Abnehmerfolgen fällt der Patient meist zurück in alte Gewohnheiten und nimmt wieder zu, oft über das Ausgangsgewicht hinaus. Dieser sogenannte **Jo-Jo-Effekt** erklärt sich dadurch, dass der Grundumsatz und damit der Energiebedarf während der Diät sinkt.

Die **energiereduzierte Mischkost** geht deshalb von einer mindestens um 2000 kJ (ca. 500 kcal) verminderten Energieaufnahme aus, höchstens jedoch 5000 kJ (ca. 1200 kcal).

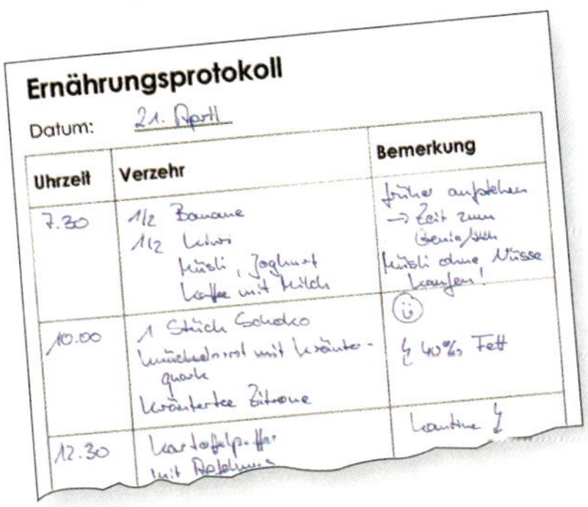

So geht's – 13 Tipps zum Abnehmen

1. bewusst essen, Ernährungsprotokoll schreiben
2. mehr frisches Obst und Gemüse verzehren, möglichst roh (viel auf dem Teller, wenig Kalorien)
3. reichlich energiefreie und -arme Getränke (s. S. 123) wählen
4. Vollkornprodukte bevorzugen (Ballaststoffe sättigen lange, s. S. 56)
5. „versteckte" Fette vermeiden (Süßigkeiten, Chips, bestimmte Wurst-, Käsesorten, Nüsse, Milchprodukte …)
6. fettarme Garmethoden auswählen: Dämpfen, Dünsten, Grillen, Mikrowelle
7. langsam essen, gründlich kauen, Speisen ohne Ablenkung genießen
8. regelmäßig essen
9. auf alkoholische Getränke verzichten
10. Alltagstätigkeiten mit Muskelkraft erledigen: Fahrrad statt Auto, Treppe statt Lift …
11. Sport ausüben, der Spaß macht
12. sich Verbündete suchen (Gruppen unterstützen und motivieren)
13. Verbote vermeiden, sie führen zu Misserfolgen

Aufgaben

1. Vergleichen Sie die Angaben für Energie in Ihrer Nährwerttabelle. Finden Sie für jede Lebensmittelgruppe besonders energiearme und -reiche Lebensmittel.
2. Berechnen Sie Ihren eigenen Gesamtenergiebedarf und Ihren BMI.
3. Berechnen Sie, wie lange Sie für eine Portion Pommes Rad fahren müssten.
4. Entwickeln Sie typische Fallbeispiele für Untergewicht und Übergewicht. Stellen Sie der Klasse Ihren Fall als Rollenspiel vor.
5. Krankenkassen bieten Programme zum Abnehmen häufig als Gruppenkurse an. Warum sind sie erfolgversprechender als gute Vorsätze Einzelner?
6. Recherchieren Sie den Begriff Lightprodukte. Eignen sie sich zum Abnehmen?
7. Veranschaulichen Sie den Jo-Jo-Effekt, indem Sie drei Energiebilanzen als Waage zeichnen: ▪ vor der Diät, ▪ während der Diät, ▪ nach der Diät (mit Jo-Jo-Effekt). Wie müssten die Energiewaagen aussehen, damit das Abnehmen gelingt?

17 Eiweißreiche Lebensmittel

Vor allem die Lebensmittel der gelben Ebene in der Ernährungspyramide liefern dem Körper Eiweiß: Milch, Fleisch, Fisch und Ei sowie die daraus hergestellten Produkte. Wissenschaftler sprechen von Proteinen (Eiweiße). Neben den tierischen erbringen jedoch auch pflanzliche Lebensmittel einen wichtigen Beitrag zur Eiweißversorgung, zum Beispiel die Gruppe der Getreide- und Kartoffelprodukte. Unter den Obst- und Gemüsesorten sind es vor allem die Hülsenfrüchte, die sehr viel hochwertiges Eiweiß enthalten.

Vor allem die **tierischen Eiweißträger** sind wertvolle Lebensmittel, die dem Körper neben Eiweiß auch wichtige Vitamine und Mineralstoffe liefern. So ist eine ausreichende Calcium-Versorgung ohne Milchprodukte kaum möglich. Fleisch enthält besonders viel gut verfügbares Eisen für die Blutbildung und Meeresfische bringen Jod für die Schilddrüse mit (s. S. 69 Mineralstofftabelle).

Je nach Zubereitung und verzehrter Menge sind die tierischen Eiweißlieferanten jedoch auch fett- und damit energiereich. Tierische Fette enthalten gesättigte Fettsäuren und Cholesterin. Sie werden in Deutschland übermäßig verzehrt und können Herz-Kreislauf-Erkrankungen (mit-)verursachen (s. S. 160). Auch aus gesundheitlichen Gründen lohnt es sich, bei den Eiweiß liefernden Lebensmitteln auf Abwechslung zu achten.

Eiweißhaltige Lebensmittel als Bestandteil einer Mahlzeit

17.1 Eiweiß als Baustoff

Die Grundstruktur der Eiweiße bilden Ketten von mehr als 1000 **Aminosäuren**. Dass es 20 verschiedene Aminosäuren mit ganz unterschiedlichen Eigenschaften gibt, erklärt die Vielfalt der Eiweiße in Pflanzen, Tieren und Menschen.

Dem menschlichen Körper dient Eiweiß in erster Linie als Baustoff. Ein Viertel bis ein Drittel des Körpergewichts besteht aus Eiweißen. Zu ihren **Aufgaben im Körper** gehören der Aufbau und die Funktionsfähigkeit der Muskulatur, sie bilden die Grundstruktur von Knochen und Bindegewebe, Haut, Haaren und Nägeln. Aber auch die komplizierten Vorgänge im Nervensystem sowie das Funktionieren von Enzymen und Hormonen sind ohne Eiweiße nicht denkbar.

Neun der zwanzig Aminosäuren bezeichnet man als **lebensnotwendig** (essenziell). Der Körper kann sie nicht selbst aufbauen und ist auf regelmäßige Zufuhr durch die Nahrung angewiesen. Bei einseitiger Ernährung kann die sogenannte begrenzende Aminosäure den Eiweißaufbau stoppen: Das Fass „Körpereiweiß" kann nur so weit gefüllt werden, wie das kürzeste Holz reicht (s. Abbildung). Die elf „entbehrlichen" Aminosäuren sind jedoch als Grundsubstanz des Körperaufbaus ebenfalls wichtig.

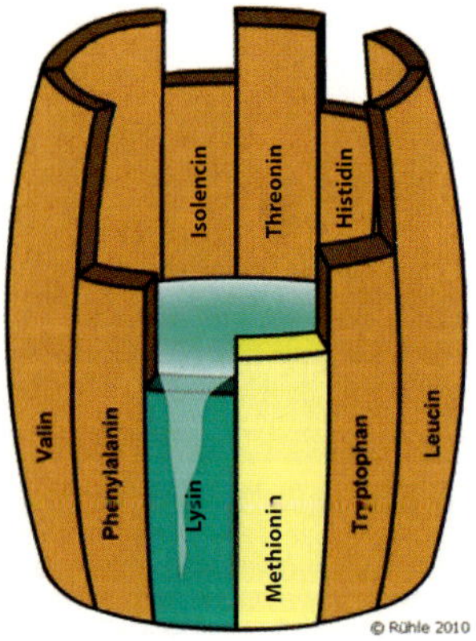

Liebig'sches Fassmodell: Beim Weizen ist Lysin die begrenzende Aminosäure für den Aufbau von Körpereiweiß.

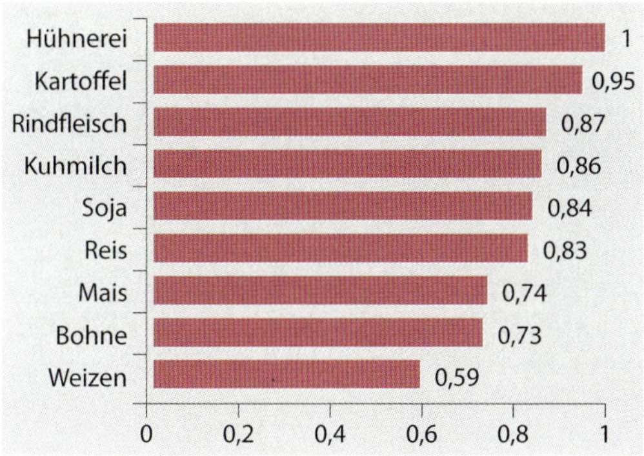

Biologische Wertigkeit von Nahrungseiweiß

Die **biologische Wertigkeit** von Nahrungseiweiß gibt an, wie viel Gramm Körpereiweiß daraus gebildet werden kann. Der Vergleich zeigt, dass tierisches Eiweiß in der Regel eine höhere biologische Wertigkeit besitzt als pflanzliches. Je ähnlicher das Nahrungseiweiß dem Körpereiweiß ist, desto höher ist die biologische Wertigkeit.

Beispiel
Die biologische Wertigkeit 0,86 von Kuhmilcheiweiß bedeutet, dass aus 1 g Milcheiweiß 0,86 g Körpereiweiß aufgebaut werden können. Ein Glas Milch (200 ml) liefert 8 g Eiweiß, aus dem bis zu 8 g x 0,86 = 6,88 g Körpereiweiß entstehen.

Lebensmittelkombinationen mit gutem Ergänzungswert	
Getreideprodukte +	Milch, Ei, Fleisch, Fisch, Hefe, Hülsenfrüchte
Kartoffeln +	Milch, Ei, Fleisch, Fisch
Hülsenfrüchte +	Milch, Ei, Fleisch, Getreideprodukte

Bei den in Deutschland üblichen Essgewohnheiten ist es selten, dass in einer Mahlzeit nur ein einziger Eiweißlieferant vorkommt. Im Käsebrot ergänzen sich zum Beispiel die pflanzlichen Eiweiße aus dem Getreide mit dem Milcheiweiß im Käse. Durch solche Kombinationen verschiedener Eiweißträger gleichen sich die begrenzenden Aminosäuren aus, sodass sich die biologische Wertigkeit verbessert: Man spricht vom **Ergänzungswert** der eiweißreichen Lebensmittel. Den besten Ergänzungswert ergibt die Kombination von Kartoffeln und Ei (z. B. Bauernfrühstück). Sie kommt für Menschen mit schweren Nierenerkrankungen sogar als Diät infrage, da sie nur sehr wenig (und deshalb hochwertiges) Eiweiß aufnehmen dürfen. Insgesamt gilt eine Deckung des Eiweißbedarfs zu zwei Dritteln durch pflanzliche und zu einem Drittel durch tierische Lebensmittel als empfehlenswert.

Der menschliche Körper erneuert seine Zellen regelmäßig. Ein rotes Blutkörperchen zum Beispiel hat eine Lebensdauer von 120 Tagen. Neben diesem Eiweiß für die **Erhaltung des Körpers** ist der Nährstoff zum Beispiel auch für das **Wachstum** von Haaren und Fingernägeln oder für die Wundheilung wichtig. Deshalb benötigen auch Erwachsene täglich Eiweiß: **0,8 Gramm pro Kilogramm Körpergewicht**; das sind für einen 70 Kilo schweren Mann 56 Gramm pro Tag.

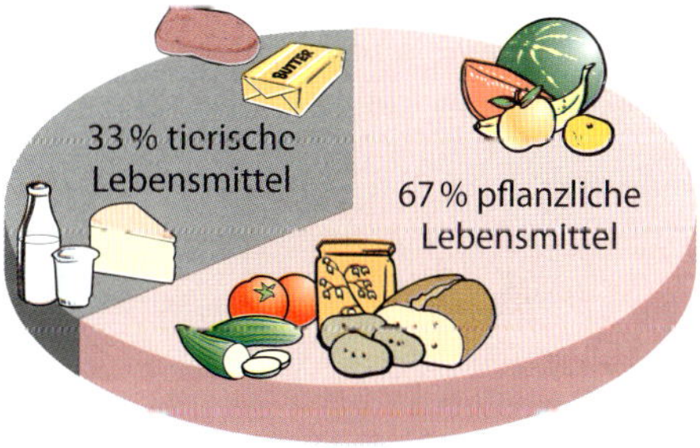

Empfohlene Eiweißbedarfsdeckung

Kinder brauchen zwar insgesamt weniger Eiweiß, aber im Verhältnis zu ihrem geringeren Körpergewicht mehr. Denn Kinder und Jugendliche im Längenwachstum bauen noch neue Körpersubstanz auf.

Empfohlene Eiweißzufuhr		
Alter	**g/kg KG/Tag**	**g/Tag**
Säuglinge	1,3 – 2,5	8 – 11
1 – 4 Jahre	1,0	14
Erwachsene	0,8	47 – 57

17.2 Wochenspeiseplan: Abwechslung bei den Eiweißträgern

Checkliste zur Gestaltung eines Wochenplans:

Noch vor wenigen Jahrzehnten gab es für jeden Wochentag typische Tätigkeiten und Gerichte. Am Samstag zum Beispiel stand ein Eintopf oder ein Gericht aus Resten auf dem Tisch und die Familie hat gebadet. Heutzutage duschen viele Menschen täglich und manche wechseln beim Essen nur noch zwischen Nudeln, Burger und Tiefkühlpizza ab. Aus gesundheitlicher Sicht, aber auch für das seelische Wohlbefinden ergibt es Sinn, bestimmte Traditionen einzuhalten.
Die Lebensmittelauswahl folgt einfachen Regeln und ist meist abwechslungsreicher. **Vielfalt** ist vor allem bei den eiweißreichen Mahlzeitenbestandteilen, aber auch bei den sogenannten Sättigungsbeilagen (Kohlenhydratlieferanten) und der Obst- oder Gemüsekomponente gesundheitsförderlich.

Daneben können Menschen die **Esskultur** und besondere Festtage so mit allen Sinnen erfahren. Eine wiederkehrende Tages- und Wochenstruktur erhöht das Gefühl von Sicherheit, aber auch die Vorfreude auf das Besondere. Kinder, Menschen mit Behinderungen und ältere Menschen profitieren sehr davon.

In Deutschland ist es üblich, die warme Mahlzeit mittags einzunehmen und zum Frühstück und Abendessen Brot zu essen. Abends warm zu essen, kann jedoch praktischer und genauso gut sein. Der **Wochenspeiseplan** konzentriert sich auf die warme Mahlzeit. Wie beim Tageskostplan (s. S. 44) ist der Teller in drei Teile eingeteilt. Die **Sättigungsbeilage** liefert dem Körper Energie in Form von Kohlenhydraten und bildet damit das größte Tellersegment. Hier wechseln sich Kartoffeln, Reis und Nudeln ab, es kann aber je nach Gericht auch einmal Brot oder andere Getreideprodukte wie Bulgur, Hirse oder Couscous geben. Besonders vorteilhaft sind fettarme Zubereitungen, z. B. Salzkartoffeln und Vollkornprodukte wie Naturreis. **Obst oder Gemüse** gehört ebenfalls zu jeder Mahlzeit. Neben den vielfältigen Sorten bringen hier Variationen der Zubereitung Abwechslung: roh, als Salat, gedünstet, im Eintopf oder überbacken – lecker zubereitet essen die meisten Menschen Gemüse gern.

Die **Eiweiß liefernden Lebensmittel** unterscheiden sich in ihrem Nährstoffgehalt so stark, dass hier besonders auf Abwechslung zu achten ist.

Der Wochenspeiseplan (warme Mahlzeit)

Die Angabe der Häufigkeit pro Woche ist zwar nur ein Anhaltspunkt, kommt jedoch den Verzehrgewohnheiten entgegen und unterstützt die gesunde Vielfalt. In der vollwertigen Mischkost gibt es dreimal pro Woche Fleisch. Am Wochenende gibt es traditionell ein Stück Braten, ein gebratenes Schnitzel oder eine Roulade. Auch Geflügel als meist fettarmes Fleisch sollte einmal in der Woche seinen Platz finden. Hackfleisch ist in vielen Küchen eine kostengünstige, aber auch

Pro und Kontra

„Tierische Produkte gehören dazu, weil ..."

- sie hochwertiges Eiweiß enthalten,
- sie gut sättigen,
- sie wichtige Vitamine und Mineralstoffe enthalten (Calcium in Milchprodukten, Eisen in Fleisch), **für Kleinkinder ist vegane Ernährung ungeeignet!**
- es sonst sehr schwierig ist, den Vitamin-B_{12} *(Cobalamin)*-Bedarf zu decken (Es kommt ausschließlich in tierischen Lebensmitteln vor),
- sie gut schmecken und zu Abwechslung und Vielfalt beitragen.

„Vegetarismus ist besser, weil ..."

- pflanzliche Lebensmittel in Kombination ebenfalls eine hohe biologische Wertigkeit haben,
- pflanzliche Lebensmittel wie Vollkornprodukte und Hülsenfrüchte alle Nährstoffe liefern können,
- Tiere über die Nahrungskette Schadstoffe anreichern,
- tierische Lebensmittel viel Fett und Cholesterin enthalten, was zu Übergewicht und Herz-Kreislauf-Erkrankungen führen kann,
- Fleisch(-waren) Purine enthalten, die im Übermaß zu Gicht führen,
- die Tiere nicht artgerecht, sondern in Massentierhaltung leben,
- die Futtermittel-Produktion zur Ausbeutung der Entwicklungsländer beiträgt,
- pflanzliche Lebensmittel viel weniger Anbaufläche und Energie verbrauchen als tierische,
- Rinderwahnsinn, Vogelgrippe und Salmonellen ekelerregend und nicht komplett beherrschbar sind,
- Tierproduktion die Umwelt belastet (z. B. Gülle, Klimagase).

vielfältig einsetzbare Alternative. Fisch gibt es in christlich geprägten Gesellschaften meist am Freitag. Samstags, oft auch am Anfang der Woche, kocht man typischerweise ein Gericht aus Resten, z. B. Pfannengerichte wie Risotto. Als Eintopf bietet sich zum Beispiel ein Gericht mit Hülsenfrüchten an. Erbsen, Bohnen und Linsen gehören bei der Wochenspeiseplanung (ausnahmsweise!) in die Eiweiß liefernde Lebensmittelgruppe. Milchprodukte und Eierspeisen werden gern süß gegessen, etwa als Milchreis mit Kirschen. Mit Käse überbackene Speisen bieten ebenfalls eine pikante Alternative zu Fleischgerichten.

Über ein Drittel der Getreideernte der Welt wird als Futter eingesetzt, um Fleisch und Fleischwaren sowie Milch und Eier zu produzieren. Pflanzliche Lebensmittel können direkt verzehrt mehr Menschen mit Energie und Nährstoffen versorgen, als nach der „Veredelung" zu tierischen Produkten.

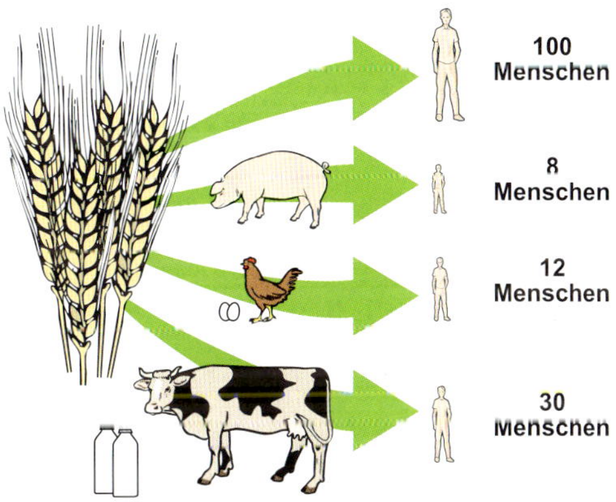

Ovo-lacto-Vegetarier verzichten auf Fleisch und Fisch in jeder Form, verzehren aber Lebensmittel vom lebenden Tier wie Eier und Milchprodukte sowie pflanzliche Lebensmittel.

Lakto-Vegetarier vermeiden zusätzlich Eier.

Veganer essen ausschließlich pflanzliche Lebensmittel wie Getreideprodukte, Hülsenfrüchte und Nüsse, Obst und Gemüse in roher und gegarter Form.

17.3 Essen mit allen Sinnen

„Über Geschmack lässt sich streiten", heißt es. Dass Essen schmecken soll, steht natürlich außer Frage. Eine genussvolle Mahlzeit bietet jedoch auch für die anderen Sinne Anregungen. Neben der Zunge ist auch die Nase für die Wahrnehmung des vollen Aromas verantwortlich.

Ein Geschmackstest mit zugehaltener Nase zeigt nicht nur Kindern, wie schwierig das Erkennen von Lebensmitteln mit dem Mund allein ist. Auf das Ohr nehmen die meisten Köche zwar keine Rücksicht, aber Chips und Cornflakes, die nicht knuspern …? Der Tastsinn spielt ebenfalls eine wichtige Rolle: das Mundgefühl von zart schmelzender Schokolade, ein saftiges Knackwürstchen, ein cremiger Nachtisch … und schließlich „isst auch das Auge mit".

Für andere ein leckeres Essen zuzubereiten, will gut geplant sein. Denn Abwechslung und Vielfalt auf dem Teller sieht nicht nur besser aus:

- Speisenkomponenten mit unterschiedlicher Farbe kombinieren (weißer Reis mit Blumenkohl und gedünstetem Fischfilet wäre ein Negativbeispiel),
- Form und Beschaffenheit abwechseln: zu Kartoffelbrei mit weich gekochtem Kohlrabi nicht auch noch Hackfleisch anbieten,
- Aromenvielfalt: keine Spargelsuppe vor dem Hauptgericht mit Spargel, keine Hühnerbrühe vor dem Frikassee im Reisrand,
- mit Liebe garnieren: etwas Petersilie auf dem (sauberen!) Tellerrand, ein paar Tomatenspalten, eine Zitronenscheibe zum Fisch,
- passendes und sauberes (ggf. vorgewärmtes) Anrichtegeschirr und Vorlagebesteck auswählen.

Aufgaben

1. Schauen Sie in der Nährwerttabelle den Fettgehalt von Eiweißlieferanten nach: Notieren Sie für jede Gruppe fettarme und -reiche Lebensmittel.
2. Sammeln Sie typische Gerichte mit einem guten Eiweißergänzungswert.
3. Tauschen Sie sich untereinander aus: Welche Esskultur gibt es bei Ihnen zu Hause?
4. Befragen Sie Ihre Großeltern oder Bewohner Ihrer Praktikumseinrichtungen: Welche typischen Wochenspeisepläne gab es in deren Herkunftsfamilien? Wie unterschieden sie sich in den Jahreszeiten?
5. Welche Gründe sprechen dafür und welche dagegen, Obst und Gemüse der Saison und aus der Region zu bevorzugen?
6. Suchen Sie Rezepte für bestimmte Festtagsspeisen in der christlichen oder in anderen Traditionen heraus: Ostergebäcke, Martinsgans, Maamoul und Mansaf zum Zuckerfest …
7. Stellen Sie je ein appetitliches Drei-Gänge-Menü für jede Jahreszeit zusammen.

Saisonkalender

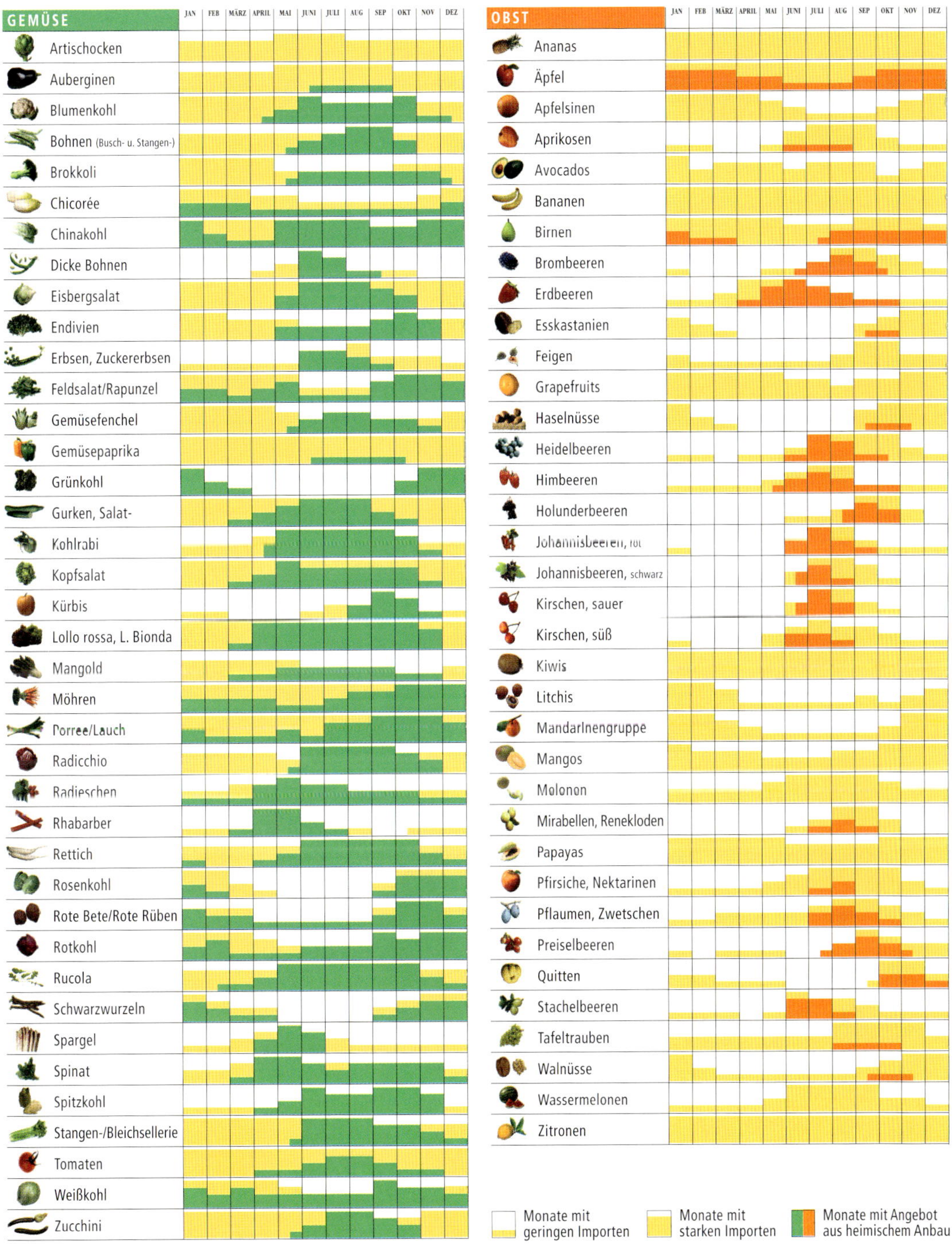

18 Lebensmittel einkaufen, lagern und zubereiten

Lebensmittel bringen von ihrer Produktion bis zur fertigen Speise einen langen Weg hinter sich. Selbst wenn man die Produktion und Ernte in der Landwirtschaft außer Acht lässt, sind eine Fülle von Entscheidungen und Möglichkeiten mit dem Einkauf, der Lagerung und der Zubereitung von Lebensmitteln verbunden. Denn schließlich haben Menschen höchst individuelle Vorlieben, welche Produkte sie wie zubereitet, wann und wo mögen.

18.1 Clever einkaufen

Manche Werbung lässt heute vermuten, dass geschickt einzukaufen heißt: möglichst viel Ware für möglichst wenig Geld. Sparsamkeit ist ein wichtiger Faktor, aber entscheidend ist vielmehr die **Qualität.** Wie bei allen Waren muss die Lebensmittelqualität in einem vernünftigen Verhältnis zum Preis stehen. Schließlich übt der Verbraucher mit seinem Einkauf auch Einfluss auf das Angebot aus (s. S. 99).

Lebensmittelqualität lässt sich durch fünf wichtige Teilaspekte erfassen:

- gesetzlich vorgeschriebene Qualität (z. B. gesundheitliche Unbedenklichkeit, Schutz vor Täuschung),
- gesundheitlicher Wert (Nährstoff- und Energiegehalt, Allergene, Schadstoffe etc.),
- Genusswert (Aussehen, Farbe, Geruch, Geschmack, Beschaffenheit),
- Eignungswert (küchentechnische Eigenschaften, Lagerfähigkeit …),
- ideeller Wert (religiöse, ethische und politische Aspekte, Nachhaltigkeit, Mode/Kultur …).

Bei verpackten Lebensmitteln geben die aufgedruckten Informationen Hinweise auf die Lebensmittelqualität. Dazu ist es interessant, welche dieser Angaben glaubwürdig sind. Für Verpackungen gibt es Kennzeichnungselemente, die vorgeschrieben sind. Auf lose angebotenen Waren gibt es weniger Pflichtangaben.

Zutatenverzeichnis: nennt in absteigender Reihenfolge der zugefügten Menge alle Zutaten außer Wasser; manche nur als zusammengesetzten Bestandteil, z. B. „Fruchtzubereitung"; besonders typische oder beworbene Zutaten mit Prozentangabe, **Allergene** optisch hervorgehoben

Mindesthaltbarkeitsdatum (MHD): gibt an, bis wann die typischen und wertgebenden Eigenschaften des Produkts erhalten bleiben, aber nur in ungeöffneter Verpackung und unter den angegebenen Lagerbedingungen, z. B. „gekühlt". Ein Verbrauchsdatum ersetzt das MHD bei leicht verderblichen Lebensmitteln wie Frischfleisch; nach dem Verbrauchsdatum das Produkt nicht mehr verwenden.

Füllmenge: Wie viel Ware enthält die Verpackung?

Hersteller, Verpacker oder Verkäufer mit Adresse: wichtig z. B. für Beschwerden, wenn der Händler nicht weiterhilft

Bezeichnung: Was ist drin? Fantasienamen sind z. B. genauer zu erklären

Preis: auf oder neben dem Produkt, zusätzlich als Preis pro Kilogramm, pro Liter usw., damit verschiedene Verpackungsgrößen vergleichbar sind

Losnummer/Chargennummer: kann bei Rückrufaktionen durch den Hersteller wichtig sein

Kennzeichnungspflichtige Elemente auf einer Verpackung

Allergene müssen in der Zutatenliste optisch hervorgehoben oder ausdrücklich benannt werden. Die allergenen Vierzehn sind: Glutenhaltiges Getreide wie Weizen, Dinkel, Roggen, Gerste, Hafer, Krebstiere, Eier, Fisch, Erdnüsse, Soja, Milch und Lactose, Schalenfrüchte wie Mandeln, Nüsse und Pistazien, Sellerie, Senf, Sesam, Schwefeldioxid und Sulfite, Süßlupinen und Weichtiere.

Nährwertangaben zum Ballaststoffgehalt oder zu Vitaminen und Mineralstoffen sind freiwillig. Vorgeschrieben ist die Kennzeichnung der „Big 7": Energie (Brennwert), Fett, davon gesättigte Fettsäuren, Kohlenhydrate, davon Zucker, Eiweiß und Salz.

Ernährungs-Navigation

Nährwerte	ø/100 g	ø/2 Kekse ca. 40 g	%GDA
Brennwert	2284 kJ/547 kcal	914 kJ/219 kcal	11 %
Eiweiß	4,9 g	2,0 g	4 %
Kohlenhydrate	62,0 g	24,8 g	9 %
davon Zucker	24,0 g	9,6 g	11 %
Fett	31,0 g	12,4 g	18 %
davon gesättigte Fettsäuren	21,0 g	8,4 g	42 %
Ballaststoffe	0,9 g	0,4 g	2 %
Natrium	0,07 g	0,03 g	1 %
GDA = Richtwerte der empfohlenen Tagesmenge			

Allergen-Info: Kann Spuren von Nüssen enthalten.

Nährwertangabe eines Lebensmittels

Gesundheitsbezogene Angaben, sogenannte Health Claims, sollten immer kritisch hinterfragt werden. Teilweise ist der gesundheitsfördernde Effekt nicht bewiesen oder den höheren Preis nicht wert. Krankheitsbezogene Werbeaussagen sind verboten.

Zusatzstoffe: die Zutaten mit dem großen E

Zusatzstoffe verbessern bestimmte Eigenschaften von Lebensmitteln: die Haltbarkeit, den Geschmack, das Aussehen und die technische Handhabung in der Industrie oder die Aufbereitung zu Hause. Das Gesetz erlaubt nur solche Zusatzstoffe, die

- unbedenklich für die Gesundheit sind,
- den Verbraucher nicht täuschen,
- für die Produktion notwendig sind.

E 500 ist zum Beispiel einer der insgesamt 320 zugelassenen Zusatzstoffe: Backpulver.

Manche Menschen reagieren mit einer sogenannten **Pseudoallergie** auf bestimmte Zusatzstoffe, das heißt, sie entwickeln allergische Symptome ohne Beteiligung des Immunsystems. Wie alle Allergiker müssen sie die Zutatenliste besonders sorgfältig lesen.
Vitamine und Mineralstoffe in sogenannten **angereicherten Lebensmitteln** gehören nicht zu den Zusatzstoffen. Diese Zusätze sind genauso wie Nährstoffe in Tablettenform unnötig, solange jemand gesund ist und sich vollwertig ernährt. Die unkontrollierte Zufuhr solcher Nährstoffe kann sogar schädlich sein.

Preiswert einkaufen

Wer beim Lebensmitteleinkauf sparen will, muss vergleichen. Nicht immer bietet der Discounter die gewünschte Auswahl, nicht immer ist das Markenprodukt den Mehrpreis auch wert.
Einige Tipps können helfen:

- Einkaufsliste schreiben, das hilft, überflüssige Spontankäufe zu vermeiden (s. S. 145),
- Einkaufstasche oder -korb mitnehmen, spart die teure Plastiktüte und schont die Umwelt,
- Grundpreise pro Kilogramm etc. vergleichen,
- Sonderangebote nutzen,
- Fertiggerichte sind meist teurer als Grundnahrungsmittel,
- Obst und Gemüse der Saison kaufen (s. S. 115),
- bei haltbaren Lebensmitteln größere Mengen kaufen,
- Portionspackungen vermeiden.

Nachhaltig einkaufen: bio, regio, fair

Nachhaltig entscheiden, heißt Verantwortung dafür zu übernehmen, wie Produkte angebaut, verarbeitet und transportiert werden (s. S. 99, 100).

Alle Lebensmittel mit dem Zusatz Bio oder Öko stammen aus **kontrolliert biologischer Landwirtschaft**. Diese Form der Landwirtschaft verzichtet auf chemische Dünge- und Pflanzenschutzmittel, auf Gentechnik sowie auf die meisten Zusatzstoffe bei der Lebensmittelverarbeitung.

Zudem achtet sie auf artgerechte Tierhaltung. Die Erträge sind geringer und mit mehr Arbeitseinsatz verbunden, sodass die Preise für Bio-Lebensmittel meist etwas höher liegen.

Fair gehandelte Produkte garantieren den Bauern in den Erzeugerländern in Afrika, Asien oder Südamerika einen existenzsichernden Verdienst sowie ein Minimum an Arbeitsschutz. Kaffee, Tee und Kakao, aber auch Bananen und Orangensaft sind Produkte, die viele Supermärkte auch aus fairem Handel anbieten.

Regionale Produkte zu kaufen, unterstützt die Landwirtschaft in der unmittelbaren Umgebung. Außerdem schont es die Umwelt umso mehr, je weniger Transportkilometer auf Straße und Schiene notwendig sind.

18.2 Vorratshaltung

Zwar sind heutzutage die meisten Produkte jederzeit verfügbar, trotzdem ist es praktisch, bestimmte haltbare Grundnahrungsmittel „für alle Fälle" einzukaufen. So lassen sich Speisen und Gerichte flexibel und unabhängig vom Einkauf planen. Wie viel und was ein Haushalt bevorratet, hängt von den individuellen Vorlieben sowie den Einkaufs- und Lagermöglichkeiten ab.

Obst und Gemüse lassen sich selbst **haltbar machen**, indem man sie einfriert, einkocht oder zu Konfitüre verarbeitet. Solche Vorräte und Konserven, selbst hergestellt oder gekauft, helfen zum Beispiel,

- wenn überraschend Gäste kommen,
- wenn man durch Krankheit ein paar Tage nicht aus dem Haus kann,
- um seltener einkaufen zu müssen,
- um Sonderangebote auszunutzen.

Kühlen oder Tiefkühlen verzögert den Verderb, weil Mikroorganismen sich langsamer oder nicht mehr vermehren. Erhitzen tötet Verderbs- und Krankheitserreger ab (s. S. 17).

Zum **Einfrieren** eignen sich Gemüsesorten, die gegart verzehrt werden: Beerenobst, Obstpüree, Steinobst, alle Arten von Fleisch, Fisch und Geflügel, Brot, Kuchen und Torten, die nicht frisches Obst enthalten. Gemüse wird vor dem Einfrieren blanchiert, das heißt kurz in kochendes Wasser gegeben und anschließend abgekühlt. Für allein lebende Personen kann es sinnvoll sein, Speisen in größerer Menge vorzukochen und portionsweise einzufrieren, z. B. bei aufwendigen Gerichten wie geschmorte Kohlroulade.

Zum **Auftauen** bleiben tiefgekühlte Lebensmittel, die sich nicht sofort verarbeiten lassen (wie Gemüse und kleinere Fleisch- und Fischportionen), am besten im Kühlschrank. Was einmal aufgetaut ist, eignet sich nicht mehr zum erneuten Einfrieren.

In den **Kühlschrank** gehören nur Vorräte, die kälteverträglich (s. Tabelle), verpackt oder abgedeckt und die vorher abgekühlt sind (gegarte Lebensmittel und Reste).

Vorratshaltung nach Lagerdauer

	Dauer	Lagerort	Beispiele
kurzfristige Lagerung	etwa eine Woche	Kühlschrank bei 2–8 °C	frische, leicht verderbliche Lebensmittel wie Milchprodukte, Aufschnitt, Obst und Gemüse, außer Exoten und Nachtschattengewächse wie Tomaten
mittelfristige Lagerung	mehrere Monate	Tiefkühlprodukte bei mindestens *** (–18 °C); Vorratsraum, -keller	Tiefkühlprodukte, Öle, Kartoffeln
langfristige Lagerung	ein Jahr und länger	Schränke und Regale 15–20 °C, geringe Luftfeuchtigkeit, dunkel	lagerfähige und haltbar gemachte Vorräte wie Konserven, Trockenvorräte

Beim Einlagern von Vorräten hat sich das **FIFO-Prinzip** (First in, first out) bewährt. Frischere Produkte mit längerem Haltbarkeitsdatum werden dabei hinter den älteren eingeordnet.
Was zuerst da war, wird so automatisch zuerst verbraucht.

Gefrierfächer – Das sagen die Sterne		
ohne	0 °C	eignet sich nur für Eiswürfel
*	–6 °C	eingefrorene Lebensmittel halten sich bis zu einer Woche
**	–12 °C	eingefrorene Lebensmittel halten sich bis zu drei Wochen
***	–18 °C	eingefrorene Lebensmittel halten sich über Monate
****	–18 °C	eignet sich zum Einfrieren von Lebensmitteln und zum Lagern über mehrere Monate (je nach Lebensmittel)

18.3 Lebensmittel vor- und zubereiten

Das Zubereiten von Lebensmitteln kann geschmackliche, gesundheitliche und hygienische Vorteile haben. So werden beim Vorbereiten durch Waschen, Schälen und Putzen ungenießbare Bestandteile entfernt. Durch das Garen werden manche Lebensmittel wie Kartoffeln und grüne Bohnen erst verdaulich. Zudem sterben Krankheitserreger durch Erhitzen ab.

Je stärker Lebensmittel verarbeitet werden, desto mehr wertvolle Nährstoffe können mit der Garflüssigkeit verloren gehen oder durch Wärme zerstört werden. Beim Kochen sind es zum Beispiel über 30 Prozent. Schon bei der Lebensmittelvorbereitung und in der kalten Küche gibt es zahlreiche Möglichkeiten, die wertvollen Nährstoffe zu erhalten.

So geht's – Nährstoffe schonen

Lebensmittelverarbeitung und kalte Küche

- beim Einkauf auf Frische und Qualität achten
- Lebensmittel kurz, unzerkleinert unter fließendem Wasser waschen (empfindliche Lebensmittel in stehendem Wasser)
- Einweichwasser z. B. von Hülsenfrüchten beim Garen mitverwenden
- die ungenießbaren Teile von Obst und Gemüse sparsam entfernen (ggf. Sparschäler einsetzen)
- Lebensmittel erst kurz vor der Weiterverarbeitung zerkleinern
- Rohkostsalate direkt in das Dressing raspeln

Garen von Lebensmitteln

- möglichst wenig Garflüssigkeit verwenden (dünsten)
- Kochstelle richtig einstellen: mit höchster Leistung ankochen, zum Fortgaren zurückschalten
- Gemüse möglichst kurz (bissfest) garen, Fleisch und Geflügel aus hygienischen Gründen „durch" garen
- in Dampfdrucktopf, Dampfgarer und Mikrowellengerät Garzeiten exakt einhalten
- mit festschließendem Deckel garen
- gegarte Speisen sofort servieren
- Speisen nicht warmhalten, sondern besser abkühlen und wieder erwärmen
- Reste rasch abkühlen, im Kühlschrank lagern
- Kräuter und Frisches als Garnitur ergänzen den Nährstoffgehalt

Garverfahren in Wasser(-dampf)				
	Kochen 	**Garziehen** 	**Dämpfen** 	**Dünsten** 
Definition	Garen in reichlich siedender Flüssigkeit	Garen in viel Flüssigkeit	Garen im Wasser-dampf-Luft-Gemisch	Garen in wenig Flüssigkeit/im eigenen Saft (meist mit geringer Fettzugabe)
Temperatur	100 °C	80 – 95 °C	100 °C	100 °C
Gargeschirr	hoher Topf mit fest schließendem Deckel	Topf mit großem Durchmesser und Deckel zum Ankochen	Topf mit Siebeinsatz und fest schließendem Deckel, Dampfgarer	flacher Topf mit fest schließendem Deckel
geeignete Lebensmittel	Suppen, Eintöpfe, Brühen, Soßen, bei denen ein Auslaugen von Nähr- und Geschmacksstoffen erwünscht ist **Quellen** von Getreide, Nudeln, Hülsenfrüchten, die Flüssigkeit aufnehmen sollen	Fisch leicht zerfallende Lebensmittel wie Klöße leicht platzende Lebensmittel wie Würstchen	Lebensmittel, die ihre Form behalten sollen, z. B. Fisch, Hefeklöße großstückiges Gemüse wie Blumenkohl **Druckgaren** im Dampfdrucktopf bei bis zu 120 °C für Lebensmittel mit langer Garzeit	zarte, bindegewebsarme Lebensmittel, z. B. kleinstückiges Gemüse, Fisch, zartes Fleisch, Pilze, Obst **Mikrowellengaren** für wasserhaltige Lebensmittel/Speisen bis 500 g in metallfreien Gefäßen

Nährstoffverlust bei der Lebensmittelzubereitung

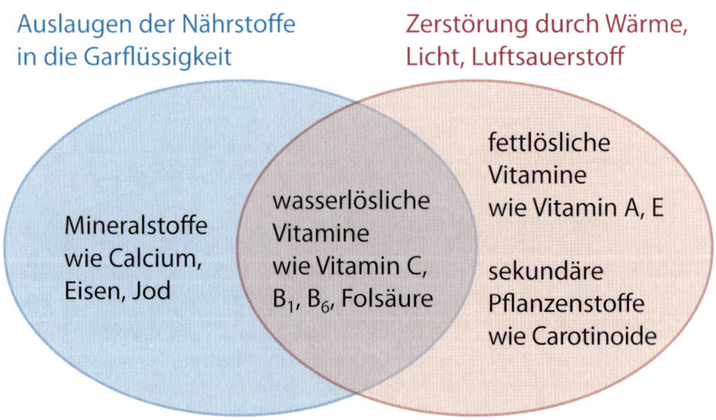

Garverfahren in trockener Hitze

	Kurzbraten	Grillen	Schmoren	Frittieren

Definition	Garen unter Bräunung mit oder ohne Fett	Garen unter Bräunung durch Strahlungs- und Kontaktwärme	Kombination aus a) Braten (Anbraten unter Bräunung) und b) Dünsten (Schmorphase mit wenig Flüssigkeit)	Garen unter Bräunung in viel heißem Fett
Temperatur	140 – 200 °C	250 °C	a) 160 – 200 °C b) 100 °C	140 – 190 °C
Gargeschirr	Bratpfanne mit/ohne Deckel	Strahlungsgrillen im Backofen/auf dem (Holzkohle-) Grill oder Heizfläche eines Kontaktgrills	flacher Bratentopf oder Pfanne mit fest schließendem Deckel	Fritteuse oder Frittiertopf mit Siebeinsatz
geeignete Lebensmittel	bindegewebsarme Fleischscheiben, Würstchen, Fisch, Gemüse, Getreide- und Eierspeisen **Langzeitbraten:** bei großen Bratenstücken oder Geflügel im Ganzen, z. B. auch im Backofen	ungepökeltes, bindegewebsarmes Fleisch, Würstchen, Fisch, Obst, Gemüse, Kartoffeln	festes, bindegewebsreiches Fleisch, Schmorgemüse, gefülltes Gemüse	kleinstückige Lebensmittel, z. B. Fisch, Fleisch, Obst, Gemüse, Kartoffeln, Teige

Aufgaben

1. Erstellen Sie eine Tabelle mit den fünf Teilaspekten der Lebensmittelqualität und notieren Sie stichpunktartig Beispiele für jede Lebensmittelgruppe.
2. Untersuchen Sie Lebensmittelverpackungen auf die vorgeschriebenen Kennzeichnungselemente und finden Sie weitere Details heraus.
3. Begründen Sie die Regeln zur Nährstofferhaltung.
4. Recherchieren Sie den aktuellen Stand der gesetzlich vorgeschriebenen Lebensmittelkennzeichnung. Was tut sich hier?
5. Täuschung ist in der Lebensmittelwerbung verboten. Dennoch werben z. B. manche Produkte mit Zutaten, die kaum enthalten sind, oder mit gesundheitlichen Wirkungen, die nicht nachweisbar sind. Recherchieren Sie z. B. unter www.lebensmittelklarheit.de

19 Getränke

Der Mensch kann problemlos mehrere Tage bis Wochen ohne feste Nahrung auskommen, ohne Wasserzufuhr jedoch nicht. Bereits nach zwei bis vier Tagen kann der Körper einige wasserlösliche Abfallstoffe nicht mehr ausscheiden. Schließlich kommt es zur Verdickung des Blutes und zum Kreislaufversagen. Wer auf Dauer zu wenig trinkt, muss mit einem Abfallen der körperlichen und geistigen Leistungsfähigkeit rechnen.

19.1 Aufgaben von Wasser

Der Körper eines Erwachsenen besteht zu etwa 60 Prozent aus Wasser, der eines Säuglings sogar zu 70 Prozent. Mit dem Alter nimmt der Wassergehalt langsam ab.
Wasser gehört zu den wichtigsten **Baustoffen** des menschlichen Körpers.

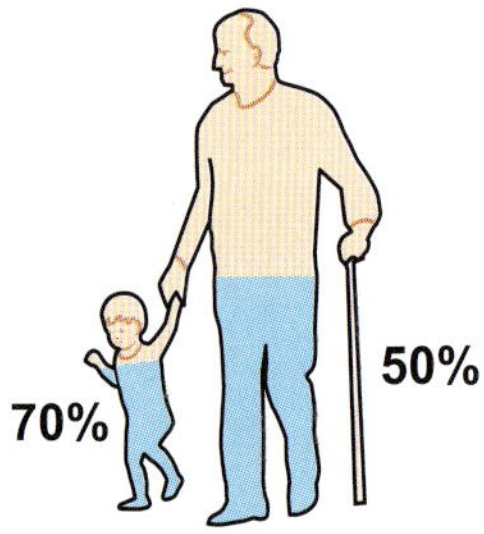

Der Wassergehalt nimmt mit dem Alter langsam ab

Wasser hat hervorragende Eigenschaften als **Lösungsmittel**. Jeder hat schon einmal beobachtet, wie schnell sich Salz oder Zucker in Wasser lösen. Der menschliche Körper nutzt Wasser ebenfalls zum Lösen und Transportieren von Stoffen. Verschiedene Abbauprodukte entfernt der Körper beispielsweise mithilfe von Wasser als Urin.

Nur bei 37 Grad Körpertemperatur funktioniert der menschliche Körper optimal. Droht die Temperatur anzusteigen, zum Beispiel bei körperlicher Anstrengung oder warmem Wetter, nutzt der Körper Wasser zur **Wärmeregulation**: Er schwitzt. Das Wasser verdunstet auf der Haut und der Körper kühlt ab.

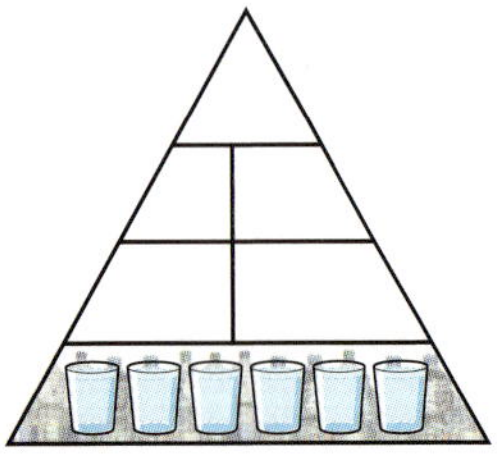

Getränke sind die Basis der vollwertigen Ernährung

19.2 Wasserbilanz

Genau wie die Bilanz in einem Wirtschaftsunternehmen gibt eine Nährstoffbilanz Auskunft darüber, wie Ausgaben und Einnahmen miteinander im Verhältnis stehen. Auf Wasser bezogen heißt das: Wie viel muss ein Mensch trinken, um seine Wasserverluste auszugleichen? Gibt der Körper mehr Wasser ab, als er aufnimmt, wird er früher oder später verdursten. Kleine Kinder sind besonders empfindlich gegenüber Flüssigkeitsverlusten. Sie können bei Erbrechen, Durchfall oder großer Hitze rasch in lebensbedrohliche Situationen geraten.

Die **empfohlene Wasseraufnahme** von ungefähr 2,5 Litern pro Tag (bei Erwachsenen) setzt sich zusammen aus 1–1,5 Litern Wasser aus Getränken und etwa 0,7 Litern aus Lebensmitteln. Die restlichen 0,3 Liter entstehen beim Abbau der Nährstoffe (Kohlenhydrate, Fette, Eiweiß) im Körper.

Über die Haut und die Lunge (Atemluft) verliert der Körper an jedem Tag mit normaler Temperatur und ohne besondere Anstrengung einen guten Liter Wasser in Form von Schweiß und Atemluft.

Zur Überwachung des Flüssigkeitshaushalts im Krankheitsfall kann neben einem Trinkprotokoll (s. S. 77) ein Urinprotokoll (s. S. 125) angefertigt werden, in dem die ausgeschiedene Menge im Tagesverlauf dokumentiert wird. Zu den Ausscheidungsmengen zählt ggf. dann auch Erbrochenes. Gegenübergestellt kann so eine Flüssigkeitsbilanz gezogen werden, die im Bedarfsfall rasch ausgeglichen werden muss.

handwerk-technik.de

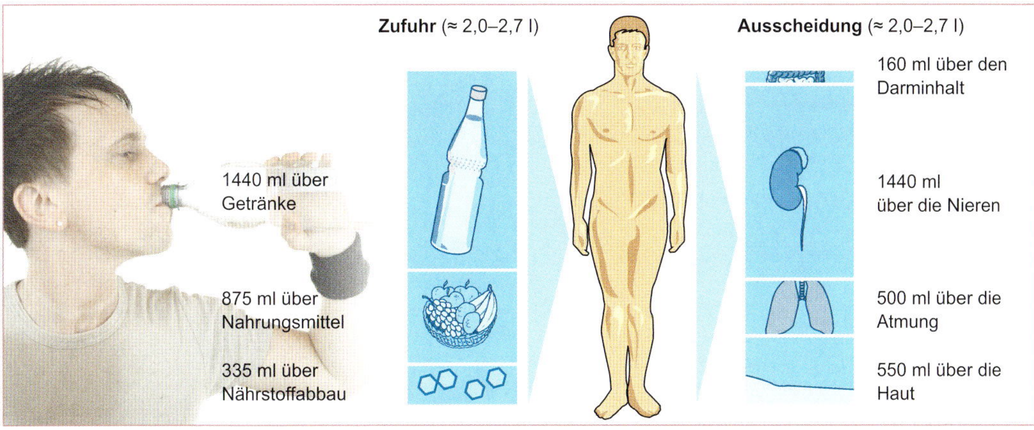

Flüssigkeitsbilanz eines Erwachsenen mit geringer körperlicher Aktivität

Viele Menschen in den Industrieländern vernachlässigen das Trinken und nehmen zu wenig Wasser auf. Einige **Folgen von zu wenig Trinken** lassen sich direkt aus der Wasserbilanz ableiten. Wer nicht genug Wasser aufnimmt, dessen Urin ist dunkler gefärbt. Auch Verstopfung kann ein Hinweis auf Wassermangel sein. Subjektiv spüren die meisten ihren Durst am trockenen Mund. Weitere Folgen können sein: Kopfschmerzen, körperliche Schwäche, Müdigkeit, niedriger Blutdruck, Unruhe und Verwirrtheit, kalte Hände und Füße sowie nächtliche Wadenkrämpfe.
Das Durstgefühl ist bereits das Zeichen eines Wassermangels im Körper und damit ein Warnsignal, das recht spät auftritt. Problematisch wird es, wenn dieses Warnsignal nicht wahrgenommen wird. Gerade Kinder sind oft so vertieft ins Spielen, Lernen oder in sportliche Aktivitäten, dass sie das Durstgefühl nicht bemerken oder unterdrücken. Auch Senioren trinken oft nur genug, wenn sie sich durch bereitgestellte Getränke auch zwischen den Mahlzeiten daran erinnern lassen. Für eine ausreichende Versorgung des Körpers mit Wasser ist es wichtig, regelmäßig zu trinken, am besten schon, bevor man Durst verspürt.

! Trinken, bevor der Durst kommt!

Gesundheitliche Bewertung von Zutaten und Inhaltsstoffe in Getränken

positiv	negativ
• Wasser benötigt der Körper.	• Zucker (auch Glucosesirup, Dextrose, Glucose, Maltose …) enthält viel Energie, macht aber nicht satt (Gefahr der Gewichtszunahme).
• Mineralstoffe sind wichtige Nährstoffe, die der Körper braucht (z. B. Calcium, Magnesium, Eisen, Iod).	• Süßstoffe sind für Kinder nicht geeignet.
• Vitamine müssen dem Körper regelmäßig zugeführt werden, damit er nicht krank wird.	• Zusatzstoffe wie Stabilisatoren, Emulgatoren, Farb- und Konservierungsstoffe werden aus technischen Gründen eingesetzt. Sie stehen zum Teil im Verdacht, gesundheitsschädlich zu sein.
• Fruchtsaft (auch aus Fruchtsaftkonzentrat) ist eine natürliche Quelle von Vitaminen und Mineralstoffen. 	• Aromen ersetzen natürliche Geschmacksträger, z. B. Orangenaroma statt Orangensaft.
	• Zugesetzte Vitamine und Mineralstoffe sind überflüssig. Besser ist es, sie über natürliche Lebensmittel wie Obst und Gemüse aufzunehmen.
	• Koffein ist ein anregender Inhaltsstoff von Kaffee sowie schwarzem und grünem Tee. Für Kinder sind koffeinhaltige Getränke nicht geeignet.
	• Alkohol enthält sehr viel Energie, kann zu Abhängigkeit führen und schädigt auf Dauer die Leber.

19.3 Getränke als Durstlöscher

Aus gesundheitlicher Sicht dienen Getränke vor allem zur **Deckung des Flüssigkeitsbedarfs.** Es ist von Vorteil, wenn sie darüber hinaus noch einen Beitrag zur Vitamin- und Mineralstoffversorgung leisten. Säfte enthalten zum Beispiel reichlich Vitamin C, Mineralwasser liefert Calcium und Magnesium.

Viele Getränke enthalten große Mengen **Zucker.** Vor allem mit den beliebten Limonaden und Erfrischungsgetränken nimmt man sehr viel Energie auf. Da Getränke nicht satt machen, besteht daher immer das Risiko, unbemerkt zu viel Energie aufzunehmen.

Wie viel Zucker (Kohlenhydrate) und Energie einerseits sowie Vitamine und Mineralstoffe andererseits ein Getränk enthält, verrät eine **Nährwerttabelle.** Bei industriell hergestellten Getränken lohnt sich auch ein Blick in die Zutatenliste.

Trinkwasser und Mineralwasser
Leitungswasser ist das am strengsten kontrollierte Lebensmittel in Deutschland und kann bedenkenlos getrunken werden. Lediglich in Regionen mit hoher Nitratbelastung des Grundwassers oder in Häusern, in denen noch Wasserleitungen aus Blei liegen, sollten insbesondere Kinder lieber Mineralwasser bekommen.

Mineralwasser wird aus unterirdischen, vor Verunreinigungen geschützten Vorkommen gewonnen. Je nachdem, durch welche Gesteinsschichten es auf seinem Weg dorthin gesickert ist, enthält es unterschiedliche Mengen an Mineralstoffen.

Saft, Nektar, Fruchtsaftgetränk
Nur Saft besteht zu 100 Prozent aus Fruchtsaft. Er darf keine Konservierungsmittel, Farbstoffe oder sonstige Zusätze enthalten. Fruchtsäfte enthalten größere Mengen natürlichen Fruchtzuckers, aber auch Vitamine und Mineralstoffe. Zum idealen Durstlöscher werden sie als **Schorle,** indem man sie mit mindestens der gleichen, besser der doppelten oder dreifachen Menge Mineralwasser verdünnt. Im Gegensatz zu den Säften liegt der Fruchtanteil bei **Nektar** nur bei 25 bis 50 Prozent. Wasser und Zucker bilden den übrigen Anteil. **Fruchtsaftgetränke** enthalten noch weniger Fruchtsaft (entsprechend weniger natürliche Vitamine und Mineralstoffe) und noch mehr Wasser- und Zuckerzusatz. Der Fruchtanteil muss jeweils auf der Verpackung angegeben sein.

Saft, Nektar, Fruchtsaftgetränk

Limonaden und Colagetränke
Wasser, Zucker, Farb- und Aromastoffe bilden die Grundlage für Erfrischungsgetränke wie Limonade, Brause und Cola. Schädlich ist vor allem der hohe Zuckergehalt. Jugendliche und Erwachsene konsumieren Colagetränke unter anderem wegen ihrer anregenden Wirkung, die auf dem Koffeinzusatz beruht.

Milch
Milch (s. S. 68) hat genauso wie Fruchtsaft aufgrund ihres hohen Vitamin- und Mineralstoffgehalts einen hohen Stellenwert in der vollwertigen Ernährung. Sie enthält jedoch sehr viel Energie in Form von Fett. Milch und unverdünnte Säfte gehören zwar zu einem abwechslungsreichen Speiseplan dazu, aber nicht als Getränk, sondern eher als Teil einer Mahlzeit oder Zwischenmahlzeit.

! Milch und Säfte sind keine Durstlöscher!

Kaffee und Tee

Kaffee sowie schwarzer und grüner Tee enthalten ebenfalls Koffein und sind bei Erwachsenen sehr beliebt. Da Koffein die Wasserausscheidung anregt, sind sie selbst für Erwachsene keine guten Durstlöscher. Gegen den täglichen moderaten Genuss von bis zu vier Tassen Kaffee ist allerdings nichts einzuwenden, so die DGE.

Kräuter- oder Früchtetees sind ideale Getränke für jedes Alter. Kalt oder heiß serviert, gesüßt mit Fruchtsaft oder etwas Honig, bieten sie eine große geschmackliche Vielfalt. Es ist ratsam, diese Vielfalt auszunutzen, da manche Heilkräuter bei häufigem Genuss zu Gewöhnung führen oder Nebenwirkungen zeigen können.

Tee ist ein ideales Getränk

Aufgaben

1. Überprüfen Sie Ihr eigenes Trinkverhalten. Erstellen Sie ein Trinkprotokoll über einen Tag. Schätzen Sie, wie viel Sie insgesamt getrunken haben. Wie bewerten Sie die Art der Getränke? Geben Sie sich selbst einen Rat.
2. Früher wurde den Kindern häufig das Trinken während der Mahlzeiten verboten mit der Begründung: „Du verdirbst dir den Appetit!" Welchen Hintergrund könnte dies haben? Wie beurteilen Sie das heute?
3. Erarbeiten Sie mithilfe der Wasserbilanz (S. 123) Faktoren, die den Wasserbedarf erhöhen.
4. An welchen körperlichen Empfindungen bemerken Sie persönlich, dass Sie Durst haben? Welches sind die ersten Hinweise?
5. Erarbeiten Sie für und mit einer älteren Dame, die allein lebt und immer wieder unter Verwirrtheit leidet, eine Tabelle, in der die zugeführte und abgeführte Flüssigkeit protokolliert werden soll. Erstellen Sie einen Maßnahmenkatalog, wenn diese Bilanz nicht ausgeglichen ist.

Art der Ausscheidung	Menge	Datum/ Urzeit

6. Erstellen Sie mithilfe einer Nährwerttabelle eine Aufstellung von Lebensmitteln mit hohem (60 – 100 %), mittlerem (20 – 59 %) und geringem (0 – 19 %) Wassergehalt. Da die meisten Angaben in Nährwerttabellen auf 100 Gramm bezogen sind, entsprechen die Zahlen der Wasserspalte dem prozentualen Anteil. Sammeln Sie Beispiele aus verschiedenen Lebensmittelgruppen und stellen Sie diese als Tabelle dar.
7. Besorgen Sie sich einige „In-Getränke" aus dem Supermarkt und untersuchen Sie die Zutatenliste. Vergeben Sie grüne Punkte für positiv zu bewertende und rote Punkte für negativ zu bewertende Zutaten.
8. Gestalten Sie eine Ausstellung von geeigneten und ungeeigneten Getränken. Veranschaulichen Sie dabei den Zuckergehalt durch die entsprechende Anzahl von Würfelzucker.

20 Sinnesbehinderungen

Sinnesbehinderungen können erworben oder angeboren sein und betreffen eine Schädigung der **Fernsinne** (Hören und Sehen). Unter dem Oberbegriff Sinnesbehinderung werden Schwerhörigkeit, Gehörlosigkeit, Blindheit, Fehlsichtigkeit und Taubblindheit zusammengefasst. Zum **Nahsinn** gehören Geruchssinn, Geschmackssinn und Tastsinn.
Über den Fernsinn erhält der Mensch die meisten Eindrücke aus der Umwelt. Sehen fördert die Entwicklung der Grobmotorik (Gewandtheit, Laufen, Greifen) und Feinmotorik (Handfertigkeiten, Malen, Schreiben) und gibt dem Menschen Orientierung.
Hören ist eine wichtige Voraussetzung für die Sprachbildung und das Sprachverständnis. Die Entwicklung des Hörzentrums ist besonders in den ersten Lebensjahren bedeutend.

Visuelle oder akustische Informationen aus der Umwelt erreichen Menschen mit Hör- und Sehstörungen nicht oder nur lückenhaft.
Mögliche Folgen sind:
- Orientierungsschwierigkeiten,
- Sprach- und Kommunikationsprobleme,
- Einschränkung der Mobilität,
- Isolation,
- zu spätes Erkennen von Gefahren.

! Seh- und hörgeschädigte Menschen verfügen oft über eine hohe Konzentrationsfähigkeit und eine stark ausgeprägte Wahrnehmungsfähigkeit der intakten Sinnesorgane.

Durch Tasten entdecken

20.1 Unterstützung bei Seh- und Hörbehinderung

Menschen mit Behinderungen möchten im Alltag genauso behandelt werden wie gesunde Menschen. Der Umgang miteinander sollte so normal und natürlich wie möglich verlaufen.
Ein auffälliges Anstarren der betroffenen Person ist genauso unangebracht wie ein bewusstes Wegsehen. Die Kommunikation mit dem Seh- oder Hörbehinderten findet immer mit ihm persönlich statt und nicht mit der Begleitperson. Nach Ausmaß der Sinneseinschränkung brauchen seh- und hörgeschädigte Menschen mehr oder weniger Hilfe im Alltag. Idealerweise sollte der Betroffene sein Leben in den eigenen vier Wänden eigenverantwortlich gestalten können. Ist dies nicht möglich, stehen ambulante oder stationär betreute Wohneinrichtungen bereit. Für Kinder mit Sinnesbehinderungen gibt es Frühförderzentren mit speziell ausgebildeten Fachkräften.

Die **spezielle Frühförderung** wendet sich an Kinder mit Behinderungen des Fernsinnes. Frühzeitiges Erkennen und Fördern von Seh- und Hörschäden hilft der Kompetenzentwicklung für alle Lebensbereiche und erleichtert die soziale Teilhabe. Die Sinnesbehinderungen sind bei jedem Kind unterschiedlich ausgeprägt, deshalb muss die Wahrnehmungs- und Kommunikationsförderung individuell abgestimmt werden.

So geht's – Umgang mit sehbehinderten Menschen

- Betroffene nur so weit unterstützen, dass das fehlende Sehvermögen ausgeglichen wird
- nachfragen, ob Hilfe erwünscht ist. Viele blinde Menschen sind für das Hilfsangebot dankbar. Eine ablehnende Antwort des Betroffenen sollte stets respektiert werden
- Sehbehinderte direkt ansprechen und darüber informieren, wenn sich der Gesprächspartner einer anderen Person zuwendet oder den Raum verlässt
- beim Führen eines Blinden den Weg beschreiben und darauf achten, dass er beim Laufen mithalten kann
- Türen in der Einrichtung/im Haus geschlossen halten, um Verletzungsgefahren zu vermeiden
- Mobiliar nicht unangekündigt umstellen
- zum Hinsetzen Sehbehinderten ansprechen, an den Stuhl heranführen und zur besseren Orientierung eine Hand des Betroffenen auf die Lehne oder Sitzfläche legen und zum Hinsetzen auffordern
- Brillenstärke regelmäßig überprüfen lassen
- beim Essen die Art der Speise und die Anordnung auf dem Teller erklären. Dies gelingt am besten als Ziffernblatt einer Uhr (s. S. 177). Bestimmte Speisen können, wenn der Sehbehinderte es vorzieht, in mundgerechte Stücke zerkleinert werden. Die Position des Trinkglases ist dicht neben dem Teller und wird zur besseren Orientierung vom Betroffenen umfasst, während die Assistenzkraft das Getränk eingießt

20.2 Medieneinsatz bei Sehbehinderung

Louis Braille entwickelte 1825 die **Blindenschrift** (Brailleschrift), die aus einem Raster von sechs tastbaren Punkten besteht. Die Blindenschrift findet heute weltweit Anwendung und ist beispielsweise auf Tablettendosen oder Medikamentenschachteln zu tasten.

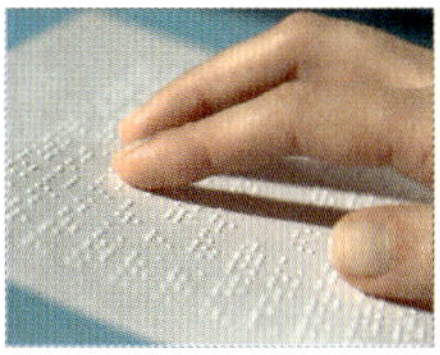

Brailleschrift ist eine speziell für blinde Personen entwickelte Schrift. Ihre Zeichen bestehen nur aus Punkten, da Blinde mit den Fingern erhabene Punkte viel besser unterscheiden können als andere reliefartige geometrische Formen. Zum Lesen nutzen Blinde den Tastsinn der Finger.

Computer und Internet sind auch für Sehbehinderte und blinde Menschen vielseitige Informationsquellen. Durch spezielle Vergrößerungssysteme (Lupenfunktion, Großbildschirme) werden Schrift und Grafiken größer dargestellt. Die sogenannten Braille-Zeilen übersetzen die Textzeichen auf dem Bildschirm in Blindenschrift auf eine erweiterte Tastatur.

Telefone für seheingeschränkte Senioren haben oft eine große Tastatur sowie Kurzwahltasten, in die ein Foto eingesteckt werden kann. Aktuelle Literatur, aber auch wissenschaftliche Aufzeichnungen als **Hörbücher** auf CD stellen eine wichtige Alternative zum Lesen dar.

Damit blinde oder sehbehinderte Menschen den Inhalt eines **Filmes** besser verstehen können, werden Hörfilme angeboten, die Handlungen, Gestik und Mimik der Schauspieler sowie die Örtlichkeiten in den Sprechpausen beschreiben.

Im Alter fällt es dem Menschen immer schwerer, Buchtexte zu lesen, weil die Buchstaben zu klein erscheinen (Altersweitsichtigkeit). Bücher mit einem größeren Schriftbild und genügend Abstand zwischen den einzelnen Buchstaben erleichtern das Lesen. **Großdruckbücher** können in jedem Buchladen bestellt werden und sind in Büchereien ausleihbar.

Zu den klassischen **Orientierungshilfen** zählen der weiße Langstock und der Blindenführhund. Der Langstock verlängert die Reichweite des Armes und ermöglicht aufgrund des Aufschlaggeräusches die Bestimmung von Materialien und Hindernissen.

Elektronische Mobilitätshilfen können sich auf die Gehgeschwindigkeit des Betroffenen einstellen: Sie schweigen, wenn der Weg frei ist, und melden Hindernisse direkt vor der blinden Person durch ein akustisches Signal. Der **digitale Routenplaner** kann dem Blinden ansagen, wo er sich gerade befindet, und kann eine individuelle Wegbeschreibung zusammenstellen. Weitere Orientierungshilfen sind **tastbare (taktile) Straßenkarten**.

So geht's – Umgang mit hörbehinderten Menschen

- Schwerhörige Menschen immer frontal ansprechen, denn sie lesen von den Lippen ihres Gegenübers ab. Die Mundbewegungen sollten deshalb langsam erfolgen. Der Einsatz nonverbaler Kommunikationsmittel erleichtert dem Schwerhörigen das Verstehen
- bei Unterhaltungen mit mehreren Personen Betroffene ins Gespräch mit einbeziehen
- störende Geräuschquellen bei Gesprächen ausschalten
- bei Hörgeräteträgern auf die Funktionsfähigkeit des Hörgerätes achten
- auf Gefahrenquellen durch Schilder und sichtbare Hinweise aufmerksam machen, da Warnsignale nicht gehört werden

20.3 Medieneinsatz bei Hörbehinderung

Die **Gebärdensprache** ist eine eigenständige, visuell wahrnehmbare Sprache und besteht aus kombinierten Zeichen (Gebärden), die mit den Händen, in Verbindung mit Mimik, Körperhaltung und Mundbild (lautlos gesprochene Wörter oder Silben), kommuniziert wird.

Mit dem **Einhandfingeralphabet** werden die Buchstaben durch die Finger einer Hand nachgebildet.

Gehörlose Menschen können zwar die Bilder im **Film/Fernsehen** verfolgen, jedoch hören sie das gesprochene Wort oder die Musik nicht. Manche Filme und Sendungen werden deshalb mit Untertiteln versehen. Nachrichten können über Videotext abgerufen oder zusätzlich durch Gebärdensprachdolmetscher übersetzt werden.

Aufgaben

1. Welche Freizeitangebote für Menschen mit Sinnesbehinderungen gibt es? Recherchieren Sie im Internet.
2. Überlegen Sie sich, wie Sie bei einem sehbehinderten Kind die vorhandenen und intakten Sinne im Alltag fördern können.
3. Informieren Sie sich über Frühförderangebote für Kinder mit Sinnesbehinderungen und erstellen Sie ein Infoblatt für betroffene Eltern.
4. Verschließen Sie Ihre Ohren mit Ohrstöpseln und führen Sie mit Ihrem Gruppenpartner ein Gespräch. Sprechen Sie anschließend in der Gruppe über Ihre Erfahrungen.
5. Stellen Sie Sicherheitsmaßnahmen für Menschen mit Sinnesbehinderungen im Alltag zusammen.

21 Körperpflege und Ankleiden

Die Gewährleistung und Unterstützung einer regelmäßigen Körperpflege bei Menschen mit körperlichen oder geistigen Beeinträchtigungen dient der Steigerung des subjektiven Wohlbefindens sowie der Vermeidung von Krankheiten und unangenehmen Körpergerüchen. Ein gepflegtes Äußeres fördert zudem das Selbstwertgefühl und die soziale Teilhabe.

Die Körperpflege ist ein Bestandteil der Grundpflege und umfasst:

- die Reinigung der Haut (Teil- oder Ganzkörperwaschung, Intimwäsche),
- Ohren- und Nasenpflege,
- Mund-, Zahn- und Prothesenpflege,
- Rasur,
- Haarpflege,
- Nagelpflege,
- Hilfe beim An- und Auskleiden.

Vor dem Beginn der Körperpflege steht die Einschätzung der momentanen Situation und Befindlichkeit des erkrankten oder alten Menschen. Dementsprechend wird darüber entschieden, ob die Ganzkörperreinigung mithilfe der Dusche, am Waschbecken oder im Bett vorgenommen wird.

21.1 Ganzkörperwaschung

Generell gilt bei Durchführung dieser beschriebenen Maßnahmen:

- Der Kleidungswechsel bzw. das Auskleiden im Vorfeld erfordert viel Feingefühl und Einfühlungsvermögen der Assistenzkraft.
- Kleidungsstücke dürfen dabei niemals hektisch und mit Gewalt entfernt werden,
- den Menschen über das geplante Vorhaben der Körperreinigung informieren,
- den Menschen nach seinen Möglichkeiten zur Eigenaktivität und Mitarbeit anregen und auffordern,
- während der gesamten Maßnahme auf Druckstellen und Hautveränderungen achten,
- Restfeuchtigkeit auf der Haut vermeiden, besonders in den Achselhöhlen, am Bauchnabel und im Zwischenzehenbereich. Bei übergewichtigen Personen ist die Hautzone unter den Fettpolstern sowie bei Frauen der Bereich unter der Brust besonders auf Intertrigo (Wundsein) zu inspizieren.

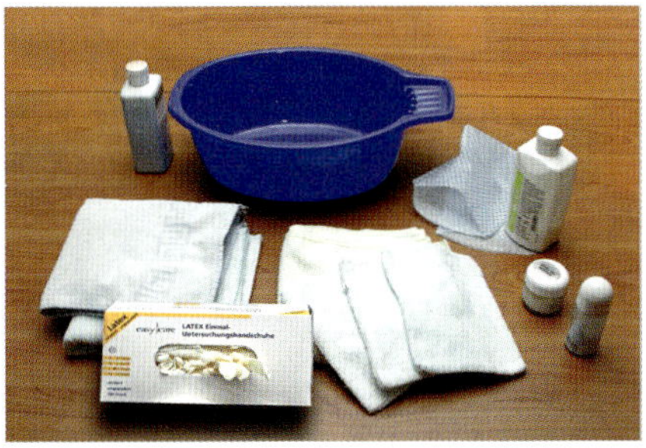

Utensilien zum Waschen

Die Berührungen bei der Körperwäsche bedeuten ein Eindringen in die Intimsphäre des Patienten. Es setzt voraus, dass sich die Assistenzkraft in die Gedanken und Empfindungen des behinderten Menschen einfühlt und sich über seine gewohnten Waschrituale informiert. Gemeinsam wird festgelegt, inwieweit die Körperpflege selbstständig ausgeführt wird und in welchen Teilbereichen Hilfeleistungen benötigt werden. So wird die Intimwäsche in engen Absprachen zwischen Patient und Pflegekraft vorgenommen.

Duschen

Duschen ist in jeder Hinsicht die beste Reinigungsform, da der Körper komplett gewaschen wird, kaum Rückstände verbleiben und eine aktivierende Wirkung hat.

So geht's – Duschen

Vorbereiten

- alle Materialien bereitstellen (Seife, Waschlappen, Handtücher usw.)
- bei Bedarf Stuhl oder Duschhocker (möglichst mit Saugnäpfen) verwenden, evtl. Haltegriffe erforderlich
- Hörgeräte bei Hörgeschädigten rausnehmen
- auf rutschsichere Unterlage achten

Durchführen

- Patient je nach Bedarf unterstützen, zum Beispiel beim An- und Auskleiden, Wasserstrahl einstellen, Waschen von nicht erreichbaren Körperstellen, Abtrocknen usw.
- Oberkörper mit Waschlappen reinigen (besonders Achselhöhlen und bei Frauen unter der Brust waschen)
- beim Haarewaschen kein Shampoo in die Augen laufen lassen
- Intimbereich im Stehen waschen
- gesamten Körper gut abtrocknen
- frische Wäsche anziehen
- evtl. Haare föhnen
- den gesamten Körper auf Restfeuchte kontrollieren (s. S. 129)

So geht's – Körperpflege am Waschbecken

Vorbereiten

- Benötigte Materialien bereitlegen:

2 Handtücher
2 Waschlappen
Waschlotion, Hautpflegemittel, Deodorant, Parfum, Kosmetika
Zahnpflegezubehör: Zahnbürste, Zahnpasta, Becher mit Wasser, Nierenschale, Lippencreme
Utensilien für Rasur: Rasierapparat, Aftershave
Kamm, Bürste, Spiegel
evtl. Schminkutensilien
frische Wäsche, evtl. frische Bettwäsche

- Sitzgelegenheit möglichst mit Armlehnen vor dem Waschbecken bereitstellen
- auf Katheter und Infusionen achten
- mit Unterstützung oder im Rollstuhl den Patienten zum Waschbecken geleiten

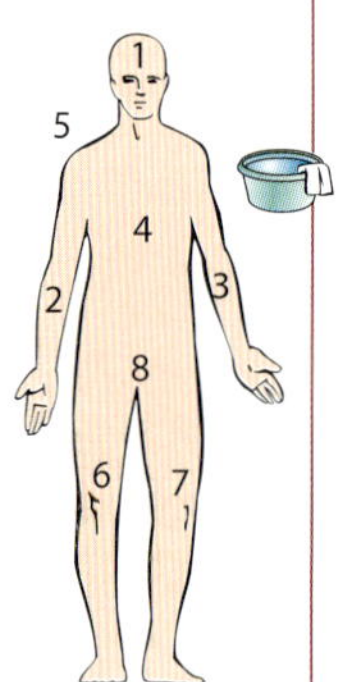

Diese Waschreihenfolge hat sich bewährt

Durchführen

- den Patienten unter fließendem Wasser waschen lassen
- je nach Bedarf Hilfestellung (z. B. Rücken waschen oder Abtrocknen) geben
- Intimpflege nur durchführen, wenn der Pflegebedürftige stehen kann (sonst im Bett)
- frische Wäsche anziehen
- den gesamten Körper gut abtrocknen und auf Restfeuchte kontrollieren

Die Ganzkörperwaschung hat insbesondere für Patienten, die wenig oder gar nicht aufstehen, einen besonderen Stellenwert.
So hat sie hier nicht nur einen reinigenden und erfrischenden Effekt, sondern stellt auch häufig einen engen Haut- und Körperkontakt zwischen der Pflegekraft und dem Patienten her. Diese alltäglichen Pflegehandlungen können daher zur gezielten Ansprache (Stimulation) bei gestörter Körperwahrnehmung genutzt werden. Dabei werden die grundlegenden (basalen) Sinne, das Körpergefühl des Patienten, seine Orientierung und seine Kontaktmöglichkeiten zur Umwelt verbessert. Diese Methode der körperlichen Wahrnehmungsförderung zählt zur **Basalen Stimulation** (s. S. 174).
Bei der Ganzkörperwaschung kann zwischen beruhigender, anregender und bobathorientierter Stimulation unterschieden werden:

- Die **beruhigende** Ganzkörperwaschung findet Anwendung bei unruhigen, ängstlichen und verwirrten Menschen oder bei Einschlafstörungen. Sie soll zur allgemeinen Entspannung beitragen. Die Temperatur des Waschwassers liegt zwischen 38 °C und 40 °C. Waschung und Abtrocknen erfolgen in Haarwuchsrichtung.
- Die **aktivierende** Ganzkörperwaschung fördert die Durchblutung, den Stoffwechsel und die allgemeine Aktivität. Sie findet bei Patienten mit Erschöpfungszuständen, Antriebsschwäche, Gefäßerkrankung oder Diabetes mellitus Anwendung. Die Temperatur des Waschwassers beträgt 22 °C bis 28 °C. Waschen und Abtrocknen mit einem harten Handtuch entgegen der Haarwuchsrichtung.

- Die **bobathorientierte** Waschung ist eine therapeutische Waschung für Patienten mit Halbseitenlähmung nach einem Apoplex (Schlaganfall). Ziel der Waschung ist, die Wahrnehmung für die gelähmte Körperseite zu fördern. Der Patient wird von der kranken Seite gepflegt. Dies soll seine Aufmerksamkeit auf die kranke Seite lenken.

So geht's – Ganzkörperwaschung im Bett

Vorbereiten

- benötigte Materialien wie bei der Körperpflege am Waschbecken bereitstellen
- Raumtemperatur beachten (ca. 22 °C)
- Patienten Gelegenheit zum Toilettengang geben
- Fenster und Türen schließen
- evtl. Sichtschutz anbringen (Intimsphäre wahren)
- Kopfteil des Bettes erhöhen, damit Patient in sitzender Position möglichst viele Arbeitsschritte selbst ausführen kann
- Bett auf Arbeitshöhe bringen
- Arbeitsfläche des Nachtschrankes aufklappen oder kleinen Arbeitstisch bereitstellen

Durchführen

- der Körperteil, der gewaschen werden soll, zur besseren Orientierung benennen
- jeweils nur die zu waschenden Körperregionen entkleiden bzw. aufdecken
- das Gesicht waschen, dabei zuerst die Augen mit einem Waschlappen ohne Seife von außen nach innen reinigen, danach mit Waschlotion das restliche Gesicht, Ohren und Hals
- Haut gut abtrocknen
- Schlafanzugjacke/Nachthemd ausziehen und **Oberkörper**, Hände, Arme und Achselhöhle waschen und gut nachtrocknen
- den Patienten bei der Rückenwäsche unterstützen, was von vielen Patienten als sehr angenehm empfunden wird. Mehrmaliges Wiederholen der Waschbewegung und des anschließenden Nachtrocknens fördert die Körperwahrnehmung
- Oberkörper bei Bedarf mit Hautpflegemilch eincremen und frisches Nachthemd/Schlafanzugjacke anziehen

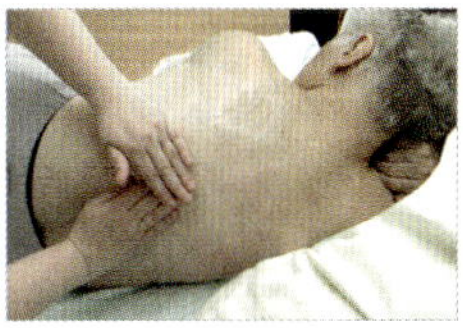

- gewaschene Körperpartie zudecken
- Bettdecke hochschlagen und Hose ausziehen
- Handtuch unter das zu waschende Bein legen, um das Bett vor Feuchtigkeit zu schützen
- zunächst Beine und anschließend Füße waschen und gut nachtrocknen, besonders zwischen den Zehen

Nachbereiten

- gebrauchtes Material fachgerecht entsorgen bzw. versorgen (Waschlappen in die Schmutzwäsche, Waschschüssel ausleeren, auswaschen und trocknen lassen)
- vor dem Verlassen des Zimmers nach Bedürfnissen des Patienten erkundigen
- evtl. Klingel reichen, Fenster öffnen, Getränk reichen

Unabhängig von der Reinigungsform schließt sich die Augen- und Nasenpflege, die Ohrenpflege (s. S. 82) und die Zahn- und Prothesenpflege (s. S. 66) an.

Frauen allen Alters und auch in Krankheitsphasen haben auch manchmal das Bedürfnis, sich zu schminken. Deshalb Patientinnen fragen, ob das Auftragen von Lippenstift oder anderer dekorativer Kosmetik gewünscht ist.

21.2 Hilfe beim An- und Auskleiden

Selbstverständliche Handgriffe beim Aus- und Ankleiden können schon bei geringen Störungen der Empfindung oder der Feinmotorik der Hände zu großen Problemen werden. Therapieziel ist jedoch, trotz Behinderung ein selbstständiges An- und Auskleiden zu ermöglichen. Dies erfordert von Menschen mit Bewegungsstörungen ein individuelles und kontinuierliches Üben unter Anleitung eines Ergo- oder Physiotherapeuten. Jede Hilfestellung hat immer als oberste Priorität, dass der Patient möglich selbst aktiv beteiligt ist. Zudem werden **spezielle Hilfsmittel** angeboten, die das An- und Auskleiden erleichtern:

- Bei Störungen der Feinmotorik der Finger kann der **Knopfverschlussschließer** das Zuknöpfen übernehmen.

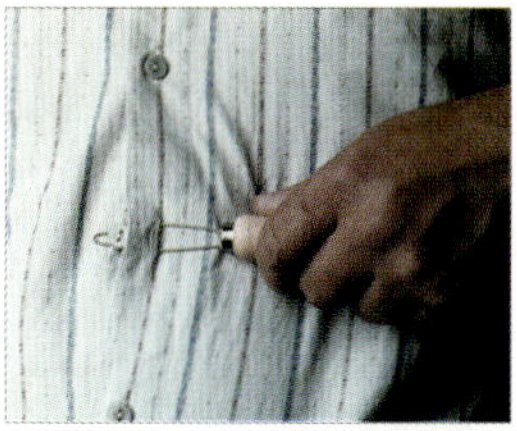

- Ein **Anziehstab** verlängert die Reichweite mit zusätzlichem Greifvermögen und bietet Unterstützung beim Anziehen von Hose und Rock

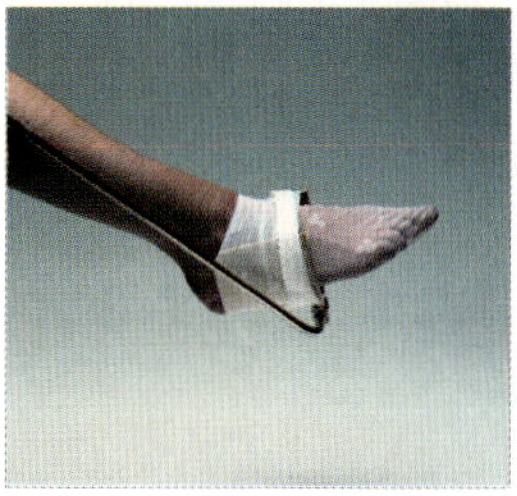

- Ein Strumpfan- und auszieher/Strumpfbuttler ermöglicht mit wenigen Handgriffen das An- und Ausziehen von Strümpfen und dient zugleich als Schuhanzieher.

Es gibt **Spezialbekleidung** für Menschen mit Körperbehinderungen, die so konstruiert ist, dass sie mit geringem Kraft- und Zeitaufwand angezogen werden kann.
Das An- und Auskleiden kann vom Patienten sowohl im Stehen, Liegen oder Sitzen allein oder mit geringer Unterstützung der Pflegeperson erfolgen.

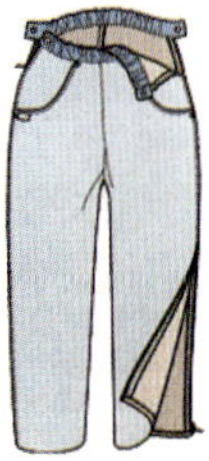

Das An- und Auskleiden von Patienten mit einer Bewegungseinschränkung bzw. Lähmung der Extremität unterscheidet sich von dem allgemein üblichen Vorgehen. Die Arm- und Beingelenke auf der betroffenen Seite sind oft schwer beweglich und neigen bei Überdehnung zu Verletzungen.

- Beim Auskleiden: **„Mit der gesunden Seite beginnen."**
- Beim Ankleiden: **„Mit der bewegungseingeschränkten Seite beginnen."**

So geht's – An- und Auskleiden bei Körperbehinderungen

Vorbereiten

- benötigte Kleidungstücke bereithalten, dabei auf Kleidungsgewohnheiten und -wünsche des Patienten, sowie auf temperaturgerechte Kleidung achten
- Kleidungsstücke zum Ankleiden in die richtige Reihenfolge legen
- Patienten über Pflegemaßnahme informieren und ihn nach Möglichkeit zur Mithilfe auffordern

Durchführen

Ausziehen einer Jacke

- Patienten aufrecht hinsetzen
- Schlafanzugjacke aufknöpfen und über beide Schultern nach hinten streifen, zuerst den gesunden Arm aus dem Ärmel befreien, dann den anderen

Ausziehen eines T-Shirts / Pullovers

- Patienten aufrecht hinsetzen
- gesunden Arm aus dem Ärmel befreien und Vorder- und Rückseite des Kleidungsstückes nach oben raffen
- Kleidungsstück über den Kopf streifen
- Kleidungsstück über den anderen Arm ziehen

Ausziehen einer Hose

- Patienten hinlegen, Beine leicht hochstellen
- Hose bis zum Unterschenkel herunterziehen
- zuerst das Hosenbein des gesunden Beines, dann das andere Bein ausziehen. Dazu Bein oberhalb der Kniekehle leicht anheben, falls der Betroffene nicht mithelfen kann

Anziehen einer Jacke

- Patienten aufrecht hinsetzen
- den Ärmel zusammenraffen und mit der Hand von vorne hineinfahren
- den Unterarm des Patienten greifen, dabei darauf achten, dass Unterarm und Handgelenk beim Hochziehen des Ärmels gerade sind (dies erleichtert das Hochstreifen des Ärmels mit der anderen Hand)
- Jacke um den Rückenbereich legen
- gesunden Arm anziehen

Anziehen eines T-Shirts / Pullovers

- Patienten aufrecht hinsetzen
- den Ärmel zusammenraffen und mit der Hand von vorne hineinfahren
- den Unterarm des Patienten greifen, dabei darauf achten, dass Unterarm und Handgelenk beim Hochziehen des Ärmels gerade sind
- den gesunden Arm anziehen
- Anschließend das Kleidungsstück über den Kopf des Patienten stülpen, im Rücken- und Brustbereich herunterziehen und glatt streichen.

Anziehen einer Hose

- Patient liegt im Bett, beide Beine sind leicht angezogen
- ein Hosenbein zusammenraffen, das kranke Bein leicht anheben und das Hosenbein über den Fuß bis zum Unterschenkel streifen
- Hosenbein über den gesunden Fuß bis zum Unterschenkel stülpen, dann die Hose bis zum Oberschenkel hochziehen
- Patienten bitten, das Gesäß leicht anzuheben, bzw. ihn auf die Seite drehen und Hose hochziehen.

! Der Kleidungswechsel bei Menschen mit Körperbehinderungen erfordert viel Einfühlungsvermögen von der Pflegeperson. Kleidungsstücke des Patienten dürfen niemals hektisch und mit Gewalt entfernt werden.

Aufgaben

1. Welche unterschiedlichen Aufgaben/Ziele erfüllt die morgendliche Körperpflege?
2. Erstellen Sie eine Liste mit den notwendigen Pflegeutensilien, die Sie für die Ganzkörperpflege eines 20-jährigen Patienten benötigen.
3. Beschreiben Sie die Vorgehensweise bei Körperpflege am Waschbecken.
4. Versuchen Sie, sich in einen Patienten mit Lähmung des rechten Armes hineinzuversetzen. Führen Sie dazu verschiedene praktische Übungen zu den Alltagsverrichtungen durch, wie z. B. das Anziehen einer Jacke, das Schließen der Knopfleiste einer Bluse oder das Hochziehen einer Hose.

22 Betten und Wäschewechsel

Bei Krankheit verbringt der Mensch oft mehrere Tage oder Wochen im Bett. Daher ist es von besonderer Wichtigkeit, dass er sich in seiner Schlaf- und Wohnstätte wohlfühlt (saubere, faltenfreie Bettwäsche und bequeme Lage) und dort die Ruhe zur Genesung findet. Das Richten von Bettlaken, Bettdecke und Kissen sowie der Wäschewechsel erfolgt je nach Bedarf. Üblicherweise geschieht das Betten am Morgen, nach dem Mittagessen und am Abend. Die Häufigkeit des Bettwäschewechsels hängt davon ab, ob ein Patient bettlägerig ist oder nur wenige Stunden am Tag im Bett verbringt.
Verschmutzte und verschwitzte Bettwäsche wird sofort gewechselt. Das regelmäßige Betten fördert das Wohlbefinden des Betroffenen und bietet eine gute Gelegenheit für Gespräche mit der Pflegeperson. Es kann zudem mit Beobachtungen und Pflegemaßnahmen (Mundpflege, Einreibungen, Verbände, Mobilisation) verbunden werden, die das Auftreten von Folgeerkrankungen reduzieren kann.

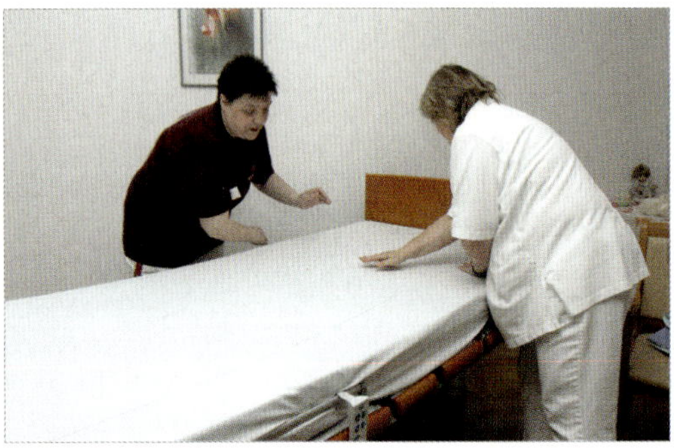

Frisch bezogenes Patientenbett

Hygienisches Vorgehen beim Betten und Wäschewechsel

- Vor und nach dem Betten Hände desinfizieren, bei infektiösen Patienten Einmalhandschuhe und Schutzkittel anziehen,
- keinen Staub aufwirbeln,
- schmutzige Bettwäsche direkt in den Wäschesack und nie auf den Boden legen.

So geht's – Wäschewechsel

Vorbereiten

- Fenster und Türen schließen, evtl. Raum temperieren
- für ausreichenden Bewegungsraum sorgen
- Stuhl für die Ablage von Kissen und Decken ans Bettende stellen
- frische Bettwäsche, evtl. Schlafanzug bereitlegen, Pflege- und Lagerungshilfsmittel, Abwurfbehälter und Wäschesack für Schmutzwäsche bereitstellen

Durchführen

- Patienten über Maßnahme informieren und zur Mithilfe anregen
- Intimsphäre beachten
- Bett auf Arbeitshöhe bringen
- nach Möglichkeit zu zweit arbeiten
- Kopf- und Fußteil flach stellen
- alle Kissen und Lagerungshilfsmittel aus dem Bett entfernen. Kopf kann mit einem kleinen Kissen gestützt werden
- Patienten bitten, sich zur Seite zu drehen (Assistenzkraft dreht Patienten zur Seite)
- altes Bett- und Stecklaken lösen, in Längsrichtung zur Bettmitte aufrollen und unter den Rücken des Patienten schieben

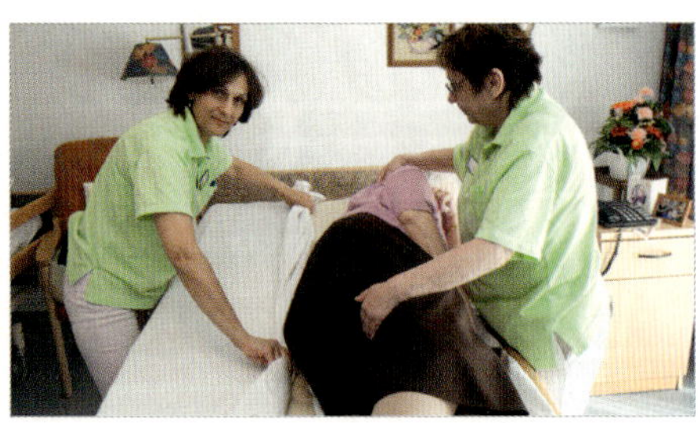

- Frisches Bett- und Stecklaken auf der abgezogenen Matratzenhälfte auseinanderfalten und platzieren. Zunächst das obere Ende einschlagen und unter die Matratze schieben, dann das untere Ende und zum Schluss das Bettlaken **faltenfrei** einspannen.
- restliches Bett- und Stecklaken zur Bettmitte hin zusammenrollen und unter die Rolle des alten Bettlakens schieben
- Patienten bitten, sich über die Bettlakenrolle auf die bereits bezogene Bettseite zu drehen (Assistenzkraft dreht Patienten auf die andere Seite)
- schmutzige Bett- und Stecklaken lösen, zusammenfalten und in den Wäschesack geben
- das frische Bett- und Stecklaken ausrollen und faltenfrei einspannen
- Bettlägerigen bitten, sich in Rückenlage zu bringen (Assistenzkraft dreht Patienten in Rückenlage)
- Patienten nach faltenfreier, angenehmer Lage befragen oder sich selbst durch einen Griff mit der flachen Hand zwischen Laken und Rücken/Gesäß des Patienten davon überzeugen
- benutzten Kissen- und Bettbezug entfernen und in den Wäschesack geben
- Bettdecke und Kissen mit frischer Bettwäsche beziehen: Dazu mit den Händen bis zu den oberen Ecken in den auf links gedrehten Bezug fassen und nun die beiden gegenüberliegenden Zipfel der Bettdecke/des Kissens mit den Fingern festhalten, Bezug über die Bettecke/das Kissen ziehen

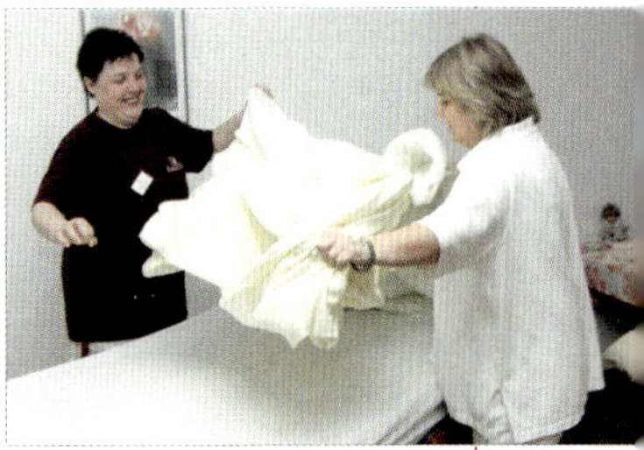

- frisch bezogene Bettdecke und Kissen ins Bett legen und Patienten evtl. mit Lagerungshilfsmittel lagern,
- Kopfteil auf Wunsch einstellen

Nachbereiten

- Bett in Ausgangsposition bringen
- Patienten nach angenehmer Lage und Wünschen befragen
- Raum evtl. lüften,Rufanlage in Reichweite des Patienten legen
- gebrauchte Materialien sachgerecht entsorgen
- Hände desinfizieren

! Wenn der Patient auf die Seite gedreht wird, schützt eine zweite Assistenzkraft oder ggf. ein Bettgitter auf der gegenüberliegenden Seite vor dem Sturz.

Aufgaben

1. Sie betreuen einen immobilen (unbeweglichen), bettlägerigen Patienten. Führen Sie Möglichkeiten zum rückenschonenden Betten auf.
2. Finden Sie sich in Kleingruppen zusammen und diskutieren Sie über die Bedürfnisse eines bettlägerigen Menschen im Vergleich zu einem gesunden, mobilen (beweglichen) Menschen.
3. Die neue Praktikantin wird mit Ihnen zum Betten- und Wäschewechsel eingeteilt. Welche wichtigen Informationen zur hygienischen Arbeitsweise würden Sie ihr geben?

23 Bäder und Toiletten sauber halten

Sanitärräume sind die Visitenkarte eines Hauses oder einer Wohngruppe. Sie müssen immer einen gepflegten Eindruck machen. Schon bei der Einrichtung ist auf zweckmäßige und ansprechende Gestaltung zu achten.
Neben der üblichen Ausstattung mit Duschwanne, Waschbecken, Spiegel und Bord sowie Toilettenbecken kommt es hier auch auf praktische Hilfsmittel an, z. B.:
- Ablagemöglichkeiten für Kleidung,
- Haken für Handtücher und Waschlappen,
- Abstellmöglichkeiten für Pflegemittel,
- Regale oder Schränke zur Unterbringung von Wäsche, Kosmetik- und Hygieneartikeln,
- Abfalleimer.

Nasszelle

Sanitärräume müssen in einem hygienisch einwandfreien Zustand sein, um die Vermehrung von Bakterien und die Übertragung von Krankheiten zu vermeiden. In stationären Einrichtungen oder in Wohngruppen erfolgt die Reinigung der Sanitärräume meist durch hauswirtschaftliche Fachkräfte. Grundkenntnisse sind jedoch auch für Mitarbeiter in der Pflege notwendig, etwa um die Reinigungsarbeiten gemeinsam mit den Bewohnern zu erledigen. Eine Reinigung könnte auch dann notwendig sein, wenn die Räume durch unvorhergesehene Ereignisse verschmutzt werden und der Reinigungsdienst nicht zur Verfügung steht.

Gefahrzeichen und Sicherheitshinweis (Symbol links läuft demnächst aus, ist jedoch noch auf Reinigungsmitteln zu finden)

23.1 Arbeitsmittel für Reinigungsarbeiten auswählen

Allzweckreiniger eignen sich auch zur Reinigung normaler Verschmutzungen im Sanitärbereich. Spezialreiniger wie WC- oder Sanitärreiniger enthalten Säuren und sind dadurch sehr wirkungsvoll, um die typischen Verschmutzungen wie Kalkablagerungen, Urinstein und Fäkalienreste zu entfernen. Viele dieser Produkte enthalten Wirkstoffe, die Gefahrstoffe im Sinne der Gefahrstoffverordnung (**GefStoffV**) sind. Gefahrenzeichen und Piktogramme auf den Verpackungen geben entsprechende Hinweise.

Um Gesundheitsrisiken oder Verletzungen beim Arbeiten mit diesen Mitteln zu vermeiden, sind die Vorschriften auf den Verpackungen oder der **Betriebsanweisungen** zu beachten:
- Anwendung der Reinigungsmittel, z. B. verdünnt oder unverdünnt, Einwirkzeit beachten,
- notwendige Schutzmaßnahmen, z. B. Handschuhe, Frischluftzufuhr, Erste-Hilfe-Maßnahmen.

Besondere Aufmerksamkeit verdient die sorgfältige Handpflege vor und nach dem Umgang mit Reinigungsmitteln (s. S. 28).

Neben Vlies- und Mikrofasertüchern kommen **Padschwämme** zur Reinigung der Becken und Armaturen zum Einsatz.
Padschwämme bestehen aus einem saugfähigen Schwamm und einer Padauflage. Es gibt große Unterschiede in den Härtegraden der Pads, da

manche Schleifkörper enthalten. Padschwämme sollten zu den Materialien und Verschmutzungen passend ausgewählt werden, um ein Verkratzen zu vermeiden.

Die Eigenschaften der Pads lassen sich im Allgemeinen an deren Farben erkennen. Je dunkler die Farbe der Vliese, desto mehr Schleifkörper enthalten sie. Damit verbunden sind ihre stärkere Reinigungswirkung und damit auch die Gefahr, empfindliche Materialien zu verkratzen.

Für die Reinigung im Sanitärbereich nur Schwämme mit hellen Pads verwenden, da die Werkstoffe in Sanitärräumen starkes Scheuern nicht vertragen.
Diese Werkstoffe sind:

- Keramik bei Wasch-, Toiletten- und Duschbecken,
- Kunststoff bei Duschbecken, Toilettenbrillen, Haltevorrichtungen,
- verchromtes Metall bei Armaturen (Wasserhahne, Brausen),
- Glas für Spiegel.

Die Arbeitsmittel für die Bereiche Toilette und Körperpflege unterscheiden sich farblich:

- Rot für den Toilettenbereich,
- Gelb für den Bereich Körperpflege,
- Blau für abwaschbare Oberflächen und Möbel.

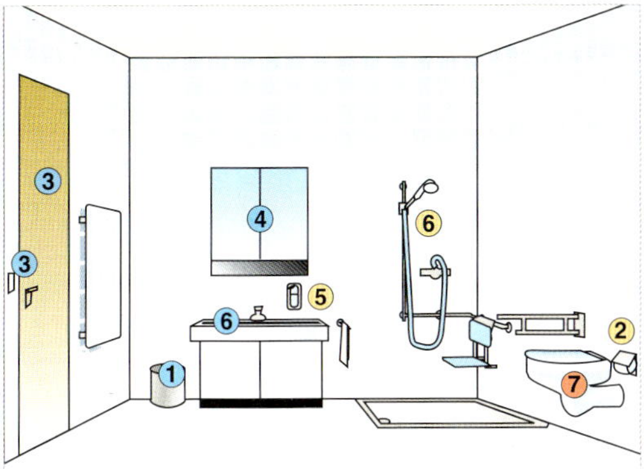

Arbeitsablauf Unterhaltsreinigung in einer Nasszelle

Geordnete Arbeitsbewegungen verlaufen

- von oben nach unten
- in Querrichtung schlangenförmig von rechts nach links
- von hinten nach vorne

23.2 Reinigungsarbeiten durchführen

Eine regelmäßige Reinigung der Badezimmer und Toiletten ist besonders in Wohngruppen und auf Pflegestationen zwingend notwendig. Die Häufigkeit ergibt sich aus dem Hygieneplan der Einrichtung.

Der Reinigungsaufwand für Waschbecken und Duschen lässt sich erheblich verringern, wenn alle in der Familie oder in der Wohngruppe nach der Benutzung Armaturen, Becken und Wände der Duschkabinen trocken wischen. Dafür sollten ein Abzieher und entsprechende Tücher griffbereit sein.

Neben der Reinigung des Fußbodens (s. S. 97) sind die Ausstattungen zu säubern.

So geht's – Reinigung der Sanitärräume

Vorbereiten:

- Hautschutzmaßnahmen durchführen
- Arbeitsmittel bereitstellen: rotes Vliestuch, roter Eimer, gelbes Vliestuch, gelber Padschwamm, gelber Eimer, kleine Folienbeutel
- Allzweckreiniger und Sanitärreiniger bereitstellen
- Handschuhe anziehen
- Reinigungsmittellösung mit Allzweckreiniger herstellen

Durchführen

- Toilettenbecken mit Reinigungsmittel vorbehandeln, einwirken lassen
- Abfallbehältnisse leeren, neue Folienbeutel einlegen
- Bereich **Körperpflege** reinigen: Wandfliesen in Sichthöhe, Spiegel, Ablagen, Handtuchhalter, Trennwände, Griffspuren an Türen mit **gelbem** Vliestuch feucht abwischen
- Waschbecken, Dusch- oder Badewanne sowie Armaturen innen und außen mit Padschwamm reinigen, mit Vliestuch nachtrocknen

Waschbeckenreinigung

- Bereich **Toilette** reinigen: Toilettenpapierhalter, Haltegriffe feucht mit **rotem** Vliestuch abwischen sowie Toilettensitz Ober- und Unterseite, Wandfliesen im Spritzbereich
- Toilettenbecken innen mit Toilettenbürste reinigen
- Beckenrand und Toilettenbecken außen mit Vliestuch abwischen
- Bürstenbehälter ausleeren und auswischen
- Reinigungsergebnis kontrollieren
- Toilettenpapier auffüllen

Aufräumen

- Reinigungstücher und Schwämme auswaschen
- Eimer ausspülen und nachtrocknen
- Reinigungsmittel aufräumen
- abschließend Handpflege durchführen

! Im Pflegebereich sind für jede Nasszelle frische Tücher zu verwenden, um Keimverschleppung zu vermeiden.

Aufgaben

1. Informieren Sie sich während des Praktikums über den Reinigungs- oder Hygieneplan für die Sanitärräume. Wie häufig werden diese gereinigt? Welche Hinweise zur Verwendung der Reinigungsmittel können Sie darin finden?
2. Vergleichen Sie die Angaben auf der Verpackung sowie die Inhaltsstoffe von Allzweckreinigern, Sanitärreiniger und Scheuermilch.
3. Erkunden Sie in einem Supermarkt das Angebot von Reinigungsmitteln für Bäder und Toiletten. Beurteilen Sie das vielfältige Angebot.

24 Hygiene in Küchen von Wohngruppen

Um eine Gesundheitsgefährdung durch Lebensmittel zu vermeiden, sind Hygienemaßnahmen in der Küche besonders wichtig. Neben dem hygienisch einwandfreien Umgang mit Lebensmitteln (s. S. 19) ist hier ein Mindeststandard an Sauberkeit notwendig. Dies erfordert die sorgfältige und regelmäßige Durchführung der Reinigungsarbeiten. Bewohner können bei entsprechender Anleitung mithelfen.

24.1 Geschirrspülen

Geschirrspülen ist von allen Reinigungsarbeiten diejenige, die besonders häufig zu erledigen ist. Nach jeder Mahlzeit sind Essgeschirr, Essbesteck und benutzte Arbeitsgeräte zu spülen.

Geschirrspülen in der Maschine ist hygienisch und ökologisch besser als das Spülen von Hand. Die Maschine arbeitet mit höheren Temperaturen als beim Handspülen möglich ist. Sie benötigt nur die Hälfte der Wassermenge und ein Drittel weniger Energie als das Spülen von Hand, wenn

- die Geschirrspülmaschine voll beladen ist,
- das Spülprogramm abgestimmt ist auf Geschirrart und Verschmutzungen.

> ! Auf den Verpackungen von Maschinengeschirrspülmitteln befinden sich häufig Gefahrensymbole, die beim Umgang zu beachten sind.

So geht's – Geschirrspülen mit der Maschine

Vorbereiten

- Abfallbehälter und Gummischaber bereitlegen
- Speisereste mit Teigschaber vom Geschirr entfernen, Getränkereste ausgießen

Einräumen der Maschine

- in den oberen Korb Gläser, Tassen und empfindliche Teile aus Kunststoff einsortieren
- in den unteren Korb Teller, Schüsseln und Kochtöpfe einräumen. Darauf achten, dass Porzellan- und Glasteile nicht aneinander stoßen. Bestecke nicht zu dicht in die Körbe einordnen, damit diese gut umspült werden.
- Geschirrreiniger nach Dosieranweisung in den Aufnahmebehälter füllen
- Maschine schließen, Spülprogramm wählen, Maschine in Betrieb setzen

Ausräumen der Maschine

- vom unteren Korb beginnend ausräumen und dabei überprüfen, ob alle Teile sauber sind, Gläser und Bestecke mit Geschirrtuch polieren
- Siebeinsatz unterhalb des Unterkorbes bei Bedarf entleeren
- ggf. Salz und Klarspüler nachfüllen

Große Geschirrteile, Kochtöpfe, Bratpfannen und manche Arbeitsgeräte lassen sich besser von **Hand spülen**, weil sie wegen ihrer Größe oder ihrer Materialien nicht zum maschinellen Spülen geeignet sind.

So geht's – Geschirrspülen von Hand

Vorbereiten

- Schmutziges Geschirr vorreinigen, dabei die Speisereste entfernen, starke Verkrustungen einweichen, entsprechend der Reihenfolge beim Spülen auf der rechten Abstellfläche anordnen
- Schutzhandschuhe anziehen
- Spültuch, Padschwamm oder Spülbürste bereitlegen
- Im rechten Spülbecken Spülwasser mit sparsam dosiertem Spülmittel und im linken Spülbecken klares Nachspülwasser vorbereiten. Die Wassertemperatur so heiß wie möglich wählen.

Spülen

- Zuerst wenig verschmutzte kleine Teile, dann größere und stärker verschmutzte Teile abwaschen
- jedes Teil einzeln nachspülen
- Arbeitsergebnis kontrollieren
- Geschirr zum Abtropfen in Geschirrkorb einordnen und trocknen lassen

Aufräumen

- Spülbecken, Abstellfläche reinigen
- Spültuch und Bürste ausspülen, trocknen lassen
- Geschirr in die Schränke einräumen

! In Wohngruppen Spültücher und Abtrockentücher häufig wechseln, Spülbürsten in der Geschirrspülmaschine reinigen.

24.2 Küchen reinigen

Aus dem Einmaleins der Hygiene (s. S. 19) ergeben sich regelmäßig anfallende Reinigungsarbeiten, vor allem dort, wo Lebensmittel aufbewahrt und verarbeitet werden.

Unterhaltsreinigung in Küchen umfasst alle Reinigungsarbeiten, die in kürzeren Abständen ausgeführt werden, um normale Verschmutzungen zu beseitigen.

Eingebrannte oder verkrustete Verschmutzungen, die zudem noch an schwer zugängigen Stellen sitzen, benötigen dagegen eine **Grundreinigung**.

Sauberes Arbeiten während der Nahrungszubereitung lässt viele Verschmutzungen erst gar nicht entstehen und erspart Reinigungsarbeiten.

- **Arbeitsflächen** nach jeder Benutzung abwischen, ebenso frische Verschmutzungen und Griffspuren an Schranktüren und Schubladen. Hierfür Allzweckreiniger, weiche Padschwämme und Vliestücher (in grüner Farbe) verwenden.
- **Kochmulden** und fest haftende Verschmutzungen auf Glaskeramikfeldern mit Glashobel oder Spezialreinigungsmittel entfernen. Herdplatten mit Scheuermilch oder Schwamm mit grüner Padauflage reinigen.
- **Backofen** feucht auswischen, bei Bedarf Innenraum nach Empfehlungen der Hersteller reinigen. Verkrustungen zuerst mit feuchtem Schwamm anweichen, dann entfernen. Fronten und Schalter mit Allzweckreiniger reinigen.

Kühlgeräte alle zwei Wochen reinigen.
Eine der ersten Aufgaben einer Assistenzkraft, die einen neuen Haushalt betreut, ist das Kontrollieren des **Kühlschranks**. Alle Lebensmittel werden auf ihre Haltbarkeit hin überprüft, insbesondere angebrochene Packungen. Verdorbenes sowie welkes Obst und Gemüse wegwerfen. **Kühlgeräte** einmal im Monat ganz ausräumen und reinigen, Lebensmittel überprüfen und in die richtigen Kältezonen einsortieren.

So geht's – Kühlschrank reinigen

Vorbereiten

- kleinen Eimer, grünes Vliestuch, Allzweckreiniger oder Essigreiniger bereitstellen
- Reinigungsmittellösung herstellen
- Teewagen bereitstellen oder Abstellfläche frei räumen
- Kühlgerät ausschalten
- Lebensmittel ausräumen, kontrollieren, auf Abstellfläche fächerweise abstellen

Durchführen

- Einlegeböden, Einsätze und Schubladen herausnehmen, reinigen, auf Abstellfläche ablegen
- Innenraum von oben nach unten feucht auswischen, nachtrocknen
- Tür und Dichtungsring reinigen
- Außenflächen reinigen
- Lüftungsgitter entstauben
- Ablauf für Kondenswasser frei halten
- Reinigungsergebnis kontrollieren

Aufräumen

- Einlegeböden, Einsätze und Schubladen einsetzen
- Lebensmittel einräumen
- Gerät anschalten (auf höchster Stufe kühlen bis Temperatur erreicht ist, dann zurückstellen), nach gewisser Zeit Temperatur kontrollieren (4–8 °C)
- Arbeitsfläche oder Teewagen reinigen
- Vliestuch in die Wäsche geben, Eimer auswischen
- Arbeitsgeräte wegräumen

24.3 Abfälle entsorgen

Umweltbewusstes Verhalten durch richtiges Entsorgen und Vermeiden von Abfällen gehört zum verantwortungsvollen Umgang mit Ressourcen (s. S. 98), außerdem verpflichten Rechtsvorschriften wie das Abfallgesetz dazu.

Grundlage ist das Gesetz zur Förderung der Kreislaufwirtschaft und Sicherung der umweltverträglichen Beseitigung von Abfällen (KrW-/AbfG). Es hat den Zweck, einen Stoffkreislauf zur Schonung der natürlichen Ressourcen und die umweltverträgliche Beseitigung von Abfällen zu fördern.

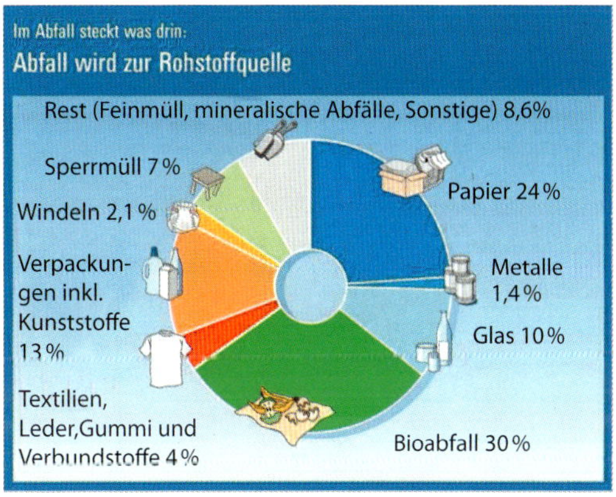

Fachgerechtes Sortieren der Abfälle ist die Voraussetzung dafür, dass der Stoffkreislauf funktioniert. Es gibt zunehmend mehr technische Möglichkeiten, Abfälle durch Recyceln wiederverwendbar zu machen. Dafür ist jedoch ein möglichst sortenreines Trennen notwendig.

Schultertasche und Cappy aus recycletem PET

24.3.1 Abfälle sortieren

Unterschiedliche Sammelsysteme für Abfälle

„Abfallfibeln" der Gemeinden oder Landkreise geben verbindliche Hinweise zum Sortieren aller Abfälle. Örtliche Abfallkalender informieren über Termine der Müllabfuhr. Privathaushalte und Einrichtungen entwickeln aus diesen Vorgaben ihre eigenen Sammelsysteme mit Behältern für die verschiedenen Abfallarten, Körben oder Kisten für Pfandflaschen, Aufbewahrungsmöglichkeiten für Sonderabfälle wie Batterien, Medikamente, infektiöse Abfälle.

Die Abfallbehältnisse haben die für die einzelnen Abfallgruppen üblichen Farben.

Leichtverpackungen (Metalle, Kunststoffe, Verbundmaterialien)

Verpackungen aus Pappe, Karton und Papier

Glas, getrennt nach Weißglas, Braunglas und Grünglas

kompostierbarer Abfall (organische Abfälle von der Verarbeitung von Obst und Gemüse, Pflanzenreste)

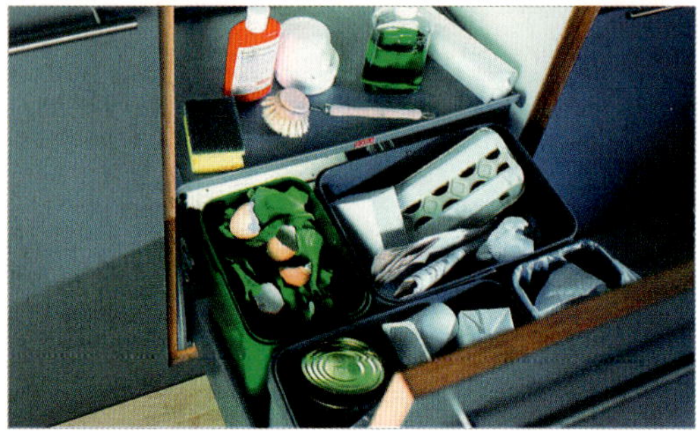

Mülltrennung im Haushalt

Tipps zum Sortieren

- Verpackungen zerkleinern durch Auseinanderfalten von Kartons, Flachdrücken von Konservendosen und Tetrapackungen.
- Unterschiedliche Materialien trennen, z. B. Glasflaschen und Metallverschlüsse, Papieretiketten von Blechdosen, Aluminiumdeckel von Kunststoffbechern.

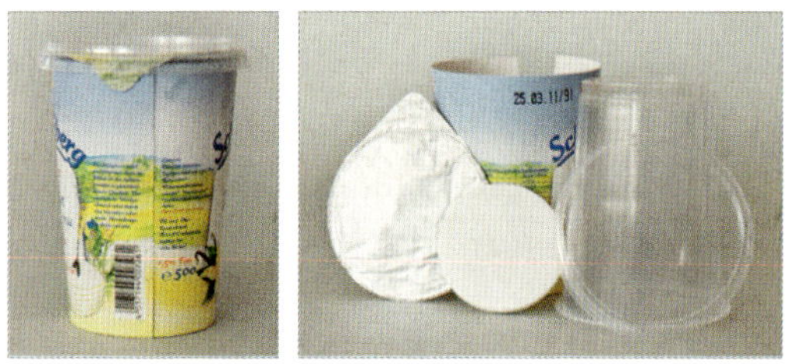

Der Joghurtbecher lässt sich in drei Materialien trennen: Aluminium, Papier, Kunststoff

Aus Abfällen können leicht Hygienerisiken entstehen, deshalb

- Abfallbehälter für Hygiene- und Küchenabfälle müssen einen dicht schließenden Deckel haben,
- verschmutzte Windeln und Inkontinenzartikel in verschlossenen Plastikbeuteln mit dem Restmüll entsorgen,
- Verpackungen von Lebensmitteln vollständig entleeren, Speisereste zum Restmüll geben,
- Abfallbehälter mit kompostierbaren Abfällen häufig entleeren,
- Mülleimer nach dem Entleeren auswischen und mit Folienbeuteln auslegen.

In Pflegeeinrichtungen werden die sortierten Abfälle täglich in zentralen Abfallsammelbehältern entsorgt. Die vorübergehende Lagerung auf Fluren oder vor Aufzügen ist zu vermeiden.

24.3.2 Abfälle vermeiden

Die Entsorgung von Abfällen kostet Geld. Sie wird zunehmend teurer, weil Transport, Lagerung, Sortierung und der Unterhalt von Mülldeponien erhebliche Kosten verursachen.

Umweltbewusster Umgang mit Abfällen beginnt damit, das Entstehen von Abfällen zu vermeiden. Verpackungen sind dafür ein gutes Beispiel. Die **Verpackungsverordnung** (VerpackVO) schreibt vor, Abfälle zu vermeiden, indem

- Verpackungen nach Volumen und Gewicht auf das Notwendigste beschränkt werden,
- wiederverwendbare Verpackungen bevorzugt werden,

Wiederverwertbare Behältnisse

- Verpackungen stofflich verwertet werden, sofern sie nicht wiederbefüllt werden können. Das bedeutet, dass diese zur Herstellung anderer Materialien Verwendung finden, also durch Recycling dem Stoffkreislauf zugeführt werden.

Symbole auf den Verpackungen geben Hinweise auf die stoffliche Verwertung:

- Einweg Getränkeverpackungen: DPG Logo (Deutsche Pfandsystem GmbH)

Bei Rückgabe der Flaschen erhält der Kunde die Pfandgebühr zurück. Das Material kann recycelt werden und belastet nicht den Restmüll.

- Verpackungen für Obst und Gemüse: Hinweis auf Kompostierbarkeit
- Verkaufspackungen wie Konservendosen, Getränketüten aus Verbundkartons, Kunststoffverpackungen usw. Der Grüne Punkt und andere Zeichen weisen darauf hin, dass die Verpackung durch das Duale System anerkannte Entsorgungsunternehmen sortiert und verwertet wird. Bei allen Verpackungen, die mit solchen Zeichen versehen sind, handelt es sich um **Einwegsysteme**. Sie können in der gleichen Form nicht mehrmals verwendet werden.

> ! Mehrwegsysteme sind meistens umweltfreundlicher als Einwegsysteme.

Das persönliche Verhalten jedes Einzelnen und die Maßnahmen hauswirtschaftlicher Betriebe können einen wesentlichen Beitrag zur Vermeidung von Abfällen leisten:

- Verbrauch von Einwegmaterialien verringern,
- Verpackungsmaterial einsparen,
- Mehrwegpackungen nutzen,
- Portionsverpackungen meiden,
- Produkte aus recycelfähigen und recycelten Materialien kaufen.

Aufgaben

1. Informieren Sie sich über die Abfallentsorgung in Ihrem Wohnort. Stellen Sie die gewonnenen Informationen durch eine Mind-Map dar.
2. Erklären Sie den Begriff „recyceln".
3. Beschreiben Sie an ausgewählten Beispielen, wie Sie in Ihrer Einrichtung/zu Hause die Abfallmenge verringern können.

25 Tätigkeiten organisieren

Personen in Wohngruppen brauchen entsprechend ihrer Fähigkeiten Möglichkeiten zu einer individuellen Lebensgestaltung. Dazu gehört auch, die Beteiligung an hauswirtschaftlicher Grundversorgung zu erhalten oder zu fördern.

Folgende Aktivitäten zur alltäglichen Lebensführung sind im „Fragebogen zur Erhebung des Hilfebedarfs von Menschen mit Behinderung" von Prof. Dr. Heidrun Metzler aufgezählt:

- Einkaufen,
- Zubereitung von Zwischen- und Hauptmahlzeiten,
- Wäschepflege,
- Ordnung im eigenen Bereich,
- Geld verwalten.

Diese Arbeiten führen Assistenzkräfte nach Anweisung nur dann eigenverantwortlich durch, wenn der Mensch mit Behinderung es nicht selbst kann. Sonst unterstützen und beobachten sie die Klienten dabei. Dafür ist eine gute Arbeitsorganisation notwendig.

25.1 Arbeitsabläufe planen

„Erst denken, dann handeln" ist der Grundsatz aller Arbeitsplanung, um Pannen, Misslingen, Verletzungen und sonstige Risiken zu vermeiden.

Planen ist eine gedankliche Vorwegnahme eines Arbeitsablaufs, um mit sparsamen Einsatz von Material und Zeit ein gutes Ergebnis zu erreichen.

Der **Arbeitsplan** beschreibt in Stichworten alles Wichtige für ein reibungsloses Arbeiten. Hier ermöglichen Leitfragen ein geordnetes Vorgehen:

- Was ist zu tun?
  Arbeitsaufgabe klar benennen und eingrenzen.
- Wie wird dies erledigt?
  Reihenfolge der Arbeitsschritte auflisten und durch Hinweise und Regeln erläutern.
- Womit wird dies erledigt?
  Materialien, Geräte aufzählen.
- Wann steht die Arbeit an?
  Datum oder Zeitraum angeben.
- Wer macht was?
  Verantwortlichkeit zuordnen, Arbeitsteilung unter mehreren Personen festlegen.

In einer Wohngruppe wird auf Tischkultur geachtet. Alle essen gemeinsam am gedeckten Tisch. Abwechselnd wird das Tischdecken übernommen. Dieser Arbeitsplan legt dies fest.

Leitfrage	Erläuterungen
Was?	Tisch für Mittagessen eindecken
Womit?	8 flache Teller, 8 Gabeln, 8 Messer 8 kleine Löffel, 8 Wassergläser, Servietten und Vorbinder, Teewagen zum Transportieren
Wie?	1. Alles bereitstellen.  2. Teller einsetzen. 3. Gabel links vom Teller, 4. Messer rechts vom Teller mit Schneide nach innen, 5. kleine Löffel oben quer ablegen. Das Besteck immer am Griff anfassen. 6. Glas rechts vom Teller über dem Messer einstellen. Das Glas unten anfassen. 7. Neben der Gabel Serviette oder Vorbinder ablegen.
Wann?	Etwa 15 Minuten vor dem Mittagessen
Wer?	Tischdeckamt und Betreuerin

Durch die Beantwortung der Leitfragen ergibt sich ein umfassender Überblick über den Arbeitsablauf. Dieser ist wichtig für die weitere Organisation der eigenen Arbeit und für das gemeinsame Arbeiten im Team oder mit Klienten.
Der Arbeitsplan findet unterschiedliche Verwendung. Führt die Assistenzkraft die Arbeit selbst aus, ist dieser Plan ein Standard, nach dem sie arbeitet.

Gemeinsames Abwaschen

Ist die zu erledigende Arbeit ein **Aktivierungsangebot** für Klienten, lassen sich von dem Arbeitsplan weitere Überlegungen ableiten. Die Assistenzkraft stimmt ihn individuell auf die Personen ab, mit denen sie diese Arbeit ausführt. Dabei ist zu klären, worin deren individuellen **Fähigkeiten, Stärken und Vorlieben** liegen. Auch die personenbezogenen Förderpläne lassen sich hier berücksichtigen.

> **!** Eine an den Fähigkeiten der Personen orientierte Anleitung vermeidet Über- oder Unterforderung.

Nach einem genauen Blick auf die Arbeitsschritte stellen sich drei wichtige Fragen:
- Welche Arbeitsschritte können die Klienten ohne Hilfe ausführen?
- Bei welchen ist Hilfestellung notwendig?
- Bei welchen ist eine stellvertretende Ausführung notwendig?
- Wie viele Teller kann die Klientin auf einmal tragen?
- Ist das Einhalten der Hygieneregeln beim Eindecken der Besteckteile möglich?
- Wie lange wird sie benötigen, um den Tisch einzudecken?

Aus den Antworten ergibt sich die Art der Betreuung durch die Assistenzkraft während des Arbeitens. Sie muss sich über ihr **pädagogisches Konzept** klar werden. Dieses zeigt, wie sie auf der einen Seite selbstständiges Arbeiten ermöglichen und gleichzeitig die zielgerichtete Erledigung sicherstellen kann. Bei jeder Anleitung muss sich die Assistenzkraft ihr Konzept bewusst machen und danach handeln.
- Klienten selbstständig arbeiten lassen und dabei aufmerksam beobachten,
- Hilfestellung geben und gemeinsam arbeiten,
- gewähren lassen, auch bei Fehlern,
- Handgriffe vormachen und erklären,
- Eingreifen in gefährlichen Situationen.

25.2 Arbeiten koordinieren

Neben dem Planen einzelner Arbeitsabläufe erfordert das Zusammenleben die Organisation größerer Zeiteinheiten wie Tage oder Wochen. **Tages- oder Wochenpläne** (Beispiel s. S. 156) ermöglichen eine übersichtliche Tagesstruktur für die Klienten und geben den Teammitgliedern Überblick über anfallende Arbeiten. Wichtige Informationen für einen Plan sind:
- die anfallenden Arbeiten oder Ereignisse,
- Termin oder Uhrzeit,
- beteiligte oder betroffene Personen.

Das Team erstellt gemeinsam den Plan mit Beteiligung der Klienten. Die Teammitglieder teilen die anfallenden Arbeiten untereinander auf und berücksichtigen dabei die Dienstpläne. Der Wochenplan wird für alle Bewohner gut sichtbar aufgehängt. Gleichzeitig ist er ein wichtiges Dokument für das Qualitätsmanagement.

Versorgen sich Wohngruppen selbstständig mit Mahlzeiten, sind die Bestandskontrolle der Vorräte und die **Planung des Einkaufes** von Lebensmitteln wichtige Organisationsaufgaben. Damit immer ein Grundvorrat an Lebensmitteln vorhanden ist, verabredet jede Gruppe ein System, z. B. auf einer Notiztafel aufzuschreiben, welche Lebensmittel beim nächsten Mal einzukaufen sind.

Zusätzlich ergibt sich aus dem Speiseplan ein gewisser Bedarf an Lebensmitteln. Eine übersichtlich gegliederte **Einkaufsliste** ist eine Möglichkeit, alle benötigten Lebensmittel aufzuschreiben und damit den Einkauf zu planen.

Der Aufbau der Einkaufsliste orientiert sich an:

- Produktgruppen der Lebensmittel,
- der Anordnung der Lebensmittel im Supermarkt,
- der möglichen Arbeitsteilung beim Einkaufen, wenn mehrere Personen mithelfen.

Vor dem Einkaufen überlegt die Assistenzkraft welche Behälter wie Klappkörbe, Kühltaschen sie mitnimmt. Sie stellt Leergut bereit und gibt Kühlelemente in die Kühltasche. Mit der Einkaufsliste läßt sich abschätzen, wie teuer der Einkauf wird, dementsprechend nimmt sie Bargeld oder Karte mit.

Aufgaben

1. Erstellen Sie eine Mappe mit einfach zu erstellenden Rezepten zur Mittagsversorgung. Erarbeiten Sie für eines der Gerichte einen Arbeitsplan.
2. Planen Sie ein Aktivierungsangebot für eine hauswirtschaftliche Tätigkeit für Kinder oder Senioren.
3. Entwerfen Sie eine Gliederung für eine Einkaufsliste, die nach Produktgruppen sortiert ist.

Wochenplan Wohngruppe Lindenbau (Auszug):

Donnerstag 9. Juli	Freitag 10. Juli	Samstag 11. Juli	Sonntag 12. Juli
Bis 9.00 Bestellung Pflegeartikel	8.30 Kundendienst Waschmaschine	9.00 Eltern holen Monika ab	
10.00 Teamsitzung 11.00 Peter KG		Zimmer aufräumen	11.00 Ausflug ins Freilichtmuseum 
17.00 Einkaufen	Kuchen backen 	Kaffeetrinken Geburtstag Maximilian	Ab 17.30 Gemeinsames Kochen
Vorlesen	Spieleabend	Fernsehen	

Symbole und Abbildungen aus Vorlagen zur unterstützenden Kommunikation (s. S. 34) erleichtern das Verstehen des Plans

Kartoffelsuppe-Rezept für 4 Personen

Zutaten		Arbeitsablauf Zubereitung
400 g 600 g 2	Gemüse Kartoffeln Zwiebeln	} schälen und putzen, alles in Würfel schneiden
10 g	Butter	5 Min. andünsten, mit
1 l 1/2 TL 1 Msp. 4 EL 1 TL 4 TL	Wasser Salz Pfeffer Schlagsahne Kräuter der Provence Gemüsebrühe	auffüllen, 10 Min. kochen, abschmecken, anrichten, mit
2 EL	Petersilie	garnieren

Variationen

- 100 g Krabben vor dem Anrichten hinzufügen
- 50 g geräucherten Schinkenspeck würfeln, anbraten, vor dem Anrichten dazugeben
- 50 g geraspelten Emmentaler und 1 Pr. Muskat über die angerichtete Suppe geben
- fertige Suppe pürieren, Einlage wie z. B. Würstchen anschließend hinzufügen

Forum

Musik tut allen gut

Musik ist ein wichtiger Bestandteil des Lebens, unabhängig vom Lebensalter. Kinder entdecken damit ihre Umwelt, Musik ist Bestandteil von Ritualen. Auch bei älteren Menschen fördert Musik positive Gefühle.

Musik kommt in allen Kulturen vor und begleitet uns in vielerlei Situationen im Laufe des Lebens. Zu religiösen Feiern, traditionellen Festen, politischen und gewerkschaftlichen Veranstaltungen gehört Musik als Ausdrucksmittel. Und ganz persönlich ermöglicht Musik jedem, sich individuell auszudrücken.

Musik wirkt durch das Zusammenwirken von Klang, Harmonie, Rhythmus, Dynamik und Melodie. Sie kann Menschen glücklich machen, Ängste besänftigen, anregend wirken. Nach dem eigenen Musizieren, Singen oder Musik hören fühlen sich viele Menschen entspannt und in besserer Stimmung. Reaktionen auf Musik können individuell sehr unterschiedlich sein, bis hin zur Aggressivität. Sie sind abhängig von persönlichen Erinnerungen, der Stimmungslage, Interessen und kulturellem Hintergrund.

Sowohl in den Bildungsplänen zur Förderung von Kindern, als auch in Betreuungskonzepten für Senioren spielt das Musikerleben mit allen Sinnen eine große Rolle.

Zur elementaren Musik gehören neben den Tönen auch die damit verbundene Sprache und Bewegung. Aktives Tun und das Spielen mit allen Elementen der Musik machen diese erlebbar. Lebendiges Musikerlebnis entsteht durch den Einsatz der Sinne wie hören, sehen, fühlen. Es vermittelt Wärme, Energie und weckt Seelenkräfte.

Musik soll vor allem Freude machen. Tätigkeiten wie singen, sprechen, musizieren mit Instrumenten, im Rhythmus bewegen sowie hören miteinander kombiniert und adressatengerecht abgestimmt ermöglichen vielfältige Angebote zur Aktivierung von Senioren oder zur Förderung der Freude an Musik bei Kindern.

Singen von Liedern fördert die Lern-und Merkfähigkeit. Der an eine Melodie gebundene Text lässt sich leichter erlernen und im Gedächtnis behalten.

Singen oder Musizieren in einer Gruppe wirkt sich positiv auf das Sozialverhalten aus und ermöglicht etwas gemeinsam zu tun.

Angebote zur musikalischen Aktivierung knüpfen an den Erfahrungs-und Erlebnisbereich der jeweiligen Grippen an.
Bewährte Themen sind z.B.:

- Jahreszeitliche Ereignisse wie Winter, Frühling, Abend
- Feste im Jahresverlauf wie Geburtstag, Weihnachten
- Tätigkeiten wie Wandern, Tätigkeiten in Haushalt, Werkstatt.

Musik verbindet: ein gemeinsam gesungenes Lied kann gut in Gruppenrituale eingebunden werden, wie Morgenkreis, Mahlzeiten, Verabschieden.

Aufgaben

1. Sammeln Sie Beispiele aus Ihrem Erfahrungsbereich, welche unterschiedliche Wirkung Musik auf Sie hatte.
2. Erfassen Sie die Musikangebote in Ihrem Praktikumsbetrieb.
3. Hospitieren Sie bei einem musikalischen Aktivierungsangebot. Beschreiben Sie Ihre Beobachtungen.

HELP – für Senioren

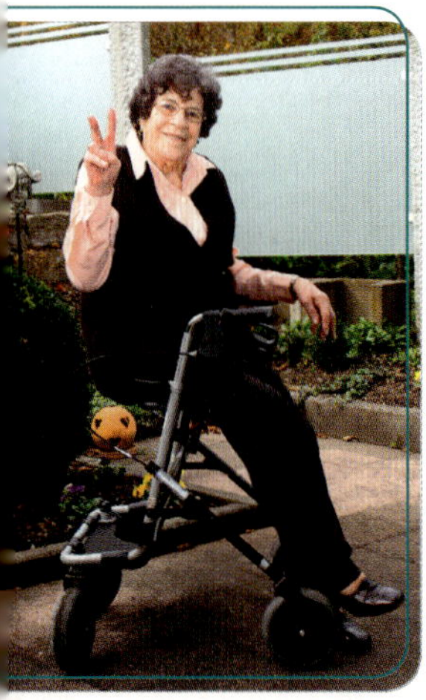

„Das wird lustig im Heim", so die Überschrift eines Interviews*. Die Gesprächspartner setzen sich darin mit unterschiedlichen Meinungen über den Ruf von Altenheimen auseinander. Einer von ihnen hat sich über 300 Altenheime in Deutschland angeschaut. Hier ein Ausschnitt aus dem Gespräch.
„Es fing damit an, dass meine Eltern ins Heim kamen. Als ich sie besuchte, erwartete ich voll schlechten Gewissens, in ein schreckliches Heim zu kommen – wo die Leute nicht genug zu trinken bekommen und das Essen nicht schmeckt. Aber meine Geschwister und ich waren positiv überrascht: Was die hier alles machen! Wie freundlich der Ton ist! Wie schön das baulich ist! Meine Mutter brauchte ein bisschen Zeit zum Eingewöhnen, aber nach vier Wochen sagte sie: Junge, wenn ich gewusst hätte, wie das hier ist, wäre ich schon viel früher reingegangen! Da fragte ich mich: Haben wir einfach unverschämtes Glück gehabt mit diesem Heim oder gibt es noch mehr solcher Heime? Ich fing an, mir Heime anzuschauen …

Was halten Sie von den in M. besichtigten Heimen?

Es gibt nur wenige schlechte Heime. Wenn die Leute unglücklich sind in einem Heim, sind sie meistens nicht in einem schlechten, sondern im falschen – also in einem Heim, das nicht ihrer bisherigen Art zu leben entspricht. Für mich zum Beispiel kommt das eine Haus deshalb in die engere Wahl, weil da der beste Heimkoch Münchens arbeitet. Der macht Soßen noch selber, das liebe ich – der backt ein Brot ohne harte Kruste – wichtig für ältere Menschen – der kocht jeden Tag nur ein einziges Grundrezept, aber macht dazu je nach Wunsch 40 verschiedene Beilagen.

Ihnen ist also das Essen sehr wichtig?

Richtig. Und ich möchte auch einen schönen Blick aus dem Fenster. Und ich möchte in Ruhe gelassen werden.

Wann bezeichnen Sie ein Heim als schlecht?

Zum Beispiel, wenn in einem Heim gebrüllt wird. Wenn die Heimleitung die Pflegedienstleiterin anbrüllt, die brüllt die Pflegekräfte an und die geben das an die Bewohner weiter. Ich hab auch Heime gesehen, in denen es nur Fischstäbchen gibt und die Gänge endlos lang sind.

Das sind doch bloß Details.

Aber es sind die Details, die uns gute oder schlechte Laune machen! Ich sage immer:
Schaut euch das Heim an mit dem Gedanken, dass dies euer letztes Zuhause ist.
Mindestens so viel Zeit wie beim Autokauf solltet ihr auf eure letzte Wohnung verwenden!"

Als Assistenzkraft könnte Ihr Arbeitsplatz auch in einem Altenheim sein. Daher setzen Sie sich während der Ausbildung auch mit der Frage auseinander, warum alte Menschen in ein Heim gehen und was sie davon erwarten.

1. Welche Botschaft geht von der Überschrift des Gespräches aus?
2. Worauf ist die Zufriedenheit des Ehepaares im Heim zurückzuführen?
3. Welche Bedeutung kann der Umzug in ein Altenheim für die betreffenden Personen haben?
4. Welche Anregungen erhalten Sie aus diesem Gespräch für den Umgang mit alten Menschen?

* entnommen aus: Chrismon – Das evangelische Magazin 07/2011

26 Ernährung im Alter

Ein langes Leben wünschen sich die meisten Menschen und meinen damit insbesondere, gesund alt zu werden. Der Alterungsprozess ist einerseits von der Natur vorgegeben, andererseits die Folge individueller Gesundheitsfaktoren. Ein **gesunder Lebensstil** – das umfasst Ernährungs- und Bewegungsverhalten – kann dem Altern teilweise vorbeugen oder seinen Verlauf verlangsamen.

Altern wirkt sich neben anderen Lebensbereichen auch auf die Ernährung aus. Diese Veränderungen und entsprechende Schlussfolgerungen muss die Pflegekraft kennen. Treten neben dem normalen Alterungsprozess Krankheiten auf, kann es zu Mangelernährung kommen.
Hier kann es lebensnotwendig sein, dass die Pflegekraft den Ernährungszustand aufmerksam beobachtet.

26.1 Veränderungen im Alter

Viele Senioren sind mit Beginn des Ruhestandes körperlich weniger gefordert als im Erwerbsleben. Manche müssen ihre sportlichen Aktivitäten wegen Einbußen in der Beweglichkeit reduzieren. Dies führt dazu, dass der Muskelanteil des Körpers mit dem Alter sinkt. Als Ausgleich wird der Körperfettanteil größer.

> **Beispiel:** Bei gleichem Körpergewicht steigt der Fettanteil einer 70-jährigen Frau auf 35 % im Vergleich zu 29 % im Alter von 40 Jahren.

Da der **Muskelanteil** des Körpers direkt mit dem Energiebedarf zusammenhängt (s. S. 106), sinkt der Energiebedarf mit dem Alter:
Je geringer die Muskelmasse, desto geringer ist auch der Grund- und Leistungsumsatz des Körpers. Entsprechend muss der ältere Mensch seine Energieaufnahme reduzieren, wenn er nicht an Körpergewicht zunehmen will.

Eine geringfügige **Gewichtszunahme** im Alter ist jedoch normal und sogar wünschenswert. Ab 65 Jahren gilt ein Body-Mass-Index zwischen 24 und 29 als normal (s. S. 108). Unter anderem kommt das daher, dass im Alter die Körpergröße abnimmt.

Der Bedarf an **essenziellen Nährstoffen** wie Eiweiß, Vitaminen und Mineralstoffen bleibt jedoch gleich. Wer also gleich viele Nährstoffe, aber weniger Energie benötigt, muss besonders auf die Qualität der Lebensmittel achten. Er sollte bei den Kohlenhydraten auf zuckerreiche Produkte verzichten und fettreiche Lebensmittel durch magere ersetzen. Eine geschickte Zubereitung von Lebensmitteln hilft sowohl Fett einzusparen als auch Vitamine und Mineralstoffe zu erhalten (s. S. 119).

Bei den kohlenhydratreichen Lebensmitteln ist darüber hinaus zu beachten, dass die **Glucosetoleranz** im Alter häufig abnimmt. Schwankungen des Blutzuckerspiegels können dann nicht mehr so schnell durch Insulin reguliert werden wie beim jüngeren Menschen (s. S. 59). Deshalb ist bei Süßigkeiten und zuckerhaltigen Getränken Zurückhaltung geboten.

Je weniger sich ein Mensch körperlich bewegt, desto mehr sollte er auf seine Ballaststoffzufuhr achten. Verstopfung ist unter älteren Menschen weit verbreitet. Reichlich **Ballaststoffe** aus Vollkornprodukten sowie rohem Obst und Gemüse können vor Verstopfung schützen.

Während der **Flüssigkeitsbedarf** im Alter in etwa gleich bleibt, lässt das Durstgefühl bei vielen Senioren nach. Weil ein ausgeglichener Wasserhaushalt für Gesundheit und Wohlbefinden notwendig ist, sollte man auch im Alter mindestens 1,5 Liter pro Tag trinken, bei körperlicher Anstrengung oder Krankheiten auch mehr.

20 Prozent der Senioren klagen über **Probleme beim Kauen und Schlucken.** Hier ist zunächst zu klären, ob nicht ein Arzt das Problem (z. B. schlecht sitzende Zahnprothese) beseitigen kann. Geht dies nicht, muss das Lebensmittelangebot angepasst werden: rohes Obst und Gemüse fein raspeln oder pürieren, nur noch fein ausgemahlene Vollkornprodukte anbieten, Gemüse und Fleisch durchgaren oder zerkleinern.

So geht's – Tipps zum Umgang mit Kau- und Schluckstörungen

- Ursachen und Symptome behandeln
- immer im Sitzen essen und noch etwa 30 Minuten sitzen bleiben
- die Nahrungskonsistenz an die Beschwerden anpassen; so lange wie möglich auf das Pürieren von Menükomponenten verzichten. Dies steigert die Freude am Essen und beugt Appetitlosigkeit vor.
- bei Schluckstörungen ggf. Ess- und Trinkhilfen (Schnabelbecher, Schiebelöffel) anbieten (s. S. 179)
- Menükomponenten immer einzeln pürieren. „Einheitsbrei" vermeiden! Wurzelgemüse eignet sich besser als faserige Arten.
- Unterschiedliche Konsistenzen (Brühe mit Einlage) sind ungeeignet!
- Getränke ggf. andicken (spezielle geschmacksneutrale Produkte)
- saurer Geschmackszusatz (z. B. Zitrone) löst Schluckreflex aus
- ggf. mit (hochkalorischer) Trinknahrung ergänzen

Trinkrituale helfen, den Flüssigkeitsbedarf zu decken:

- zu jeder Mahlzeit gehört ein Getränk,
- ein Glas Wasser gleich nach dem Aufstehen,
- Getränke und Trinkgefäße leicht zugänglich halten,
- leere Gläser sofort wieder auffüllen,
- Sortenvielfalt verführt zum Trinken (verschiedene Tees, Saftschorlen ...).

Da der **Geschmacks- und Geruchssinn** im Alter nachlässt, bevorzugen ältere Menschen häufig stark gesüßte oder gesalzene Speisen. Besser ist es jedoch, einen intensiven Geschmack durch frische Lebensmittel und die Verwendung von Kräutern und Gewürzen zu erzielen. Denn eine hohe Kochsalzzufuhr kann den bei Senioren häufig diagnostizierten Bluthochdruck begünstigen. Saure und bittere Aromen können hingegen mit dem Alter an Geschmacksintensität zunehmen, da sich besonders bei Demenzkranken die Geschmacksknospen verändern. Die Wahrnehmung für „bitter" wird erhöht. Ein Grund, warum Demenzkranken das Essen weniger schmeckt oder sie sogar das Gefühl haben, „vergiftet" zu werden.

Vitamin B_{12} (Cobalamin) ist wichtig für Zellteilungsprozesse im Körper. Damit es aus dem Speisebrei ins Blut gelangen kann, benötigt Vitamin B_{12} den sogenannten Intrinsic Factor aus dem Magensaft. Bei älteren Menschen entsteht häufig zu wenig Magensaft, eine Ursache für den weitverbreiteten Vitamin-B_{12}-Mangel. Ein geringer Mangel könnte sich in Konzentrationsstörungen und Depressionen äußern und Demenzerkrankungen fördern. Eine regelmäßige Cobalamin-Gabe nach entsprechender Diagnose stellt die Versorgung sicher.

Bestimmte Lebensmittel gelten als unverträglich, das heißt, sie verursachen Unwohlsein wie Völlegefühl und Blähungen. Die Empfindlichkeit des Einzelnen entscheidet, auf welche **unverträglichen Lebensmittel** er besser verzichtet. Für viele Senioren sind gemeinsame Mahlzeiten mit

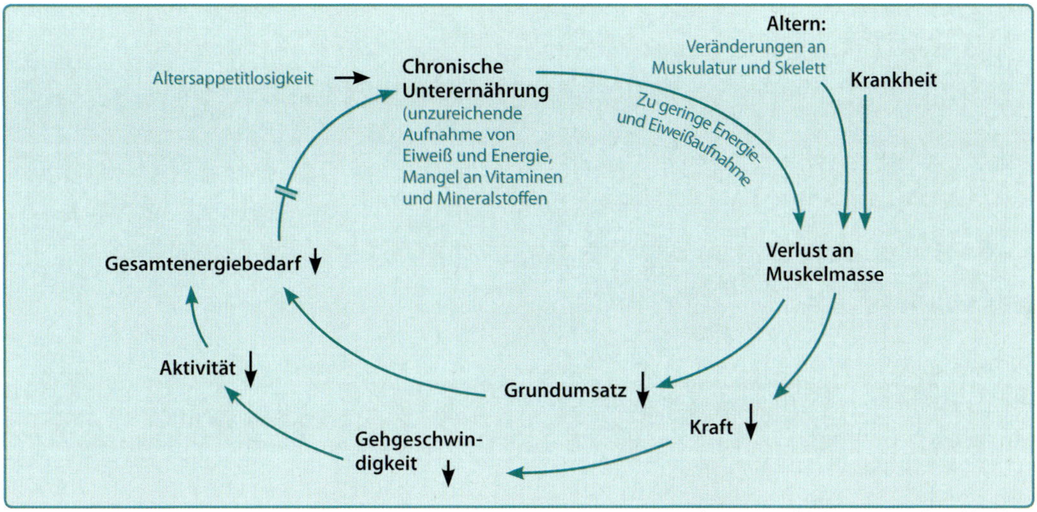

Vereinfachter Teufelskreis der Gebrechlichkeit

anderen die Höhepunkte des Tages. Andere Senioren haben weniger **Appetit**. Generell sollten sie mindestens fünf Mahlzeiten über den Tag verteilt einnehmen. Dass die Speisen dabei sorgfältig zusammengestellt sowie appetitlich angerichtet und garniert sind, versteht sich von selbst. Gewohnheiten und Wünsche der Senioren sollten soweit wie möglich beim Speiseplan Berücksichtigung finden.

Zahlreiche psychosoziale Einflussfaktoren wirken sich zusätzlich auf die Ernährung aus:

- Eingeschränkte Mobilität erschwert das Einkaufen und die Zubereitung der Lebensmittel,
- Trauer und Einsamkeit schmälern den Antrieb und den Appetit,
- fehlendes Wissen über den Umgang mit Lebensmitteln,
- finanzielle Schwierigkeiten.

Möglicherweise kann ein Sozialarbeiter oder eine Ehrenamtliche bei diesen Einschränkungen helfen.

26.2 Mangelernährung im Alter

Zunehmende Alterungsprozesse, chronische Krankheiten mit entsprechender Medikamenteneinnahme, eingeschränkte körperliche Beweglichkeit … Früher oder später sind Betagte nicht mehr in der Lage, ihren Alltag selbstständig zu bewältigen. Häufig bringt dies die Gefahr einer Mangelernährung mit sich. Das ist eine nicht ausreichende Versorgung mit Energie und Nährstoffen, die den Gesundheitszustand beeinträchtigt. Erstes Alarmsignal ist neben Appetitmangel und allgemeiner Schwäche häufig ein ungewollter Gewichtsverlust.

Bei einer Energiezufuhr von weniger als 1500 kcal pro Tag ist ein **Nährstoff- und/oder Eiweißmangel** vorprogrammiert, es sei denn, die Kost wird durch angereicherte Lebensmittel oder Nährstoffpräparate ergänzt. Zu den kritischen Nährstoffen gehören vor allem Folsäure, Vitamin B_{12}, Vitamin D sowie Calcium und Zink. Bei Verzicht auf Gemüse und Obst, Fleisch und Vollkornprodukte – zum Beispiel wegen Kau- und Schluckproblemen – droht auch ein Mangel an Vitamin C, Magnesium, Eisen und Ballaststoffen. Chronische Krankheiten, unbeabsichtigter Gewichtsverlust, Mangelernährung, Erschöpfung, Muskelschwäche, langsame Gehgeschwindigkeit und geringe körperliche Aktivität ergänzen sich zu einem Teufelskreis der **Gebrechlichkeit**. Um diesen Teufelskreis zu durchbrechen, muss der Ernährungszustand vor allem von stationär versorgten Senioren regelmäßig überprüft werden. Ein sogenanntes **Mini Nutritional Assessment** (MNA) ist sehr schnell und einfach auch von Nicht-Fachleuten durchführbar. Falls der MNA einen kritischen Wert aufweist, können Ärzte und Ernährungsfachkräfte hinzugezogen werden. Bei Befragten, die sich schlecht selbst einschätzen oder erinnern können, müssen Angehörige oder Pflegende die verzehrten Mengen und das Essverhalten beobachten.

Nestlé Nutrition Institute

Mini Nutritional Assessment MNA®- Long Form (MNA®-LF)

Name: Vorname:

Geschlecht: Alter (Jahre): Gewicht (kg): Größe (m): Datum:

Füllen Sie den Bogen aus, indem Sie die zutreffenden Zahlen in die Kästchen eintragen. Addieren Sie die Zahlen des Screenings. Ist der Wert ≤ 11, fahren Sie mit dem Assessment fort, um den Mangelernährungs-Index zu erhalten.

Screening

A Hat der Patient während der letzten 3 Monate wegen Appetitverlust, Verdauungsproblemen, Schwierigkeiten beim Kauen oder Schlucken weniger gegessen?
0 = starke Abnahme der Nahrungsaufnahme
1 = leichte Abnahme der Nahrungsaufnahme
2 = keine Abnahme der Nahrungsaufnahme □

B Gewichtsverlust in den letzen 3 Monaten
0 = Gewichtsverlust > 3 kg
1 = nicht bekannt
2 = Gewichtsverlust zwischen 1 und 3 kg
3 = kein Gewichtsverlust □

C Mobilität
0 = bettlägerig oder in einem Stuhl mobilisiert
1 = in der Lage, sich in der Wohnung zu bewegen
2 = verlässt die Wohnung □

D Akute Krankheit oder psychischer Stress während der letzten 3 Monate?
0 = ja 2 = nein □

E Neuropsychologische Probleme
0 = schwere Demenz oder Depression
1 = leichte Demenz
2 = keine psychologischen Probleme □

F Body-Mass-Index (BMI): Körpergewicht (kg) / Körpergröße^2 (m^2)
0 = BMI < 19
1 = 19 ≤ BMI < 21
2 = 21 ≤ BMI < 23
3 = BMI ≥ 23 □

Ergebnis des Screenings (max. 14 Punkte) □□

12-14 Punkte:	Normaler Ernährungszustand
8-11 Punkte:	Risiko für Mangelernährung
0-7 Punkte:	Mangelernährung

Für ein tiefer gehendes Assessment fahren Sie bitte mit den Fragen G-R fort

Assessment

G Lebt der Patient eigenständig zu Hause?
1 = ja 0 = nein □

H Nimmt der Patient mehr als 3 verschreibungspflichtige Medikamente pro Tag?
0 = ja 1 = nein □

I Hat der Patient Druck- oder Hautgeschwüre?
0 = ja 1 = nein □

J Wie viele Hauptmahlzeiten isst der Patient pro Tag?
0 = 1 Mahlzeit
1 = 2 Mahlzeiten
2 = 3 Mahlzeiten □

K Eiweißzufuhr: Isst der Patient
- mindestens einmal pro Tag Milchprodukte (Milch, Käse, Joghurt)? ja □ nein □
- mindestens zweimal pro Woche Hülsenfrüchte oder Eier? ja □ nein □
- täglich Fleisch, Fisch oder Geflügel? ja □ nein □

0,0 = wenn 0 oder 1 mal «ja»
0,5 = wenn 2 mal «ja»
1,0 = wenn 3 mal «ja» □,□

L Isst der Patient mindestens zweimal pro Tag Obst oder Gemüse?
0 = nein 1 = ja □

M Wie viel trinkt der Patient pro Tag? (Wasser, Saft, Kaffee, Tee, Milch ...)
0,0 = weniger als 3 Gläser / Tassen
0,5 = 3 bis 5 Gläser / Tassen
1,0 = mehr als 5 Gläser / Tassen □,□

N Essensaufnahme mit / ohne Hilfe
0 = braucht Hilfe beim Essen
1 = isst ohne Hilfe, aber mit Schwierigkeiten
2 = isst ohne Hilfe, keine Schwierigkeiten □

O Wie schätzt der Patient seinen Ernährungszustand ein?
0 = mangelernährt
1 = ist sich unsicher
2 = gut ernährt □

P Im Vergleich mit gleichaltrigen Personen schätzt der Patient seinen Gesundheitszustand folgendermaßen ein:
0,0 = schlechter
0,5 = weiß es nicht
1,0 = gleich gut
2,0 = besser □,□

Q Oberarmumfang (OAU in cm)
0,0 = OAU < 21
0,5 = 21 ≤ OAU ≤ 22
1,0 = OAU > 22 □,□

R Wadenumfang (WU in cm)
0 = WU < 31
1 = WU ≥ 31 □

Assessment (max. 16 Punkte) □□,□
Screening □□,□
Gesamtauswertung (max. 30 Punkte) □□,□

Auswertung des Mangelernährungs-Index

24-30 Punkte	□	Normaler Ernährungszustand
17-23,5 Punkte	□	Risiko für Mangelernährung
Weniger als 17 Punkte	□	Mangelernährung

Ref. Vellas B, Villars H, Abellan G, et al. *Overview of MNA® - Its History and Challenges.* J Nut Health Aging 2006; 10: 456-465.
Rubenstein LZ, Harker JO, Salva A, Guigoz Y, Vellas B. Screening for Undernutrition in Geriatric Practice: *Developing the Short-Form Mini Nutritional Assessment (MNA-SF).* J. Geront 2001; 56A: M366-377.
Guigoz Y. The Mini-Nutritional Assessment (MNA®) *Review of the Literature – What does it tell us?* J Nutr Health Aging 2006; 10: 466-487.
® Société des Produits Nestlé, S.A., Vevey, Switzerland, Trademark Owners
© Nestlé, 1994, Revision 2006. N67200 12/99 10M
Mehr Informationen unter: www.mna-elderly.com

Nestlé Nutrition Institute, Mini Nutrional Assessment MNA-Long Form (MNA-LF)

Problem	Lösung
Ruhelosigkeit und vermehrter Bewegungsdrang steigern den Energiebedarf auf bis zu 3500 kcal (14 700 kJ) pro Tag	energiereiche Lebensmittel, Speisen mit Butter oder Sahne anreichern (Fett ist ein Geschmacksträger), hochkalorische Flüssignahrung als Vorspeise, Aquarium im Speisesaal integrieren (s. S. 178)
Vorlieben und Abneigungen können nicht geäußert und begründet werden	sorgfältig beobachten, Individualität respektieren, Essbiografie erfragen, Lieblingsgerichte der Jugend ausprobieren, Patienten möglichst bei der Mahlzeitenvor- und nachbereitung einbeziehen
Appetitlosigkeit	Bewegung auch im Bett oder im Sitzen fördern, Tischgemeinschaft fördern, anregende Gespräche führen
Nachlassen der Sinne	süße Geschmacksrichtungen anbieten, z. B. auch bei Soßen zum Mittagessen, sauer und bitter eher vermeiden, Kombination von Zucker und Fett fördert die Serotoninbildung (Glückshormon, das Aggressionen und Ängste dämpft), keine zu heißen Speisen (Verbrühungsgefahr), kalte Speisen verlieren an Aroma, emotionale Erinnerung durch Geruch von frischem Brot, Kaffee, Grillfleisch, Kuchen nutzen; möglichst viele Sinne ansprechen (Geschirrgeklapper, Zeitung …); Farbkontraste zwischen Speisen und Geschirr beachten
Ablenkung durch Lärm und Hektik	in Ruhe essen, Zeit lassen, Konzentration ist morgens und mittags besser als abends
Verlust des Zeitgefühls, Vergessen von Mahlzeiten	regelmäßige Essenszeiten, Fingerfood und verschiedene Getränke auch zwischendurch und an beliebten „Laufstrecken" anbieten, Zeit zum Essen lassen, evtl. Warmhalteteller verwenden, Ess- und Trinkrituale (zuprosten, „Guten Appetit!")
Überforderung mit der Esssituation	Vorspeise, Hauptgericht und Nachspeise nacheinander auf den Tisch stellen, nur das benötigte Besteck dazulegen, Trinkhilfen (Tasse, Strohhalm, Schnabelbecher), Pflegekraft sitzt mit am Tisch, gibt Hilfestellung und Handlungsimpulse
Schwierigkeiten beim Umgang mit Besteck	schwereres Besteck oder Ess- und Trinkhilfen verwenden, anschauen beim gemeinsamen Essen, individuelle Hilfe mit größtmöglicher Selbstständigkeit, abweichendes Verhalten zulassen (mit den Fingern essen, kleckern), Hände und Mund zwischendurch säubern
Verzehr von nicht Essbarem oder gefährlichen Substanzen	Reinigungsmittel usw. aus der Reichweite des Erkrankten entfernen
Nahrungsverweigerung bei Wahnvorstellungen oder Vergiftungsängsten	niemals zum Essen zwingen! Würde des Patienten bewahren, positiv zum Essen animieren
Aggression bei Bevormundung	Respekt, Selbstständigkeit fördern
Irritation durch verschiedene Beschaffenheit (Mandelsplitter im Dessert werden ausgespuckt)	einheitliche Konsistenz, keine mehligen und krümeligen Speisen (Gefahr des Verschluckens, vor allem beim Trinken)
Müdigkeit und Blutdruckabfall nach dem Essen	kleinere Mahlzeiten, Stützstrümpfe, Blutdruckmedikamente nach ärztlicher Anweisung anpassen
Herauslaufen von Speisen aus dem Mund, Ansammeln von Speisen im Mund, Husten beim Essen	Schluckstörungen behandeln, ev. Logopädie, angedickte Getränke
Notwendige Trinkmenge wird vernachlässigt	Getränke zur besseren Wahrnehmung mit Sirup färben und in der Wohnung verteilen

26.3 Ernährung bei Demenz

„Essen hält Leib und Seele zusammen." Ernährung ist mehr als Nährstoffaufnahme, sie sorgt auch für seelisches Wohlbefinden. Dies trifft besonders auf geistig-seelisch erkrankte Personen zu. Viele Regeln zur gesundheitsförderlichen Ernährung treten bei Menschen mit Demenz in den Hintergrund. Sie sind je nach Schwere ihrer Symptome akut von Mangelernährung und Austrocknung bedroht, da das Hungergefühl und der Geschmackssinn mit der Zeit nachlassen. Deshalb dürfen sie (fast) alles essen, was sie mit Genuss und in ausreichender Menge zu sich nehmen. Energie- und Flüssigkeitsaufnahme in entspannter Atmosphäre in patientengerechter Art und Weise sind das Wichtigste. Feste, ritualisierte Essenszeiten können helfen, dass Mahlzeiten nicht ausgelassen werden. Auch Traditionen und Rituale (s. a. S. 173) sollten berücksichtigt werden.

Anzeichen von Dehydratation

- plötzlicher Gewichtsverlust,
- trockene Zunge, Zungenfurchen, trockene Mundschleimhaut,
- sehr trockene Achselhöhlen,
- Schwäche der Oberarmmuskulatur,
- Verwirrtheit, Sprachstörungen,
- eingefallene Augen,
- niedriger Blutdruck, erhöhter Puls,
- geringe Urinmenge, stark gefärbter Urin.

Sollte das Essen mit Messer und Gabel schwierig werden, bieten sich kleine Happen (s. S. 205) an. Die Ernährung über eine **Magensonde** (PEG = Perkutane Endoskopische Gastroenterostomie) ist die letzte Möglichkeit, wenn alle Bemühungen nicht helfen, Erkrankungen und Wechselwirkungen mit Medikamenten ausgeschlossen sind und appetitfördernde Substanzen nicht wirken. Sie kann bei schwer demenziell Erkrankten nicht als lebensverlängernde Maßnahme gelten, weil wochenlanges Hungern sie durch mögliche Stürze, Bettlägerigkeit und Dekubitus (Wundliegen) weit mehr quälen würde. Die Anlage der PEG-Sonde ist abhängig von der Patientenverfügung.

26.4 Ernährung und Medikamente

Mit fortschreitendem Alter nehmen viele Menschen Medikamente ein, die meisten in Tabletten- oder Tropfenform. Bekannt ist, dass Medikamente neben der beabsichtigten Wirkung Nebenwirkungen haben können. Außerdem treten Wechselwirkungen mit anderen Medikamenten ein, gegenseitige Einflüsse mit hemmender, verstärkender oder ganz anderer Wirkung. Lebensmittel sind wissenschaftlich gesehen nichts anderes als Stoffgemische, die ebenfalls mit Arzneimitteln reagieren können.

Zu beachten ist hinsichtlich der richtigen Medikamentendosierung zunächst das **Körpergewicht** und seine Veränderungen. Bei plötzlicher Gewichtsabnahme muss die Arzneimittelgabe evtl. angepasst werden.

Einen erheblichen Unterschied auf die gewünschte Wirkung hat die Einnahme des Medikamentes auf nüchternen Magen oder zu einer Mahlzeit. Die Anweisungen des Beipackzettels sind zu beachten:

- nüchtern: 1 bis 1/2 Stunde vor dem Essen,
- während der Mahlzeit: während oder innerhalb von 5 Minuten nach dem Essen,
- nach dem Essen: innerhalb 1/2 bis 1 Stunde nach der Mahlzeit.

Für die richtige Arzneimittelwirkung kommt es in der Regel darauf an, dass ein ausreichender **Wirkstoffspiegel im Blut** über eine bestimmte

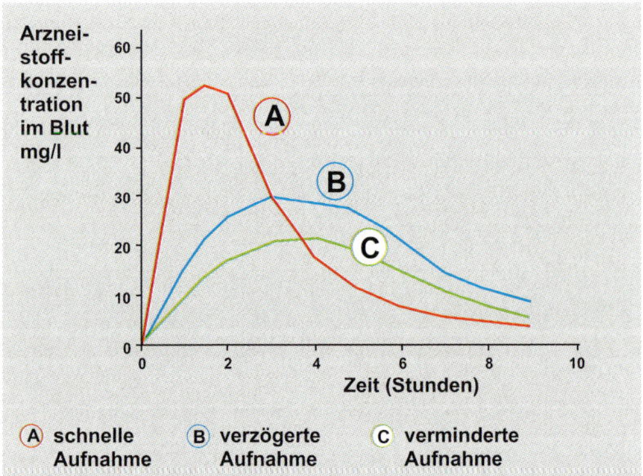

Konzentrations-Zeitkurven bei schneller, verzögerter oder verminderter Aufnahme eines Arzneistoffs

Zeit erreicht wird. Nüchtern eingenommene Medikamente erreichen schneller höhere Spiegel, die jedoch auch rasch wieder absinken. Das Abfallen des Blutspiegels ergibt sich aus dem Abbau der Wirkstoffe meist in der Leber.

Das Schmerzmedikament Acetyl-Salicyl-Säure (ASS, bekannt als Aspirin®) greift die Magenschleimhaut an. Wegen der besseren **Verträglichkeit** sollte es nicht auf leeren Magen eingenommen werden.

Manche Antibiotika verbinden sich mit dem Calcium aus **Milchprodukten**, sodass sie nicht durch die Darmwand ins Blut gelangen. Dies gilt auch für einige Präparate, die bei Osteoporose verordnet werden.
Vitamin K, das in Kohlgemüse, Avocado, Spinat, Hülsenfrüchten, schwarzem Tee und Leber vorkommt, kann die Wirkung von sogenannten Antikoagulantien hemmen. Diese Mittel senken die Blutgerinnung. Vitamin K dagegen ist ein wichtiger Gerinnungsfaktor. Bluttests stellen sicher, dass Vitamin-K-Aufnahme und Medikamentenwirkung im richtigen Verhältnis stehen.

Eiweißreiche Lebensmittel wie Eier und Käse können Medikamente gegen Depressionen oder Tuberkulose beeinträchtigen. Denn Aminosäuren, die Bausteine der Eiweiße, sind wichtig für bestimmte Überträgerstoffe des Nervensystems.
Alkohol kann die Wirkung von Medikamenten abschwächen oder verstärken. Letzteres kann beispielsweise die Reaktionsfähigkeit gefährlich verlangsamen. Deshalb sind alkoholische Getränke tabu, insbesondere bei Einnahme von Antidepressiva, Beruhigungsmitteln, Schlafmitteln, Gerinnungshemmern und Neuroleptika (Mitteln gegen Psychosen).
Grapefruits (Pampelmusen) oder der Saft daraus stoppt den Abbauprozess für bestimmte Medikamente. Sie wirken dann viel länger. Es ist wichtig, ganz auf Pampelmusen zu verzichten, wenn jemand zum Beispiel Immunsuppressiva einnimmt, Statine für den Fettstoffwechsel oder Benzodiazepine in Beruhigungs- und Schlafmitteln.
Nicht zuletzt ist auch die Wechselwirkung von Medikamenten mit **Kräutern und Gewürzen** oder Nahrungsergänzungsmittel und pflanzlichen Arzneimitteln zu erwähnen. Im Zweifelsfall ist es besser, Ärzte oder Apotheker zu fragen, wenn ein Patient sich in guter Absicht selbst behandelt.

Viele Krankheiten, die im fortgeschrittenen Alter auftauchen, können nur durch Medikamente zu einer Erleichterung führen. Dies ist zum Beispiel bei Bluthochdruck der Fall.
Parallel empfehlen sich hier und auch generell folgende Maßnahmen, die sich auf Dauer positiv auswirken können.

Maßnahmen bei Bluthochdruck

- Blutdruck regelmäßig messen (s. S. 206)
- Empfehlung des Arztes beachten
- Wenig Alkohol konsumieren
- Kochsalz durch Gewürze ersetzen
- Obst und Gemüse vielseitig verzehren
- Pflanzliche Fette und Öle bevorzugen
- So viel Bewegung wie möglich (s. a. S. 161)

Aufgaben

1. Vergleichen Sie die Zufuhrempfehlungen in der Übersicht auf S. 205. Von welchen Nährstoffen benötigen die über 65-Jährigen gleich viel oder mehr, von welchen weniger als jüngere Erwachsene? Wie erklären Sie sich die Unterschiede? Welche Konsequenzen hat das für die Lebensmittelauswahl?

2. Erstellen Sie in Gruppenarbeit eine Tabelle. Ordnen Sie den fünf Sinnen zu, wie sich ihr Nachlassen auf die Lebensmittelauswahl und Ernährung auswirkt und welche Unterstützung Sie anbieten können (s. u.).

Sinn	Problem	Lösung
Sehen	das Kleingedruckte auf Lebensmittelverpackungen ist nicht mehr ausreichend zu entziffern …	beim Einkaufen begleiten …

3. Befragen Sie Senioren und Seniorinnen nach ihren Ernährungsgewohnheiten. Welche Lieblingsgerichte haben sie? Welche Spezialitäten kennen sie? Welche besonderen Haltbarmachungsverfahren haben sie noch selbst praktiziert? Dokumentieren Sie Ihr Ergebnis als Film, Podcast (Reportage) oder als Plakat.

4. Bewerten Sie den unten abgebildeten Speiseplan von „Essen auf Rädern". Was ist positiv, was negativ?

5. Durch die Vorproduktion und eventuelle Warmhaltezeiten kommt es zum Verlust von Vitaminen. Wie könnte man den unten abgebildeten Speiseplan mit Vitaminen ergänzen?

6. Erarbeiten Sie einen Tagestrinkplan für eine Seniorin.

7. Informieren Sie sich über den Schluckvorgang. Welche Ursachen und Folgen können Schluckstörungen haben?

8. Sammeln Sie Ideen, wie man auch püriertes Essen appetitlich anrichten kann.

9. Erklären Sie die Zusammenhänge im Teufelskreis der Gebrechlichkeit (s. S. 151). An welchen Stellen lässt er sich durchbrechen?

10. Diskutieren Sie die Einteilung der Senioren in Go-goes, Slow-goes und No-goes.

Bezeichnung	Lebenssituation
Go-goes	Unabhängig lebende Senioren
Slow-goes	Hilfsbedürftige Senioren
No-goes	Pflegebedürftige Senioren

11. Bei Mangelernährung stehen die üblichen Ernährungsempfehlungen zum Teil Kopf. Sammeln Sie Ideen, wie man Mahlzeiten mit Energie anreichern kann. Gliedern Sie nach Frühstück, Mittag, Abendessen, Zwischenmahlzeiten.

12. Sammeln Sie geeignete Rezepte für Fingerfood, das demente Bewohner im Vorbeigehen verzehren können. Wie würden Sie es anrichten?

13. Nehmen Sie Stellung zu der Aussage einer Patientin: „Die wollen mich hier vergiften!", nachdem sie vom Mittagessen probiert hat.

Montag	Dienstag	Mittwoch	Donnerstag	Freitag	Samstag	Sonntag
Deftiger Grünkohl mit Mettwurst und Salzkartoffeln	Hacksteaks mit Bohnengemüse und Salzkartoffeln	Linsensuppe mit Gemüse und Wiener Würstchen, dazu ein Brötchen	Ungarisch Gulasch mit Champignons und Butternudeln	Frisches Rotbarschfilet in Senfsoße mit Petersilienkartoffeln und Salat	Gebratene Hähnchenkeule in feiner Soße mit Rotkohl und Salzkartoffeln	Mageres Kassler mit Sauerkraut und Kartoffelpüree

Beispiel Lieferservice „Fix und lecker", Aufgabe 4 und 5

handwerk-technik.de

27 Fettreiche Lebensmittel

Fett hat keinen guten Ruf: Fett macht fett, heißt es. Gleichzeitig sind fettreiche Lebensmittel wie Pommes, Eis und Schokolade für viele Menschen eine unwiderstehliche Versuchung. Das liegt auch daran, dass Aromen sich gern in Fett lösen: Fett ist ein Geschmacksträger. Fett ist jedoch nicht gleich Fett und in Maßen genossen sind Fette sogar lebensnotwendig. Zu den Lipiden (Fetten) gehören neben den sogenannten Neutralfetten auch noch andere Stoffe, die sich nicht in Wasser lösen, wie das Cholesterin.

27.1 Aufgaben und Besonderheiten der Fette

Fett ist mit 37 Kilojoule (9 kcal) pro Gramm der **energiereichste Nährstoff**: viel Energie auf geringem Raum. Als langfristiger Energiespeicher ist das **Depotfett** im Unterhautfettgewebe und zwischen den Organen also ideal. Zwischen den Mahlzeiten und vor allem während längerer Fastenzeiten mobilisiert der Körper diese Reserven: Muskeln und andere Zellen nutzen dann Energie aus Fett.

Außerdem umgibt Fettgewebe die inneren Organe und schützt sie damit vor Druck und Stoß. Das Unterhautfettgewebe dient zusätzlich als Isoliermaterial gegen Kälte. In wesentlich geringerem Umfang ist Fett jedoch auch **Baustoff** für die Membranen aller Zellen im Körper. Als **Wirkstoff** bilden Fettsäuren zum Beispiel die Basis für Gewebshormone, die Heilungs- und Entzündungsprozesse regulieren.

Bestimmte Fettsäuren sind essenziell, das heißt, der Körper kann sie nicht selbst aufbauen und ist deshalb auf eine Zufuhr über die Nahrung angewiesen. Wie bei Vitaminen und Mineralstoffen entstehen Mangelerscheinungen, wenn nicht ausreichend **essenzielle Fettsäuren** aufgenommen werden. Die **fettlöslichen Vitamine** A, D, E und K gelangen zudem nur in Anwesenheit von Fetten durch die Darmwand über die Lymphe ins Blut.

Fette sind bei der Verdauung auf **Gallensäuren** angewiesen, die die Fette zu kleinen verdaubaren Tröpfchen zerteilen. Die Gallenflüssigkeit entsteht in der Leber und wartet in der Gallenblase, bis fettreiche Nahrung in den Zwölffingerdarm gelangt (s. S. 55). Eine weitere Besonderheit ist, dass langkettige Fette nicht direkt ins Blut aufgenommen werden, sondern einen Umweg über die **Lymphbahn** nehmen. Im Blut sind sie nur mithilfe vom **Lipoproteinen** (s. S. 160) löslich.

27.2 Fettaufbau

Fette heißen chemisch **Triglyceride**, denn sie sind aus einem Teil Glycerin und drei Fettsäuren zusammengesetzt.

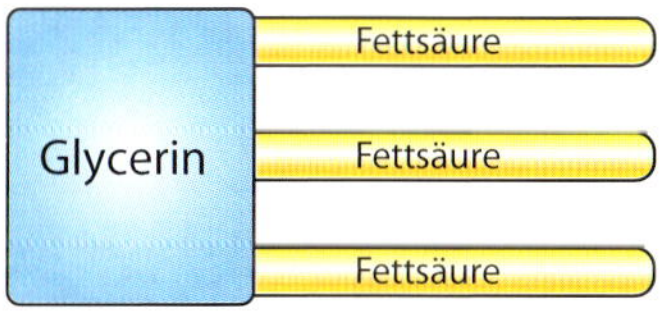

Es gibt sehr viele **verschiedene Fettsäuren**. Sogar innerhalb eines Fettmoleküls können sie sich unterscheiden. Das erklärt zum Beispiel auch, warum Fette und Öle als Lebensmittel so unterschiedliche Eigenschaften haben.

Nach der Anzahl der Kohlenstoffatome unterteilen sie sich in **kurz-, mittel- und langkettige Fettsäuren**. Je kürzer die Kettenlänge ist, desto weicher ist das Fett: Kokosfett hat beispielsweise eine wesentlich festere **Beschaffenheit** als Butter. Fette mit kurzkettigen Fettsäuren wie Milchfett sind auch besser verdaulich, denn sie sind besser löslich und können unabhängig von Gallensäuren verarbeitet werden. Diäten bei bestimmten Stoffwechselerkrankungen machen sich die bessere **Verdaulichkeit** von kurz- und mittelkettigen Fettsäuren zunutze.

Manche Kohlenstoffatome sind nicht mit Wasserstoff gesättigt, sondern doppelt miteinander verbunden (-C=C-). Nach der Anzahl dieser **Doppelbindungen** ist zwischen

- gesättigten Fettsäuren ohne Doppelbindung,
- einfach ungesättigten Fettsäuren mit einer Doppelbindung,
- mehrfach ungesättigten Fettsäuren mit zwei oder mehr Doppelbindungen

zu unterscheiden. Doppelbindungen führen zum Abknicken des Fettsäuremoleküls und damit zu veränderten Eigenschaften. So sind die mehrfach ungesättigten Fettsäuren für den menschlichen Körper essenziell.

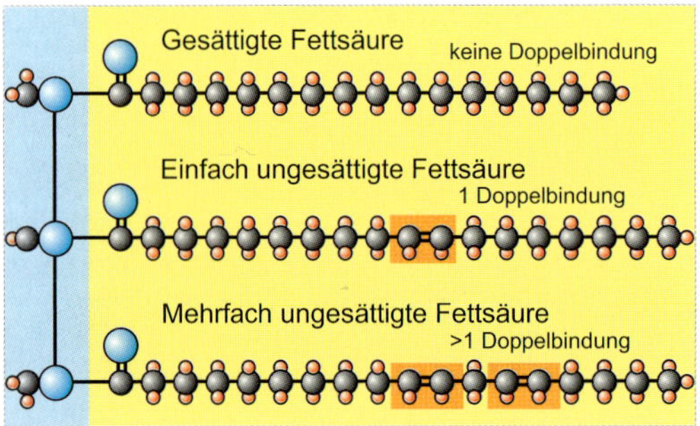

Einteilung der Fettsäuren (nach der Anzahl an Doppelbindungen)

27.3 Fettreiche Lebensmittel

Die **Herkunft** von Nahrungsfetten ist einerseits **tierisches Fettgewebe**, das noch eine gewisse Bedeutung in Form von Speck, Schweine- oder Gänseschmalz oder Fischölkapseln als Nahrungsergänzung besitzt. Fleisch und Wurst haben unterschiedliche Fettgehalte. Außerdem zeigt sich das **Milchfett** zum Beispiel bei Butter, Sahne und Käse. Grundsätzlich enthalten tierische Fette überwiegend gesättigte Fettsäuren.

Die meisten Fette und Öle sind jedoch pflanzlicher Herkunft und werden aus **fettreichen Früchten und Samen** gewonnen. Feste Pflanzenfette sind reich an gesättigten Fettsäuren, während Öle überwiegend einfach und mehrfach ungesättigte Fettsäuren enthalten. In Deutschland werden meist zu viele gesättigte Fettsäuren verzehrt. Gerade in der kalten Küche sind deshalb hochwertige Pflanzenöle mit mehrfach ungesättigten Fettsäuren zu bevorzugen (s. Abbildung). Für das Braten und Frittieren bei hohen Temperaturen eignen sich dagegen besser Fette mit gesättigten oder einfach ungesättigten Fettsäuren, weil sie eine bessere **Hitzebeständigkeit** haben, z. B. Kokosfett oder Palmfett (s. Abbildung).

Als Faustregel gilt: Je mehr ungesättigte Fettsäuren ein Fett enthält, desto flüssiger ist es. Sonnenblumenöl ist beispielsweise flüssig und Kokosfett fest.

27.4 Wie viel Fett darf es sein?

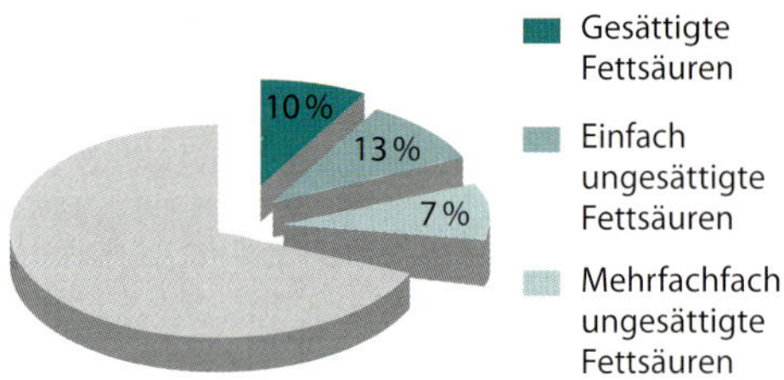

Je nach Körpergröße, Gewicht und körperlicher Aktivität darf ein Mensch mehr oder weniger

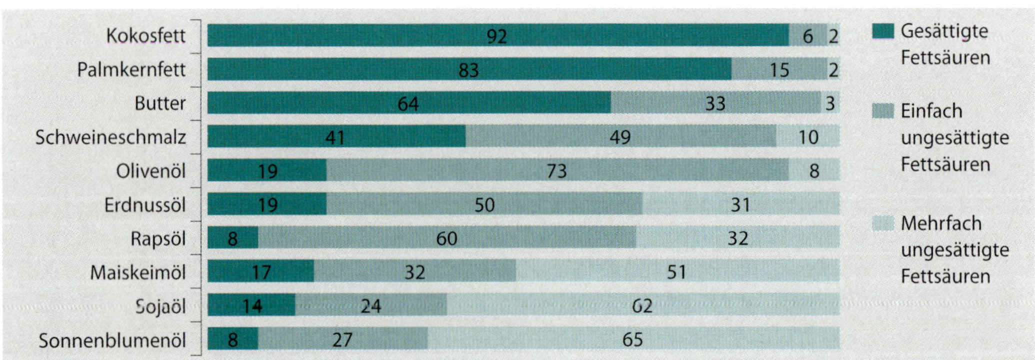

Tierische und pflanzliche Fette und deren Gehalt an Fettsäuren

Fett verzehren. Deshalb bezieht sich die Empfehlung von **30 Prozent** auf den **Gesamtenergiebedarf**. Das sind für einen Erwachsenen etwa 60 bis 80 Gramm am Tag. Dieser Wert wird in Deutschland deutlich überschritten. Zudem werden häufig fettreiche Lebensmittel mit einem hohen Anteil an gesättigten Fettsäuren verzehrt.

Aufgrund ihrer unterschiedlichen Wirkungen auf den Blutcholesterinspiegel und damit auf die Entstehung von Herz-Kreislauf-Erkrankungen empfiehlt die DGE eine ausgewogene Fettsäurezusammensetzung von

- bis zu 10 Prozent des Gesamtenergiebedarfs aus gesättigten Fettsäuren,
- etwa 7 Prozent aus mehrfach ungesättigten Fettsäuren und
- 13 Prozent aus einfach ungesättigten Fettsäuren.

Im Alltag ist es jedoch einfacher, sich an Lebensmittelportionen zu orientieren. Dabei lassen sich die sogenannten sichtbaren und versteckten Fette unterscheiden. Als **sichtbare Fette** gelten Streich-, Gar- und Zubereitungsfette, die im Haushalt meist selbst als Fett verwendet werden. Dazu gehören Butter oder Margarine als Streichfett, Pflanzenöl zum Braten und das hochwertige Salatöl für die kalte Küche (s. Tabelle). Wer sich fettarm ernähren möchte, sollte gerade beim Salatöl nicht zu sparsam sein. Denn es enthält viele mehrfach ungesättigte Fettsäuren.
Von den sichtbaren Fetten sind in der Lebensmittelpyramide zwei Portionen pro Tag erlaubt.

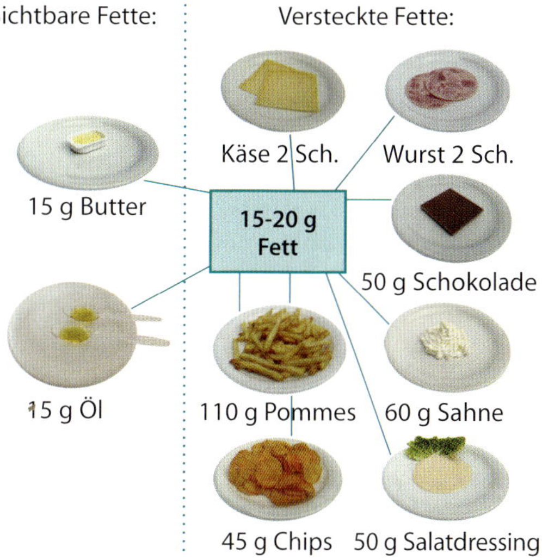

Bei Erwachsenen entspricht das insgesamt 30 bis 40 Gramm Fett oder zwei Portionen zu jeweils 1,5 bis 2 Esslöffeln Fett.

Problematisch sind vielmehr die **versteckten Fette**, die in Lebensmitteln vorkommen. Das können Lebensmittel wie Nüsse sein, die von Natur aus fettreich sind. Verantwortlich für den zu hohen Fettverzehr sind jedoch hauptsächlich verarbeitete Lebensmittel wie Milchprodukte, Wurstwaren, Süßigkeiten und Snacks. Erwachsene dürfen 30 bis 40 Gramm versteckte Fette pro Tag aufnehmen, das ist nicht viel. Deshalb rät die DGE, auf magere Produkte umzusteigen: Milch und Joghurt mit nur 1,5 Prozent Fett, fettarme Käse- und Wurstsorten, fettfreie Süßigkeiten wie Gummibärchen.

Welches Fett zu welchem Zweck?

	Verwendungszweck				
	kalte Küche	**Backen**	**Braten**	**Kurzbraten**	**Frittieren**
Pflanzenfett	-	+++	+++	+++	+++
Olivenöl, kaltgepresst	+++	-	+	+	+
Rapsöl, kaltgepresst	+++	-	+	+	+
Rapsöl, raffiniert	+++	-	+++	+++	++
High-Oleic-Pflanzenöl	++	-	+++	+++	+++
Pflanzencremes	+	+++	++	++	
Butter	-	+++	+	++	-
Erdnussöl	+	+	+++	+++	+++
Distelöl	+++	-	-	-	-
Schmalz	-	+++	+++	+++	+++

- ungeeignet + weniger geeignet ++ geeignet +++ sehr gut geeignet

Omega-3-Fettsäuren
eine besondere Form der mehrfach ungesättigten Fettsäuren mit positiver Wirkung auf Entzündungsprozesse, Gehirn und Nerven, Herz-Kreislauf-Erkrankungen; kommen vor allem in fettreichen Seefischen vor, aber auch in grünem Blattgemüse, Lein-, Raps- und Sojaöl.

27.5 Cholesterin

Zu den wasserunlöslichen Lipiden gehört auch das Cholesterin, ein wichtiger Baustein der Zellmembranen und der Gallensäuren, von Vitamin D und der Steroidhormone. Cholesterin ist kein essenzieller Nährstoff, da die Leber es in ausreichender Menge selbst herstellt. Wird es mit der Nahrung aufgenommen, vermindert die Leber die körpereigene Produktion. Bei Fettstoffwechselstörungen kann es jedoch sinnvoll sein, die Cholesterinaufnahme zu reduzieren.

Die DGE empfiehlt, pro Tag nicht mehr als 300 Milligramm Cholesterin zu verzehren. Ein Hühnerei enthält bereits etwas mehr als diese Menge. Innereien wie Leber, Herz und Niere sowie Meeresfrüchte und fettreicher Fisch haben ebenfalls einen hohen Cholesteringehalt. Bei Fleisch- und Milchprodukten kommt es auch vor, nicht jedoch in pflanzlichen Lebensmitteln.

In Deutschland ist die Cholesterinaufnahme durch den häufigen Verzehr tierischer Lebensmittel meist höher als empfohlen. Dies kann im höheren Alter und vor allem bei Übergewicht zu einem erhöhten Blutcholesterinspiegel beitragen, ein wesentlicher Risikofaktor für Herz-Kreislauf-Erkrankungen. Herzinfarkt oder Schlaganfall sind häufig die tödliche Folge.

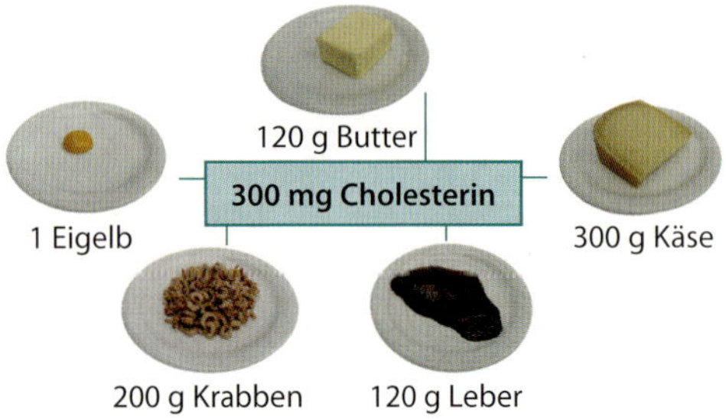

27.6 Fettstoffwechselstörungen

„Ich habe Cholesterin!" klagen viele Menschen vor allem im höheren Lebensalter und meinen damit einen erhöhten Blutcholesterinspiegel. Dabei geht es jedoch nicht um den zuvor besprochenen Stoff Cholesterin, sondern um cholesterinreiche Teilchen im Blut, spezielle Lipoproteine. **Lipoproteine** sind notwendig, um Lipide – Triglyceride/Fette und Cholesterin – im Blut zu transportieren. Bei der Blutuntersuchung ergeben sich nach ihrer Dichte folgende Gruppen:

- **Chylomikronen** bringen Fette und Cholesterin vom Darm über Lymphe und Blut zum Fettgewebe.
- **VLDL** (very low density lipoproteins) bringen Fette und Cholesterin von der Leber zum Fettgewebe.
- **LDL** (low density lipoproteins) sind Abbauprodukte der VLDL, die jetzt überwiegend Cholesterin enthalten, mit dem sie alle Zellen versorgen. Ein hoher LDL-Spiegel deutet auf eine Fettstoffwechselstörung hin und begünstigt Arteriosklerose.
- **HDL** (high density lipoproteins) transportieren überschüssiges Cholesterin aus den Körperzellen zurück zur Leber. Ein ausreichender HDL-Spiegel kann vor Arteriosklerose schützen.

Bei Menschen, die sonst keine Risikofaktoren für Herz-Kreislauf-Erkrankungen haben, sollten

- das LDL-Cholesterin im Blut unter 160 mg/dl,
- die Triglyzeride (VLDL und Chylomikronen) unter 200 mg/dl bleiben.

Mit weiteren Risikofaktoren wie Rauchen oder Diabetes mellitus gelten strengere Grenzwerte. Bei höheren **Blutfett- und -cholesterinwerten** besteht ein vermehrtes Risiko für Herz-Kreislauf-Erkrankungen (Arteriosklerose, Herzinfarkt, Schlaganfall). Unabhängig davon, ob diese **Fettstoffwechselstörung** nun angeboren oder durch Fehlernährung oder Bewegungsmangel entstanden ist, eine Umstellung der Ernährung, Gewichtsreduktion und körperliche Bewegung können oft die Blutfett- und -cholesterinwerte, den Blutdruck und die Blutzuckerschwankungen positiv beeinflussen und Medikamente überflüssig machen.

handwerk-technik.de

So geht's – Leben mit Fettstoffwechselstörungen

- fettarme Zubereitungsarten wie Braten in beschichteten Pfannen oder Dünsten bevorzugen
- weniger tierische Lebensmittel essen (Aufnahme von Fett, gesättigten Fettsäuren und Cholesterin senken)
- fettarme tierische Lebensmittel bevorzugen: fettarme Fleisch- und Wurstsorten, Milchprodukte
- Aufnahme gesättigter Fettsäuren einschränken (Fisch, Geflügel, Kalb und Wild bevorzugen)
- cholesterinreiche Lebensmittel meiden (Eigelb und damit hergestellte Lebensmittel und Innereien)
- Pflanzenöle und Diätmargarine verwenden (einfach und mehrfach ungesättigte Fettsäuren)
- alkoholische Getränke meiden
- auf zuckerreiche Getränke wie Limonaden und Colagetränke verzichten
- Süßigkeiten sparsam genießen
- mehrmals am Tag frisches Obst und Gemüse, möglichst als Rohkost oder Salat verzehren, Vollkornprodukte bevorzugen
- täglich körperlich aktiv sein

Metabolisches Syndrom

Metabolismus heißt Stoffwechsel und Syndrom bedeutet das gleichzeitige Vorliegen verschiedener Symptome (Krankheitszeichen).

\+ massives Übergewicht (Adipositas) mit bauchbetonter Fettverteilung
\+ Diabetes mellitus Typ 2
\+ Bluthochdruck
\+ erhöhte Blutfett/-cholesterinwerte
= Entstehung von Arteriosklerose mit Gefahr eines Herzinfarktes/ Schlaganfalls

Das **Metabolische Syndrom** ist keine eigenständige Erkrankung, sondern die Kombination aus vier Symptomen. Besonders Übergewicht verstärkt die drei weiteren Symptome. Wird die Diagnose Metabolisches Syndrom gestellt, so kann Arteriosklerose entstehen.

Arteriosklerose (umgangssprachlich auch Arterienverkalkung): Verengung und Verhärtung von Arterien durch Ablagerung von Cholesterin und Kalk.

Beim Gefäßverschluss kommt es zum Infarkt:
- Herzinfarkt durch Verschluss eines der Herzkranzgefäße,
- Schlaganfall durch Verschluss einer Hirnarterie.

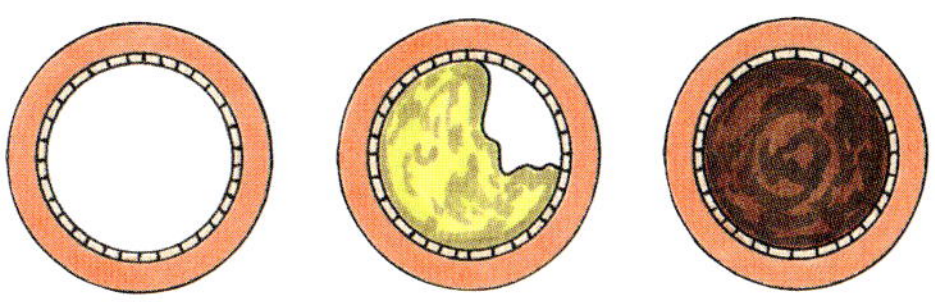

Arterienquerschnitt: gesund, eingeengt, verschlossen

27.7 Mediterrane Ernährung

Große Bevölkerungsstudien haben gezeigt, dass die Menschen in den Mittelmeerländern deutlich weniger an Herz-Kreislauf-Erkrankungen leiden als Nordeuropäer oder Nordamerikaner mit ihrer sogenannten westlichen Lebensweise. Das war zumindest solange der Fall, wie Griechen, Italiener und Spanier ihre typische Ernährungs- und Lebensweise beibehielten. Neben landestypischen Speisen und Getränken gehören nämlich auch körperlich schwere Arbeit und eine entspannte Lebenseinstellung zu den vorbeugenden Einflussfaktoren. Pizza, Pasta und Co. können zu einer herzgesunden Ernährung motivieren:
- reichlich Getreideprodukte, Gemüse, Hülsenfrüchte, Salate und Obst enthalten neben vielen Vitaminen und Mineralstoffen auch sekundäre Pflanzenstoffe (schützen die Gefäße) und Ballaststoffe (binden Cholesterin),
- Olivenöl mit einfach ungesättigten Fettsäuren bevorzugen,

- seltener Verzehr von rotem Fleisch wie Lamm, Hammel und Schwein (wenig gesättigte Fettsäuren, Cholesterin),
- Fisch, Geflügel und Käse (Mozzarella, Feta) als tierische Lebensmittel (Omega-3-Fettsäuren),
- frische Zubereitung von Produkten der Saison (geringer Verarbeitungsgrad),
- mäßiger Genuss von Wein (enthält sekundäre Pflanzenstoffe).

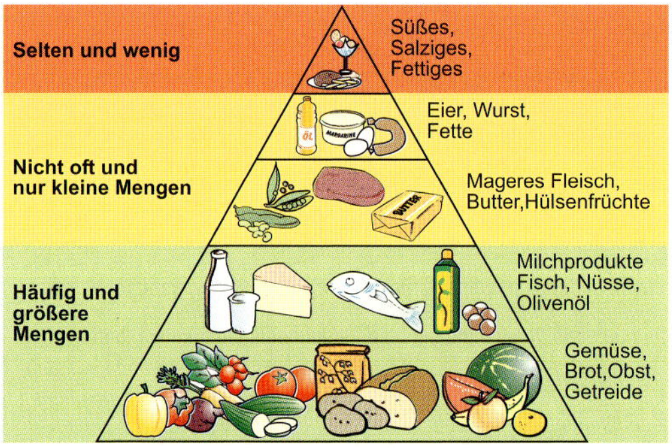

Mediterrane Ernährungspyramide

Aufgaben

1. Carotin ist eine Vorstufe des fettlöslichen Vitamin A (Retinol). Eine der bekanntesten Quellen für Carotin sind Möhren (Karotten). Welche Zerkleinerungsform und Zubereitung empfehlen Sie für Möhrengemüse und Möhrensalat? Begründen Sie.
2. Gestalten Sie eine Tabelle (siehe unten) der unterschiedlichen Fettsäuren und ordnen Sie ihnen die im Kapitel besprochenen Eigenschaften zu.
3. Suchen Sie in der Nährwerttabelle für jede Lebensmittelgruppe fettarme und fettreiche Lebensmittel heraus. Welche davon verzehren Sie häufig, welche selten?
4. Welche Fette und Öle sollten zur Basisausstattung eines Haushalts gehören? Begründen Sie.
5. Machen Sie für typische Frühstücke, Mittagsmahlzeiten, Abendessen und Zwischenmahlzeiten Vorschläge:
   a) zum abwechslungsreichen und bewussten Verzehr von gesättigten und ungesättigten Fettsäuren,
   b) zur Einsparung von versteckten Fetten.
6. Erarbeiten Sie Empfehlungen zur Cholesterineinsparung. Finden Sie eine Nährwerttabelle, die Angaben zu Cholesterin macht, und vergleichen Sie die Werte. Achten Sie dabei auf die übliche Portionsgröße.
7. Ärzte und Ernährungsfachkräfte sprechen gelegentlich vereinfachend vom „guten“ und „schlechten Cholesterin“. Welche Lipoproteine im Blut sind gemeint?

	Gesättigte Fettsäuren	Einfach ungesättigte Fettsäuren	Mehrfach ungesättigte Fettsäuren
Anzahl der Doppelbindungen			
Vorkommen in Lebensmitteln			
Zufuhrempfehlungen			
Gesundheitliche Bewertung			
Hitzestabilität			
…			

28 Convenience-Produkte

Tiefkühlpizza, Ravioli aus der Dose und Spaghetti mit Tütensoße oder auch Essen auf Rädern haben keinen guten Ruf: ungesund! Fachlich gehören Fertiggerichte zu den Convenience-Produkten: Lebensmitteln, die mehr oder weniger vom Hersteller vorgefertigt sind. Lebensmittel aller Gruppen in der Ernährungspyramide sind auch in verarbeiteter Form erhältlich. Man unterscheidet verschiedene Convenience-Stufen (s. Tabelle).

Convenience-Food

Lebensmittel, bei denen der Hersteller bereits bestimmte Be- und Verarbeitungsschritte übernommen hat.
Der **Verarbeitungsgrad** ist umso höher, je mehr Bearbeitungsschritte das sind.

convenience 1. Annehmlichkeit, Bequemlichkeit; 2. Vorteil, Nutzen; 3. Angemessenheit, Eignung

Convenience-Produkte erfreuen sich wachsender Beliebtheit. Für jeden Geschmack ist etwas dabei. Es geht schnell, spart Arbeit und schmeckt. In Single-Haushalten und Familien gibt es inzwischen jeden dritten Tag ein Fertiggericht. Auch in Küchen der Gemeinschaftsverpflegung geht es nicht mehr ohne vorgefertigte Produkte.

So unterschiedlich die Produkte sind, so unterschiedlich schneiden sie auch in der **Bewertung** ab. Tiefgefrorenes Gemüse enthält zum Beispiel oft mehr Vitamine als frische Ware, nachdem sie Stunden oder sogar Tage im Supermarkt oder im Gemüsefach gelegen hat. Hier schont die schnelle industrielle Verarbeitung wertvolle Inhaltsstoffe. Komplette Fertiggerichte hingegen sind meist zu fett und zu salzig. Sie enthalten wesentlich weniger Vitamine, Mineralstoffe und Ballaststoffe. Der hohe Fettgehalt kann auf Dauer zu Übergewicht führen. Problematisch sind oft Fettgehalt und Fettqualität. Die Hersteller setzen meist Fette mit überwiegend gesättigten Fettsäuren ein. Sie zersetzen sich beim Erhitzen nicht so schnell und sind preiswerter. Auch ein Übermaß an Salz kann den Blutdruck erhöhen.

Bequem und schnell: Convenience-Produkte

In Lebensmitteln eingesetzte **Zusatzstoffe** (s. S. 117) müssen unbedenklich sein. Je höher der Verarbeitungsgrad eines Convenience-Produktes und je länger es haltbar ist, desto mehr Konservierungsstoffe, Geschmacksverstärker, Farbstoffe, Stabilisatoren und Aromen enthält es. Sie sollen Qualitätseinbußen durch die Verarbeitung ausgleichen. Aber ein Blick in die Zutatenliste gibt Auskunft: Nicht nur Bio-Fertiggerichte kommen ohne Zusatzstoffe und gehärtete Fette aus.

Aus gesundheitlichen Gründen brauchen die wenigsten Menschen Fertigprodukte. Beim Geschmack gewinnt meist auch das selbst gekochte Essen. Manchmal geht es mit „Tüte aufschneiden" noch nicht einmal viel schneller.

Neben einer gewissen Bequemlichkeit weisen andererseits z. B. Baby-Gläschen aufgrund strenger rechtlicher Vorgaben eine hohe Qualität und höchste hygienische Sicherheit auf. Sie sind insbesondere für unterwegs eine sehr praktische Alternative zum Selbstkochen. Für Menschen mit Behinderungen oder Senioren bietet die einfache und sichere Zubereitung von Convenience-Produkten häufig die Chance, (länger) ein selbstständiges Leben im eigenen Haushalt zu führen.

Entscheidungskriterien zum Einsatz von Convenience-Produkten:

- Anlass, Situation, zu verpflegende Personen
- Zeitaufwand
- Arbeitserleichterung
- hauswirtschaftliche Fertigkeiten
- Kosten
- sensorische Beurteilung: Geschmack, Geruch, Aussehen, Beschaffenheit
- Verpackungsaufwand/Umweltaspekte
- Zutaten, Zusatzstoffe
- Haltbarkeit

Convenience-Stufe	Grad	Definition	Beispiele	Arbeiten zur nächsten Stufe (Beispiele)
küchenfertig	I	Lebensmittel müssen vor dem Garen noch vorbereitet werden	entbeintes, zerlegtes Fleisch, geputztes Gemüse	Zerkleinern, Portionieren, Panieren
garfertig	II	ohne weitere Vorbereitung zu garen	Filet, Teigwaren, Tiefkühlgemüse, paniertes, gewürztes Fleisch	Kochen, Braten, Dämpfen, Schmoren
aufbereitfertig	III	durch Aufbereiten (z. B. Mischen, Auffüllen, Würzen) verschiedener Lebensmittel werden fertige Speisen hergestellt	Salatdressing, Kartoffelpüree	in Flüssigkeit anrühren, (Nach-)Würzen
regenerierfertig	IV	durch Wärmezufuhr werden die Speisen verzehrfertig	Fertiggerichte (einzelne Komponenten oder fertige Menüs)	Aufwärmen
verzehr-/tischfertig	V	zum sofortigen Verzehr geeignet	kalte Soßen, fertige Salate, Obstkonserven	Verpackung öffnen

So geht's – Convenience-Produkte verwenden

Vorbereiten

- Zubereitungshinweise lesen: Sind alle weiteren Zutaten vorhanden (z. B. Butter, Milch)?
- Wie viele Portionen ergibt das fertige Produkt? Ist es als Beilage oder als Hauptgericht gedacht?
- Zeitbedarf abschätzen, Quellzeiten einrechnen, Arbeitszeitplan erstellen
- alle Angaben auf der Verpackung lesen

Durchführen

- Zutaten genau abmessen/-wiegen
- Verpackungsfolien/-deckel nach Anweisung entfernen
- Reihenfolge der Verarbeitung beachten, z. B. um Klümpchenbildung zu vermeiden
- auf Temperaturangaben achten: kaltes oder heißes Wasser, mit oder ohne Salz
- Backofen ggf. vorheizen (s. Packung)
- Garverfahren richtig anwenden: z. B. Kochfeldeinstellung beim Quellen oder Garziehen; Backofen auf Ober-/Unterhitze bzw. Umluft
- Einstellung des Mikrowellenherdes prüfen, Speise ggf. zwischendurch umrühren
- Kurzzeitwecker benutzen

Nachbereiten

- Wartezeiten zum Aufräumen und Reinigen nutzen
- Garzustand beurteilen (Beschaffenheit der Zutaten, Bräunung …)
- Verfeinern und Anrichten mit frischen Kräutern, Salatgarnitur …
- Verpackung ggf. zusammenfalten und richtig entsorgen, nachdem die aufgedruckte Gebrauchsanweisung nicht mehr benötigt wird

Aufgaben

1. Beurteilen Sie verschiedene Convenience-Produkte nach den Qualitätskriterien für Lebensmittel (S. 116).
2. Sammeln Sie Ideen, wie man Fertiggerichte mit Vitaminen und Mineralstoffen „aufwerten" kann.
3. Testen Sie selbst: Wie lange dauert das Fertiggericht, wie lange das frisch gekochte Gericht?
4. Diskutieren Sie über den Einsatz von Convenience-Produkten. Entscheiden Sie anders, wenn es um Kinder, Erwachsene oder Senioren geht? Wie würden Sie entscheiden, wenn Zeit keine Rolle spielt?
5. Lesen Sie das Fallbeispiel. Suchen Sie sich ein Rezept für Sauce Hollandaise heraus. Was ist schiefgegangen bzw. worauf kommt es an?

Verwöhnt

Jochen erzählt: Kochen ist für mich Entspannung und Genuss. Zum ersten Spargel im Mai gehört für mich eine selbst gerührte Sauce Hollandaise. Ein paarmal ist mir dabei das Ei geronnen, aber inzwischen habe ich den Bogen raus. Jetzt wollen meine Frau und meine Gäste nichts anderes mehr.

29 Wohnen im Alter

Frau Eichinger ist 74 Jahre alt und lebt seit dem Tod ihres Mannes in einer 96 Quadratmeter großen Wohnung. Die Wohnung befindet sich im dritten Stock eines Hochhauses am Ortsrand einer kleinen Stadt. Der einzige Lebensmittelladen, der Hausarzt und auch die Apotheke sind in die Innenstadt bzw. in das Industriegebiet umgesiedelt. Vor ein paar Wochen hatte Frau Eichinger einen fiebrigen Infekt und konnte ihre Wohnung fünf Tage nicht verlassen. Glücklicherweise macht ihr Hausarzt noch Hausbesuche. Jedoch konnte sie die dringend benötigten Medikamente nicht besorgen. Wen hätte sie auch darum bitten sollen? Die Nachbarn kennt sie nur flüchtig und ihre Tochter wohnt 300 Kilometer entfernt. Frau Eichinger bedauert es sehr, keinen Führerschein zu besitzen, denn dann wäre Vieles einfacher. Trotz allem ist sie froh darüber, dass sie in ihrer vertrauten Wohnung leben darf, obwohl ihre Hüftprobleme das Treppensteigen und die Reinigung der Wohnung erheblich erschweren.

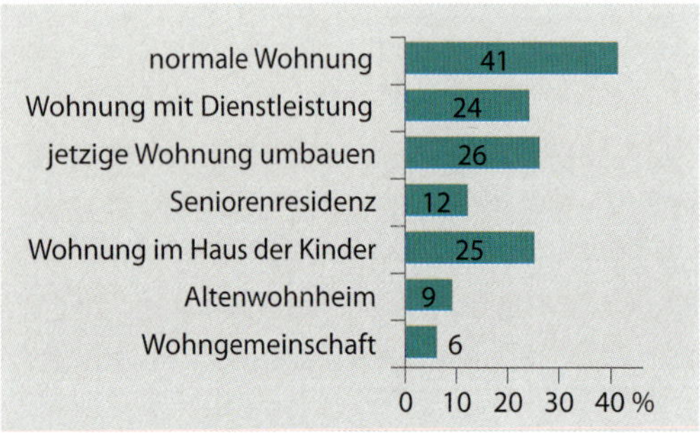

Vorstellbare Wohnformen im Alter

Weniger als zehn Prozent aller Menschen über 65 Jahre leben in Alten- und Pflegeheimen oder im Betreuten Wohnen.

Viele ältere Menschen möchten möglichst lange im gewohnten Umfeld verbleiben. Die eigene Wohnung/das eigene Haus ist ein Ort von Erinnerungen, ein Stück Heimat. Wenn Freunde und Bekannte oder auch die eigenen Kinder in der Nachbarschaft wohnen, fördert dies die Teilnahme am sozialen Leben. All das vermittelt Sicherheit und Geborgenheit.
Diese Wohnform kann lange Zeit ideal sein, aber mit fortschreitendem Alter ist das eigene Zuhause nicht immer auf die veränderten Bedürfnisse und Möglichkeiten zugeschnitten.
Angesichts der veränderten Wohn- und Lebensbedürfnisse und der demografischen Entwicklung kommt den **„bedarfsgerechten Wohnformen im Alter"** und der Unterstützung bei den Alltagsverrichtungen eine besondere Bedeutung zu.

29.1 Wohnformen im Alter

- **Privatwohnungen**
  Der weitaus größere Teil der älteren Bevölkerung lebt meist allein oder zu zweit in der eigenen Wohnung, die über Jahrzehnte Mittelpunkt der Familie war. Um die Alltagsverrichtungen bewältigen zu können, werden häufig hauswirtschaftliche Dienste oder Pflegedienste in Anspruch genommen.

- **Wohnen mit den Kindern**
  Ein geringer Anteil der älteren Menschen wohnt mit den Kindern zusammen und kann dort bis zum Tod im Verbund einer Familie leben. Diese Wohnform ist heute seltener anzutreffen, da die Kinder berufsbedingt an entfernten Orten leben oder die Wohnverhältnisse es nicht zulassen.
  Es ist auch nicht immer der Wunsch aller Menschen mit ihren Kindern zusammenzuleben.

- **Seniorenwohnanlagen „Service-Wohnen"**
  Diese Wohnform soll älteren Personen ermöglichen, selbstständig in der eigenen Wohnung zu leben und bei Bedarf schnell Hilfe und Pflege zu erhalten. Zu einer Wohnanlage gehören meistens mehrere Häuser, die baulich und in der Ausstattung der Wohnung den Bedürfnissen älterer Menschen angepasst sind. Zusätzlich zum Mietvertrag schließen die Bewohner einen Betreuungsvertrag ab, der ihnen für eine monatliche Pauschale einen 24-stündigen

Hausnotruf und eine pflegerische Notfallversorgung zusichert. Darüber hinaus haben sie die Möglichkeit, gegen Bezahlung weitere Wahlleistungen wie hauswirtschaftliche Unterstützung in Anspruch zu nehmen.

- **Mehrgenerationenwohnen**
  Das gemeinsame Wohnen von Jung und Alt unter einem Dach soll das gemeinschaftliche Miteinander und das gegenseitige Helfen fördern. Jeder Bewohner hat einen eigenen Wohnbereich. Es gibt einige Räume die gemeinschaftlich genutzt werden. Das Gemeinschaftsleben organisieren die Bewohner selbst. Die gegenseitigen Hilfsangebote betreffen Einkauf- und Fahrdienste, Kinderbetreuung, Heimwerkerarbeiten oder gemeinsames Mittagessen durch abwechselnd zubereitete Mahlzeiten.

Gemeinsames Mittagessen im Mehrgenerationenhaus

- **Wohngemeinschaften**
  Ältere Menschen teilen sich ein Haus oder eine Wohnung und unterstützen sich gegenseitig. Beim Wohnen nach dem Hausgemeinschaftskonzept wohnen meist 10 bis 15 Personen in einer Gemeinschaft. Jeder Bewohner hat sein eigenes Zimmer. Küche und Gemeinschaftsräume werden geteilt. In Hausgemeinschaften stehen die Bewältigung des Alltags und die gemeinsame Verantwortung für die hauswirtschaftlichen Tätigkeiten im Vordergrund. Bei Bedarf können wie in der Privatwohnung ambulante Pflegedienste oder professionelle Serviceleistungen in Anspruch genommen werden.

- **Wohnen im Quartier**
  Quartiershäuser sind eine Weiterentwicklung der Hausgemeinschaften. Bewohner haben einen privaten Bereich (etwa ein kleines Apartment), teilen mit anderen einen halböffentlichen Raum (Wohnküche/Wohnzimmer) und leben auch im öffentlichen Raum (dem Quartier). Hier trifft sich die Nachbarschaft zu gemeinsamen Mahlzeiten oder Akivitäten.

- **Betreutes Wohnen**
  Die heutigen Altenpflegezentren ermöglichen eine Kombination von Wohnen und Pflegen. Bewohner, die keine oder nur geringe Pflege benötigen, leben zunächst selbstständig in Ein- oder Zweibettappartements mit Bad/WC und evtl. kleiner Kücheneinheit. Sie führen ihren Haushalt selbstständig und nehmen auf Wunsch an gemeinsamen Mahlzeiten teil. Darüber hinaus werden dem Bewohner im Bedarfsfall zusätzlich Versorgungs- und Betreuungsleistungen gewährt. Durch die Verbindung zum teil- oder vollstationären Wohnen unter einem Dach entfällt bei beginnender Pflegebedürftigkeit ein erneuter Einrichtungswechsel.

- **Vollstationäres Wohnen**
  Ein Umzug in eine stationäre Einrichtung wird dann unumgänglich, wenn hirnorganische, psychische oder körperliche Erkrankungen den älteren Menschen oder den Menschen mit Behinderung so stark einschränken, dass ein Verbleib in der eigenen Wohnung oder der Familie nicht mehr möglich ist. Die Wohnbereiche verfügen über Ein- oder Zweibettzimmer mit integriertem Sanitärbereich. Die Zimmer sind mit Pflegebetten ausgestattet, können aber zum Wohnen in vertrauter Umgebung mit den eigenen Möbeln und Bildern umgestaltet werden. Die Bewohner erhalten Pflege und Betreuung je nach ihrem Bedarf. Selbstbestimmng und Teilhabe werden geringer, je mehr Menschen auf fremde Hilfe angewiesen sind. Deshalb ist es besonders wichtig, so gut wie möglich, auch bei engem Zeitrahmen auf Bedürfnisse, Gewohnheiten und Eigenheiten der Menschen einzugehen.

29.2 Unterstützung beim Wohnen in der eigenen Wohnung

Um ein möglichst selbstständiges und selbstbestimmtes Leben eines älteren Menschen oder eines Menschen mit Behinderung in den eigenen vier Wänden zu sichern und um pflegende Angehörige zu entlasten, werden verschiedene Möglichkeiten der Unterstützung angeboten:

- **Ambulante Versorgung**
  Ambulante Pflegedienste führen die pflegerischen Tätigkeiten unter der Verantwortung von examinierten Pflegefachkräften durch. Wenn Hilfe im Alltag benötigt wird, werden hauswirtschaftliche Tätigkeiten von hauswirtschaftlichen Fach- oder Hilfskräften ausgeführt. Es gibt auch die Möglichkeit, Hilfe von ambulanten Betreuungskräften oder Alltagsbegleitern zu erhalten. Diese unterstützen beim Einkaufen, lesen die Zeitung vor oder führen gemeinsame Aktivitäten durch.

Der Betroffene und auch pflegende Angehörige erhalten kompetente Unterstützung bei der Erledigung der Aktivitäten des täglichen Lebens.

Ambulante Leistungen können sein:
- Grundpflege und Behandlungspflege,
- pflegerische Anleitung und Beratung der Patienten und Angehörigen,
- 24 Std. Hausnotruf,
- Palliativecare,
- Sterbebegleitung,
- hauswirtschaftliche Versorgung und Betreuung,
- Mahlzeitendienste,
- Fahr- und Begleitdienste,
- Verleih von Hilfsmitteln (Rollstuhl, Krankenbett, Gehhilfen),
- Alltagsbetreuung, Betreuung bei Demenz,

Gemeinsames Spiel in der Tagesbetreuung

Träger der ambulanten Pflegedienste/Sozialstationen sind private oder öffentliche Träger (z. B. Rotes Kreuz, AWO (Arbeiterwohlfahrt), Landkreis, Stadt, Caritas oder Diakonie).

- **Teilstationäre Pflegeangebote**
  Die teilstationären Pflegeangebote ermöglichen dem Betroffenen, so lange wie möglich in seiner vertrauten Umgebung zu leben.

- Die **Tagespflege** ist ein Bindeglied zwischen häuslicher oder ambulanter Versorgung und einem (teil-)stationären Aufenthalt in einer Pflegeeinrichtung. Nach der Betreuung in der Tageseinrichtung kehren sie in ihr gewohntes Zuhause zurück.

- Die **Kurzzeit**- oder **Verhinderungspflege** dient der Entlastung von pflegenden Angehörigen, die selbst erkrankt sind oder sich erholen müssen, um danach die häusliche Pflege weiter durchzuführen. Der zu pflegende ältere Mensch zieht für wenige Tage bis maximal vier Wochen pro Kalenderjahr in ein Altenpflegeheim. Die Kosten werden von den Pflegekassen übernommen.

  Kurzzeitpflege kann auch bei kurzfristig erhöhtem Pflegebedarf in Anspruch genommen werden (vorübergehende Unterbringung in einem vollstationären Heim).

Beispiele für Aktivierungsangebote von Alltagsbetreuern und Assistenzkräften: Vorlesen, Musizieren und Singen (s. S. 147), Erinnerungspflege (s. S. 173), Sprichwörter und Redewendungen, Spiele, Malen und Basteln, lange Gespräche und Bewegungsübungen sowie hauswirtschaftliche und handwerkliche Tätigkeiten.

handwerk-technik.de

29.3 Wohnraumanpassung

Bevor sich ältere Menschen eine neue Wohnung suchen, sollten sie sich ihr Zuhause genau ansehen. Bereits kleine Veränderungen und bauliche Anpassungsmaßnahmen können den Wunsch nach einem möglichst langen und selbstbestimmten Leben in der eigenen Wohnung erfüllen. Ambulante Dienste oder eine Wohnberatung können bei der Umsetzung helfen.

29.3.1 Hilfen zur Wohnraumanpassung

Bei anerkannter Pflegebedürftigkeit oder Behinderung wird ein finanzieller Zuschuss für Umbaumaßnahmen von der **Pflegekasse** oder anderen Kostenträgern wie beispielsweise der **gesetzlichen Unfallkasse** gewährt. Eine Unterstützung für die Wohnraumanpassung kann auch die **Sozialhilfe** bieten, wenn die eigenen finanziellen Möglichkeiten begrenzt sind und kein anderer Kostenträger eintritt. Bei der altersgerechten Gestaltung des Wohnraumes sollten **Wohnumfeld** und **Infrastruktur** (z. B. öffentliche Verkehrsmittel, Einkaufsmöglichkeiten) ebenso Beachtung finden.

29.3.2 Barrierefreie Gestaltung

Barrierefrei bedeutet, dass Räume, Gegenstände, Einrichtungen sowie Medien so gestaltet werden, dass sie von jedem Menschen unabhängig von einer vorhandenen Behinderung ohne Einschränkungen genutzt werden können.

Bei Wohnraumanpassung für Rollstuhlnutzer gilt die **DIN-Norm 18025-1**. Barrierefreie Gestaltungsmaßnahmen für andere Personengruppen orientieren sich an der **DIN 18025-2** und ermöglichen damit auch bei zunehmender Beeinträchtigung eine lange Nutzung der Wohnung ohne fremde Hilfe. Die Wohnungen werden so verändert und ausgestattet, dass sie den besonderen Bedürfnissen von Senioren oder Menschen mit Behinderungen an Komfort und Sicherheit entsprechen. Durch den allgemeinen Alterungsprozess kommt es zum Nachlassen der Sinnes- und der Reaktionsfähigkeit, was das Unfallrisiko auch im eigenen Haushalt erhöht. Im Zuge der barrierefreien Gestaltung des Wohnraumes können gleichzeitig entsprechende Unfallverhütungsmaßnahmen getroffen werden, vor allem, um Stürze zu vermeiden, denn diese sind die Hauptursachen für tödliche Unfälle von älteren Menschen im Haushalt.

Allgemeine Grundsätze

- Alle Räume der Wohnung sind stufenlos,
- Türen mit Durchfahrbreite von 90 cm,
- Türdrücker, Schalter, Haltestangen und -griffe sind in einer Höhe von 85 cm angebracht,
- Mindestbewegungsfläche 1,20 m x 1,20 m oder 1,50 m x 1,50 m für Rollstuhlfahrer vor Möbeln, Waschbecken, Dusche und Toilette,
- Bodenbelag und Teppiche sind rutschfest, Teppichecken sind fixiert,
- gute Ausleuchtung in allen Räumen,
- ausreichende Anzahl an Steckdosen, um herumliegende Kabel zu vermeiden,
- Bewegungsfläche und freie Durchgangswege,
- Telefon- oder Rufanlagen in allen Räumen.

Kleine Veränderungen können bereits eine Verbesserung bewirken. Für die individuelle Gestaltung innerhalb von Wohnungen gibt es in den Räumen viele Möglichkeiten:

Hauseingang/Flur/Diele

- Eingang von innen und außen durch einen Bewegungsmelder ausleuchten
- Briefkastenentleerung möglichst von innen,
- Zweitonklang der Haustürklingel, da höhere Töne häufig nicht mehr gehört werden,
- ggf. Gegensprechanlage und Videokamera,
- Rampe für Rollstuhl oder Rollator einbauen bei nicht ebenerdigem Eingangsbereich,

- Abstellmöglichkeit für Rollator/Rollstuhl schaffen,
- Kennzeichnung der Treppenstufen durch Anstrich oder farbiges Klebeband,
- Stuhl im mittleren Etagenbereich zum Ausruhen bereitstellen,
- Handläufe an beiden Seiten der Treppe zum Abstützen und Festhalten,
- bei Gehbehinderung Treppenlift einbauen.

Küche
- Kochfeld, Spüle und Arbeitsplatte höhenverstellbar, mit ausreichend Beinfreiheit nebeneinander anordnen,
- Kühlschrank und Backofen in Griffhöhe,
- absenkbare Oberschränke für Rollstuhlfahrer.

Bad und WC
- Tür öffnet nach außen,
- Duschplatz 1,50 m x 1,50 m breit, stufenlos und befahrbar, mit Duschsitz und bodengleichem Wasserablauf,

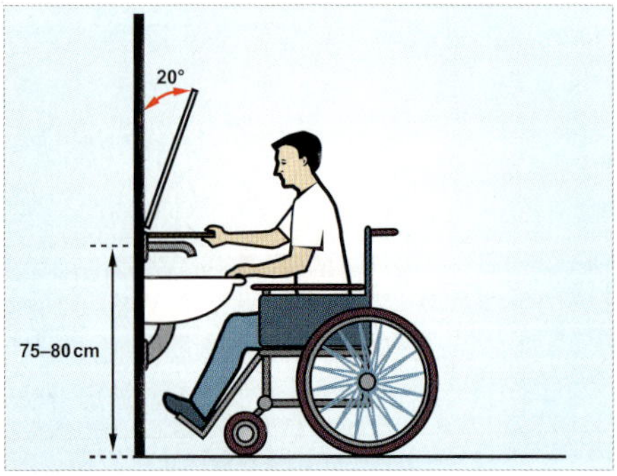

Unterfahrbares Waschbecken und Kippspiegel

- Badewanne mit Seiteneinstieg oder mit Hebelift unterfahrbar,
- Haltegriffe im Toiletten-, Wannen- und Duschbereich,
- Toilettensitzhöhe 48–50 cm,
- Waschtisch flach und unterfahrbar, Höhe nach individuellem Bedarf, Kippspiegel für Rollstuhlfahrer beginnt oberhalb des Waschbeckenrandes. **Wohnzimmer**
- ausreichende Tageslichtquelle durch großes, leicht zu öffnendes Fenster mit Sonnenrollo oder Rollladen,
- Sitzmöbel: Sitzhöhe von 50 cm erleichtert das Hinsetzen und Aufstehen, Rücken- und Armlehne geben Halt und Sicherheit,
- Bewegungsraum und freie Durchgänge schaffen.

Schlafzimmer
- höhenverstellbares und von drei Seiten zugängliches Bett, Fuß- und Kopfende elektrisch veränderbar,
- leicht erreichbare Nachttischlampe, zusätzliches Nachtlicht gibt Sicherheit,
- Verdunkelungsmöglichkeit,
- gut erreichbare Schränke für saubere Wäsche, gesonderte Behälter für Schmutzwäsche.

Neben der eigentlichen Wohnung sollte die nähere Umgebung ebenfalls barrierefrei sein, um am sozialen Leben teilhaben zu können.

Wohnumfeld
Dazu gehören die Menschen, mit denen wir im nahen Kontakt stehen und einen Großteil unseres Lebens verbringen wie Familie, Freunde, Nachbarn, aber auch der Postbote und die freundliche Bäckereifachverkäuferin. Die richtige Wahl des Wohnumfeldes kann die soziale Teilhabe fördern und eine Isolation vermeiden.

Infrastruktur
Wichtig ist auch die Steigerung der Wohnqualität durch die **Lage der Wohnung/des Hauses** und damit die Erreichbarkeit wichtiger Ziele (Arzt, Apotheke, Geschäfte, Behörden, Kirche, Kulturzentrum, Parkanlagen) zu Fuß oder mit öffentlichen Verkehrsmitteln.

Bei Menschen mit Demenz führt die Orientierungslosigkeit oft zu Verwirrtheitszuständen. Dadurch haben die Menschen Ängste und finden sich nicht mehr in der gewohnten Umgebung zurecht. So wird z. B. die Toilette nicht gefunden bzw. nicht erkannt und der dunkle Teppich wird als riesige Gruft wahrgenommen.

Einige Beispiele, die helfen können, Demenzkranken das Leben etwas zu erleichtern:

- Leicht verständliche Symbole an den Türen helfen der Orientierung in den eigenen vier Wänden (s. S. 173).
- Durchsichtige Türen an Kleider- und Küchenschränken bieten freie Sicht auf die Dinge, die täglich gebraucht werden. Die Umgebung wird so weniger geheimnisvoll wahrgenommen.
- Eine farbige Toilettenbrille erleichtert das Auffinden der Toilette.
- Ein Drehknauf an der Wohnungsaußentür erschwert dem Demenzkranken das Verschwinden aus der Wohnung. An den anderen Türen bleiben Klinken erhalten (Türen gern auch offen lassen).
- Gute Ausleuchtung der Wohnung und besonders der Ecken verhindert, dass dunkle Ecken Angst einflößen. Die Installation von Wandstrahlern und/oder Bewegungsmelden kann hilfreich sein.
- Gardinen, Tapeten und Teppiche sollten einfarbig gehalten sein, da Muster und Karos Ängste und sogar Halluzinationen auslösen können. Helle Farben bevorzugen und besonders dunkle Teppiche und dunkle Türschwellen vermeiden.
- Der Herd sollte so umgerüstet werden, dass die Stromzufuhr nach einer gewissen Zeit automatisch abgeschaltet wird.
- Ein ständig auf dem Herd stehender Kochtopf zeigt an, dass es sich um den Herd handelt und es hierüber nicht zu Verwirrungen kommt.
- Ein Thermostat an den Armaturen in Küche und Bad schützt vor Verbrennungen.

Aufgaben

1. Lesen Sie den Text über Frau Eichinger durch. Benennen Sie Probleme der alten Dame und finden Sie Lösungsmöglichkeiten.
2. Welche Informationsquellen können Sie nutzen, um eine geeignete Pflegeeinrichtung für eine 80-jährige noch selbstständige, aber leicht gehbehinderte alte Dame zu finden?
3. Erstellen Sie eine Checkliste mit Auswahlkriterien für die passende Pflegeeinrichtung.
4. Sichten Sie Informationsmaterial von verschiedenen Alteneinrichtungen in Ihrer Nähe und vergleichen Sie die Leistungen der Häuser mithilfe der erstellten Checkliste. Entscheiden Sie sich für ein Haus und begründen Sie Ihre Wahl.
5. Erkunden Sie Ihre Praktikumseinrichtung und notieren Sie, welche alten- und behindertengerechten sowie baulichen Maßnahmen zum barrierefreien Wohnen umgesetzt sind und was Sie noch verbessern würden.
6. Besuchen Sie ein Sanitätsfachgeschäft. Verschaffen Sie sich einen Überblick über das Produktangebot, um Toilettensitze zu erhöhen.
7. Recherchieren Sie im Internet, welche Möglichkeiten und Unterstützungen es gibt, eine Wohnung den neuen Bedürfnissen eines Betroffenen anzupassen.
8. Führen Sie die Voraussetzungen auf, die erfüllt sein müssen, um ein langes, selbstständiges und selbst bestimmtes Leben in den eigenen vier Wänden zu führen.

30 Demenz

Laut einer Statistik des Bundesministeriums für Gesundheit leben in Deutschland rund 1,1 Millionen Menschen, die an Demenz erkrankt sind. Bis 2030 kann sich die Zahl auf etwa 1,7 Millionen erhöhen.

Demenz (lat. Dementia, von de mente, ohne Geist, von Sinnen) ist ein Oberbegriff für einen Symptomkomplex, der bei ausgedehnter fortschreitender Schädigung des Gehirns auftritt und zum Verlust der geistigen, später auch der motorischen und vegetativen Funktionen führt.

30.1 Demenzformen

Zur **primären Demenz** gehören die

- Alzheimer-Demenz (ca. 60–70 Prozent), neurodegenerative Erkrankung, bei der Eiweißablagerungen im Gehirn die Gehirnzellen schädigen, und die
- Multiinfarktdemenz (ca. 20 Prozent), bei der Gehirnzellen absterben, weil sie nicht mehr durchblutet werden.

Eine **sekundäre Demenz** entsteht infolge von Vorerkrankungen, wie Hirntumoren, Hirninfektionen, Alkohol- oder Medikamentenschädigung oder Nieren- und Leberstörungen.

Die **Alzheimer-Demenz** beginnt meistens im höheren Alter schleichend, mit leichter Vergesslichkeit. Später unterscheidet sich das Ausmaß der Vergesslichkeit von der eines gesunden alten Menschen. Zu Beginn der Erkrankung bemerkt der Betroffene einen allmählichen Verlust seiner Gedächtnisfunktionen und seiner Fähigkeiten, den Alltag zu bewältigen. Für das Umfeld bleiben diese Veränderungen zunächst oft unbemerkt. In dieser Phase versucht der Kranke noch, seine Defizite auszugleichen, z. B. durch Schreiben von Merkzetteln. Im fortgeschrittenen Stadium kommt es zum Verlust des eigenverantwortlichen Handelns. Die alltäglichen Verrichtungen wie Körperpflege, An- und Ausziehen, Einkaufen, Kochen oder auch der Umgang mit Geld, Telefonate oder das Regeln behördlicher Angelegenheiten gelingen immer weniger. Viele Patienten fürchten mehr und mehr die Abhängigkeit und das Gefühl, anderen zur Last zu fallen. Die steigende Angst und Besorgnis führt zu Stimmungsschwankungen, die sich in Aggressivität oder auch Depressionen äußern.

Durch den fortschreitenden Abbau des Gehirns geht die **zeitliche, räumliche, persönliche** und **situative Orientierung** immer mehr verloren. Vertrautes – auch die eigene Familie – wird nicht mehr erkannt, das Zuhause wirkt bedrohlich oder beängstigend. Der Tag-Wach-Rhythmus ist gestört. Meist ist die Erinnerung an die eigene Kindheit, Schulzeit (**Langzeitgedächtnis**) recht deutlich, während aktuelle Geschehnisse (**Kurzzeitgedächtnis**) nicht mehr behalten werden. Bei dem Fortschreiten der Krankheit wird die Abhängigkeit und Hilfsbedürftigkeit größer.

Beispiel: Der Kranke irrt ziel- und hilflos nachts in der Wohnung herum und ist auf der Suche nach seinem Schulranzen, weil sein Unterricht bald beginnt. Erklärungsversuche, dass er schon lange kein Schüler mehr sei, erreichen ihn nicht mehr.

30.2 Pflegerische Konzepte bei Demenz

Durch eine individuelle Therapie und Medikamentengabe kann die Lebensqualität verbessert, der Ist-Zustand stabilisiert und der Krankheitsverlauf etwas verzögert werden. Die mittlere Überlebensdauer beträgt nach Erkrankungsausbruch etwa zehn Jahre. Für einen an Demenz erkrankten Menschen gibt es kein einheitliches Pflegekonzept. Viele Therapieansätze stehen zur Verfügung, aber das richtige Konzept muss für jeden Patienten individuell festgestellt und geplant werden. Häufig ist eine Kombination der verschiedenen pflegerischen Konzepte sinnvoll.

Die **Biografiearbeit (Erinnerungspflege)** dient dazu, mithilfe von Informationen über die Lebensgeschichte eines an Demenz erkrankten Menschen das Verständnis für den Betroffenen zu erleichtern und entsprechend zu reagieren. Zu den biografischen Informationen zählen beispielsweise Geburtsort, Ehepartner, Kinder, Geschwister, Schulbildung, vertraute Tätigkeiten (Beruf, Hobbys), Erkrankungen, Vorlieben, Abneigungen oder Lieblingsspeisen. Biografiearbeit trägt dazu bei, die Bedürfnissignale des Erkrankten leichter zu entschlüsseln und ihn entsprechend seiner Neigungen und Fähigkeiten zu fördern.

Beispiel:
Frau Schwarz überraschte früher ihre Familie gerne mit frisch gebackenem Kuchen. Heute freut sie sich, wenn sie in diese Beschäftigung mit einbezogen wird. In der Familie von Frau Schwarz wurde früher sonntags mit Tischdecke und Servietten gespeist. Bei Wiedereinführung dieses Rituals wird es ihr erleichtert, die Wochentage zu unterscheiden.

Das **ROT (Realitätsorientierungstraining)** verhilft verwirrten Patienten zur Förderung ihres Bewusstseins und der Orientierung. Nach Möglichkeit sollen gleiche Ereignisse, wie die täglichen Aktivitäten, immer zur gleichen Zeit und am gleichen Ort mit vertrauten Bezugspersonen wiederkehren. Der Tag wird in Aktivitäts- und Ruhephasen gegliedert. Dies bietet nicht nur wichtige Orientierungspunkte, sondern vermittelt dem Kranken auch das Gefühl von Schutz und Vertrauen:

- Gestalten vertrauter Räume: Zimmer mit eigenen Möbeln, Bildern, festem Sitzplatz mit gleichem Nachbarn, bekannte Wege zu den Räumen und vor allem zur Toilette,
- im Speisesaal festen Sitzplatz mit Nachbarn,
- Anbringen von bebilderten Schildern an Türen/Wänden (eigenes Zimmer, Toilette), mit Farben und Symbolen (s. S. 171),
- Räume gut beleuchten, für gutes Sehen sorgen (Brille),

- Anbringen von großen Kalendern und Uhren in allen Räumen,
- Informationen zur Zeit aus Radio, Fernsehen Tageszeitung, mündliche Information,
- jahreszeitliche Aktivitäten, Tisch- und Raumdekoration, Spaziergänge in der Natur,
- personenbezogene Erinnerungsreisen in die Vergangenheit durch Anschauen von Fotos, Filmen, eigene Erzählungen oder von Angehörigen/Bekannten sowie durch Vorlesen aus Büchern oder Briefen,
- fester Kreis von Bezugspersonen,
- verwirrten Menschen mit Namen ansprechen,
- sich selbst immer wieder mit Namen und Funktion vorstellen, dabei auf das Namensschild zeigen.

Bebilderte Namensschilder erleichtern das Wiedererkennen der Pflegepersonen.

Beispiel:
„Guten Morgen, Frau Schwarz. Mein Name ist Petra. Ich bin die Pflegeassistentin. Es ist jetzt 15 Uhr. Ich möchte Sie zum gemeinsamen Kuchenbacken abholen."

Die **Milieutherapie** arbeitet nach dem Grundsatz, dass sich die Umgebung dem Patienten, seiner

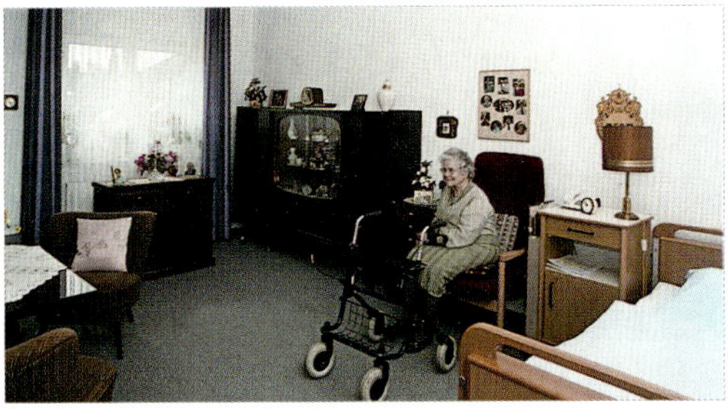

Zimmer mit eigenen Möbeln gestalten

Krankheit und seinen besonderen Bedürfnissen anpasst und nicht umgekehrt, z.B. durch Stimulierung des Langzeitgedächtnisses mit Geschirr, Bildern oder Möbeln aus vergangenen Zeiten. Die Betroffenen leben in kleinen familienähnlichen Wohngruppen in einer überschaubaren, stressfreien, aber durchaus anregenden Umgebung.

Beispiel:
Ein Lehnstuhl und ein Sideboard, auf dem Fotos aus Kindheit und Jugend des Patienten aufgestellt werden, wird aus der eigenen Wohnung mit in die Wohngruppe gebracht.

Validation ist eine Methode zur Kommunikation und Unterstützung desorientierter Menschen. Sie geht auf die amerikanische Sozialarbeiterin und Schauspielerin Naomi Feil zurück. Validation ist der wertschätzende Umgang mit dem verwirrten Menschen durch eine hohe Empathie (Fähigkeit, sich in andere Menschen hineinzuversetzen) der Betreuungskraft. Der Betroffene wird in seiner **Realität** belassen. Die Betreuungskraft versucht, durch verbale und nonverbale Kommunikation einen Zugang zur Erlebniswelt des Betroffenen zu finden. Sie akzeptiert Äußerungen und Handlungen des verwirrten Menschen, ohne zu beurteilen und zu korrigieren.

Beispiel:
Die Puppe im Arm der Patientin wird in das Gespräch mit der Assistenzkraft einbezogen.

Die **Basale Stimulation** eignet sich besonders im Spätstadium der Demenz. Der Betroffene findet kaum oder keinen Zugang zur Außenwelt oder lässt sich nicht mehr auf die vorher beschriebenen Methoden ein.
Durch gezielte Anregung der Sinne (Augen, Ohren, Zunge, Nase, Haut, Körper) soll dem wahrnehmungsgestörten Patienten eine Orientierung vermittelt werden.

30.3 Menschen mit Demenz im häuslichen Umfeld betreuen

Die meisten an Demenz erkrankten Menschen können in ihrer häuslichen Umgebung verbleiben und werden dort vom Lebenspartner, den Kindern oder vom ambulanten Dienst betreut und gepflegt.
Es können für die Betroffenen individuelle, auf ihre Fähigkeiten abgestimmte Aktivitäten im Alltag geplant werden. Eine geordnete Tagesstruktur gibt ihnen Orientierung und Sicherheit. Die Betroffenen werden soweit wie möglich mit vertrauten Tätigkeiten in den gewohnten Alltagsablauf einbezogen. Die ausgewählten Arbeiten können noch selbstständig ausgeführt werden – auch wenn sie länger dauern oder nicht korrekt erledigt werden. Den Betroffenen nicht mit Anweisungen überfordern, die er krankheitsbedingt nicht erfüllen kann.
Da die Aufmerksamkeit gestört ist, können mehrere nacheinander gestellte Fragen nicht aufgenommen und beantwortet werden. Hilfreich für die Betreuer und Familie ist das Erstellen eines strukturierten Tagesplans.

Entlastung für Angehörige

Die ständig notwendige Anwesenheit und die verwirrtheitsbedingten Persönlichkeitsveränderungen sind für Angehörige sehr belastend. Freie Stunden, freie Tage sind deshalb ein Muss, um selbst gesund und leistungsfähig zu bleiben. Pflegende Angehörige sollten sich Entlastung und **Unterstützung** verschaffen durch:

- Beratungsstellen,
- Freunde, Nachbarn, Verwandte,
- hauswirtschaftliche Unterstützung,
- Angehörigengruppe,
- ehrenamtliche oder hauptamtliche Betreuungsdienste, Sozialstationen,
- Angebote ambulanter Pflegedienste,
- Tagesbetreuung und Kurzzeitpflege,
- betreute Urlaube.

Unterstützung im Alltag

Seit 2017 besteht für Menschen mit Pflegebedarf sowie ihre Angehörigen der Anspruch auf Leistungen, die im Alltag unterstützen und entlasten. Diese „Angebote zur Unterstützung im

! Demenzkranke Menschen haben eine verminderte Stresstoleranz und empfinden schon geringe Veränderungen als eine starke Belastung. So können Gerüche, laute Geräusche, Dunkelheit, schnelle Bilderfolgen, neue Gesichter oder viele Informationen sie sehr schnell überfordern.

Alltag" tragen dazu bei, Pflegepersonen zu entlasten, und helfen Pflegebedürftigen, möglichst lange in ihrer häuslichen Umgebung zu bleiben, soziale Kontakte aufrechtzuerhalten und ihren Alltag weiterhin möglichst selbstständig bewältigen zu können.
Im Einzelnen könnten es sein:

- **Betreuungsangebote,** die sich an Menschen, mit besonderem Betreuungsbedarf richten. Insbesondere für demenziell erkrankte Menschen gibt es Betreuungsgruppen, Tagesbetreuungen in entsprechenden Einrichtungen oder die stundenweise Betreuung zu Hause.
- **Angebote zur Entlastung im Alltag** sind praktische Hilfen, wie die Unterstützung im Haushalt (Wäsche, Kochen oder Wohnungsreinigung) oder beim Einkaufen. Auch Tagesstrukturierung und Freizeitgestaltung fallen darunter wie z.B. Vorlesen oder soziale Aktivitäten, wie Besuche von Veranstaltungen oder begleitete Spaziergänge.
- **Angebote zur Entlastung von Pflegenden** richten sich dagegen gezielt an die pflegenden Angehörigen oder Freunde. Diese können unter anderem eine Pflegebegleitung in Anspruch nehmen, selbst Angehörigengruppen besuchen oder Serviceangebote für haushaltsnahe Dienstleistungen nutzen. Es geht darum, ihnen zu ermöglichen, sich der schwierigen Aufgabe der Pflege zu stellen und diese positiv zu gestalten.

! Die Krankheit kennen heißt auch, helfen und sich selbst entlasten zu können.

Aufgaben

1 Tauschen Sie sich in der Gruppe über Ihre Erfahrungen und Gefühle im Umgang mit Demenzkranken aus. Benennen und erläutern Sie wichtige Regeln bei der Kommunikation und Unterstützung von Demenzerkrankten.

2. Beschreiben Sie Gestaltungsmöglichkeiten für Demenzkranke, um eine möglichst vertraute und sichere Wohnumgebung im Pflegeheim zu schaffen.

3. Ihnen fällt auf, dass Herr Siebert, ein verwirrter Bewohner, unruhig hin-und her läuft. Um dem alten Herrn zu helfen, überlegen Sie sich sinnvolle Alltagsbeschäftigungen, die gleichzeitig seine Selbstständigkeit fördern sollen.

4. Finden Sie durch eine Internetrecherche heraus, welche Hilfen und Anregungen die Hirnliga bietet (www.hirnliga.de).

31 Unterstützung bei der Nahrungsaufnahme

Nicht mehr ohne fremde Hilfe essen und trinken zu können, löst bei Betroffenen das Gefühl von Hilflosigkeit und Abhängigkeit aus. Das Lebens- und Selbstwertgefühl wird dadurch stark beeinträchtigt. Daher sollte eine Unterstützung und Beratung zur selbstständigen Nahrungsaufnahme immer im Vordergrund stehen. Physische und psychische **Veränderungen** nehmen einen nicht unerheblichen Einfluss besonders auf das Ernährungsverhalten bei älteren Menschen ein. Sehr oft leiden sie an mangelndem Appetit, Störungen des Geschmacksempfindens und einem Nachlassen des Durstgefühls. Die Folgen sind Mangelernährung und Flüssigkeitsmangel, der sehr rasch zur Austrocknung und zu Verwirrtheitszuständen führen kann. Zudem können bei Senioren genau wie in anderen Altersgruppen psychische (Depressionen) und neurologische **Erkrankungen** (Demenzerkrankungen) zu einem schlechten Ernährungszustand beitragen.

Patientin nimmt zum Essen am Tisch Platz

„Essen und Trinken hält Leib und Seele zusammen" und ist ein lebenswichtiges Grundbedürfnis des Menschen.

Bei der Speisenplanung nach Möglichkeit den Patienten mit einbeziehen und auf Vorlieben und Abneigungen, Unverträglichkeiten und Ernährungsgewohnheiten eingehen.

31.1 Fähigkeiten nutzen und stärken

Das Hilfsangebot bei der Nahrungsaufnahme muss individuell geplant und ständig überprüft werden, um die **Selbstständigkeit** zu erhalten, zu fördern und wieder herzustellen:

- die Einnahme der Mahlzeit am Tisch ermöglichen,
- auf eine angenehme Atmosphäre während der Nahrungsaufnahme achten, (Tisch ist dekoriert und Raum angenehm temperiert),
- mobile Patienten zum Essen in Gemeinschaft anregen, gemeinsames Essen schützt vor Mangelernährung,
- auch für Rollstuhlfahrer und gehbehinderte Menschen einen Essplatz einrichten,
- für saubere Servietten sorgen (Serviette nur auf Wunsch umbinden),
- nach Möglichkeit vor den Augen des Patienten die Speisen auf dem Teller appetitlich portionieren,
- Speisen riechen, sehen, schmecken lassen, dient der Anregung von Appetit und Speichelproduktion,
- darauf achten, dass Speisen temperiert und appetitlich angerichtet sind, bei der Speisenausgabe muss das Essen mindestens 65 °C warm sein; beim Anreichen den Wunsch der Bewohner berücksichtigen,
- die Speisen nur bei Bedarf und auf Wunsch des Betroffenen mundgerecht zerkleinern,
- Probleme bei der Nahrungsaufnahme (Kau- und Schluckbeschwerden, nicht passende Zahnprothese, Lähmungen) stets berücksichtigen und Lösungsmöglichkeiten finden,
- gezielter und individueller Einsatz von Ess- und Trinkhilfen (s. S. 178, 179),
- zuckerarme Getränke (Saftschorlen, Mineralwasser, Kräuter- und Früchtetee) während des Essens anbieten,

- Demenzkranken und depressiven Menschen konkrete Fragen stellen wie „Trinken Sie Tee?“; Fragen wie: „Möchten Sie etwas trinken?“ vermeiden, da hier dem Patienten eine Entscheidung abgefordert wird,
- für die Einnahme der Mahlzeiten ausreichend Zeit einplanen, es darf nicht das Gefühl des „Abfütterns“ aufkommen.
- Patienten mit Sehbehinderung die Anordnung des Tellers, Getränkes und des Bestecks auf dem Tablett erklären, mithilfe eines imaginären Zifferblattes die Mahlzeit auf dem Teller beschreiben, z. B.: „Die Kartoffeln sind auf 2 Uhr angeordnet, das Fischfilet finden Sie auf 6 Uhr und den Brokkoli auf 12 Uhr“, (s. S. 177),

Anordnung auf dem Teller

Durch die Mahlzeiten kann ein monotoner Tagesablauf gegliedert werden, es wird eine Abwechslung geboten, auch wenn der Appetit nicht groß ist.

> Die Begriffe: „**Lätzchen**“ und „**Füttern**“ nur im Zusammenhang mit Kindern verwenden. Mit Erwachsenen eignen sich die Bezeichnungen „**Serviette**“ und „**Essen/Speisen reichen**“.

31.2 Unterstützung bei der Nahrungsaufnahme im Bett

Menschen, die immobil sind und nicht selbstständig essen können, benötigen hierbei Unterstützung. Wenn sie ihre Wünsche nicht formulieren können, ist eine gute Beobachtungsgabe und Einfühlungsvermögen gefragt.

So geht's – Nahrungsaufnahme im Bett

Vorbereiten

- Patienten über Zeitpunkt der Mahlzeit informieren
- evtl. Zimmer vor der Mahlzeit lüften
- nach korrektem Sitz der Zahnprothese erkundigen
- Patienten die Möglichkeit zum Händewaschen geben
- Lagerung zum Essen: Das Kopfteil des Bettes so weit hochstellen, dass der Patient bequem sitzen kann und sein Essen im Blickfeld hat. Bei der Nahrungsaufnahme sollte der Kopf des Patienten leicht nach vorn gebeugt sein, was den Schluckvorgang erleichtert. Bei kleinen Personen kann das Anbringen einer Fußstütze/Kissen am Fußende des Bettes, oder das Unterlegen von zwei zusammengerollten Handtüchern unterhalb des Gesäßes (Sitzbeinhöcker) ein Herunterrutschen im Bett verhindern
- Betttisch aufklappen und in die entsprechende Höhe bringen. Darauf achten, dass die Oberfläche des Betttisches sauber ist. Das Essen für den Patienten gut sichtbar auf dem Betttisch oder Betttablett abstellen
- Patienten saubere Serviette reichen bzw. auf Wunsch vorlegen

Durchführen – Anreichen der Nahrung

- die Assistenzkraft sitzt auf Augenhöhe mit dem Patienten und in dessen Blickfeld, damit der Patient nicht ständig den Kopf drehen muss
- das Anreichen geschieht in ruhiger Atmosphäre und nach gewünschter Reihenfolge des Patienten
- Löffel bzw. Gabel vorsichtig und nicht zu weit in den Mund schieben (Würgereflex)
- die nächste Portion wird erst dann gereicht, wenn der Patient die Nahrung geschluckt hat

- während der Nahrungsaufnahme auf ausreichenden Kauvorgang und ungestörten Schluckvorgang achten. Benötigt der Patient viel Zeit für die Nahrungsaufnahme, ist der Einsatz eines Warmhaltetellers sinnvoll
- während des Essens keine Fragen stellen, aber unterhaltsam plaudern
- Medikamente nach Plan reichen und darauf achten, dass diese mit viel Flüssigkeit heruntergeschluckt werden und nicht im Mund- oder Rachenbereich haften bleiben

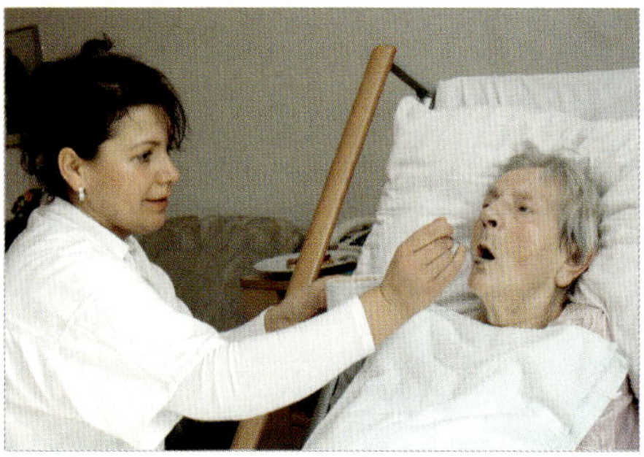

Nahrungsaufnahme im Bett

Nachbereiten

- nach Beendigung der Mahlzeit den Betttisch abräumen und säubern
- anschließend Patienten bei der Durchführung der Reinigung der Zähne (Prothese), des Mundes und der Hände unterstützen (s. S. 66)
- Patienten nach Wunsch lagern
- Klingel/Rufanlage in Reichweite des Patienten anbringen
- vor dem Verlassen des Zimmers den Patienten nach Wünschen fragen (Getränke, Fenster öffnen)
- alle gebrauchten Materialien sachgerecht entsorgen
- Flüssigkeitsmenge, aufgenommene Nahrung und relevante Beobachtungen dokumentieren (Ess- und Trinkprotokoll)

Die Nahrungsaufnahme unterstützen

Um Patienten die benötigte Nahrungsmenge zu ermöglichen, können folgende Tipps helfen:

- einen Teil der Nahrung als Fingerfood anbieten, da der Umgang mit Besteck oft schwer fällt,
- Mahlzeiten immer in einer vertrauten und ruhigen Umgebung einnehmen lassen,
- zwischen den Hauptmahlzeiten immer wieder kleine Snacks und Getränke reichen,
- immer kleine Portionen servieren, die schön angerichtet sind,
- Speisen anbieten, die der Patient gerne isst und die ihm bekannt sind.

Tipps zur Unterstützung der Ernährung und Nahrungsaufnahme bei Demenz s. S. 154.

Durch eine Studie konnte gezeigt werden, dass durch Aufstellen von Aquarien mit lebenden Fischen in der Nähe des Essplatzes, Demenzkranke zu einer längeren Verweildauer am Essplatz und zur besseren Nahrungsaufnahme animiert werden können.

31.3 Ess- und Trinkhilfen

In Sanitätshäusern wird eine große Auswahl an Ess- und Trinkhilfen angeboten, die an die unterschiedlichen Beeinträchtigungen älterer und behinderter Menschen angepasst sind.

Für die Legensqualität und das Selbstwertgefühl eines Menschen, kann die Fähigkeit, selbstständig zu handeln eine große Stütze sein. Beispiele von Hilfsmitteln für die Aufnahme der Nahrung aus eigener Kraft:

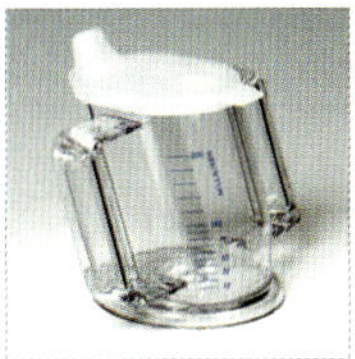

Schnabelbecher aus Kunststoff mit zwei Henkeln, abnehmbarem Deckel und Messskala.

Warmhalteteller eignet sich besonders für Personen, die beim Essen etwas mehr Zeit benötigen. Durch den hohen Rand können die Speisen leichter auf das Besteck geführt werden. Der rutschfeste Boden verhindert das Weggleiten des Tellers. Die Handgriffe an beiden Seiten erleichtern das Festhalten während der Mahlzeit.

Nasenbecher aus Porzellan eignet sich besonders für Patienten mit Bewegungseinschränkungen im Kopf- und Nackenbereich.

Biegbarer Löffel aus Edelstahl und Kunststoff mit einer flachen Griffunterseite, welche für eine stabile Auflage sorgt

Betttisch mit Flaschenhalter für Schnabelbecher, Gläser oder kleine Flaschen Flaschenhalter kann an jeder Stelle des Betttisches fixiert werden.

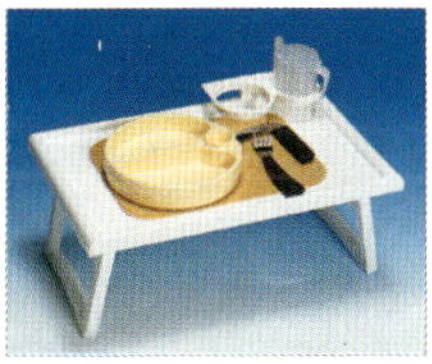

Angewinkeltes Besteck ist besonders für Patienten mit eingeschränkter Bewegungsfähigkeit des Handgelenks oder des Arms geeignet. Gabel und Löffel sind jeweils um 40° nach links (für die rechte Hand) oder rechts (für die linke Hand) gebogen.

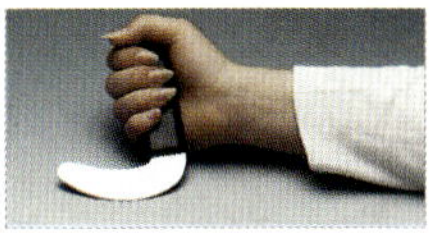

Eine **Tellerranderhöhung** erleichtert das Aufnehmen der Nahrung.

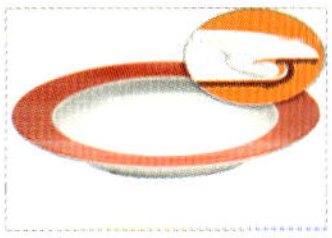

Aufgaben

1. Beschreiben Sie den Vorgang des „Essenreichens" mit eigenen Worten.
2. Führen Sie Kriterien für den Aufbau dieses Essplatzes auf:

32 Mobilisieren und Lagern

Die Bewegungsfähigkeit nimmt im Leben eines Menschen eine zentrale Rolle ein und ist für sein psychisches und physisches Wohlbefinden entscheidend. Sich bewegen und gehen zu können, schafft Unabhängigkeit und ermöglicht dem Menschen, sein Leben selbstständig und aktiv zu gestalten. Es trägt zur eigenständigen Bewältigung der Aktivitäten des täglichen Lebens bei und ermöglicht die Aufnahme sozialer Kontakte. Ältere Menschen messen oft ihren Gesundheitszustand am Grad ihrer Mobilität.

32.1 Mobilisation

Mobilisation dient der Aktivierung und Bewegungsförderung des alten und kranken Menschen. Dabei müssen die noch vorhandenen Fähigkeiten und die gesundheitlichen Einschränkungen beachtet werden. Die freie Beweglichkeit eines Menschen wird als **Mobilität** und die Bewegungsunfähigkeit als **Immobilität** bezeichnet. Mobilisation kann im Liegen, Sitzen oder Stehen/Gehen erfolgen.

> ***„Leben ist Bewegung und ohne Bewegung findet Leben nicht statt."***
> Moshé Feldenkrais

Ziele der Mobilisation

- Selbstständigkeit und Beweglichkeit des älteren bzw. kranken Menschen fördern
- Verbesserung der Eigenwahrnehmung und des Körpergefühls
- Förderung der sozialen Teilhabe,
- Anregung der Herz-/Kreislauffunktion,
- Aktivierung von Muskulatur und Gelenken,
- Verhinderung von Folgeerkrankungen, die durch die Immobilität entstehen, wie Druckgeschwüre, Lungenentzündung oder Gelenkversteifung.

32.1.1 Grundregeln zur Mobilisation

Besonders bei Patienten, die über eine längere Zeit inaktiv waren, erfolgt die Mobilisation schrittweise unter Berücksichtigung dieser Regeln:

- Mobilisationsplan in Absprache mit Arzt/Physiotherapeut und Pflegeperson erstellen,
- Patienten über geplante Maßnahme und Ablauf informieren, sein Einverständnis einholen,
- Ressourcen des Patienten berücksichtigen und zum Mitmachen aktivieren. Pflegekraft bietet nur so viel Hilfe wie nötig an,
- treten beim Patienten Schmerzen oder Widerstände beim Bewegen der Gelenke auf, Übungen abbrechen und Arzt informieren.

So geht's – Mobilisation vorbereiten

- Pflegekraft legt wegen möglicher Verletzungsgefahr des Patienten Ringe und Schmuck ab
- Händehygiene vor und nach jeder durchzuführenden Maßnahme
- rutschsichere, geschlossene Schuhe tragen
- Feststellbremsen an Bett und Rollstuhl sichern
- benötigtes Material bereitlegen: Kleidung, rutschfeste, geschlossene Schuhe, Rollstuhl bereitstellen, evtl. Blutdruckmessgerät und Klingel
- Intimsphäre wahren: Besucher bitten das Zimmer zu verlassen oder Sichtschutz aufstellen
- Fenster und Türen schließen, Raum temperieren

32.1.2 Rückenschonendes Arbeiten

Für Assistenzkräfte und Angehörige erfordert die Arbeit mit immobilen Menschen einen hohen Kraftaufwand. Die Mobilisation und die Lagerung des Patienten erfolgen immer unter Beachtung bestimmter Regeln und dem Einsatz geeigneter Hilfsmittel, um Rücken, Gelenke und Kräfte zu schonen.

So geht's – Mobilisation durchführen

- für ausreichend Bewegungsfreiheit sorgen und Arbeitsmittel vorbereiten
- Krankenbett auf Arbeitshöhe einstellen
- mit Kommandos arbeiten (Eins, zwei, drei!)
- **Körperhaltung** der Situation anpassen:

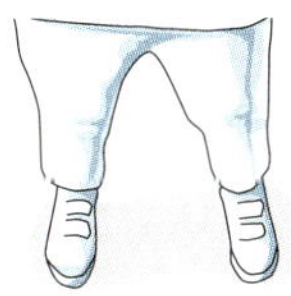

Parallelstellung einnehmen bei Arbeiten am Bett oder mit dem Patienten. Beine leicht grätschen und gesamte Fußfläche fest auf den Boden stellen. Die Stellung gewährleistet einen sicheren Stand.

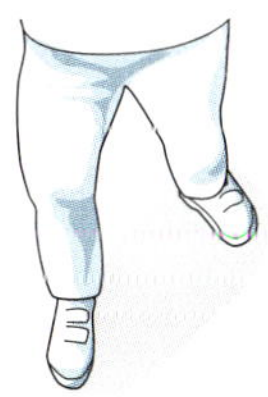

Bei Arbeiten von vorne nach hinten oder von einer zur anderen Seite geht die Parallelstellung in eine **Schrittstellung** über. Beim Heben und Tragen erfolgt eine **Gewichtsverlagerung**, die Belastung geht von einem Bein auf das andere. Der Rücken bleibt dabei immer gerade.

Gewichtsverlagerung von einer Seite zur anderen

Gewichtsverlagerung von vorne nach hinten

- ergonomisch arbeiten in ruhiger, gleichmäßiger Ausführung, ohne ruckartige Bewegungen

32.1.3 Einsatz technischer Hilfsmittel

Der Einsatz technischer Hilfsmittel zum Bewegen und Lagern von Menschen reduziert die körperliche Belastung der Pflegekraft erheblich.

Anti-Rutsch-Matte: Kunststoffmatte in rechteckiger oder runder Form mit rutschfester Oberfläche, die unter die Füße gelegt ein Abrutschen des Patienten beim Hochbewegen im Bett vermeidet.

Drehscheibe:
Scheibe mit einer rutschfesten Kunststoffoberfläche zur Unstützung des sitzenden oder stehenden Patienten beim Transfer von der Bettkante in den Rollstuhl/Sessel und umgekehrt.

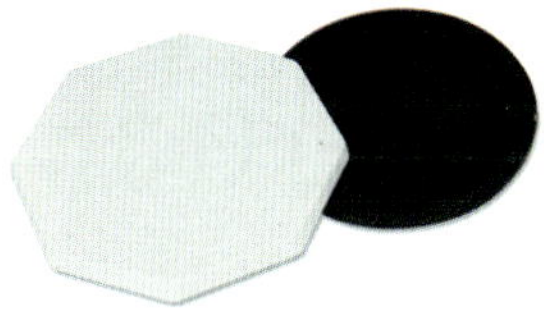

Das Rutschbrett dient zum Überbrücken von Zwischenräumen, z. B. vom Rollstuhl auf die Bettkante. Die Unterseite des Brettes ist rutschfest, während die Oberfläche ein leichtes Gleiten zulässt. Das Rutschbrett kann in Kombination mit der Drehscheibe eingesetzt werden.

Das breite **Aufrichtband** wird um die Schulter oder Hüften gelegt und bietet dem Patienten Halt beim Gehen, Hinlegen und Aufstehen oder beim Umsetzen, z. B. von der Bettkante in den Rollstuhl.

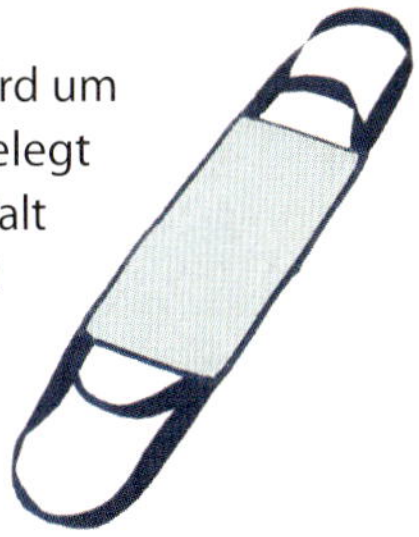

Der **Patientenlifter**
ermöglicht den Transfer immobiler Patienten aus dem Bett in den Rollstuhl oder in die Badewanne ohne viel Kraftaufwand. Für die individuellen Bedürfnisse gibt es verschiedene Gurt- und Sitzsysteme.

Der Kranke kann sich mithilfe einer **Bettleiter** selbstständig im Bett aufrichten.

Gehhilfen unterstützen die Selbstständigkeit von Menschen mit Bewegungseinschränkungen. Welche Gehhilfen eingesetzt werden sollen, muss individuell mit den Ärzten und Physiotherapeuten abgeklärt werden:

- **Unterarmgehstützen** dienen der Entlastung der unteren Extremität (Bein/Fuß), z. B. nach Beinbruch, Gelenkverstauchung oder Hüftoperationen.
- Die **Vierpunktstütze** bietet Menschen mit Gleichgewichtsstörungen durch vier Aufstützpunkte besseren Halt als ein Einpunkt-Gehstock.
- **Rollatoren (rollende Krücken)** oder auch Gehwagen helfen gehbehinderten und körperlich schwachen Personen beim Laufen, wenn diese fortwährend eine Stütze beim Gehen benötigen. Der Rollator kann mit nützlichem Zubehör, z. B. Einkaufstasche, Namensschild oder Regenschirm erweitert werden. Der Gehwagen sollte über eine einfach bedienbare und sichere Lauf- und Feststellbremse verfügen.

Freiheitseinschränkung

Ein Bettgitter darf nicht die Aufsichtspflicht ersetzen. Es stellt immer eine freiheitseinschränkende Maßnahme dar. Dies gilt auch für Fixierungshilfen (z. B. Bauchgurt, spezieller Schlafsack). Das Anbringen von Bettgittern über einen längeren Zeitraum kann nur erfolgen, wenn ein rechtfertigender Notstand gemäß § 34 StGB, ein richterlicher Beschluss und die Einwilligung des Bewohners/Patienten oder des Betreuers vorliegen.

Das **Pflegebett** sollte gewisse Bedürfnisse der Patienten erfüllen, da es zugleich Wohn- und Schlafstätte ist. Kopf- und Fußende moderner Betten sind gleich groß. Das bedingt, dass die Beugung des Körpers in Höhe des Hüftgelenkes stattfindet, wodurch der gesamte Rücken gerade bleibt und unterstützt wird. Aber auch den Anforderungen an ein rücken- und kraftschonendes Arbeiten sollte es gerecht werden. Pflegebetten sind durch die moderne Technik in der Höhe stufenlos verstellbar. Rollen ermöglichen den

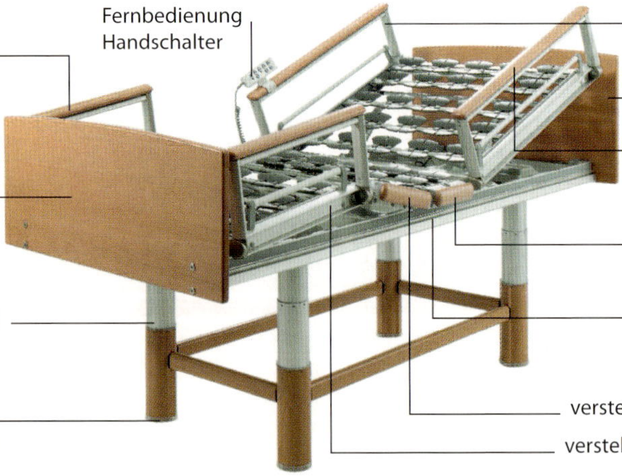

Pflegebett

Transport des Patienten im Bett. Ein Bettbügel oder eine Bettleiter unterstützen das Aufrichten. Zur Sicherheit des Patienten kann kurzfristig ein **Bettgitter** angebracht werden.

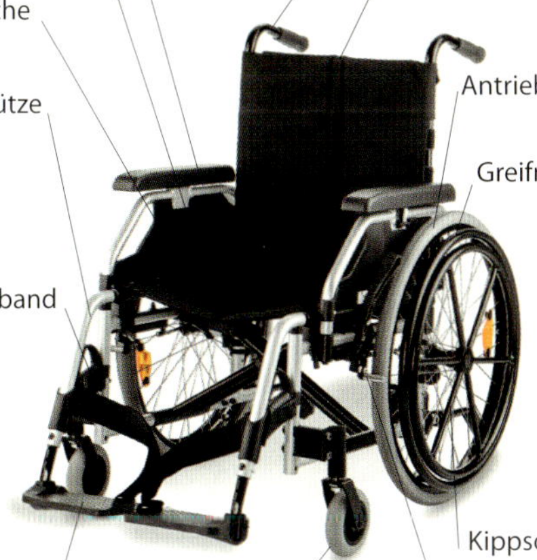

Rollstuhl
Ein Stuhl mit Rädern, der Menschen mit eingeschränkter Mobilität eine Transfer- und Sitzmöglichkeit bietet. Rollstühle gibt es in den unterschiedlichsten Variationen für unterschiedliche Bedürfnisse und Aktivitäten des täglichen Lebens (wendig für sportliche Aktivitäten, leicht zu verstauen oder als Nachtstuhl). Vor der Benutzung die Bremsen und Arretierungsmöglichkeiten der Räder sowie den Luftdruck überprüfen.

Verordnung von technischen Hilfsmitteln
Im Pflegehilfsmittelverzeichnis der Pflegekassen sind die technischen Hilfsmittel zusammengefasst, die der Leistungspflicht der Pflegekassen bei medizinischer Notwendigkeit und Pflegebedürftigkeit unterliegen.

32.1.4 Mobilisation im Bett

Für den bettlägerigen Patienten stellt das selbstständige Drehen und Aufsetzen im Bett bereits körperliche Bewegung dar. Diese reicht jedoch nicht aus, um alle Gelenke und Muskeln zu aktivieren. Gelenke und Muskeln, die über einen längeren Zeitraum nicht beansprucht werden, verkümmern sehr schnell.

Die Folge ist eine dauerhafte Verkürzung der Sehnen, Muskeln und Bänder, die zu einer irreversiblen Bewegungseinschränkung und Versteifung der Gelenke führen. Damit dies nicht passiert, sollte der Patient regelmäßig mindestens dreimal täglich Bewegungsübungen (aktiv, passiv, aktiv-passiv) durchführen.

Die Mobilisation des bettlägerigen Menschen erfolgt durch aktive, passive oder assistierende gymnastische Übungen:

- **passiv:** Bewusstlose, gelähmte oder sehr schwache Patienten werden durch den Physiotherapeuten/die Pflegekraft bewegt.
- **aktiv:** Die Bewegungsübungen erfolgen zunächst unter Anleitung eines Physiotherapeuten/einer Pflegekraft, später kann der Patient die Übungen selbstständig ausführen.
- **aktiv-passiv:** Die Übungen führt der Patient aus eigener Kraft aus, wird jedoch bei der Ausführung der Bewegungen unterstützt, z. B. wird das Gewicht des Beines durch Halten der Assistenzkraft vermindert.

Neben den Bewegungsübungen im Bett ist eine **aktivierende Pflege** wichtig. Der Patient wird dadurch tatkräftig in die Aktivitäten des täglichen Lebens eingebunden, z. B. durch Mithilfe bei der Körperpflege, beim Betten, beim Wäschewechsel oder beim Essen. Die Pflegekraft unterstützt ihn nur bei den Tätigkeiten, die er alleine nicht verrichten kann. Um Bettlägerigkeit zu vermeiden und die Bewegungsfähigkeit und Selbstständigkeit zu fördern, sollten Patienten schnellstmöglich das Aufstehen und Gehen üben.

So geht's

32.2 Aufstehen

Nach längerer Bettlägerigkeit geschieht das Aufstehen nach einem Stufenplan: Nach den Bewegungsübungen folgt zunächst das Sitzen am Bettrand zur langsamen Gewöhnung an die aufrechte Haltung.

Sitzen auf dem Bettrand

Vorbereiten

- Grundregeln Mobilisation (s. S. 180)
- alle benötigten Materialien bereitlegen: Rollstuhl parallel zum Bett, Fußstützen, Bremsen, Kleidungsstücke, Hausschuhe

Durchführen

- Patient befindet sich in Rückenlage, nahe der Bettkante
- Kopfteil des Bettes hochstellen
- Patienten bitten, beide Beine anzuziehen
- Pflegekraft steht dicht vor dem Bett und schiebt den einen Arm unter Hals und Schulter des Patienten, die andere Hand umgreift von hinten die angewinkelten Beine
- Patienten um Mithilfe bitten und auf Kommando Oberkörper zur Sitzposition anheben und gleichzeitig Beine in Richtung Bettrand drehen (s. Abb. 1)
- Patienten bitten, geradeaus zu blicken und sich mit beiden Händen am Bettrand festzuhalten
- Bettniveau tief stellen, um mit den Füßen Bodenkontakt zu bekommen
- Pflegekraft steht vor dem Patienten und stützt seine Schultern mit beiden Händen ab (s. Abb. 2)
- Patienten vorsichtig wieder in die Liegeposition bringen; fühlt der Patient sich nach mehrmaligen Sitzversuchen sicher, kann ein Aufstehversuch unternommen werden

Aufstehen

Vorbereiten

- Grundregeln Mobilisation (s. S. 180)
- Patient sitzt am Bettrand, Bettniveau ist so eingestellt, dass seine Füße den Boden berühren
- Patienten Hausschuhe und Bademantel anziehen
- Rollstuhl steht parallel zum Bett, Bremsen sind festgestellt

Durchführen

- Patienten nach seinem aktuellen Befinden befragen und ihn bitten mitzuhelfen
- Pflegekraft steht in Schrittstellung vor dem Patienten und schiebt das vom Rollstuhl entfernte Bein zwischen den Knien des Patienten hindurch
- die eine Hand der Pflegekraft greift unter der Achsel des Patienten hindurch und stützt den Rücken, während die andere Hand das Becken umgreift (s. Abb. 3)
- auf Kommando wird durch Gewichtsverlagerung nach hinten (Strecken des gebeugten Beines) eine Aufstehbewegung des Patienten eingeleitet, Pflegeperson hält den Patienten weiterhin sicher in ihren Armen (s. Abb. 4)
- Patienten bitten, geradeaus zu blicken, gut durchzuatmen und auf der Stelle zu treten.

> **!** Patienten nach dem Aufstehen sofort zu Gehbewegungen auffordern. Das fördert die Blutzirkulation, denn langes Stehen auf einer Stelle lässt das Blut in die Beine absacken und das Gehirn erleidet einen Sauerstoffmangel, was zu Schwindel führt.

Transfer in den Rollstuhl

Bei stabiler Kreislaufsituation kann der Patient in den Rollstuhl gesetzt werden.

Vorbereiten

- Patient steht vor dem Bett und wird sicher im Stand von der Pflegeperson
- Rollstuhl steht parallel zum Bett, Fußstützen sind hochgeklappt und die zur Bettseite zeigende Armlehne ist abgesenkt, Bremsen des Bettes und des Rollstuhles sind fixiert

Durchführen

- mit kleinen Schritten die Drehbewegung zum Sitzen in den Rollstuhl einleiten (s. Abb. 4), Drehung durch einen sanften Druck am Becken oder durch eine Drehscheibe (s. S. 181) erleichtern
- Rücken des Patienten zeigt zur Stuhllehne, Beine stehen nah an der Sitzfläche
- Pflegekraft verlagert ihr Gewicht nach vorn (Beugung des Knies) und setzt den Patienten sanft in den Stuhl

Nachbereiten

- Beobachtung des Kreislaufes, der Hautfarbe und Atmung
- Patienten vor Kälte schützen (z. B. Decke)
- verspürt der Patient keinen Schwindel, kann er für einige Minuten sitzen bleiben (beim ersten Mal nur unter Aufsicht der Pflegekraft)
- Klingel oder Notruf muss sich in Reichweite des Patienten befinden
- evtl. Brille, Getränk, Buch, Zeitung oder Taschentuch in Reichweite legen

Der Transfer vom Rollstuhl ins Bett geschieht in umgekehrter Reihenfolge

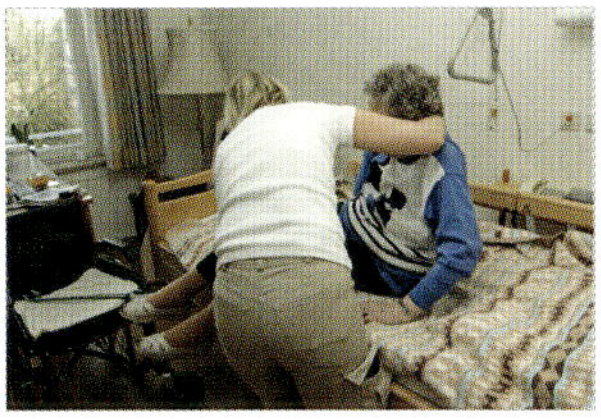

Abb. 1 Aufsetzen auf dem Bettrand

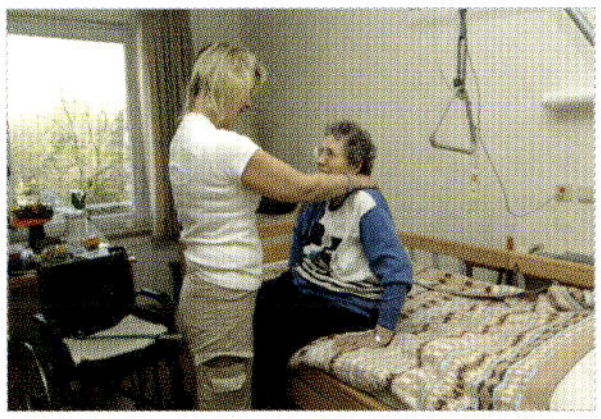

Abb. 2 Sitzen auf dem Bettrand

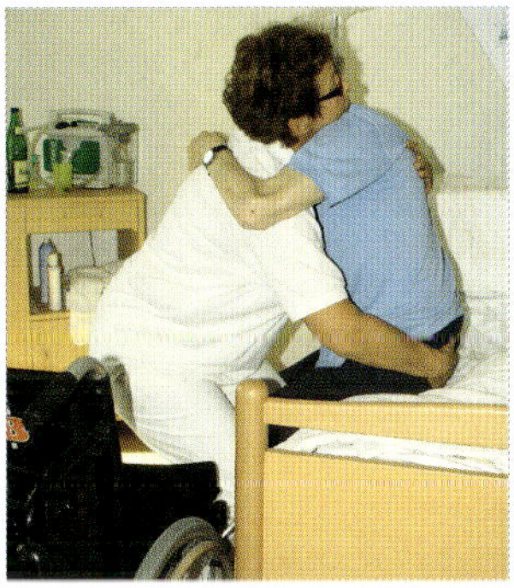

Abb. 3 Vorbereiten zum Aufstehen

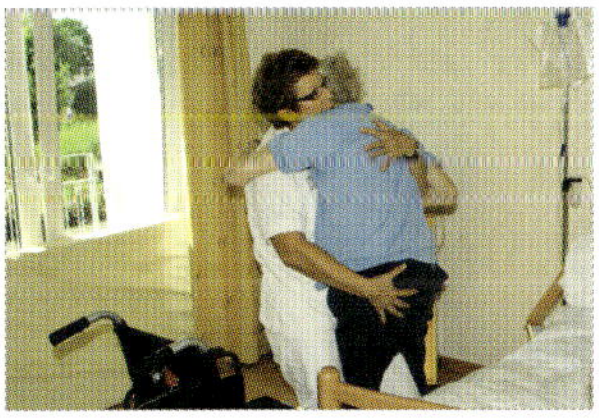

Abb. 4 Aufstehen und Drehbewegung zum Sitzen einleiten

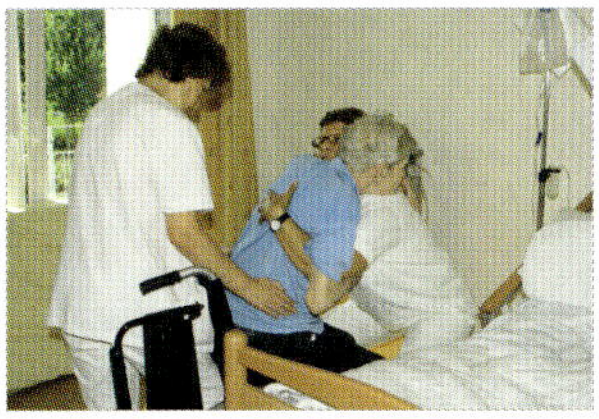

Abb. 5 Absetzen des Patienten in den Rollstuhl

32.3 Lagerung

Der gesunde Mensch verändert während der Nachtruhe ständig seine Liegeposition. Er wechselt zwischen Seiten-, Rücken- und Bauchlage. Je nach Erkrankung oder Bewegungseinschränkung kann der betroffene Mensch diese Positionsveränderung nur erschwert oder gar nicht mehr ausüben und braucht Hilfe. Wenn aus therapeutischen Gründen keine spezielle Lagerung vorgesehen ist, sollte der Patient immer die Möglichkeit haben, beim Lagern und Umlagern im Bett mitzubestimmen. Jede Lagerungsmaßnahme erfolgt geplant und ist an die Tageszeiten und Aktivitäten des Patienten angepasst. So wird das Kopfteil des Bettes zum Schlafen tiefer gestellt, zum Waschen oder Essen in Sitzposition gebracht. Ein **Lagerungsplan** erfüllt nur dann sein Ziel, wenn die Maßnahmen individuell auf den Betroffen abgestimmt sind und regelmäßig durchgeführt werden:

Ziele der Lagerung

- Förderung des Wohlbefindens bei langem Liegen oder Schlafen,
- Vermeiden von Zweiterkrankungen (Druckgeschwüre, Gelenkversteifung, Lungenentzündung, Thrombose), die durch die Immobilität entstehen,
- Gewährleistung einer optimalen Körperhaltung bei Aktivitäten wie Essen, Trinken, Lesen, Körperpflege oder Kommunikation im Bett,
- entlastende Lagerung bei Schwellungen im Gewebe oder Atemnot,
- Ruhigstellung einer Extremität,
- Linderung von Schmerzen,
- Förderung der Bewegungsfreiheit und Mobilität.

32.3.1 Hilfsmittel zur Lagerung

Lagerungshilfsmittel werden benötigt zur Druckentlastung, zur Ruhigstellung und Stabilisierung der Lagerung, um Schmerzen zu lindern und das Wohlbefinden des Patienten zu erhöhen. Die Vielfalt der Lagerungshilfsmittel reicht von Kissen, Decken, Rollen, Handtüchern, Schienen, Schaumstoffwürfeln, Fußstützen bis Matratzen. Sie werden in verschieden Materialzusammensetzungen, Formen und Größen angeboten.

Lagerungskissen sind vielseitig einsetzbar, z. B. zur Weichlagerung, zum Hochlagern der Arme, zum Freilagern von druckgefährdeten Stellen oder zum Unterstützen hohlliegender Körperteile wie Nacken oder Lendenwirbelsäule. Bei der Auswahl von Lagerungskissen sind folgende **Qualitätsmerkmale** zu beachten:

- hautfreundliches, kochfestes und wiederverwendbares Material,
- geräuscharm,
- atmungsaktiv,
- feuchtigkeitsabweisend,
- einfach in der Handhabung,
- optimale Lagerungseigenschaften durch Mischfüllungen, ohne Falten- oder Klumpenbildung.

Weichlagerung durch Kissen

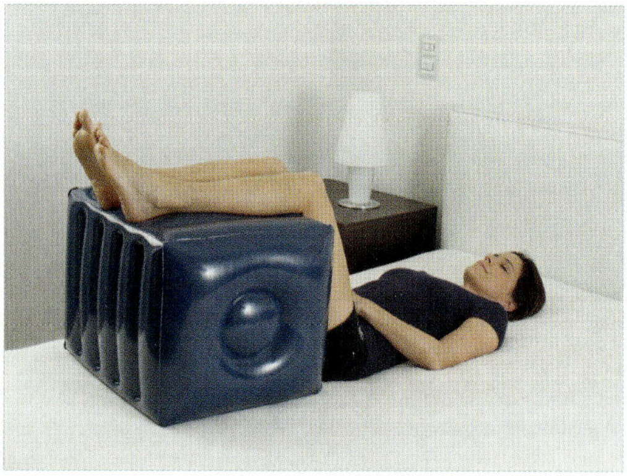

Würfelkissen zur Stufenlagerung, um die Wirbelsäule zu entlasten

handwerk-technik.de

Schaumstoffschienen ermöglichen die Ruhigstellung und Hochlagerung eines Körperteils, z. B. bei Verstauchung oder Schwellung eines Beines oder Armes.

Antidekubitusmatratze und spezielle Matratzenauflagen dienen zur Druckentlastung des Gewebes. Sie werden als unterschiedliche Systeme angeboten und ersetzen nicht die regelmäßige Umlagerung zur Vermeidung eines Druckgeschwürs.

Weiche Fußstützen/-kissen verhindern das Herunterrutschen im Bett und sollen der Bildung eines **Spitzfußes** entgegenwirken. Fußkissen liegt zwischen Fußteil des Bettes und Fuß, der sich in **physiologischer Stellung** (weder extrem gestreckt noch gebeugt) befindet. Harte Schaumstoffkissen zur Spitzfußvorbeugung sind ungeeignet, da die anhaltende Beugung des Fußes ebenfalls zu Fehlstellungen des Fußes führt.

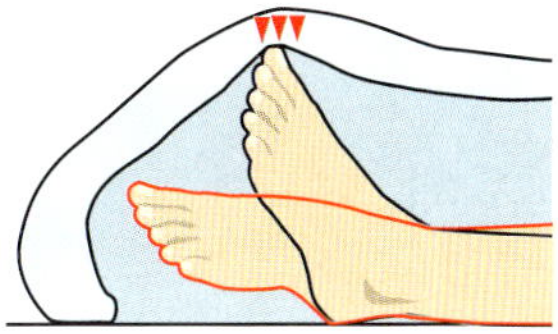

Ein **Spitzfuß** ist eine Fehlstellung, bei der die Ferse hoch steht und beim Laufen nicht aufgesetzt werden kann. Ein Spitzfuß kann entstehen durch dauerhaften Druck der Bettdecke auf den Fuß oder ständiges Überstrecken des Fußes.

> **!** Der Einsatz von mehreren Lagerungskissen gleichzeitig kann die Immobilität der Patienten verstärken. Dies gilt ebenfalls für eine extreme Weich- und Hohllagerung durch entsprechende Kissen und Matratzen. Deshalb immer eine sinnvolle Auswahl der Lagerungshilfsmittel treffen. Um ein Wundliegen zu vermeiden, sollte so viel Körperoberfläche wie möglich auf der Matratze aufliegen.

32.3.2 Lagerungsarten

Die verschiedenen **Lagerungsarten** richten sich nach den persönlichen und therapeutischen Bedürfnissen des Patienten.

Flachlagerung/Rückenlagerung

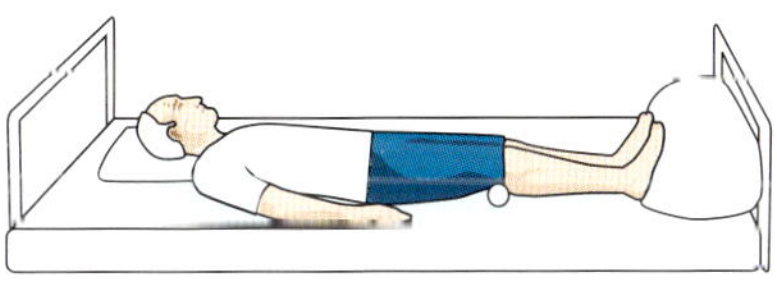

Anwendung: Grundstellung für die Ruhe-/Schlafposition oder bei Schädel-, Rücken-, Wirbelsäulenverletzungen und Bauchschmerzen

So geht's – Flachlagerung/Rückenlagerung

- Bett flach stellen
- kleines Kopfkissen verwenden
- evtl. weiches Fußkissen zur Verhinderung eines Spitzfußes einlegen
- Knie leicht beugen und weiches Kissen unterlegen, zur Entlastung der Bauchdecke und des Rückens

Beinhochlagerung

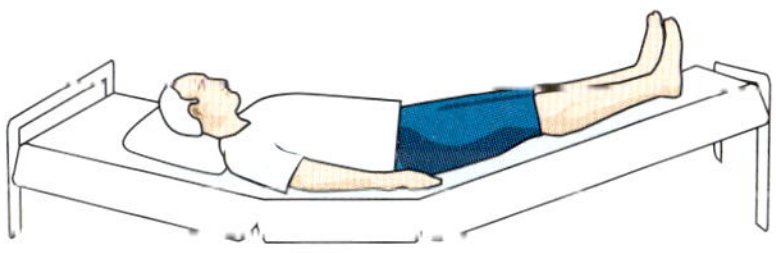

Anwendung: Zur Förderung des Blutrückflusses in den Beinvenen und zur Entstauung bei Flüssigkeitsansammlung in den Beinen

So geht's – Beinhochlagerung

- Kopfteil leicht erhöhen
- Fußteil so weit erhöhen, dass Beine höher liegen als der Oberkörper

Achtung: Starkes Abknicken der Leistenbeuge vermeiden, um Blutzirkulation nicht zu behindern,

- Kopfkissen und
- evtl. weiches Fußkissen einlegen

Oberkörperhochlagerung

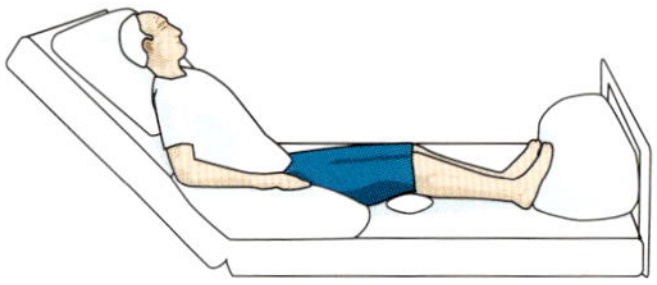

Je nach Erkrankung oder Wunsch des Patienten kann das Hochlagern des Oberkörpers in verschiedenen Stufen erfolgen.

Anwendung: Bequeme Sitzposition zum Lesen, Essen, Kommunizieren, bei Atemnot, Herzschwäche und Lungenerkrankungen

So geht's – Oberkörperhochlagerung

- Kopfteil erhöhen
- Fußteil bleibt flach
- Rücken und Knie mit Kissen unterstützen
- Hochlagern der Arme durch Kissen erleichtert das Atmen
- zusammengerolltes Badehandtuch unterhalb des Gesäßes (unter die Sitzbeinhöcker) verhindert das Herunterrutschen im Bett
- evtl. weiches Fußkissen einlegen

Bei der Oberkörperhochlagerung muss die Hüftbeugung mit der Bettabknickung übereinstimmen. Dies schont die Lendenwirbelsäule und vermindert den Auflagedruck auf das Hautgewebe im Steißbeinbereich (Dekubitusvermeidung).

30° Seitenlagerung

Anwendung:
Zur Dekubitusvermeidung und -therapie

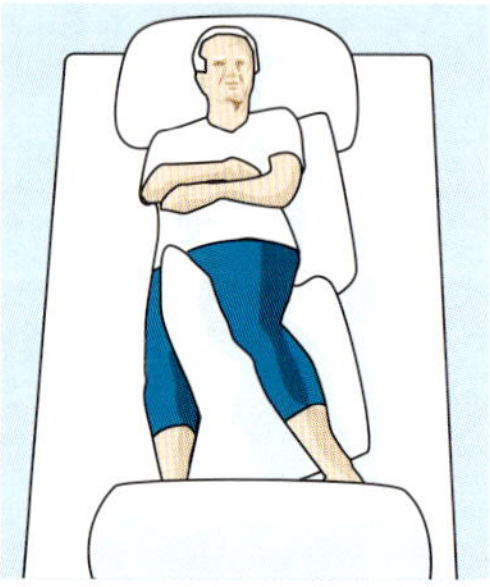

So geht's – Seitenlagerung

- Bett flach stellen, evtl. Kopfteil leicht erhöhen
- Patient liegt entweder auf der rechten oder linken Körperhälfte großflächig auf und wird bei Dekubitusgefahr alle zwei Stunden umgelagert
- 30°-Stellung stabilisieren durch Lagerungshilfsmittel: Rücken des Patienten mit einem großen Kissen oder der Länge nach aufgerollter Decke abstützen
- zweites Kissen unter den entsprechenden Ober- und Unterschenkel legen
- beide Knie sind leicht gebeugt und werden gegen Druck durch das dazwischenliegende zweite Kissen geschützt
- Fersen liegen frei
- evtl. weiches Fußkissen einlegen

Aufgaben

1. Fast eine Million Menschen in Deutschland pflegen zu Hause einen Angehörigen. Dabei wird von den Pflegenden die eigene Gesundheit oft vernachlässigt. Erstellen Sie einen Flyer für Pflegekräfte und pflegende Angehörige, der über wichtige Maßnahmen zur rückenschonenden Arbeitsweise informiert.
2. Vergleichen Sie verschiedene Hilfsmittel zur Lagerung. Stellen Sie deren Vor- und Nachteile in einer Tabelle dar.
3. Lernen Sie den Umgang mit einem Rollstuhl kennen.
   a) Planen Sie eine Rally, die ermöglicht, alle Funktionen eines Rollstuhls auszuprobieren.
   b) Erfahren Sie selbst, aus welcher Perspektive Menschen im Rollstuhl ihre Umgebung wahrnehmen.

33 Textilien pflegen

„Kleider machen Leute“, trifft dieses Sprichwort zu? Bei der ambulanten Pflege einer vornehmen alten Dame in ihrer Wohnung fällt auf, dass ihr Pullover aus edler Kaschmirwolle Flecke hat. Auch in der stationären Pflege kommt es vor, dass eine Bewohnerin eine Pflegerin bittet, ihr die Seidenbluse aus dem Schrank zu holen, da sie sich heute besonders hübsch anziehen möchte.

Innerhalb der Pflegeassistenz gibt es unterschiedliche Anlässe, mit Kleidung und Wäsche umzugehen. Zum einen kann dieses eine Unterstützung zur Umsetzung der ABEDL 7 „sich kleiden können“ sein und damit die selbstbestimmte Lebensführung fördern. Bei pflegerischen Tätigkeiten ist der sachgerechte Umgang mit Schmutzwäsche notwendig, weil diese oft infektiös oder infektionsverdächtig ist.
Auch Textilien benötigen Pflege, damit sie möglichst lange erhalten bleiben. Dazu ist sie sorgfältig zu behandeln, richtig zu waschen und zu bügeln und bei Bedarf auszubessern. Als Kriterium für die Qualität einer Einrichtung kann auch die Behandlung der Privatwäsche der Bewohner dienen.

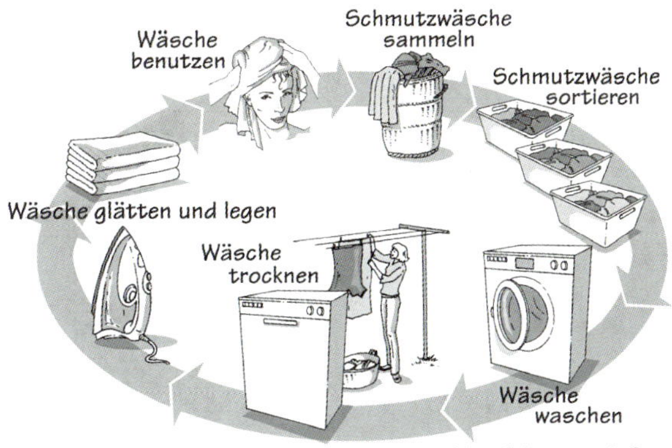

Ablauffolge Textilpflege

33.1 Pflegekennzeichen verstehen

Die Pflegekennzeichen geben wichtige Informationen zur Behandlung der Wäsche.

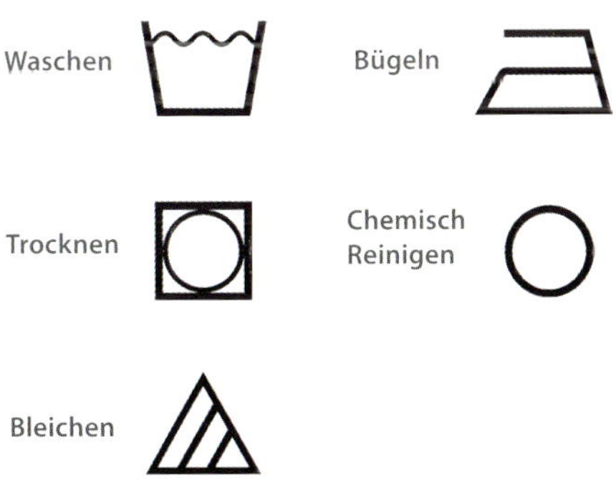

Zu jedem der Symbole gibt es weitere Angaben z. B. genaue Hinweise zu Waschprogrammen und auf Temperaturen .
Richtiges Waschen verhindert Beschädigungen wie Verfärben, Verfilzen oder unerwünschte Knitter.

Waschprogramm	Pflegekennzeichen
Normal- bzw. Koch- und Buntwäsche	90 °C, 60 °C, 30 °C 
Pflegeleicht	60 °C/40 °C 
Feinwäsche	40 °C/20 °C 
Handwäsche	

Pflegesymbole für Waschvorgang

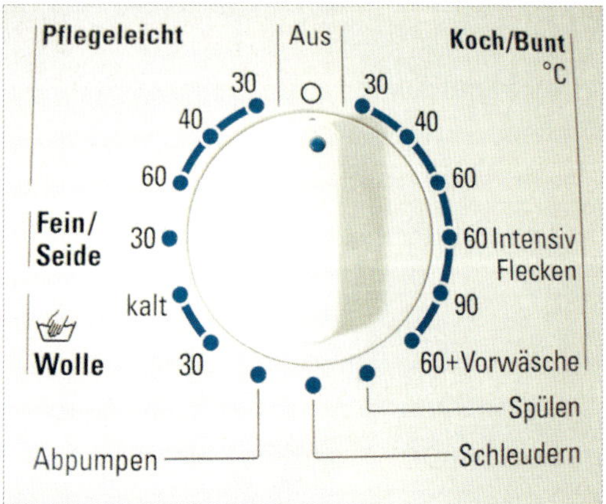

Die Programme der Waschmaschinen sind auf die Pflegekennzeichen abgestimmt.

Beim  gibt es Hinweise zu Bügeltemperaturen:

			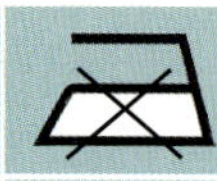
heiß bügeln (200 °C)	mäßig heiß bügeln (150 °C)	nicht heiß bügeln (110 °C) Vorsicht beim Bügeln mit Dampf	nicht bügeln

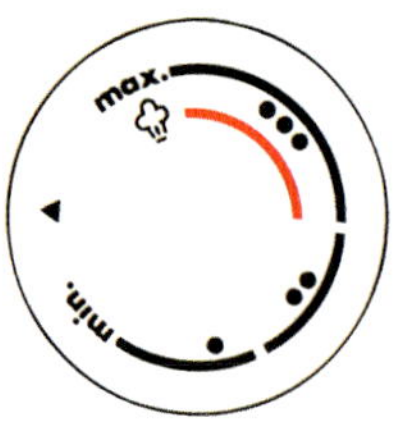

Am Temperaturwähler der Bügeleisen sind die Pflegesymbole wiederzufinden.

33.2 Umgang mit Schmutzwäsche

Im privaten Bereich erfolgt die Aufbewahrung der Schmutzwäsche in luftdurchlässigen Behältern oder Stoffsäcken. Ist genügend Platz vorhanden, kann man mithilfe von Sammelsystemen schon eine einfache Sortierung vornehmen. Dabei sollten bereits die Taschen geleert sein.

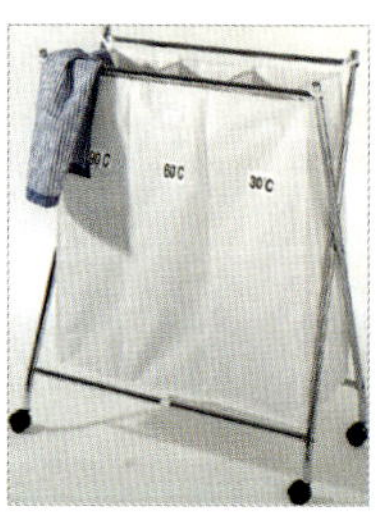

Sammelsystem für Schmutzwäsche im Privathaushalt

Beim **Sortieren** der Wäsche sind die Pflegesymbole unbedingt zu beachten. Es wird nach **Temperatur** und **Farben** sortiert.

Hellfarbige, nicht kochechte Textilien aus Baumwolle, Leinen, Viskose und deren Mischungen, aber auch für leicht verschmutzte kochfeste weiße und farbige Wäsche	**Normalprogramm**  60 °C-Wäsche
Dunkelfarbige, nicht kochechte Textilien aus Baumwolle, Leinen, Modal und deren Mischungen	 40 °C-Wäsche
Weiße und hellfarbige, bügelarme Textilien aus Baumwolle, Leinen, Chemiefasern und Fasermischungen	**Pflegeleicht-programm**  60 °C-Wäsche
Dunkelfarbige, bügelarme Textilien aus Baumwolle, Leinen, Chemiefasern und Fasermischungen	 40 °C-Wäsche
Farbige Textilien aus Baumwolle, Chemiefasern und Fasermischungen, die empfindlich sind gegen starke mechanische Einwirkungen	**Schonprogramm**
Waschmaschinenfeste Wolle	 30 °C-Wäsche

Gleichzeitig mit dem Sortieren einige **vorbereitende Tätigkeiten** erledigen:

- Taschen leeren und evtl. ausbürsten,
- Bettwäsche, bedruckte Shirts nach links wenden,
- Reißverschlüsse schließen,
- stark verschmutzte Stellen, etwa an Kragen oder Ärmelbünden, mit Spezialprodukten vorbehandeln.

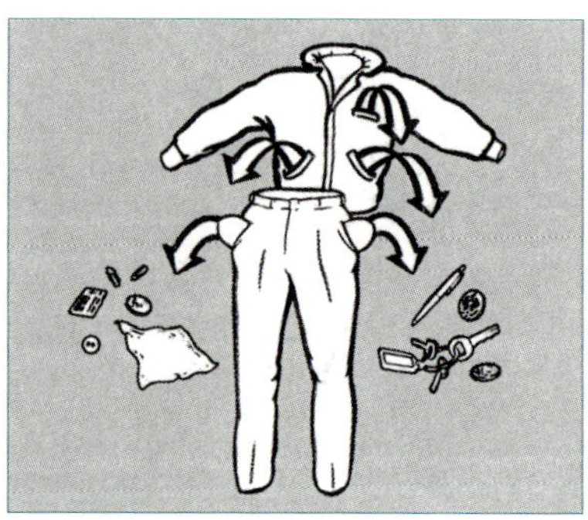

Vor dem Waschen Taschen leeren

Zusätzlich kann nach dem Verschmutzungsgrad sortiert werden, z. B.:

gering/leicht	Bluse, einen Tag getragen
normal 	Unterwäsche, Bettwäsche, Nachtwäsche
stark 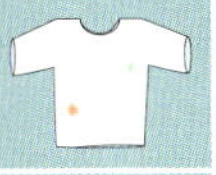	Tischtücher mit sichtbaren Flecken, Vorbinder zum Essen, Geschirrtücher
sehr stark 	Bettwäsche, durch Kotreste verfärbt

In **Pflegeeinrichtungen** sind die **Hygienevorschriften** zum **Aufbewahren der Schmutzwäsche** zu beachten, denn beim Einsammeln und Transportieren entstehen hygienische Risiken. Die Schmutzwäsche wird in einem abgetrennten Raum in speziellen Wäschesammlern gelagert. Dies sind spezielle Stoffwickelsäcke, eingehängt in fahrbare Gestelle. Sie werden auf der Station verschlossen und öffnen sich erst beim Waschen in der Maschine. Die gefüllten Wäschesäcke sind in geschlossenen Behältern zu transportieren. **Vor dem Abwerfen** der Wäsche unbedingt überprüfen, dass keine Fremdkörper wie Kugelschreiber, Instrumente, Spritzenkanülen, Papiertaschentücher, Armbanduhren usw. darin sind. Grobe Kotreste sind ebenfalls zu entfernen.

> **!** Abgeworfene Wäsche darf wegen der damit verbundenen Infektions- und Verletzungsgefahr auch in der Wäscherei nicht mehr von Hand angefasst werden. Daher ist das sorgfältige Entfernen von Fremdkörpern besonders wichtig. Dies verhindert Verletzungen der Mitarbeiter in der Wäscherei sowie Beschädigungen an der Wäsche und Waschmaschinen.

In vielen Pflegeeinrichtungen gilt:

- **Infektiöse Wäsche** kommt in Säcke mit roter Kennzeichnung. Sie wird direkt im Bewohnerzimmer in die Wäschesäcke gegeben. Der Wäschesack wird fest verschlossen und von dort direkt in die Wäscherei transportiert.
- **Infektionsverdächtige Wäsche** wird nach Waschtemperaturen sortiert und im Raum für Schmutzwäsche in die farblich gekennzeichneten Wäschesammler gegeben.

33.3 Mit der Waschmaschine waschen

Die meisten Waschmaschinen haben vier Grundarten von **Waschprogrammen** zur Auswahl. Die Unterschiede zwischen den Waschprogrammen bestehen neben den Waschtemperaturen in der mechanischen Wirkung:

- Füllmenge an trockener Wäsche zwischen 4,5 kg und 1 kg und davon abhängiger Wasserstand,
- Trommelbewegungen unterschiedlich häufig und stark,
- Schleuderprogramme zum Entwässern dauern unterschiedlich lang und erfolgen mit verschieden hohen Umdrehungen der Waschtrommel.

> **!** **Schonender Waschprozess**
>
> geringe Füllmenge → hoher Wasserstand
> + langsame Trommelbewegung
> + sanftes Schleudern
> = schonender Waschprozess für empfindliche, gering verschmutzte Kleidungsstücke

Für umweltbewussten Wasser- und Stromverbrauch gilt:
Die für ein Waschprogramm empfohlene Füllmenge ausnutzen. Dafür das Gewicht der Wäschestücke abschätzen oder aus einer Tabelle entnehmen und beim Beladen der Waschmaschine mitrechnen.

Normal	4,5–6,0 kg
Pflegeleicht	2,5–3,0 kg
Feinwäsche	1,0–1,5 kg

Soweit keine hygienischen Vorgaben zu beachten sind, bei möglichst niedrigen Temperaturen unterhalb von 60 ° waschen und durch Wählen einer Zusatzfunktion die Waschzeit verlängern. Das Aufheizen benötigt sehr viel mehr Energie, als die Bewegung der Waschtrommel.

So geht's – Waschmaschine bedienen

Vorbereiten

- Wäscheteile vorbereiten
- Waschmittel und Wäschekorb bereitstellen

Befüllen der Maschine

- Waschautomat einschalten (1)
- Wäsche auseinandergefaltet und locker in die Waschmaschine füllen
- Füllmenge für das jeweilige Waschprogramm beachten, Tür schließen (2)
- Programm wählen (3)
- Waschmittel dosieren und einfüllen, evtl. Nachbehandlungsmittel einfüllen (4)
- Wasserzulauf aufdrehen (5)
- Programm starten (6)

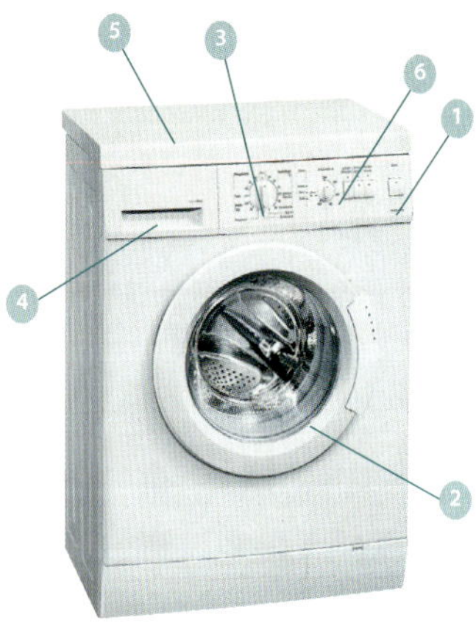

Nach Programmablauf

- Programmwähler auf „stopp"
- Tür öffnen
- Wäsche in Wäschekorb umfüllen
- Trommel auf verbliebene Wäsche kontrollieren
- Dichtungsring auf Fremdkörper überprüfen
- Waschautomat ausschalten
- Wasserzulauf schließen

Waschmittel auswählen und dosieren

Das Angebot an Waschmitteln ist sehr vielfältig. Es gibt Voll-, Color-, Feinwasch- und Spezialwaschmittel, die sich in ihren Inhaltsstoffen unterscheiden. In allen Waschmitteln sind:

- **Tenside** zur Schmutzentfernung, auch waschaktive Substanzen genannt,
- **Gerüststoffe**, die das Wasser enthärten, Kalkablagerungen an Wäsche und Waschmaschine verhindern und die Waschleistung der Tenside unterstützen.

Je nach Einsatzbereichen sind zusätzlich **Bleichmittel, Enzyme** und **optische Aufheller** enthalten.

Wichtige Gesichtspunkte für die Auswahl des Waschmittels sind die textilen Materialien, das Waschprogramm, die Waschtemperatur und die Verschmutzungsart.

- Hellfarbene Textilien aus Baumwolle oder Fasermischungen benötigen ein Vollwaschmittel mit Bleichmittel,
- für farbige Kleidungsstücke ist ein Colorwaschmittel ohne Bleichmittel besser geeignet, damit die Farben erhalten bleiben,
- Textilien aus Wolle und Seide benötigen ein Feinwaschmittel ohne Enzyme,
- weiße Textilien aus Synthetik wie Gardinen benötigen ein Spezialwaschmittel mit hohem Anteil an optischen Aufhellern.

Die Dosierung der Waschmittel richtet sich nach dem Härtegrad des Wassers und der Verschmutzung der Wäsche. Die notwendigen Angaben hierzu stehen auf den Verpackungen der Waschmittel.

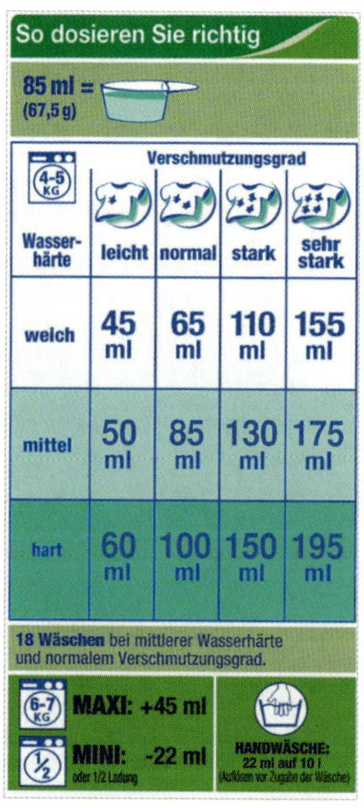

So dosieren Sie richtig

85 ml = (67,5 g)

4-5 KG Wasserhärte	Verschmutzungsgrad: leicht	normal	stark	sehr stark
weich	45 ml	65 ml	110 ml	155 ml
mittel	50 ml	85 ml	130 ml	175 ml
hart	60 ml	100 ml	150 ml	195 ml

18 Wäschen bei mittlerer Wasserhärte und normalem Verschmutzungsgrad.

6-7 KG MAXI: +45 ml

½ MINI: -22 ml oder 1/2 Ladung

HANDWÄSCHE: 22 ml auf 10 l (Auflösen vor Zugabe der Wäsche)

Waschmittel gibt es in ganz unterschiedlichen **Formen**: Pulver, Granulat, flüssig, Tabs oder Waschkissen. Im Hinblick auf einen sparsamen Waschmittelverbrauch ist es günstig, Mittel zu wählen, die wie Pulver oder Gel abgestimmt auf den Verschmutzungsgrad dosierbar sind.

33.4 Wäsche trocknen

Die Wäsche aufhängen, um sie durch Luft trocknen zu lassen, ist umweltfreundlich und verringert den Stromverbrauch. Jedoch muss man dafür etwas Zeit einplanen und sorgfältig arbeiten, damit die Textilien nicht knittern oder sich verziehen.

Wäsche an der Luft trocknen

Nach dem Entnehmen der Wäsche aus der Waschmaschine erfolgt ein kurzer Sortiergang. Alle gleichartigen Teile zusammenlegen, damit in allen weiteren Bearbeitungsschritten rationell gearbeitet werden kann. Wäscheleinen im Freien vor der Benutzung abwischen. Alle gleichen Teile nebeneinander aufhängen, ohne dass sie den Boden berühren. Je weniger sich die Wäscheteile beim Trocknen verziehen oder verknittern, desto schneller sind sie gebügelt oder gelegt. An der Wäschespinne innen die kleinen Teile aufhängen und außen die großen:

- Glatte Teile mit Überschlag über die Leine hängen,
- Hosen und Röcke am Bund aufhängen,
- Hemden und Blusen am Saum anklammern, dabei Knopfleisten übereinanderlegen Kragen hochstellen, oder auf Kleiderbügeln aufhängen,

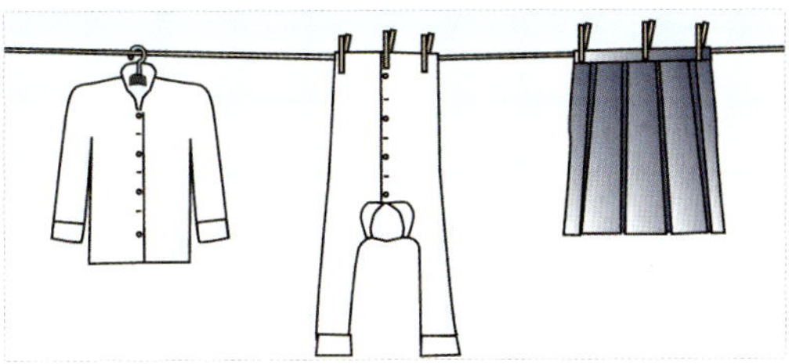

- sehr elastische Textilien wie handgestrickte Wollpullover zum Trocknen auf einem Wäscheständer flach ausbreiten, damit die Stangen oder Leinen des Wäscheständers nicht durchdrücken, ein großes Frottiertuch unter den Pullover legen.

Ist die Wäsche trocken, die Teile einzeln abnehmen und so in den Wäschekorb legen, dass keine Knitter entstehen.

Wäsche maschinell trocknen

Mit einem elektrischen Wäschetrockner geht das Trocknen wesentlich schneller. Die Geräte verbrauchen jedoch viel Strom. Manche Wäschestücke werden beim maschinellen Trocknen besonders flauschig und erhalten einen weichen Griff. Die Wäsche kann direkt aus der Waschmaschine in den Trockner gegeben werden. Die Programme sind ähnlich eingeteilt wie an den Waschmaschinen.

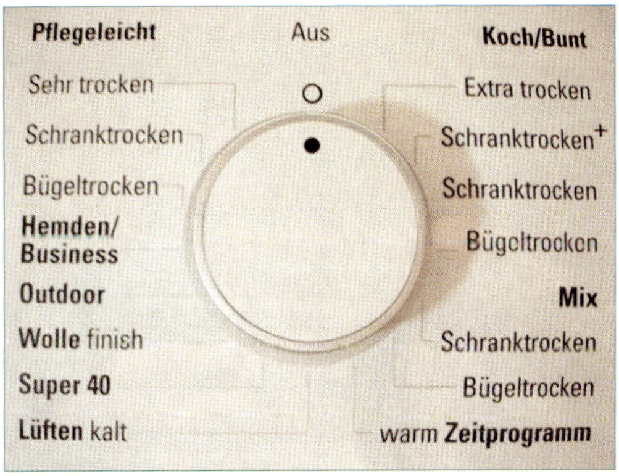

Bedienblende Wäschetrockner

Für Textilien, die gebügelt werden, das Trockenprogramm „bügeltrocken" wahlen und unmittelbar nach Programmende bügeln. Durch die Restfeuchte im Gewebe lassen sich die Teile leichter bügeln.

Nach dem Trocknen die Wäsche in **„Legewäsche"** und **„Bügelwäsche"** sortieren. Fast alle Maschenwaren, also Unterwäsche, Sportkleidung, Jersey-Bettwäsche, Pullover, Socken, Strümpfe und Frottierwaren können ungebügelt zusammengelegt werden. Polohemden und T-Shirts werden bei Bedarf gebügelt. Oberbekleidung, Tisch- und Bettwäsche aus gewebten Stoffen sind zu bügeln.

33.5 Oberbekleidung bügeln

Zum Bügeln ein **Dampfbügeleisen** verwenden. Der Dampf, der beim Bügeln durch die Sohle des Bügeleisens austritt, lässt Textilien mühelos glatt werden.

Vor dem Bügeln die Wäsche **vorbereiten**:

- Säume und Kanten glatt streichen,
- verzogene Teile in Form ziehen,
- alle gleichen Teile ordentlich aufeinanderstapeln,
- bei Bedarf Kleidungsstücke wenden, um diese entweder auf der rechten oder linken Stoffseite zu bügeln.

Arbeitsplatz zum Bügeln

1. Höhenverstellbares Bügelbrett mit einer Abstellfläche für das Bügeleisen an der rechten Seite, der Lichteinfall sollte von vorne oder von links kommen,
2. rechts ein Hocker zum Abstellen des Korbes mit der ungebügelten Wäsche,
3. links Wäscheständer oder Hemdenständer zum Unterbringen der gebügelten Wäsche,
4. wird das Bügeln länger dauern, einen Arbeitsstuhl bereitstellen.

! Bügelarbeiten benötigen Geduld und Sorgfalt. Je langsamer die Bügelbewegungen ausgeführt werden, desto wirksamer sind sie. Beim doppelseitigen Bügeln erst auf der linken, dann auf der rechten Seite bügeln.

So geht's – Oberbekleidung bügeln

Bügeln eines T-Shirts

Beim Bügeln von Kleidungsstücken mit Ärmeln und Kragen ist ein überlegtes Vorgehen wichtig, damit bereits gebügelte Teile nicht wieder knittrig werden. Man beginnt bei den Ärmeln, dann folgen Kragen und Blenden, zuletzt die Vorder- und Rückenteile. Die Arbeitsfläche des Bügelbrettes bestmöglich ausnutzen.

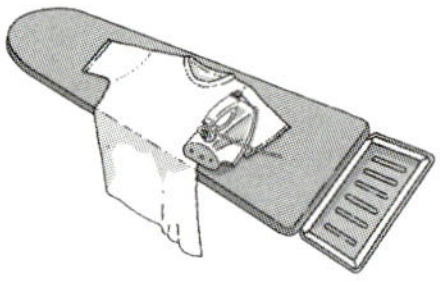

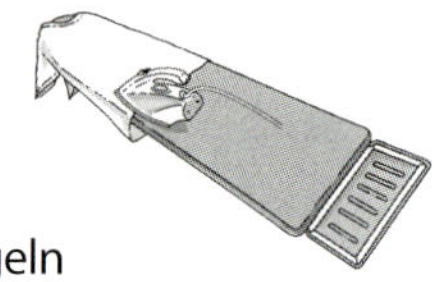

- T-Shirt in die Mitte des Brettes legen,
- Ärmel rechts und links ausstreifen
- Ärmel bügeln
- Vorderteil, soweit es aufliegt, bügeln
- T-Shirt über das Bügelbrett ziehen
- Körper rundherum bügeln

So geht's – Legen von Wäsche

Beim Legen werden die Textilien gefaltet und auf eine Größe gebracht, damit sie im Schrank ordentlich und übersichtlich aufeinanderliegen. Die Größe hängt von der Größe der Schrankfächer ab.

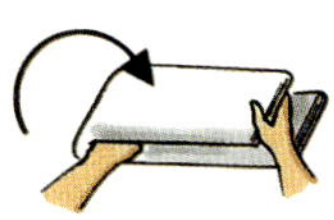

- erst in Längsrichtung, dann in Querrichtung legen
- gleichartige Wäschestücke müssen das gleiche Endformat erhalten. Damit keine unnötigen Brüche an der Wäsche entstehen, sollte nur soviel wie notwendig gefaltet werden
- bei jeder Faltung mit einer Hand im Umbruch die Stofflagen glatt streichen, damit es keine unerwünschten Falten gibt

handwerk-technik.de

Legen eines T-Shirts

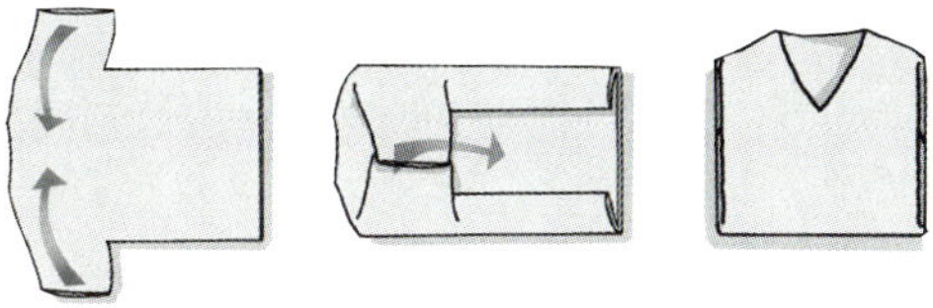

Längsfaltung

- T-Shirt mit der Vorderseite auf die Arbeitsfläche legen
- Vorderseite mit Ärmeln gleichmäßig umschlagen
- Ärmel exakt auf Umschlag legen

Querfaltung

- je nach Größe des Shirtes 1–2 x nach oben hin umschlagen

Einräumen in den Schrank

Beim Einräumen in Transportwagen oder Schränke die Wäschestücke bündig aufeinanderlegen, die Bruchkanten nach vorne. So können die Stücke einzeln entnommen werden und der Schrank ist übersichtlich eingeräumt.

Aufgaben

1. Diskutieren Sie in kleinen Gruppen, welche Absichten mit den Begriffen „Textilpflege" oder „Textilservice" zum Ausdruck kommen.

2. Lesen Sie alle Angaben auf der Verpackung eines Waschmittels. Welche geben Hinweise zu dessen Einsatzbereich und Verwendung?

3. Entdecken Sie die Homepage eines Herstellers von Waschmitteln. Bei welchen Problemen gibt es dort Antworten?

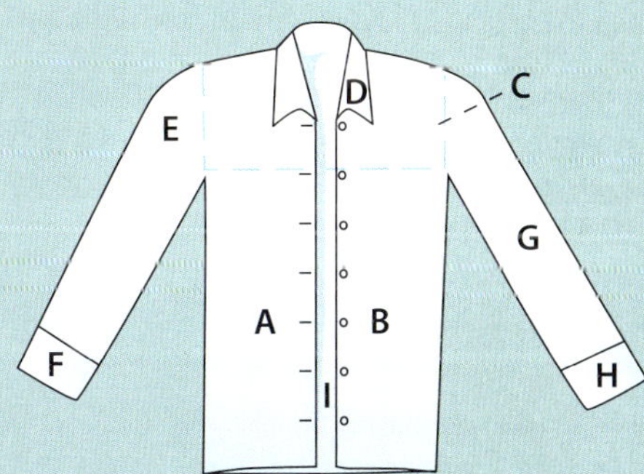

4. Lernen Sie die Gebrauchsanweisung für eine Waschmaschine kennen. Welche Angaben finden Sie zur Auswahl der Waschprogramme?

5. Sie erhalten den Auftrag, ein Herrenhemd zu bügeln. Probieren Sie ein praktisches Vorgehen aus und listen Sie die Reihenfolge der Arbeitsschritte auf.

34 Beim Wohnen unterstützen

Um in den eigenen vier Wänden möglichst lange zu wohnen, nehmen Senioren ungeahnte Anstrengungen in Kauf. Mithilfe angepasster Unterstützung lässt sich dieses Vorhaben oft realisieren. Um ein gewisses Wohlfühlen in den eigenen vier Wänden zu ermöglichen, ist Unterstützung beim Ordnunghalten oder die Übernahme von einfachen Reinigungstätigkeiten hilfreich. Senioren vermeiden vor allem Tätigkeiten, die mit Sturzrisiken verbunden sind, wie Fenster reinigen, Gardinen waschen.

Bei der Ausführung geht es nicht nur um die Beseitigung von Schmutz. Hier findet eine Begegnung mit den Bewohnern in ihrem persönlichen Umfeld statt.

Beispiele für Diskretion und umsichtiges Verhalten:

- vor dem Eintreten immer anklopfen und auf eine Antwort der Bewohnerin warten,
- beim Eintreten grüßen und erklären, warum man gekommen ist,
- Personen mit Nachnamen ansprechen und siezen,
- langsam und deutlich in vollständigen Sätzen sprechen und dabei Blickkontakt halten,
- vor der Erledigung von Arbeiten nach besonderen Wünschen fragen,
- den Bewohnern Zeit lassen um eine Antwort zugeben,
- Unfallgefahren für die Bewohner vermeiden.

34.1 Aufräumen

Ordnung schaffen bedeutet für die Bewohner einen besseren Überblick zu behalten. Es kann auch notwendig sein, um Unfallgefahren auszuschalten.

Mit fremden Menschen nach deren Vorstellungen und Bedürfnissen aufzuräumen, erfordert viel Einfühlungsvermögen, Fingerspitzengefühl und Geduld. Oftmals ist eine einfache Ordnung durch eine **Sichtreinigung** herzustellen, z. B.:

- alles Herumliegende sortieren und stapeln,
- benutztes Geschirr einsammeln, evtl. spülen,
- Lebensmittelreste entsorgen,
- Schmutzwäsche in entsprechende Behälter geben,
- verwelkte Blumen entfernen,
- auf den Fußboden Heruntergefallenes aufheben.

Ergänzend zum Ordnungschaffen ist manchmal **Staubwischen** notwendig. Hierbei ist zuerst genau zu beobachten, an welcher Stelle sich welche Dinge befinden, denn nach dem Staubwischen muss alles wieder am gleichen Platz stehen.

Oftmals helfen Bewohner mit oder schauen zu. Dies ist für sie eine wunderbare Gelegenheit, anhand der aufgestellten Erinnerungsstücke aus dem eigenen Leben zu erzählen.

- Zum Staubwischen ein nebelfeuchtes Vliestuch (Farbe grün) verwenden,
- für schwer zugängliche Stellen geeignete Düsen des Staubsaugers nehmen,
- in einer geordneten Reihenfolge vorgehen, um nichts zu übersehen,
- von oben nach unten arbeiten,
- empfindliche Gegenstände vorsichtig anfassen.

Grundsätzlich gilt es, die Ordnungsgrundsätze der Bewohner zu respektieren. Falls diese es wünschen, kann die Assistenzkraft eigene Vorschläge für Ordnungssysteme machen, z. B.:

- Kleider jeweils sortiert nach Hosen, Röcken, Blusen im Schrank aufhängen,
- Bücher im Regal nach dem Nachnamen der Autoren in alphabetischer Reihenfolge einstellen,
- Geschirr nach der Häufigkeit des Gebrauchs in den Schrank einräumen: was häufig gebraucht wird, steht vorn in günstiger Höhe,
- Utensilien nach abgestimmten Gesichtspunkten sortieren und entsprechend in unterteilte Schubladen oder Schachteln einräumen und diese deutlich beschriften,
- Schriftverkehr alphabetisch nach dem Absender und/oder nach Datum ablegen.

> **!** Nichts ohne die Zustimmung der Menschen wegwerfen!

34.2 Fenster reinigen

Durch saubere Fensterscheiben nach draußen zu schauen, trägt bei Menschen zum Wohlbefinden bei. Die Verschmutzungen an Fensterscheiben hängen von den örtlichen Gegebenheiten und der Jahreszeit ab.
Im Allgemeinen sind Glasreiniger wirkungsvolle Reinigungsmittel. Als Arbeitsgeräte zur Fensterreinigung sind ein kleiner Eimer, Schwammtuch, Fensterwischer mit Einwaschfell und Abzieher sowie ein Vliestuch notwendig.

So geht's – Fenster reinigen

Vorbereiten

- Arbeitsmittel und Glasreiniger bereitstellen
- Reinigungsmittellösung nach Dosieranweisung herstellen
- Tritthocker oder Trittleiter bereitstellen
- Gardinen zur Seite schieben oder abnehmen
- Fenstersimse freiräumen

Durchführen

- Rahmen innen feucht mit Schwammtuch abwischen
- Scheiben innen mit feuchtem Einwaschfell von oben nach unten abreiben

- Feuchtigkeit auf der Scheibe mit Abzieher entfernen. Diesen quer führen und dabei leicht nach unten drehen, damit das Wasser abfließen kann;

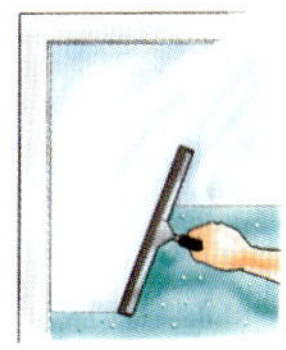

- das Einwaschfell dabei unten am Rahmen halten, um das abfließende Wasser aufzunehmen
- bei Bedarf Scheiben mit feuchtem Vliestuch nachtrocknen

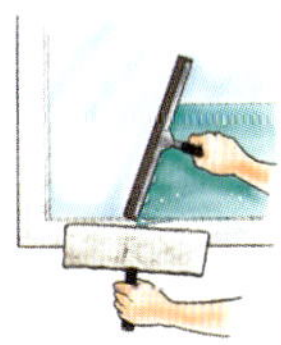

- Fensterbank innen abwischen
- Fensterrahmen außen feucht mit Schwammtuch abwischen

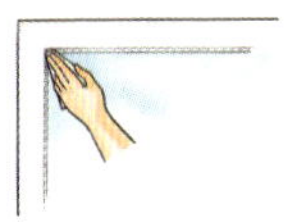

- Fensterscheiben außen einwaschen
- Feuchtigkeit abziehen
- Fensterscheiben nachtrocknen
- Fensterbank außen reinigen
- Kontrolle Reinigungsergebnis

Aufräumen

- evtl. Gardinen aufhängen
- Fensterbänke dekorieren
- Tücher und Einwaschfell auswaschen, trocknen
- Eimer und Abzieher reinigen

34.3 Gardinen waschen

Das Waschen von Gardinen stellt für viele Senioren, die in ihrer Privatwohnung leben, ein großes Problem dar. Es ist eine der ersten Tätigkeiten, bei deren Ausführung Unterstützung durch andere benötigt wird. Vor dem Abnehmen und Aufhängen der Gardinen schrecken viele zurück, denn dies setzt Trittsicherheit auf Leitern voraus. Das Waschen der Gardinen erfolgt am besten im Zusammenhang mit dem Reinigen von Fenstern. Die Vorbereitungsarbeiten und das Aufräumen gelten für beide Abläufe.
Gardinen sind meist aus Chemiefasern oder Fasermischungen und haben eine feine oder lockere Struktur. Sie verschmutzen durch Staub und nehmen Gerüche der Raumluft auf.

So geht's – Gardinen waschen

Durchführen

- Gardinen abnehmen, dabei unbedingt eine standfeste Haushaltsleiter verwenden, diese mit geschlossenen Schuhen besteigen
- Gardinen zum Waschen vorbereiten: Kunststoffröllchen können in den Gardinen bleiben, Metallröllchen und Bleigewichte im Saum entfernen, damit sie keine Rostflecken auf dem Stoff verursachen
- Gardinen in die Waschmaschine geben. Darauf achten, dass nicht mehr als 12 m^2 Stoff pro Waschgang in die Maschine gegeben werden
- sind die Gardinen sehr staubig, zuerst mit einem Spülgang vorreinigen, um den Staub zu entfernen
- zum Waschen das Programm Feinwäsche wählen und Waschmittel dosieren (für weiße, helle Gardinen Spezialwaschmittel für Gardinen, für farbige Gardinen Colorwaschmittel)
- Gardinen nur kurz anschleudern
- nach dem Schleudern sofort aufhängen – bei Bedarf Metallröllchen/Bleigewichte wieder anbringen

Gardinen trocknen schnell und hängen sich dabei selbst in Form.

! Oftmals bietet es sich an, Arbeiten zur Pflege von Zimmerpflanzen mit dem Reinigen von Fenstern und dem Waschen von Gardinen zu verbinden.

Aufgaben

1. Sie helfen einer Dame beim Einzug in das Appartement und sollen diese beraten, wie sie die Küchenschränke einräumen könnte. Welche Gesichtspunkte beachten Sie dabei?
2. Erstellen Sie eine Übersicht über mögliche Unfallgefahren beim Reinigen der Fenster. Geben Sie Hinweise zur Unfallverhütung.
3. Häufig kommt es vor, dass Bewohner sehr viel Trauriges aus ihrem Leben erzählen. Sie sind davon sehr berührt. Wie reagieren Sie darauf?
4. Aufmerksamkeit und Umsicht ist immer notwendig. Nennen Sie Beispiele für Beobachtungen, die Hinweise darauf geben, dass es der Bewohnerin nicht gut geht.

35 Pflanzen und Tiere versorgen

Tiere und Pflanzen um sich zu haben, tut Menschen gut. Studien zeigen gesundheitliche Vorteile und das emotionale Wohlbefinden ist oft unmittelbar zu beobachten. Die Einstellung zu Tieren ist jedoch individuell verschieden und verlangt mehr Rücksicht und Sorgfalt aller Beteiligten. Klar ist: Tiere und Pflanzen brauchen Pflege und Versorgung, möglichst unter Einbeziehung der Bewohner. Die Assistenzkraft sollte diese Fürsorge-Aktivitäten für Gespräche und Kontakt zu den Bewohnern nutzen.

Zu unterscheiden sind folgende Ausgangssituationen:

- Tiere und Pflanzen als persönliches Eigentum der Bewohner,
- Tiere und Pflanzen für alle im Wohnheim,
- Tiere als Besucher im Wohnheim.

Es ist selbstverständlich, dass das Hygienebedürfnis der Bewohner nicht unter dem „Zusammenleben" mit Tieren und Pflanzen leiden darf. Auch auf Allergien ist sensibel zu reagieren, so können abgetrennte Wohnbereiche ohne Tiere notwendig sein.

Seniorin erfreut sich an ihren Pflanzen

35.1 Was Pflanzen brauchen

Zimmerpflanzen, ob grün oder blühend, verschönern jeden Raum. Sie wirken positiv auf die Behaglichkeit, senken die Lärmbelastung und können teilweise sogar Schadstoffe aus der Luft filtern. Pflanzen reduzieren nachweislich Stress beim Menschen. Das setzt allerdings voraus, dass die grünen Mitbewohner selbst gesund sind und gut gedeihen.

An erster Stelle brauchen Pflanzen einen geeigneten **Standort**: Viele von ihnen stammen ursprünglich aus tropischen Ländern und bevorzugen daher einen hellen Platz mit hoher Luftfeuchtigkeit. Kalte Zugluft und trockene Heizungsluft mögen sie nicht. Zu vermeiden ist aber auch die pralle Sonne, denn sie kann die Blätter „verbrennen".

Grundsätzlich brauchen Pflanzen Licht, Wasser, Luft und Nährstoffe, genau wie Menschen und Tiere. Sie nehmen Wasser hauptsächlich aus dem Boden auf und erhalten ihre Nährstoffe aus der Erde (dem Pflanzsubstrat) und geeignetem Dünger.

häufiger gießen	seltener gießen
in der Wachstumsperiode oder in der Blüte	in der Ruheperiode
bei stark durchwurzeltem Pflanzgefäß	bei nur leicht durchwurzeltem Pflanzgefäß
bei hohen Temperaturen	bei niedrigen Temperaturen
große Pflanzen im kleinen Topf	kleine Pflanzen in großem Topf
Pflanztopf aus unglasiertem Ton	Pflanztopf aus Kunststoff oder glasiertem Ton
bei niedriger Luftfeuchtigkeit	bei hoher Luftfeuchtigkeit
bei dünnen, großen Blättern	bei dicken, kleinen oder kaktusartigen Blättern/Trieben

So geht's – Pflanzen pflegen

- gießen, wenn sich die Erdoberfläche trocken anfühlt (die Pflanze niemals austrocknen lassen, bei großen Töpfen sind Feuchtigkeitsmesser aus dem Fachhandel sinnvoll)
- regelmäßig, aber mäßig gießen
- bei heißem Wetter und trockener Luft die Pflanze mit Wasser besprühen (wichtig wenn Blätter trocken und gelb werden, sich einrollen)
- „nasse Füße" unbedingt vermeiden, sie führen zu Wurzelfäule, überschüssiges Wasser aus dem Übertopf entfernen
- ausgeblühte Blüten unterhalb des Blütenkopfes mit einer Schere abschneiden
- tote und absterbende Blätter entfernen (keine Sorge: das Austrocknen der unteren Blätter ist bei vielen Pflanzen normal)
- die Blätter gelegentlich mit einem feuchten Schwamm von Staub befreien
- auf Schädlinge und Krankheiten achten
- ein Gespür für das Lebewesen Pflanze entwickeln

Tontöpfe	Kunststofftöpfe
+ besserer Schutz vor Staunässe (Verfaulen der Wurzeln)	+ leicht zu säubern
+ verdunsten Wasser durch den Topf -> besseres Klima	+ geringeres Gewicht
+ standfester durch höheres Eigengewicht	
– bilden oft eine unansehnliche Kruste aus abgelagerten Mineralien	– werden mit der Zeit brüchig

Von Zeit zu Zeit brauchen Zimmerpflanzen einen größeren Topf. Am besten erfolgt das **Umtopfen**, bevor das neue Wachstum einsetzt (meist im Frühjahr), sonst können junge Wurzeln und Triebe Schaden nehmen. Faustregel für das Umtopfen ist die **Wurzelkontrolle**: Zeigen sich seitlich im Topf bereits zahlreiche Wurzeln in der Erde, braucht die Pflanze meist einen größeren Topf. Pflanztöpfe sollten an der Unterseite Löcher besitzen, sodass überschüssiges Wasser ablaufen kann und zwar in einen geeigneten Übertopf oder eine untergestellte Schale.

Hydrokultur bedeutet, dass die Pflanzen auf Tonkugeln (dem sogenannten Blähton) wachsen. Um sie zu pflegen, braucht man spezielle Töpfe und Düngemittel aus dem Fachhandel.

In **frischer Erde** sind zunächst genug Nährstoffe für das Gedeihen der Pflanze vorhanden. Mit der Zeit müssen diese Stoffe jedoch durch **Dünger** ersetzt werden. Dabei geht es im Wesentlichen um Stickstoff für den Eiweißaufbau und um Mineralstoffe wie Kalium, Magnesium, Schwefel (meist als Kali zusammengefasst) und Phosphor. Im Handel gibt es Dünger unterschiedlicher Zusammensetzung und Anwendung. Die einfachsten Zimmerpflanzendünger lassen sich im Gießwasser auflösen. Die Verdünnung pro Liter Wasser ist auf der Verpackung angegeben. Da dieses Düngen relativ häufig erfolgen muss, nutzen viele Haushalte auch Langzeitdünger.

Pflanzen im Schlafzimmer?
Pflanzen nehmen in der Nacht Sauerstoff auf und atmen Kohlendioxid aus, da das Licht fehlt. Doch der Sauerstoffbedarf von Zimmerpflanzen ist so gering, dass ihr Vorteil für das Raumklima überwiegt. Im **Krankenzimmer** sind Topfpflanzen jedoch wegen der Erde verboten, denn im Erdreich kommen mögliche Krankheitserreger vor.

Es ist unansehnlich und das Wachstum leidet, wenn Pflanzen von **Schädlingen** wie Blatt- oder Schildläusen befallen sind. Je früher jedoch der Schädlingsbefall erkannt wird, desto leichter lässt er sich entfernen. Folgendes Vorgehen ist Erfolg versprechend:

- Pflanzen regelmäßig auf Schädlinge kontrollieren (vor allem die zarten Blätter und Triebe sowie die Blattunterseiten),
- befallene Pflanze von anderen trennen,
- Schädlingsart herausfinden,
- Schädlinge von Hand entfernen (Tuch, Schwamm, Wattestäbchen),
- Pflanze ggf. abduschen,
- sachkundigen Rat im Fachhandel einholen und befolgen, Schädlinge bekämpfen.

So geht's – Pflanzen umtopfen

Vorbereiten

- alle Arbeitsmittel zusammenstellen
- Arbeitsplatz sorgfältig wasserdicht abdecken
- das neue Pflanzgefäß vorbereiten (Topfdurchmesser sollte etwa ein Zehntel größer sein)
- Tonscherbe oder Kieselsteine auf größere Abzugslöcher legen

Durchführen

- Pflanzenballen vorsichtig vom Blumentopfrand lösen
- eine Hand umfasst die Pflanze an der Erde
- Topf umdrehen, Pflanze aus dem alten Topf nehmen
- Wurzelballen auflockern
- alte Erde ablösen
- abgestorbene Wurzeln und verbrauchte Erde aus dem Wurzelballen entfernen
- etwas frische, leicht feuchte Erde als Unterlage für den Wurzelballen in das Pflanzgefäß geben
- Pflanze in einen größeren Topf setzen und mit Blumenerde auffüllen
- auf einen Gießrand achten
- Pflanze und Erde vorsichtig fest andrücken
- Topf säubern und auf einen Untersetzer stellen
- evtl. Wuchshilfen oder Stützen anbringen
- am Topfrand entlang großzügig wässern

Aufräumen

- Abfall entsorgen
- Werkzeuge säubern
- Arbeitsplatz aufräumen und säubern
- Hände waschen

35.2 Was Tiere brauchen

Tiere öffnen Welten
„Der Hund braucht etwas zum Fressen!" Frau Kamann schaut Schwester Susanne verschmitzt vorwurfsvoll an, nimmt Blickkontakt mit den treu blickenden, dunkelbraunen Augen des Besuchshundes Booshka auf und streichelt ihm sanft über das Fell. Frau Kamann ist 78 Jahre alt. Seit ihrem Umzug in das Altenwohnheim war sie in tiefe Depressionen gefallen und hatte kein Wort mehr gesprochen. Seitdem Booshka sie regelmäßig besucht, hat die alte Dame ihre Mimik und ihre Haltung verändert. Sie spricht wieder mit Nachbarn und Pflegekräften und sucht selbstständig im Wohnheim-Café neue Kontakte. Booshka ist es gelungen, eine Brücke zu schlagen.

1,5 Millionen Menschen über 60 Jahre halten einen Hund, 1,8 Millionen eine Katze. Daneben gibt es zahlreiche Vögel, Fische, Kaninchen und andere Kleintiere. Gerade weil diese Tiere artgerecht versorgt werden wollen, tragen sie zur Tagesstrukturierung und Aktivierung ihrer Menschen bei. Natürlich kosten sie Zeit und Geld, ein Aufwand, den immer mehr Senioren, aber auch Pflegekräfte und Therapeuten für sinnvoll halten.

In jedem Fall übernimmt ein Tierhalter viel Verantwortung, denn mit dem Futter ist es nicht getan. Ein Tier braucht eine **Grundausstattung**, Impfungen und andere Tierarztleistungen.
Eine Haftpflichtversicherung und die Hundesteuer sind sogar Pflicht. In manchen Kommunen gibt es für Tiere im Altenheim Verhandlungsspielraum oder Sponsoren, die diese gute Sache unterstützen. Hunde und Katzen müssen jedoch in jedem Fall erzogen sowie

- kastriert,
- regelmäßig geimpft,
- entwurmt und
- entfloht werden.

Sie brauchen einen Schlafplatz, etwas Spielzeug, Hunde eine Leine mit Halsband und Katzen eine Katzentoilette mit entsprechendem Zubehör, Wohnungskatzen auch einen Kratzbaum. Damit langes Tierfell nicht verfilzt, muss es regelmäßig gebürstet werden.

Hygieneregeln für die Menschen

- Nach dem Tierkontakt die Hände waschen,
- Kratzer oder Bisse desinfizieren und dem Arzt vorstellen.

Tiere trinken täglich frisches Wasser und fressen Tierfutter. Das handelsübliche **Trocken-** oder **Nassfutter** ist auf die Bedürfnisse des jeweiligen Tieres abgestimmt und sollte – unter anderem aus hygienischen Gründen – nicht durch rohes Fleisch oder Essensreste ergänzt werden. Auch Milch ist für (erwachsene) Tiere ungeeignet! „Leckerli" sind in der tierischen Ernährungspyramide ebenfalls das i-Tüpfelchen.

Fressplätze für Hunde und Katzen hygienisch behandeln.

- Futterbehälter regelmäßig (ggf. in der Geschirrspülmaschine) reinigen.
- Die Standfläche unter den Futternäpfen regelmäßig feucht wischen.

Bewegung ist für die Gesundheit von Hund und Katze wichtig. Hunde brauchen möglichst dreimal täglich einen Spaziergang, auch um ihr „Geschäft" zu erledigen. Den Hundekot nicht liegen lassen. Es ist unhygienisch und unverantwortlich gegenüber anderen Spaziergängern. Deshalb immer entsprechende Tüten mitnehmen, den Kot aufsammeln und im Restmüll entsorgen. Katzen, die nicht auf die Pirsch durch die Nachbarschaft gehen, suchen sich ihre Spiel- und Bewegungsanlässe drinnen. Geeignetes Spielzeug – auch aus Alltagsgegenständen hergestellt – schont unter Umständen Gardinen und Tapeten. Wichtig ist es auch, das Wohlbefinden des Tieres sorgfältig zu beobachten: Bei Zecken, Flöhen und Verletzungen besteht Handlungsbedarf!

Zwar tragen Haustiere zur friedlichen Grundstimmung bei, sie können aber auch Anlass für Konflikte sein. Bei Tieren, die gemeinsam angeschafft werden, ist es zum Beispiel sinnvoll, sich über die Erziehung des Tieres sowie gewisse Regeln zu einigen. Assistenzkräfte und Bewohner sollten wissen, wer für welche Aufgaben verantwortlich ist, was das Tier darf und was nicht.

Damit Senioren und ihre Pflegekräfte nicht auf die Tierhaltung verzichten müssen, gibt es die „Initiative betagter Tierhalter" im Bundesverband Tierschutz. Die Initiative kümmert sich um das Haustier, wenn der Besitzer es nicht mehr kann. Eine entsprechende Vereinbarung zwischen Bewohner und Heim ist in jedem Fall zu empfehlen. Diese Verantwortung wird der Tierhalter sicher gern übernehmen.

Aufgaben

1. Wie ist die Versorgung der Zimmerpflanzen in Ihren Praktikumseinrichtungen organisiert? Wer kümmert sich wann und wie darum?
2. Welche „Aktivitäten, Beziehungen und existenziellen Erfahrungen des Lebens" (ABEDL) können Sie mit dem Einsatz von Tieren unterstützen?
3. Welche Eigenschaften muss ein Besuchs- oder Therapiehund mitbringen?

Forum

Feste feiern

Die Tausend-Punkte-Party

So feiern die Senioren im Heinrich-Windhorst-Haus die 60er-Jahre

VON HARTMUT BRANDTMANN

■ Herford. Es gab auch Tee zum Tanz, aber ein betulicher Tanztee war's nicht. Im Heinrich-Windhorst-Haus werden Ü-60-Partys gefeiert, und die Ü-70- und Ü-80-Leute legen los – gestern zum zehnten Mal.

Schwelgen in den 60ern: *Gabriela Hofmann, die Leiterin des Hauses, punktet nicht nur mit dem Rock, sie zeigt auch ihr Show-Talent. Vor ihr war die Hauswirtschaftsleiterin Klaudia Schmitz (l.) dran als Conny Francis, die den schönen fremden Mann besingt.*

FOTO: STEFAN BOSCHER

Es war wie damals, in den 1960-ern als man Kir Royal trank und Pettycoats trug unter einem gepunkteten Rock.

Alles wieder da, alle beteiligt, die Ehren- und Hauptamtlichen: Die Hauswirtschaftsleiterin Klaudia Schmitz besang, natürlich im Pünktchen-Rock, den schönen fremden Mann, wie weiland Conny Francis. Und manches Pärchen tauschte diesen Weißt-du-noch-Blick. Die frühen 1960er waren gebremst wild, und Siv Malmkwist mahnte: „Küsse nie nach Mitternacht". Gabriela Hofmann, die Leiterin des Hauses – weiße Punkte auf Türkis – hauchte dem Lied neues Leben ein. Der Aufnahmeleiter Thorsten Kroll nahm sich Peter Kraus an und betörte die Damen mit „Sugar-sugar-Baby". Conny war auch dabei. Für diese Rolle hatte sich der Altenpfleger Mathias Wiens eine Perücke und einen Rock angetan: weiße Punkte auf Rosa.

Das Hauptprogramm machten die Senis selber. Wer kann schon der Animation eines DJ Dümpe widerstehen? Der Musikus weiß immer, was er spielen muss. So lockt der Multimusiker mit der jahrzehntelangen Bühnen- und (Altenheim-) Erfahrung fast alle auf die Tanzfläche. Peter Freitag muss er nicht lange bitten. Beim ersten Takt tanzt er los, wechselseitig mit Ruth Rankmüller, Inge Wehmeyer und Isolde Dürkopp. Sie ist die Schrittsicherste. Schließlich hat sie im Grün-Gold-Club in der zweithöchsten, der A-Klasse, getanzt. Und wenn's sie packt, tanzen alle vier zur selben Zeit. Sie gehören zu den 15 Gästen, die mit einem Bulli aus der Nordstadt abgeholt werden. Auch das Seniorenhaus Wilhelmshof ist vertreten, denn die Veranstaltungen im Heinrich-Windhorst-Haus sind offene Nachbarschaftstreffen. Männer sind hochwillkommen, besonders, wenn sie tanzwillig sind. Wer lieber sitzen bleiben will, kann sich dennoch zur Musik bewegen. Hans-Jürgen Dümpe lädt zum „Experiment" ein. „Heut' ist ein schöner Tag: Ich fliege", heißt das Gymnastik-Lied. Und alle heben ab – fast alle.

Aufgaben

1. Welche Eigenschaften des im Zeitungsartikel beschriebenen Festes halten Sie für typisch?
2. Welche Bedingungen haben dieses Fest zu einem Erfolg gemacht?
3. Entwerfen Sie ein eigenes Fest für ein Seniorenheim.

Für die Praxis

Bei Festen und auch zu anderen Gelegenheiten bietet sich ein Buffet mit Fingerfood an- ohne Besteck isst es sich einfacher. Dies kann auch im Gehen verzehrt werden als „Eat by walking". Die Vielfalt darf groß sein, die Mischung auf einzelnen Tellern oder Platten jedoch nicht. Die Konsistenz sollte griffig sein, nicht zu hart, damit es nicht krümelt und nicht zu weich, damit es nicht auseinanderfällt. Fingerfood hat die optimale Größe, wenn es mit ein bis zwei Bissen verzehrt werden kann.

Beispiele für Fingerfood bei Festen:

Pikantes: Miniomeletts, Pizzaschnitten, Fischfrikadellen, Blätterteiggebäck (salzig), Würste (klein geschnitten), weiches , geschnittenes Obst und Gemüse, Minisandwichs, Hackfleischbällchen, gebratene Fleischstreifen, Käsewürfel, Nudelmuffins.

Süßes: Grießschnitten, Hefebäck, Muffins, Blechkuchen in kleinen Stücken, Cupcakes mit wenig Topping, Blätterteiggebäck (süß), Waffeln und Kekse.

Angehörige und Gäste helfen unterstützend bei der Zusammenstellung auf dem Teller.

Auch die Beschäftigungs- und Spieleauswahl will für jedes Fest neu überlegt werden. Der Jahreszeit und dem Fest entsprechend können ggf. sogar kleine Sketche eingeübt werden. Theaterkreise der Gemeinde und Laienspielgruppen sind oft willkommen.

Die Preisverleihung kann wie eine Fernsehshow aufgebaut werden.

Beispiele für Spiele an Festen:

Activity mit einfachen Begriffen, wobei das Zeichnen entfallen kann. Pantomime ist auch im Rollstuhl möglich.

Gegenstände erraten – Einfache Gegenstände des Alltags wie Schneebesen, Schrauben oder Muttern unter ein Tuch geben, durch Ertasten wird jetzt der Gegenstand erraten. Dazu fällt vielleicht auch die eine oder andere Geschichte aus früherer Zeit ein, was mit dem Gegenstand erlebt wurde.

Vereinfachtes **Stadt-Land-Fluss** ohne Aufschreiben – hier werden lediglich die Begriffe aufgesagt.

Bei Jahresfesten kann aus der Kindheit berichtet werden wie diese aus der Erinnerung heraus gefeiert wurden.

Karaokesingen – mit alten Schlagern.

Eine Art von **Puzzle** – Bilder oder Fotos von anwesenden Personen laminieren und in sehr große Teile schneiden. Aus einem Teil erschließen, um welche Person es sich handelt.

Aus Fotos von Anwesenden kann auch ein **Memory** entstehen, wenn von jeder Person zwei Fotos (unterschiedliche Perspektiven) der selben Größe vorhanden sind.

Reime vervollständigen - Vorgegeben wird eine Zeile eines Verses, die Teilnehmer ergänzen diesen in Reimform.

Bingo und **Sudoku** in der bewährten Form.

Blutdruck messen

Blutdruck

Der Blutdruck gehört wie der Pulsschlag, die Atmung und Temperatur zu den Vitalzeichen oder lebenswichtigen Funktionen des menschlichen Körpers. Er ist messbar und kann wichtige Hinweise auf die Herzkreislaufsituation und Erkrankungen des Herzens und der Blutgefäße geben.

Der Blutdruck wird durch die Herztätigkeit erzeugt und ist erforderlich, um das Blut aus dem Herz bis in die kleinsten Blutgefäße zu pumpen. Bei der Blutdruckmessung wird zwischen dem systolischen und diastolischen Blutdruckwert unterschieden.
Der **systolische (maximale) Blutdruck** ist der Druck, mit dem das Blut beim Zusammenziehen der Herzkammer in die Arterien gepresst wird.
Der **diastolische (minimale) Blutdruck** ist der gespeicherte Druck der Arterienwand während der Auffüllungsphase der Herzkammer.

Normalwerte (Erwachs.)	mm Hg
systolisch	100–130
diastolisch	60–85

So geht's – mechanische Blutdruckmessung

Vorbereiten der Materialien

- Blutdruckapparat und Stethoskop bereitlegen

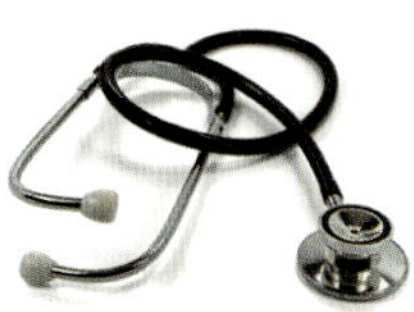

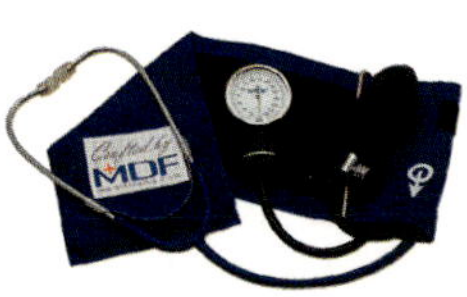

Durchführen

- Patient über Maßnahme informieren und ihn 15 Minuten vor dem Messen ruhen lassen
- Patient sollte während des Messens sitzen oder liegen
- Oberarm von Kleidungstücken befreien
- Manschette in Herzhöhe, etwa in drei cm Abstand zur Ellenbeuge straff, ohne Falten anlegen und Klettverschluss schließen
- Manschette muss luftleer sein, Ventil am Manometer aufdrehen und restliche Luft herausdrücken, Ventil wieder schließen
- mit Zeige-, Mittel- und Ringfinger den Puls der Speichenschlagader tasten
- mit der anderen Hand solange Luft in die Manschette pumpen bis der Puls nicht mehr tastbar ist, dann Manschettendruck noch um weitere 30 mm Hg erhöhen
- Ohroliven des Stethoskops einsetzen und Membran auf Ellenbeuge auflegen
- Druck in der Manschette durch langsames Öffnen des Rädchen am Ventils reduzieren, sichtbar durch Absenken des Zeigers
- erster hörbarer Ton, systolischer Blutdruckwert auf dem Manometer ablesen
- Manschettendruck weiter langsam senken und letzen hörbaren Ton, diastolischer Blutdruckwert am Manometer ablesen
- Restluft aus der Manschette entweichen lassen und abnehmen

Nachbereiten

- gebrauchte Materialien mit Desinfektionsmittel abwischen
- Messwert dokumentieren und bei Abweichung vom Normalwert den Arzt informieren.

Keine Blutdruckmessung bei:
- liegendem Venenkatheter
- bei Schwellungen (Lymphödem) oder
- Lähmung des Armes

Elektronische Blutdruckmessung

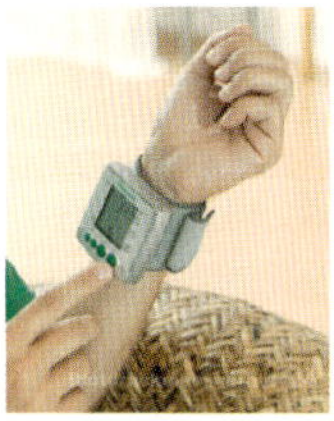

Elektronische Blutdruckmessgeräte können am Oberarm oder Handgelenk angebracht werden und sind einfach in ihrer Bedienung. Zum aktuellen Blutdruckmesswert werden gleichzeitig Pulsfrequenz und unregelmäßige Herzschläge angegeben.

Referenzwerte für die Nährstoffzufuhr pro Tag (DGE)

Alter	Energie[1] MJ		Eiweiß g		Calcium mg	Eisen mg		Iod µg	Vit. A mg		Vit. D µg		Thiamin mg		Niacin mg		Ascorbinsäure mg	
	m	w	m	w		m	w		m	w	m	w	m	w	m	w	m	w
Säuglinge																		
0 bis unter 4 Monate	2,0	1,9	8		220	0,5		40	0,5		10		0,2		2		20	
4 bis unter 12 Monate	3,0	2,9	11		330	8		80	0,6		10		0,4		5		20	
Kinder																		
1 bis unter 4 Jahre	4,7	4,4	14		600	8		100	0,6		20		0,6		8		20	
4 bis unter 7 Jahre	6,4	5,8	18		750	8		120	0,7		20		0,7		9		30	
7 bis unter 10 Jahre	7,9	7,1	26		900	10		140	0,8		20		0,9	0,8	11	10	45	
10 bis unter 13 Jahre	9,4	8,5	37	38	1100	12	15	180	0,9		20		1,0	0,9	13	11	65	
13 bis unter 15 Jahre	11,2	9,4	50	49	1200	12	15	200	1,1	1,0	20		1,2	1,0	15	13	85	
Jugendliche und Erwachsene																		
15 bis unter 19 Jahre	13,0	10,5	62	48	1200	12	15	200	1,1	0,9	20		1,4	1,1	17	13	105	
19 bis unter 25 Jahre	12,5	10,0	57	48	1000	10	15	200	1,0	0,8	20		1,3	1,0	16	13	110	95
25 bis unter 51 Jahre	12,0	9,5	57	48	1000	10	15	200	1,0	0,8	20		1,2	1,0	15	12	110	95
51 bis unter 65 Jahre	10,5	8,5	55	47	1000	10	10	180	1,0	0,8	20		1,2	1,0	15	11	110	95
65 Jahre und älter	9,5	7,5	67	57	1000	10	10	180	1,0	0,8	20		1,1	1,0	14	11	110	95
Schwangere		+7		+21[2]	1000		30	230		1,1[2]	20			1,2–1,3[2]		14–16[2]		105
Stillende		bis +2,3		63	1000		20	260		1,5	20			1,4		16		125

[1] Die Werte gelten für Personen mit vorwiegend sitzender Tatigkeit (Leichtarbeit – PAL-Wert 1,4).
Für andere Berufsschwergruppen sind folgende Zuschläge erforderlich:

Mittelschwerarbeiter:	2,5MJ
Schwerarbeiter:	5,0 MJ
Schwerstarbeiter:	6,/MJ

[2] Ab 4. Monat der Schwangerscaft

Bildquellenverzeichnis HT 4553

aid infodienst Ernährung, Landwirtschaft, Verbraucherschutz e. V., Bonn: S. 39; 51; 115
Aktion fair spielt, Heidelberg: S. 101/1
alsterdorf assistenz west gGmbH, Hamburg: S. 144/1; 145
AOK-Bundesverband BbR, Berlin: S. 180
Behrens, Dirk, Malerei und Grafik, Issendorf: S. 25/1
Ludwig Bertram GmbH, Laatzen: S. 22/2; 179/6; 182/1; 186/2
Berufsgenossenschaft für Gesundheitsdienst und Wohlfahrtspflege (BGW), Hamburg: S. 21/1; 22/1; 28
Boscher, Stefan, Herford: S. 204
Caritasverband Dortmund: S. 174
Constructa-Neff Vertriebs-GmbH, München: S. 193/3
Das Sichere Haus e. V. (DSH), Hamburg: S. 24/2; 71; 72/5
Deutsche Gesetzliche Unfallversicherung e. V. (DGUV), Berlin: S. 23/2
Doplinger, Dr. Alfred, Innsbruck: S. 105
dpa Picture-Alliance GmbH, Frankfurt/M.: S. 10/1; 13/2; 72/4; 88/4; 100/7; 173/1
3M Deutschland GmbH, Neuss: S. 93
Fotolia Deutschland, Berlin, © www.fotolia.de: S. 7 (fotofürst); 14 (philidor); 31 (Gina Sanders); 41/1 (Ernst Fretz); 56/1 (Andrea Wilhelm); 57/2 (Klaus Eppele); 58/3 (wolff); 72/1 (Frank-Peter Funke), 2 (Sandra Zuerlein); 76/2 (Gunnar3000); 77 (Marina Lohrbach); 78/1 (eyezoom1001); 79/1 (Joanna Zielinska); 79/3 (Jandrie Lombard); 81/2 (Bernhard Sedlmaier); 88/3; 96/1 (Dron); 98/1 (alphaspirt); 119 (Jürgen Fälchle); 123/1 (Kitty); 128 (foto frank); 141/3 (BEUATYofLIFE); 143/1 (seen), 2 (by-studio), 3 (Xavier); 148 (happyone); 167 (Yuri Arcurs); 172 (Gordon Grand); 175/1 (Meddy Popcorn), 2 (Vladimir Voronin), 4 (deanm 1974); 197/1 (tom); 199 (Otto Durst); 202 (Vladimir Voronin); 206/1 (babimu)
Franke GmbH, Bad Säckingen: S. 142/6
Freudenberg & Co. Kommanditgesellschaft, Weinheim: S. 96/4
G 3 Werbefotos Roman Graggo, Regensburg: S. 114
Gerner, Diane: Vom Säugling zum Kleinkind (HT 4566), Hamburg: S. 75
Ginetex Germany c/o GermanFashion, Köln: S. 90/2-4; 189/2; 190/2
Grafische Produktionen Neumann, Rimpar: S. 130
Hand in Hand, Ute Klein-Bölting, Krankenpflegedienst, Dinslaken: S. 168
Heinis, Monika, Herford: S. 3/1,2; 46; 50; 52; 78/2; 80; 81/1; 84/2; 86/2,3
Henkel AG & Co. KGaA, Düsseldorf: S. 26/1,2; 136/4; 192/2
Hochschule für Technik und Wirtschaft, Dresden: S. 169
hülsta-werke Hüls GmbH & Co. KG, Stadtlohn: S. 195/4
Humboldt Taschenbuch-Verlag, München: S. 57/1
iStockphoto, Berlin: S. 6 (Moodboard Images)4; 15/1 (Sebastian Kaulitzki); 25/2 (bojan fatur); 30/2 (Tatiana Gladskinn); 34/1 (Yves Kries); 36/1 (ayzek); 37/1 (Alexander Raths), 2 (4 FR); 38 (Givaga); 41/2 (Yan Lev); 44/1 (Kai Chiang); 48 (Dean Mitchell); 68/2 (Paul Binet); 74 (Brad Killer); 76/1 (Leigh Schindler); 83/2 (Philip Lange); 85/5 (Elena Schipkova), 86/1 (Don Bayley); 96/5 (Selahattin BAYRAM); 103 (Arkady Chubykin); 104
(Ivan Cholakov); 127 (Roman Milert); 147 (CasarsaGuru)
Kallmünzer, Tanja, Eschenbach: S. 189/1; 190/6; 194/3-9; 195/1-3; 201
Dr. Koopmann Einbauküchen GmbH, Dillenburg: S. 24/1
Krausen, Scott, Mönchengladbach: S. 15/2; 21/2-5; 22/3-5; 23/1; 29; 35; 36/2-4; 45; 55; 56/2; 58/1; 59; 64; 88/5; 95/2; 99; 100/1-6; 111; 113; 122; 123/2; 137/2; 140; 142/1-5; 144/2; 146; 157; 158/1; 161; 162; 164; 170/2; 173/2; 181/1-3; 187; 188; 193/1,2; 194/2; 195/5; 197/2-5
Krüper, Werner, Steinhagen: S. 8; 9; 10/2; 18/2; 176; 196
Marseille Kliniken, Hamburg: S. 175/3
Maurer, Heidrun, Frankenberg: S. 3/3; 149
Medisana AG, Hilden: S. 206/3
MEYRA GmbH, Kalletal-Kalldorf: S. 183
Miele & Cie. KG, Gütersloh: S. 95/1-4,6; 139; 192/1
Milupa GmbH, Friedrichsdorf/Ts.: S. 85/1-4
Neese, Annika, Fotodesign, Berlin: S. 13/1; 129; 131; 134; 135; 178/1; 185
Nestlé Nutrition Institute: S. 152
OKAPIA KG Michael Grzimek & Co, Frankfurt/Main: S. 67/1 (Biophoto Associates)
PAIDI Möbel GmbH, Hafenlohr: S. 83/3
Parkett Ritter Handels-GmbH, Kulmbach: S. 96/6
Pflegezentrum an der Metter, Bietigheim-Bissingen: S. 13/2; 173/3
Philips GmbH, Hamburg: S. 87/2
Polenz, Anke: Kochen und Backen – gewusst wie (HT 4295), Hamburg: S. 120/1,2,4; 121/1,3,4 (Werner Cimbal)
real-SB-Warenhaus GmbH, Düsseldorf: S. 190/4
ROMMELSBACHER ElektroHausgeräte GmbH, Dinkelsbühl: S. 84/1
Rowenta-Werke GmbH, Offenbach: S. 194/1
Schilderoth, Jörg, Willinghausen: S. 11
SIGNAL IDUNA, Hamburg:S. 70/1
St. FranziskusHospital, Münster: S. 178/2
suprima GmbH, Bad Berneck: S. 90/1
Thomas Hilfen für Körperbehinderte GmbH, Bremervörde: S. 132/1,2; 179/1-4,7,9; 181/4
Trieschmann, Joachim, Schwalmstadt: S. 142/7,8
Ungerer, Prof. Dr. Otto, Kirchheim/Teck: S. 27
Unikom GmbH, Rösrath: S. 206/2
Verlag Handwerk und Technik GmbH, Hamburg: S. 5; 16; 18/1; 25/3; 33/1,2; 47; 54; 58/2; 60; 62; 67/2; 70/2; 82; 88/1; 89/1; 92/1,3,4; 110/1; 116; 117/1,2; 120/3; 121/2; 123/3; 124; 125; 138/1; 159; 160; 163; 165; 177; 190/1; 193/3, 205
VERMOP Salmon GmbH, Gilching: S. 92/2
Versandhaus Walz GmbH, Bad Waldsee: S. 79/2; 87/1
Vileda GmbH, Weinheim: S. 94
Völker AG, Witten: S. 182/2
Weller, Jürgen, Schwäbisch-Hall: S. 138/2
WGP-Produktdesign - Unternehmensbereich der INTRA-TEC GmbH, Ellerau: S. 179/5,8
Gerhard de Witt Ges. m.b.H., Klagenfurt/Österreich: S. 170/1
www.care-transatlantic.de: S. 181/5,6
www.5amtag.de: S. 40
www.rhombo-medical.de: S. 186/1
www.steiff.com: S. 101/2
www.wikipedia.de: S. 88/2; 143/4
www.woche-des-sehens.de: S. 126/2
www.woek-web.de: S. 100/8
www.zahnmaennchen.de: S. 65/3
Würzer, Gisela, Otterstadt: S. 101/3

Literaturverzeichnis

aid infodienst: Babys gesund ernährt, Kompaktinfo 2569, 2003

aid infodienst: Empfehlungen für die Ernährung von Säuglingen, Heft 1357, 2007

aid infodienst: Infektionsschutz in Kindertagesstätte und Schule

aid infodienst: Küchenhygiene

aid infodienst: Lebensmittelverarbeitung im Haushalt, Buch 3953, 2010

aid infodienst: Speisenplanung in der Gemeinschaftsverpflegung, Special 3903, 2006

Alexy, U.: Die Ernährung des gesunden Säuglings nach dem „Ernährungsplan für das 1.

Lebensjahr" (Ernährungs Umschau 54), Neustadt 2007

Amrhein, L., Korschetz, R., Simpfendörfer, D.: Hauswirtschaft gestalten, Hamburg 2008

Andreae, S.: Gesundheits- und Krankenpflege: Express Pflegewissen, Stuttgart 2009

Arens-Azevedo, U., Huth, E., Lichtenberg, W.: Hauswirtschaftliche Dienstleistungen in Pflegeeinrichtungen, Hannover 2001

Atamann, F.: Kultursensible Altenpflege – Pflegebranche stellt sich auf spezielle Bedürfnisse von Muslimen ein, Zeitschrift: Blickpunkt Integration, 2010

Bauer, J.: Die Alzheimer-Krankheit, Stuttgart/New York 1994

Baltes S., Höll-Stüber E.: Gesundheit – Krankheit. Ein Balanceakt, Hamburg 2011

Berkefeld, T., Frie, G.: Gesundheit und Pflege - Basiskompetenzen, Hamburg 2010

Birkenbihl, V.: Kommunikationstraining, Landsberg 2010

Blank, A.: Kommunikation, Troisdorf 2003

Brandt, I.: Pflegetechniken heute, München 2010

Buchholz T., Schürenberg, A.: Basale Stimulation in der Pflege alter Menschen, Bern 2008

Bund der Pfadfinderinnen und Pfadfinder e.V. (Hrsg.): Bundesaktion Sichtwechsel: alles Kultur, Butzbach 2005

Bundesgesundheitsministerium: Pflegestatistik 2016

Bundesinstitut für Risikobewertung: Hygiene in Großküchen

Brügger, Dr. A.: Gesunde Körperhaltung im Alltag, Zürich 1990

Das Bilderlexikon der Krankenpflegeartikel, Eschborn 2000

Desel, Dr. H., Woelk, Dr. S.: Aktion das Sichere Haus: Vergiftungsunfälle bei Kindern, Hamburg

Deutscher Caritasverband e.V. Diakonisches Werk der ev. Kirche in Deutschland e.V.: Wenn in sozialen Einrichtungen gekocht wird, Freiburg 2009

Deutsche Gesellschaft für Ernährung: Referenzwerte für die Nährstoffzufuhr, Frankfurt 2008

Deutsche Gesellschaft für Hauswirtschaft: Die Potenziale der Hauswirtschaft nutzen – Leitlinie zur Sicherung der Zukunftsfähigkeit sozialer Einrichtungen, Wallenhorst 2007

Diakonia Dienstleistungsbetriebe GmbH: Bewirtschaftung von Kindertagesstätten, München 2009

Dühring, A., Habermann-Horstmeier, L.: Das Altenpflegelehrbuch, Stuttgart, New York 2004

Eckert, B., Eckert, W.-D.: Psychologie in der Kinderkrankenpflege, Stuttgart 2002

Fahlbusch, H., Zenneck, H.-U.: Altenpflegehilfe, Hamburg 2009

Feydt-Schmidt, A.: Pädiatrie, München 2010

Feulner, M., Simpfendörfer, D.: Soziale Dienste - den Alltag bewältigen, Hamburg 2006

Freese, E., Toben-Vollmer, E.: Kommunizieren und Betreuen, Hamburg 2008

Fuhrmann, I.: Abschied vom Ich – Stationen der Alzheimer Krankheit, Freiburg 1995

Gerchow S., Steffens K.: Das Koch- und Backbuch, Hamburg 2010

Gertz, H.J., Ihl, R.: Mit neuem Mut Demenzkranke betreuen, Darmstadt 1992

Gruetzner, H.: Ein Ratgeber für Angehörige und Helfer, Weinheim

Haar, J. (Hrsg.): Leben, Studieren und Arbeiten mit Sinnesbehinderungen, Berlin 2008

Hauptverband der gewerblichen Berufsgenossenschaft: Arbeit und Gesundheit Heft 8, Sankt Augustin 2004

Hoehl, M., Kullik, P.: Thiemes Gesundheits- und Kinderkrankenpflege, Stuttgart 2008

Höll-Stüber, E.: Ernähren und Verpflegen, Hamburg 2011

Holloway, I., Weehler, S.: Qualitative Pflegeforschung, Wiesbaden 1997

Kienzle, T.: Das Recht in der Heilerziehungs- und Altenpflege, Stuttgart 2010

Kirschnik, O.: Pflegetechniken von A-Z, Stuttgart 2010

Klober, C., Klöber, R.: Hygienemanagement in der Hauswirtschaft, Kassel 2011

Klug, S., Simpfendörfer D.: Hauswirtschaft als Dienstleistung, Hamburg 2005

Koletzko, B.: Anforderungen an die richtige Säuglingsernährung (Ernährungs Umschau 55), 2008

Köther, I.: Thiemes Altenpflege, Stuttgart 2007

Kühnau, S.: Rechtsvorschriften im Fokus der hauswirtschaftlichen Praxis, München 2008

Leicht-Eckhardt, E.: Bewohnerorientierte Hauswirtschaft, München 2006

Loidl, H.: Senioren Ratgeber, 2010

Lutz, B.; Simon, M.: Hausreinigung und Textilpflege Hamburg 2011

Metzler, Prof. Dr. H.: Hilfebedarf von Menschen mit Behinderung - Fragebogen zur Erhebung im Lebensbereich „Wohnen" / „Individuelle Lebensgestaltung", Tübingen 2001

Neue Westfälische - Ausgabe Herford, 5. März 2010

Nesso, M.J.L.: Rationelle Nahrungszubereitung, Hamburg 2004

Nölle, M., Schindler, H., Tetscheid, P.: Nachhaltige Entwicklung im Berufsfeld Ernährung und Hauswirtschaft, Hamburg 2010

Ostermann, B.-M.: Psychologie für Krankenpflege, Weinheim 1996

Schewior-Popp, S., Sitzmann, F., Lothar, U.: Thiemes Pflege, Stuttgart 2009

Schleicher, S.: Blickpunkt Sozialpflege, Troisdorf 2006

Schlieper, C.A.: Ernährung heute, Hamburg 2010

Simpfendörfer, D.: Wohnen und Reinigen, Hamburg 2010

Speer, C., Gahr, M.: Pädiatrie, Berlin 2009

Thesing, T.: Betreute Wohngruppen und Wohngemeinschaften für Menschen mit geistiger Behinderung, Freiburg 2009

Wagner, G.: Waschmittel - Chemie, Umwelt, Nachhaltigkeit, Weinheim 2010

Zenneck, H.-U.: Altenpflegehilfe – kompetent handeln, Hamburg 2011

Zenneck, H.-U.: Unterstützung bei der Lebensgestaltung, Hamburg 2007

Internetadressen

aid-Infodienst: www.aid.de

Alles über Lebensmittel: was-wir-essen.de

Anforderungen an die Materialien für Kinderbekleidung: http://hardt-web.hs-niederrhein.de/wiki/index.php/Aufbau_einer_Wissensdatenbank_%C3%BCber_die_Kinderbekleidung

Das Kommunikationsmodell von Schulz von Thun: www.fh-muenster.de/fb12/downloads/intranet/poser/kommunikationsmodell-schulz-v-thun.pdf

Deutsche Gesellschaft für Ernährung: www.dge.de

Deutsche Gesellschaft für Hauswirtschaft: www.dghev.de

Die Sinne verstehen: www.dzkfblog.de/2010/11/18/die-sinne-verstehen/

Ernährungstipps bei Alzheimer Demenz: www.martens.de

Einer blinden Person Essen reichen: www.altenpflegeschueler.de/pflege/Einer-blinden-Person-Essen-reichen.php

Flaschenernährung: www.aptamil.de/apt/de/unsereprodukte/produktbersicht/produktuebersicht_1476.jsp

Lagerungsarten: www.pflegewiki.de/wiki/Kontrakturenprophylaxe

Sicherheit für Ihr Kind: www.verwaltung.bayern.de/Anlage3810085/SicherheitfuerIhrKind-(k)einKinderspiel.pdf

Trautes Heim und Tücken: www.kidsgo.de/baby-kinder-sicherheit-04/gefahrenquellen-haus.php

Verein für Unabhängige Gesundheitsberatung www.ugb.de

Wohnformen im Alter: www.schader-stiftung.de/wohn_wandel/997.php

5 am Tag – Obst und Gemüse: www.5amtag.de

Sachwortverzeichnis

Wegweiser Handlungsabläufe

Hauswirtschaft

Ernährung

Pflege